第一册

元順帝至正十二年起
明太祖洪武二十二年止

明通鑑

前編卷一至四
卷一至九

中華書局

圖書在版編目(CIP)數據

明通鑑/(清)夏燮撰;沈仲九標點. —3版. —北京:中華書局,2013.11(2024.11重印)
ISBN 978-7-101-09188-5

Ⅰ.明… Ⅱ.①夏…②沈… Ⅲ.中國歷史-明代-編年體
Ⅳ.K248.043

中國版本圖書館CIP數據核字(2013)第024085號

本版責編:張玉亮
責任印製:管　斌

明　通　鑑
(全八册)
〔清〕夏　燮　撰
沈仲九　標點
*
中華書局出版發行
(北京市豐臺區太平橋西里38號　100073)
http://www.zhbc.com.cn
E-mail:zhbc@zhbc.com.cn
北京新華印刷有限公司印刷
*
880×1230毫米 1/32・121¾印張・16插頁・2200千字
1959年4月第1版　2009年5月第2版
2013年11月第3版　2024年11月第11次印刷
印數:12801-13300册　定價:428.00元

ISBN 978-7-101-09188-5

明通鑑目録

新版説明

點校本明通鑑初版於一九五九年二月，二十世紀八十年代重印過一次，基本未作改動。二〇〇九年五月出版小十六開精裝六册改型本。改型本的主要工作爲重録重排並改正舊字型，對内容未做修訂。

此次新版，對初版本進行系統修訂，訂正了其中的標點差錯，通過覆核所據底本改正了一些誤字，並將此前改型本中處理未盡的舊字型進一步規範。修訂後的明通鑑校勘更爲精當，用字更加規範。開本采用大三十二開，以與我局「通鑑系列」的其他品種統一。

當然，這樣一部篇幅較大的重要史籍，在整理上肯定仍會存在不足之處，一如修訂本之於初版本的改進。希望繼續得到讀者的批評指正，使本書日趨完善。

中華書局編輯部

二〇一三年八月

初版説明

明通鑑是繼司馬光資治通鑑和畢沅續資治通鑑所作的明代編年史。在本書以前，有明末談遷的國榷，清季陳鶴的明紀，都用編年體記述明代的史事。明紀共六十卷，陳鶴本人只寫成五十二卷，後八卷是他的孫子克家續成，一八七一年（清同治十年辛未）由江蘇書局刊行。國榷的成書很早，因爲在當時是禁書，無法刊布，只有幾種傳抄的稿本，日久頗多散失，一九五八年才由本局排印出版。這兩書似乎本書著者都没有見到，體例和詳略都不很相同。國榷有點近乎通鑑長編的性質，分量特别多，字數幾達本書一倍有餘。明紀又太簡略，只占本書的十分之四。本書繁簡較爲適當，而且附有考異，便於參考，所以我們在標點本資治通鑑和續資治通鑑出版之後，繼續把本書標點印行。

本書著者夏燮（一八〇〇——一八七五），字嗛父，又字季理，别號江上蹇叟、謝山居士，安徽省當塗縣人。夏燮於一八二一年（清道光元年）中舉人，一八五〇年（清道光三十年）任直隸省臨城縣訓導，一八六〇年（清咸豐十年）調入兩江總督曾國藩的幕府。後任永寧、宜黄等縣知縣。夏燮通經書、音韻，並兼長史學，關心時事，著作甚多。代表作有明通鑑、中西紀事，另有五服釋例、粤氛紀事等。

本書除正編九十卷外，在明太祖未即位前，别爲前編四卷，從元順帝至正十二年郭子興起兵濠州開始。又有附編六卷，紀崇禎十七年五月明福王在南京稱帝以後的事，直到清兵攻下臺灣爲止。連正編共一百卷。書前有義例、目録和與朱蓮洋明經論修明通鑑書，原列爲卷首。現在我們爲了便於檢查，把原有目録改編，因而取消了「卷首」的名稱。據義例説，他還著有考證十二卷，並且仿司馬光的例另撰目録，都未見刊行。原書一八七三年（清同治十二年）初刻於江西宜黄官署，一八九七年（清光緒二十三年）又由湖北官書處重校刊行，現在依據湖北刻本標點排印。

著者用二十餘年的精力著成此書，除依據明實録、清實録、明史、御批通鑑綱目、御批通鑑輯覽等官書外，還參考各種「野史」、説部和各家文集，把他認爲不敢深信的，仿照司馬光通鑑考異撰成考異，並依胡三省注通鑑例分注正文之下。這種方法可説是比較完善的。但是著者只憑個人的力量寫成這部二百萬字的巨著，搜集的史料也不能十分完備，和司馬光爲撰通鑑奉政府命令設局置官固然不能相提並論，即和續通鑑相比，也不像畢沅那樣有許多門客贊助。續通鑑已經遠遠不及通鑑，這書當然更免不了有許多缺點。某些地方著者的識見不免陳腐狹隘，而在許多根本觀點上則又極其謬誤。如通鑑竭力避免語怪，本書却雜有很多關於災異和鬼神的迷信記載。所附的評論，多數採取清官書中的「御批」之類，還對清帝竭力頌揚。記事也大部分以清朝的官書爲標準，尤其是對農民起義，對國内少數民族和國外鄰邦，都站在清政府的立場上敘事評論。至于明朝末年對滿洲的交涉，更完全依據清人歪曲史實的記載，和國榷對照，就有很大的差别。但是在另一方面，著者在别一著作中西紀事中所表現的極爲濃厚的愛國思想，也貫穿在本書中，却是值得重視的。如本書最後部分，著者對于明末反清的忠臣志士，極力加以表揚，並且採集了許多當時禁書的記載，甚至對明史不給張煌言立傳和「太湖義旅但載雲間，山寨殷頑不登隻字」也提出大膽的批評。

本書的標點分段等，概照資治通鑑和續資治通鑑的方法處理，這裏不再作重複的説明。但前兩書不用破折號（——），這次對於敘事文中插入的註解，偶然一用，如第三八二七頁第十五行「白文選告王曰：『姑遲行，候西府至』——西府，謂定國也」。對於原本錯誤衍奪字的處理，也略有改變，如第三七八二頁第十行「唐王在閩」，原本「閩」誤作「闢」，把誤字改用小一號字體，外加圓括弧（ ）號，改正的字用同大的字體，外加方括弧〔 〕號，排成「唐王在（闢）〔閩〕」。又如第三八二六頁第一行「大清遣人招撫成功，其弟（芝豹）〔渡〕請降」。芝豹是成功的叔父，早已降清，這時降清的是成功的弟鄭渡。如照以前的校法，排成「其弟芝豹（渡）請降」，必須另加校者按語，否則容易使讀者誤認爲僅僅

「豹」字須改作「渡」。又第三八四八頁第五行記清兵進攻臺灣，「（成功）〔經〕遣全斌禦之」，例亦相同。因爲鄭成功已於前一年死去，這時主持臺灣的是他的兒子鄭經。其他如衍字僅把那字排成小一號字體，外加圓括弧號，補入的奪字，只在所補的字外加方括弧號。這樣就可使讀者一望而知，不必另加校者按語了。此外對於異體字和諱字也照以前的方法處理。異體字如戰陣的「陣」或作「陳」，或作「陣」，率領的率或作「帥」，或作「率」，「麾下」或作「戲下」等，往往在一頁甚至一行中互見多次，現在一律改作「陣」「率」「麾」等。又如「曆」「玄」「弘」等字因避諱被改爲「歷」「元」「宏」的，「征虜將軍」「平夷伯」「蕩胡伯」等因犯忌改爲「征鹵將軍」「平彝伯」「蕩湖伯」的，也都加以改正。但有些避諱的字已經著者在注中説明的不再改正。如第三七四二頁第十三行「于元煜」的「煜」字原作「燁」，因避清帝玄燁的諱改「煜」，但著者在注中説明：「凡史中人名作『煜』者，大半廟諱『火』『華』之代字也。」如改作「燁」，注文便成多餘了。又如「胤」字被改作「允」或「蔭」，註中也有説明，除「堵胤錫」、「李元胤」等比較著名的人仍予改正外，其餘不很知名無可查考的，只得悉仍原文。

以前兩書都由「標點資治通鑑委員會」許多同志負責加工，本書因爲他們工作太忙，沒有時間擔任，完全由本局標點，因爲限于能力，不免有許多錯誤，希望讀者多予指正。

義例

一、正統改元，先明授受。第明太祖之天下，取之于元而非受之于元，與宋太祖之受周禪者異。若論其自元至正十四年下滁州後，平江南、江西，平浙、閩，與漢高祖之定關中，取齊、楚，次第略相似。然漢高之即帝位在五年，而元年至霸上，秦王子嬰降，則亦有所受之矣。漢時無建元事，乃以子嬰降之年爲元年以繼秦統，此史例也。若明太祖，自元至正十二年歸郭子興，越十五年始即帝位建元，又七月始克元都，中間起兵拓地，節目繁多，非洪武元年之下所可追敘者。爰以鄙見立爲明前紀，始于元至正十二年，終于至正二十七年。凡此皆以元紀年，非關涉明事者不書，别爲卷目，以後始入明紀。又，自明崇禎十七年甲申五月我大清兵入京師，福王稱號于南京，踰年明亡，三編、輯覽仍存弘光年號于二年五月之前，乾隆間復奉詔附唐桂二王本末于輯覽後。今謹遵其例，列爲附記于大清紀年下。别書曰「明」，以存閏位也；不曰「紀」，以非帝不紀也。此即晉書載記之例。凡此皆取關涉明事者書之，亦别爲卷目。是爲前此通鑑未有之創例。

一、前漢書高祖本紀，記高祖起事于秦二世元年之九月，凡三年，紀中皆以秦二世元年、二年、三年爲之綱。而于其未爲沛公以前，稱高祖而已。沛衆立爲沛公，則書沛公；

元年項羽立爲漢王，則書漢王；而五年未即位以前不書帝。温公通鑑書法亦如之。此史例也。若明太祖起自元至正十二年，野史自此以後，有但書歲陽歲陰者，有自至正十五年後以宋龍鳳紀年者，皆非也。但系干支，是無統也。若紀宋號，則是時徐壽輝僭號治平，陳友諒僭號大義，張士誠僭號天祐，何獨林兒！若以太祖之奉其正朔而書之，則秦、楚之際，史未聞以義帝紀年。義帝立爲懷王在秦二年，尊之爲帝在漢元年，夫非高祖與項羽之所奉乎？王鴻緒史稾例議，定太祖未即位以前概稱太祖，其間封公封王從實録諸將與群臣爲文。其紀年也，不用干支而書至正某年，直至太祖即位，則書洪武元年。後修明史亦從其例，今撰明通鑑前紀因之。

一、温公通鑑，以所受者爲正統，故于漢建安二十五年之正月，即去漢統書魏黄初元年，是年十月始受漢禪。朱子謂其奪漢太速，予魏太遽。綱目雖以正統予蜀，而用分注例，遂爲後世史法。謹按御纂通鑑綱目，用一歲兩繫之例，故洪武元年仍首書元順帝至正二十八年，而分注洪武元年于其下，直至閏七月元亡以後，乃以明統爲正。又奉聖諭，于崇禎十七年甲申五月以後，始紀順治元年，其福王立于南都，仍從分注例，踰年五月始去明統，以示大公。今撰明通鑑，謹遵此例。惟通鑑主記事而書法較寬，且是編專記明一代事，以明爲主，則直書太祖即位于洪武元年正月，而以元至正二十八年入分注中。

又如英宗天順元年爲景泰八年，三編依朱子綱目書唐中宗及分注睿宗例，大書景泰八年，而分注天順元年于其下。今亦稍變通之，于天順元年正月丙戌英宗即位之日，始入英宗後紀，而于正月丙戌以前，别書景泰八年，存其年號。此又一月兩繫之例，凡以便紀事之稱號也。若萬曆四十八年八月以後書泰昌元年，出自當時所定，以存光宗之統，三編謂與前一歲兩繫之例不同者是也。此爲明一朝通鑑之專例。

一、通鑑之例，自即位以後皆書上，間有書帝者，又有甫即位而書其謚號者。此沿舊史傳寫，未及更正耳。今所紀明各帝事，即位以後書上，崩則書帝，上謚號以後則某宗、某帝，隨事書之，以歸畫一。宰相七卿以下，皆書其官，連事類記者，亦但書其名，省文，無義例也。惟涑水通鑑，于公侯大臣之薨卒，皆冠官爵、封謚于上。而明初文臣無賜謚者；文臣有謚自王褘始，其後如劉文成、宋文憲等，皆追謚也，封贈亦多在後。故明本紀但書卒、書官而已。今循其例，而封謚之等，但于本事下終書之。

一、綱目三編于姚廣孝之卒特書曰死，惡而貶之也。通鑑義不主褒貶，故勳戚、大臣、宰輔、七卿，亦多繫其官于姓名之上。若權奸誤國之諸臣及庸碌無所表見者，或罷或卒，雖不書其官無嫌也。今于廣孝及楊士奇、張居正諸人，例所必書者，省文而已。明史本紀所記，則于宰輔之等多用此例。

一、宰相除罷，自唐以後，本紀皆備書之，明史亦然。按明自洪武十三年罷中書省，設四輔官，十五年仿宋置殿、閣大學士，二十八年詔「嗣後無得置丞相」。然曰四輔，曰大學士，實則宰相，惟品秩無一定耳。永樂初，簡翰林直文淵閣，預機務，自此多以輔臣、閣臣稱之，故明史統列之宰輔年表，是也。明初罷中書省，歸其職于六部，尋罷御史大夫，設左右都御史，所謂七卿者是也。本紀七卿除罷，有故則書，然既列爲表，則俱有年月可稽，今據書之。若侍郎以下及府寺之等，則不勝書，惟或以事著，或以人重，則自科、道、部曹以下亦間書之，然非例也。封王則書，自侯以下，有故則書之。

一、日食、星變，前史遇有修救者書之。然記一代之事，宋史書之最詳。明史本紀，日食必書，偶軼一二，乃漏脱也。野史日食多誤，俱經明史推曆改正。三編仿綱目例，紀月不紀日。而日食則書朔、書干支，其不及一分不救護者不書；陰雲不見，仍據書之，蓋實食也。星變則本紀但載災異修省下詔之月日，餘皆見天文志中，亦有志所不載而見之傳者。通鑑兼參志、傳，則遇有修救及陳時政，見于列傳中者，亦擇而書之。餘則仿温公通鑑目録七政著上方例，别詳所撰目録月分下。

一、温公通鑑，彙正史之本紀、志、傳，合而成書。朱子因之，修綱目以法春秋，綱則孔子之經，目則丘明之傳也。然其所謂綱者，大都筆削本紀之書法，而其目則傳、志中語也。通鑑因事書之而綱目並見，然其編年之例則稍異矣。蓋綱目以書法爲主，而于其時事之不甚相遠者，多彙著之目中，中間繫以「先是」、「至是」及「初」字、「尋」字之等，其又遠者，則遞著其年月而統繫之一綱下，故其書法嚴而年月稍寬矣。通鑑則主于記事，而以事繫日，以日繫月，以月繫時，以時繫年，于是有特書、分書不一書者，皆按其年月之先後。更有先經以始事，後經以終義者，皆本左氏之例，杜氏所謂「紀遠近，别同異」者是也。温公攷異一書，首辨年月。其後續通鑑者，往往以攷證之失詳，致年月之多舛。今撰明通鑑，以此爲第一事，蓋繫月、繫日，編年之專例然也。

一、年經月緯，此史例之大綱，而月内紀日之干支，動輒謬戾。温公病之，乃屬劉羲叟先推朔閏，排入長編，因據以攷證月中之日分，合者從之，疑者闕之，日分不合，則改繫是月下。其有干支不在是月而灼知其誤者，則于攷異中辨之。若王氏、陳氏、薛氏諸家所續宋、元事，則有本月干支淆入前月或後月者，推之于曆，本月實無此干支也。更有傳鈔舊史，漏去上下文而以次年同月之干支當之者，更有所記干支並非是月之朔而誤以爲朔者，又于子、午、乙、己等字，往往以形似淆譌。徐、畢二家，雖有攷異，而不先推曆，遂不得其致誤之由。夫記事之體，偶差旬日，不足爲病，而干支一誤，遂至此後之朔、閏、大小建皆不可推，則關係非細也。明史紀、志所載干支，較爲詳核。然予偶撿天文志，成化五年九月丙子朔，太白犯軒轅左角，甲午、庚子俱犯左執法。推曆，五年九月壬午朔，而丙子乃八月之下旬，甲午、庚子雖在五年九月，而史中有金星連犯之文，則亦非五年九月事也。乃以成化六年之曆推之，則正九月之朔在丙子。及再撿薛氏憲章録、孫氏二申野録，六年金星四犯皆在九月，而丙子所犯即是軒轅左角，乃知志中書五年掩犯事下漏去六年二字也。又如崇禎甲申三月十九日之變，無人不知是日乃丁未，亦見紀中。而上文書「三月庚寅朔」，則十九日豈非戊申！然以是年四月戊午朔上推之，則三月之朔爲己丑，而所書庚寅大同事在三月二日，見甲乙紀中，是衍朔字也。舉此二事，他可概推。今撰明通鑑先推曆而後繫事，其大小建偶有不詳者，闕其朔而已。要知大小建之偶差，即明人自以大統法推之，亦多互異。如洪武三年封劉基、汪廣洋爲伯，本紀書「十一月乙卯」，潛菴史稿「十二月乙卯」。蓋以十一月則晦，以十二月則朔，干支同而大小建異也。南渡後之朔閏，有粤中曆，有海上曆，同用大統，而所推各别，則從蓋闕者得之。

一、明史本紀，多據實録，故其月日干支最詳，然稽之傳、志則多不合。蓋實録所記攻戰剿撫及克復郡邑等事，多據奏至京師之月日，而傳中記事，本之原奏者多據交綏月日，故有近者數十日、遠者數月不等。然準繫月、繫日之例，則原奏中如有事繫確鑿之月日，俱宜攷證書之，方爲紀實，若但據奏至月日，則敘事參錯，而先後之次第不明。又如災異、修省、蠲振等事，本紀多據頒詔月日。其星變、雷震、地震、水、火之等，見于天文、五行志者，具有月日。而告災、請振，亦有因事之書，不得僅據頒詔一語以終之。上徽號，册皇后，有行禮之月日，有下詔之月日。定郊祀，更廟制，有議禮之月日，有諏吉之月日。其有事可紀及有關于廟堂之興革者，不得但以詔中之月日終之。皇子、皇孫之生，有誕生之月日，有詔告之月日，實録中分書之，而見之本紀者，大都據頒詔月日，故往往與本帝紀中月日不合。光宗生于萬曆十年八月丙申，見明史稿，明史系之九月丙辰者，下詔之月日，故三編據實録改入八月。熹宗生于萬曆三十三年，史稿、明史書是年十二月乙卯，而證之天啓四年孫承宗入賀萬壽，則十一月十四日，故三編據實録改入十一月。凡此之類，有月日可紀，不得但據頒詔書之，蓋諸帝之誕崩皆大節目也。宰輔七卿，有涖任之月日，有起召之月日，其卒也，有在朝赴告之月日，有里居奏報之月日，故往往與傳、狀中不合。凡此苟無事可紀者，仍據本紀月日，無義例也。

一、明史紀、志之文，皆本之實録、正史，而列傳則兼采野史。如鐵鉉下閘，程濟祭碑，不必實有其事，取以爲致身、從亡之左證而已。至于建文遜國，英宗北狩，正德南巡，萬曆妖書，明季三案，甲申殉節，正史之所不備者，苟事有鑒于得失，義有關于勸懲，雖稗官外乘，亦宜擇而書之。温公取淖方成禍水之語，抑亦史例之所不可無者。若夫惠帝重返大内，薛方山入之編年；宣宗託體建文，王守溪形之筆記。甚至雙溪瑣綴，筆下操戈；病榻遺言，夢中説鬼，此豈足備信史之采擇！他如傳狀歸美之詞，禁廷奏御之語，正史亦多據之，然其不可信者亦十中之二三。後修明史頗有翦裁，似勝初稿。今撰明通鑑，所購明人紀載，無慮數百種，而稗販野獲，未敢濫收。其有爲世所傳而實未敢信者，亦于攷異中辨之。

一、野史易辨，而野史之原于正史，正史之本于實録，明人恩怨糾纏，往往藉代言以侈懟筆。如憲宗實録，丘濬修隙于吴、陳；謂吴與弼、陳獻章。孝宗實録，焦芳修隙于劉、謝；謂劉健、謝遷。武宗實録，董玘修隙于二王；謂王瓊、王守仁。而正史之受其欺者遂不少，弇州所辯，十之一二耳。至如洪武實録再改而其失也誣，光宗實録重修而其失也穢。當明史開局時，草創之稾多不能辨，率以竄改之實録闌入其中，殊非信史。惟明史藏事于六十年後，故其所擇精，三編重修于乾隆四十年間，故其取裁當。今悉據二書爲藍本，有從蓋闕者，則于攷異詳之。温公于四皓諫易太子事，辯正史記數百言，因自撰攷異一書以明其去取之故，四庫書提要謂爲特創之例，不揣僭妄，竊願取法焉。

一、建文遜國一事，爲明初一大疑案。然宫中自焚之事，惟見永樂實録，而僅以「帝后自焚」一語朦朧敘過，蓋指后屍爲帝屍，此實事也。明人野史，汗牛充棟，無主自焚之説者。若夫楊行祥下之詔獄，已具爰書；見正統實録中。惠帝之葬在西山，無非疑冢。故明之朱睦㮮撰革除遺史，並其爲僧事亦辨其必無。然其書法，猶記「宮中火起帝遜位」爲傳疑之詞，亦可見所焚之是后而非帝明矣。遜位一事，明人不諱，乃至四百餘年後修前代史者，爲之力白其誣，此不可解。且不必論建文之是死是遜，而其時從亡之一百數十人，豈能盡付之子虛烏有！後修明史結以「帝不知所終」一語，最得存疑之體。更增入牛景先一傳，初稿雖有景先傳，不及兩行。存帝爲僧出亡之或説，遂及從亡之程濟以下，以逮河西傭、補鍋匠之屬，悉附入傳中，始稍稍有所表見。明史成後，重修三編及欽定勝朝殉節諸臣録，奉旨將建文諸臣悉準專謚、通謚之例附入卷末，而入祠之職官葉希賢以下九人，及入祠之士民燕山衛卒以下無姓名可考者九人，悉附録之。復命于三編大書「帝不知所終」，而附從亡諸臣于質實中，援司馬遷程嬰、公孫杵臼之例，揭日月而闡幽潛，御批謂「忠貞之氣，屈極而伸」，竊謂似此已成定案。今遵書之，不曰「自焚」，亦不曰「崩」，仍從遜位爲詞，而遜位以後之事悉闕焉，庶幾紀實存疑爲兩得之。

一、明成祖于建文所修之太祖實録，一改再改，其用意在適出一事。蓋懿文太子薨，則其倫序猶在秦、晉，若洪武之末，則秦、晉二王已薨，自謂倫序當立，藉以文其篡逆之名也，並引周王爲五人同母者，蓋燕、周本同母也。明史黄子澄傳曰：「周王，燕王之母弟。削周，是翦燕手足也。」此初修本之僅存者。解縉奉詔再修，盡焚原草而獨存此數語者，蓋縉等欲取媚成祖，遂謂懿文太子、秦、晋二王皆諸妃出，惟燕、周二王同爲高后生，以證立適立長，禮之所宜。是則縉之所謂同母，乃母高后，與子澄傳中同母之語詞同而意異矣。縉之得罪在永樂九年，時必有譖之于成祖者，謂「懿文庶出之語駭人聽聞，修實録者留此罅漏以滋天下後世口實」，于是成祖並疑李景隆、茹瑺等心術不正，語見沈氏野獲編。乃于九年復命姚廣孝、夏原吉等爲三修之役，而楊士奇等主之，因自懿文太子以下五人悉繫之高后所出，遂爲定本。而忘却子澄「同母」一語，自相矛盾，未及追改，又入之永樂實録中，而燕、周二王之爲庶生，反成鐵證，是目論而不自見其睫者也。夫誣太祖以易儲之亂命，又誣太祖以適出之周王降爲孽子，謂令吴王爲孫貴妃行慈母服，吴王後徙封周王。成祖之罪，擢髮難數，且以此欲蓋而彌彰矣。南都亡時，錢謙益、李清于太廟中啓出碽妃一主，見三垣筆記。惜修明史者未及詳攷，仍以五人同出自高后受前史之欺，則甚矣攷證之難也！

一、家藏永樂實録，係京師所購之鈔本全帙，撰通鑑時詳加校閲。成祖自受封燕王以及防邊之命，靖難之由，無不與所改之太祖實録先後同符。永樂實録中有「皇考本欲立朕」語，則預改太祖實録東閣門召諭群臣，增入「國有長君，吾欲立燕王」，又增入劉三吾對「置秦、晉二王于何地」語；以肅清沙漠爲一人之功，則預于太祖實録中竄入「晉王無功」及「欲搆陷成祖」之語；三十一年防邊，與遼王並命，成祖欲以節制之師爲易儲之券，則于太祖實録中增入「五月命楊文、郭英從遼王備禦開平，俱聽燕王節制」之語；原文「命楊文聽燕王節制，郭英聽遼王節制」，不謂遼王亦同在燕王節制中也。「太祖不豫，遣中使召王，至淮而返」，語具永樂實録，復又于太祖實録中竄入「敕符召燕王還京師，至淮安，用事者矯詔却還」，及「帝臨崩，猶問燕王來未」之語；種種僞撰，無非欲以太祖實録爲之張本，此再修、三修之所由來也。王氏史稿不察其僞，據以入之二祖本紀及齊、黄諸人傳中，而至于東閣門召對所云「欲立燕王」者，明人野史皆知其爲僞而删之。史稿乃于三吾傳中，據成祖實録又增入「燕王神武似朕」之語。凡此之類，後修明史大半删去，可謂謹嚴之筆，今一依之。其有删之未盡者，並附著于攷異中，以存信史。史稿例議于建文、永樂事，辯正累幅，今悉不從，故著其改正之由于前例中，餘皆詳攷異各條下。

一、明史記我大清事，始于萬曆十一年討尼堪外蘭，克圖倫城，以後遇大清太祖高皇帝、太宗文皇帝事，皆跳行頂格書之。此亦温公記五代宋太祖及元史記明太祖例也。當修輯覽時，奉純廟諭：「嬗代崛起之際，稱開創之君而繫以我者，亦非體例。今欲盡去歷朝臣私其君之習而歸之正。」見輯覽御製序中。仰見聖意淵深，一秉大公無我之見。竊以臣民箸書，自稱其國與君爲我者，乃尚書、春秋以來之通例。惟是編專記明事，則其中所謂我者多屬之明，若併爲一詞，轉致立言淆混。今仍從涑水通鑑例，但跳行書大清太祖、太宗，而自崇禎十七年五月始見我字書法，謹識于此。

一、自我大清定鼎燕京，踰年明社既屋。其時奏報章疏，見之東華録、聖武記者，俱書明爲僞王，將吏爲僞官，更有直斥爲賊者。後因輯唐桂二王本末，荷純廟指示，謂：「二王及其臣子，未可遽從僭僞之例。君則正其位號，臣則目以原官。惟孫可望、李定國等，本獻賊義子，自王師定蜀，即南走滇中，旋附桂王，受其爵號，必應示以區別。以彼身爲賊黨，其所稱平東、安西等號，皆獻忠僞授，自宜重加貶絶，書賊書僞以正其罪。」仰見書法權衡，尺寸不越。今謹遵其例，于明自福王以後魯、益諸王，亦從例概不書僞，而諸臣將吏，亦不没其殘明所授之官。惟李定國自附桂王後，盡瘁邊陲，訖無異志；而鄭成功竊據一方，猶擁明號；即李成棟父子，託名反正，終于一死，亦似較之金聲桓、王體仁差勝一籌；今革其爵號，書其姓名，仍繫之殘明下。若孫可望附賊叛明，罪無可宥；而金、王之等，目爲叛將，亦復何詞！蓋通鑑取記事而已，固不敢操筆削之權，亦取與綱目之例稍别也。敢以質諸當世之論史者。

一、是編于明一代朝廷紀綱、禮樂、刑政、天文、曆法、河道、漕運以及營兵、練餉、折色、加賦，有關于一朝治亂之源者，靡不詳稽傳、志，參之明會典、一統志、王弇州史料、朱氏大事記、徐氏典彙、孫氏春明夢餘録以及王氏續文獻通攷、秦氏五禮通攷，薈萃折衷，務使脈絡分明，條理綜貫，亦温公通鑑例也。

一、明一代之郡邑沿革、山川分隸以及村莊、鎮堡之等，地理志所不備者，重修三編博采群書，證明出處。而于緇譯地理，塞外河源，爲前史所未有者，悉著之質實中，今欲逐條攷證，分注之本事下，而未暇及也。人名字里，明史著之列傳中，而附見諸人，亦多書某縣某人及某人字某。三編、輯覽，則更于一人二名及數人同名者，分析證明以資攷覈。通鑑主于記事，間一及之，不能盡載。然此等地名、人名之書法，檢之明史、三編，亦可開卷得之。

一、明史所載青海、朵顔等人名，俱循舊譯，鄙倍相沿，訛謬特甚。前奉詔修遼金元三史語解，悉用三合音改正，會奉諭修輯覽、三編，亦令將滿洲、蒙古文字概從新譯，仍注明舊譯于下以便省覽，今謹遵改。惟三史語解、蒙古源流等書，猝不及購。多據輯覽、三編書之；其二書所不具，偶從舊譯者，不過百中之一二耳。

一、明史忠義一傳，于封疆死事及甲申前後殉節諸臣，詳加采摭，著其事實。中間牽連附録，多至數十人、百餘人不等。會書成，復詔修通鑑輯覽，重修三編，又奉欽定勝朝殉節諸臣録，自明史外，凡見之大清實録及一統志、各省通志，采訪參稽，多至三千六百餘人，而散著于三編、輯覽，遂多明史所不具者。三編重修，已較輯覽增多數倍。及續輯唐桂二王本末，則又較前修之輯覽以漸加詳，遂有殉節録所遺而續補者。如三編載甲申殉難之巡視中城御史趙譔，雲南人，駡賊被殺，乾隆四十一年追謚忠愍，殉節録無其人。録中通謚四等，無忠愍名目，則又似專謚，而前卷亦不及也。據原進簽内言「乾隆四年允廷臣之請」。殉節録之修在後，疑修時尚未奉旨，故遺之。又輯唐、桂二王事，所記順治三年廣信殉難之都司劉芳伯以下十三人，四年記太湖先後阻兵之鎮南伯、金公王以下十五人，俱賜謚入祠有差，而殉節録亦佚其姓名。然則湮没而不彰者，可勝道哉！今所記明季死事諸臣，以明史、輯覽、三編爲主，參之殉節録，旁稽野史，凡正史所不具者，俱附著攷異下。又，三編記崇禎事終于十七年三月，而保定殉難統入之京師陷目中，故所載稍略。今詳稽明史何、邵諸人傳，旁參繹史、北略、綏寇紀略諸書，大半附入攷異中。凡此皆仿三編質實補載例也。

一、是編所載明季殉難諸臣，其書贈謚者，皆明之卹典。若殉節録所載，皆出自本朝追賜專謚、通謚者，以非明事，故不入，亦史例也。至死封疆，而一時傳聞之誤，遂爲卹典所不及者，如賀世賢之戰没，有疑其叛降者，遂不予贈謚；孫傳庭没于陣，或言其未死，帝疑之，故不予贈蔭；而二人死事之烈，具見明史本傳中。如此之類，皆入正文，而附著我朝追謚于攷異中，然非例也。南都贈謚，去取未公，不足爲重。而以係明事，故于正祀、附祀之等亦見附記中。

一、明史敍事詳核，用筆謹嚴，自歐陽公五代史後，罕有其比。惟所記甲申以後事頗略，而張煌言不爲立傳，未免如劉道原所譏韓通者。煌言流離海上，與宋之陸秀夫相似；就刑杭城，與宋之文天祥相似；若其身膏斧鑕，距我大清定鼎已二十年，疾風勁草，足以收拾殘明之局，爲史可法以後之一人。列之忠義傳猶非其例，况無傳乎！至如太湖義旅，但載雲間，山寨殷頑，不登隻字，以及沈壽民不附黄道周傳中，顧杲不列吴應箕傳後，此則不無可議者耳。三編終于福王以後，不得不略。然福王南渡，則于唐王釋罪、魯王徙封以及桂端王卒于梧州，皆于目中終書其乙酉以後事，則本末固完具也。輯覽所續，謂唐、桂二王事。仍從綱目撮要之書；野史如林，率多燕、郢傳訛之説。今附記殘明事，于温氏繹史、計氏南略外，兼采國初黄、顧、侯、魏諸家之書，以及李世熊之寒支集、錢澄之之所知録、王夫之之永曆實録，雖非盡信之書，抑亦正史之亞也。若夫魯藩事軼，而黄南雷表章于前，全謝山掇拾于後，江干海嶠之役，皆足備徵文考獻之資，附記之例，亦有取焉。

一、修史必取徵實録。明克元都，兵迫史庫，危素往告鎮撫吴勉輩出之，十三朝實録得無失，因據以修元史。我大清定京師，兵不血刃，明實録貯之皇史宬者固無恙。然卷帙浩繁，檢尋未易，頻年從事明史，反覆推究，似尚未覩明實録之全。重修三編始盡得之，建文、崇禎皆無實録。景泰附入英宗，光、熹二朝亦似佚之。又復親稟聖裁，折中至當，故其書綱羅弘富，體大思精。卷内增入各條，多有明史，野史所不具者，心知其出自實録而未敢定。吾友楊素園觀察，于宜黄故家得三編鈔本，授而校之，乃當日夾簽進呈原書，皆標明出處于上方，而所增益，出自實録者十之六七。予所得實録僅五朝，而首尾完具者，永樂、正德、嘉靖三朝而已。今得見原簽，證其來歷，則雖不覩實録之全，亦可無蓋闕之憾矣。三編更正之處，往往據實録，旁及野史、明諸家文集、奏議，如福王莊田減二萬頃，據葉向高集改正。羅從彦、李侗從祀，據孫慎行奏議改正。而所輯明季事，更謹遵我大清實録訂其譌舛，如李自成並無遷明太祖神主事。是又集綱目之大成，讀史者可無不足徵之患矣。

一、是編攷年月以定事繫，一年之朔望既準，乃攷定干支日分，排入月緯中，擇其事之宜繫者，提之爲綱，日之所不能定者則繫以「是月」，月之所不能定者，則繫以「是春」「是夏」之等，又不能定則繫以「是歲」，凡此仍編年例也。通鑑既成，乃即其提爲綱者，義取簡明，不主褒貶，撰爲目録，亦仿温公例，標明紀中卷數，以便閲者檢尋。惟温公不繫月，年經國緯，著其朔閏于上方；此則以朔閏爲主，仍依年經月緯例，取天文、五行之見于志、傳者，按日分繫，以此攷證明紀中月日，朗若列眉。其大小建偶有參差，則闕其朔。義主記事，即精要語亦不盡載也。此則例之稍爲變通者。

一、是編攷異，俱依胡身之注通鑑例散著本事下，惟篇幅所限，不得不删繁就簡。而二十餘年精力，實始于參證群書，攷其同異，有疑則闕，擇善而從，去取既明，然後敢下筆編次。原稾加詳，有不盡入之攷異中者，别成攷證十二卷，不嫌重複也。

一、史家之例，敘而不斷，然直書其事而得失勸懲寓焉。故考其事之本末，則其事之是非自見；聽其言之公私，則其言之誠僞自見；觀其人之與居與游，則其人之清流濁流自見；若必欲臧否而短長之，非史事也。史評自有專書，四庫書别爲一類。班、范以後，所有論次，皆入贊中；温公「臣光」云云，繫之本事下，間采他人評論。是編亦仿其例，而恭録御批及明鑑後按、三編發明居多。其他論列及鄙見所及者，亦附入之。

一、史記、漢書皆有後序，自明其著書之義例。温公通鑑無序，以宋神宗御製序在前也。錢大昕答馮集梧書，謂「古來紀傳編年之書，祇有本人自序，未有他人代爲之序者，蓋史以寓褒貶，其用意所在，惟著書人可以自言之」。按温公通鑑，原有釋例，凡三十六事，出于其曾孫伋之所輯，見四庫書提要中。釋例即著書用意之所在，不須自序，亦更不敢求他人作序也。

與朱蓮洋明經論修明通鑑書 同治壬戌

前奉來書，有石屋注史之役，聞之不禁狂喜！方欲條答，適有催租敗興之事，執筆中止。今更論之。

明史初稿係萬季野，其後横雲山人成之。季野當鼎革之際，嫌忌頗多，其不盡者，屬之温哂園，别成繹史。弟年來校證貴池書，搜輯明季野史無慮數百種，以明通鑑無書，慨然欲輯之。涑水通鑑，如禍水、冰山等語，皆自野史得來，若謂野史不可信，則正史何嘗無采自野史而折衷之者，安見登之正史遂無傳聞之誤乎！若以恩怨而言，則修史之初，半係先朝遺老，亡臣子孫，其中或以師友淵源，或因門户嫌隙。近閲明季稗史，參之官書，頗有本傳所記錚錚矯矯，而野史擯之不值一錢，亦有野史所記其人之本末可觀，而正史貶抑過甚者，豈非恩怨之由！貴在知人論世者折中一是耳。執事欲補注，勢不得不兼采稗野，旁及諸家文集、説部之書，而同異得失之間不能無辨，遂有一事非累幅不能了者。莫如擇野史之確然可信者，參之明史及明史紀事本末等書，入之正文，而以襍采稗乘疑信相參者，夾行注于其下，是即裴松之注三國志之例，亦即貴鄉彭文勤公五代史補注之例也。拙撰明通鑑，采野史者不過十中之一二，而其爲世所傳而實未敢信者，俱入之攷異中，其正史有未敢信而删之者，亦入之攷異中。四庫書提要謂温公特創此例，自著一書以明其去取之故，故較之三國志裴注又加擇焉。

前明一代關係之大事，非通鑑不足以經緯之，而庚申、建文二事，正史多不具。然歷代帝王，無以誕生之年得號者。此蓋如讖緯相傳，不知其何所自來而已。當元順帝在位之日，千喙一詞，至于權衡、余應，皆元末、明初人，焉有自述其先朝而妄加誣蔑者！況「庚申君」三字，已明見太祖詔旨，後又著其六更之讖于通鑑博論中。此當援錢虞山、萬季野及後來全謝山各家引證之書而補之，一也。

建文出亡，從亡、致身二録雖不可信，而明人野史，汗牛充棟，無以惠帝爲自焚者。自焚之語，僅見永樂實録，蓋即指后屍爲帝屍事也。惠帝之是死是遯，且不必論，而從亡之一百餘人，最著者四十餘人，豈皆子虚烏有！其不可信者，如袈裟薙刀藏於鐵匣，即有其事，亦從亡諸臣藉神道以聳聽耳。至于復還大内，則楊行祥冒名被縶，錮死獄中，已見正統實録，而王弇州諸人亦已辯之。今宜芟其不可信而信其所可信，此當據明史紀事本末遯國之前一段，而參之鄭端簡、朱文肅之紀載，闕其遯位以後而補其爲僧以前事，二也。

英宗北狩，除正史外，如北使録、否泰録、北狩事蹟、天順日録諸書，亦與正史大致符合，惟于忠肅不諫易儲及薛文清不救忠肅爲後世疑案。不知揆時度勢，人臣有不能得之于其君者，故先主東行，武侯追念法正，蓋自度其不能而言之，徒以僨事。況忠肅當日，又安知其無造膝之陳，引裾之泣乎！文清之于忠肅，亦知不可挽回，一經訟冤，則寸磔便成鐵案。此正其救忠肅之苦心，通儒如黄南雷尚不能知，何況其他！是宜撿郎氏七修類稿皇史宬一段，及御批三編論易儲一條補入之，三也。

大禮之議，楊、毛未必皆是，張、桂未必全非。然張、桂之罪，在尊孝宗爲皇伯考，浮于逆祀之夏父，而實自楊文忠「考孝宗以興獻爲皇叔父」之二語啓之。世宗之繼統在武宗，禰武宗而祖孝宗，此有三傳魯僖公之鐵案在，何至引宋濮議之不相類者，而令武宗之統絶，孝宗之世紊。至論濮議之涑水、伊川皆當世兩大儒，千秋而下，豈能爲之回護，謂其稱濮王皇伯考爲有典耶？伯父、叔父，乃天子謂其臣下之詞，而加之于所生則不倫。毛大可大禮一議，醇雜參半，記事之體，不宜妄下雌黄，而言之是非，人之邪正，亦宜稍有斷制，四也。

江陵當國，功過不掩。呰之固非，揚之亦非。明史所載，似不如紀事本末之據事直書，爲得其實。至于結馮保，搆新鄭，固不能爲之詞。而至援高拱自撰之病榻遺言，則直是死無對證語。高、張二人易地爲之，仍是一流人物。今但取正史可信者書之，而閏月顧命等詞，一律删汰，以成信史，五也。

妖書之獄，史不載憂危竑議之大略，亦似滲漏。至二次妖書，全無影響，直是沈一貫門客所捏造以搆歸德、江夏者，而會審皦生光一案，亦不似梃擊之詳。是宜取酌中志、先撥志始及毛大可之彤史拾遺記，節録其要，以成信讞，六也。

三案本末，後人悉付之疑案，實則梃擊非疑案也。張差之非風顛，千真萬確，故明史于王之寀一傳，全録供詞，破例載入。此似出四明特筆，而讀者猶不能無疑。及檢孫退谷春明夢餘録，則福清當日修光宗實録時，曾親質之張司寇，即張問達。司寇身在局中，親讞是獄。又，朝邑方甞其爲調停風顛者，而其答福清，一則曰「千真萬真，之寀所言無一不實」，又言「風顛飾詞，焉有持梃入東宮而出自風顛者」。據此數語，並見葉文忠集。則當日原奏調停，似出萬不得已，而問達亦以此得罪矣。夫梃擊既非風顛，則主使之人，鑿鑿可據。光廟寢疾，鄭貴妃在旁，又濟以同惡之李選侍，紅丸一事，安得不令人疑！既而宮車晏駕，閉門不納群臣，及至請見東宮，又被牽衣阻之，宜楊、左移宮之請不俟終日矣。今敘三案，必須詳明首一案以間執後世訕訕之口，七也。

三案無關于逆奄，而與争三案之人爲仇者，推刃于逆奄以報之。首翻梃擊者，楊維垣也；首翻移宮者，賈繼春也；合三案爲一以成要典之誣者，霍維華也。三人之惡不滅崔、倪，而奸險過之。乃逆案中概從末減，明史所載，亦多不實不盡。如以楊爲殉難，是不實也。賈之本傳，敍其前疏而遺其後疏，是不盡也。今宜檢兩朝從信録，撮其三疏之大略，著之于篇，明正其罪，八也。

逆案凡三易而後定：元年大計，一也；南北兩察，二也；爰書定案，三也。倪文正兩疏，是陰陽消長之一大關鍵，卒之正不勝邪，長垣見用，華亭、長山被黜，遂使烏程、韓城一輩人一手障日，翻案之根，實萌于此。此宜博采剥復、先撥二書及烈皇小識所載，以昭明季信史，九也。

甲申之變，正史語焉不詳，所記殉難諸臣，亦多遺漏。宜博采北略、繹史、綏寇紀略及甲申以後之野史，必使身殉社稷之大小臣工，悉取而登之簡策，以勸千秋忠義，十也。

舉此十事以概其餘，則執事補注及鄙人通鑑之役，豈可一日緩哉！定本尚俟異日，姑先舉其草創之大略，爲共從事于明史者商之，惟鑒不宣！

蓮洋，名航，高安人，中道光戊子副車。芷汀孝廉舲，其從弟也。芷汀之弟茂才舫，號芳洲，俱從事於明史。年來所購，凡坊間所未見者，都自其九芝仙館中借鈔，而芳洲同預於校讎之役者二年。又，山陰平景孫觀察步青，時任江西糧儲。所輯明季、國初，爲增補攷正數十事，其要者俱入攷異中，並識之。

明通鑑前編卷一

前紀一 起玄黓執徐（壬辰），盡著雍掩茂（戊戌），凡七年。

江西永寧知縣當塗夏燮編輯

太祖

元至正十二年（壬辰、一三五二）

1 春，二月，定遠人郭子興起兵于濠州。閏三月，甲戌朔，明太祖往歸之。太祖，姓朱氏，諱元璋，字國瑞。先世家沛，徙句容，再徙泗州。父世珍，始徙濠州之鍾離。生四子，太祖其季也。以元天曆元年戊辰九月丁丑生。母陳氏。方誕之夕，赤光燭天，里人望見，驚以爲火，輒奔救，至則無有，異之。比長，姿貌雄傑，志意廓然。至正四年甲申，里中大饑疫，父、母、兄相繼殁，貧不能葬，里人劉繼祖與之地，始克葬于鳳陽。太祖時年十七，無所依，乃入皇覺寺爲僧。踰月，游食合肥，道病，輒見二紫衣人與俱護視之，病已，遂不見。凡歷光、固、汝、潁諸州，三年復還寺。

當是時，元政不綱，盜賊四起。潁人劉福通奉韓山童，假宋後起汝、潁間；羅田人徐壽輝僭帝號，與其將倪文俊等起蘄、黄間；而黄巖人方國珍已先起海上。于是子興與其黨孫德崖等亦擁兵襲濠州，據之，攻掠郡縣。天下大亂。

太祖時年二十五，【考異】明史本紀，子興起兵于濠州，太祖時年二十四。按太祖以元天曆戊辰生，推至是年壬辰，當二十五，又上文言「至正甲申太祖年十七」，自甲申十七推至壬辰，亦二十五，又，太祖崩，年七十一，則「四」字誤也。謀避兵，卜於神，去留皆不吉。乃曰：「得無當舉大事乎？」卜之，吉，大喜，遂入濠州。抵門，門者疑爲諜，執見子興。子興奇其狀貌，與語，大悦，留置左右，爲親兵長。久之，甚見親愛，凡有攻伐，必召與謀，命之往輒勝。子興自是兵益盛。

初，宿州人馬公，與子興爲刎頸交。馬公卒，屬以季女，子興因撫之爲己女。至是欲以妻太祖，子興次妻張氏復趣之，曰：「今天下亂。君舉大事，正宜收召豪傑。吾見朱某誠異人，可與共功業，慎勿棄之，以資他人用。」子興意遂決，乃妻以馬公女，是爲孝慈高皇后。

2 秋，九月，元師大破李二于徐州。

二，蕭縣人，時號「芝麻李」，——因歲饑，家有芝麻一倉，盡以濟人，故名。維時元兵數爲徐壽輝所敗，二乃與其黨彭大、趙均用乘間攻徐州，據之。至是元丞相托克托舊作脱脱。大敗其衆，二走死，彭大、趙均用遂率潰衆奔濠州。【考異】明史本紀及郭子興傳皆作「彭大」，諸書作「彭早住」。徐氏通鑑後編辯證，謂早住乃彭大之子。元史順帝紀，至正十七年，書「趙君用及彭大之子早住同踞淮安」，明其時彭大已死而早住代之。蓋彭大之死，即在至正十三年，與均用相吞併，明實録誤作「早住死」，其實十三年之死者，即彭大也。故元史于十二年奔濠，書曰「老彭」，老彭，即彭大也。大以十一年與李二、趙均用同踞徐州，十二年敗後，與均用奔濠州。遂有均用執郭子興及太祖率興二子求救于彭大之事，皆據早住之父言之。語詳畢尚書續資治通鑑考異中。明史改早住爲彭大，亦據後編，今從之。

初，子興起濠，同事孫德崖等四人，與子興而五，各稱元帥，不相下。四人日事剽掠，子興意輕之，四人浸不悦，合謀傾子興。而子興多家居不視事，太祖乘間説曰：「彼日益合，我益離，久之必爲所制。」子興不能從。

及是大與均用至，德崖等以其故盜魁，有名，乃共推奉之，使居己上。大有智數，子興與之厚而薄均用。德崖等乃譖諸均用曰：「彼知有彭將軍耳，不知有將軍也。」均用怒，乘間執子興，幽于德崖家。太祖方在淮北，聞難歸，亟率子興二子訴于大，大曰：「我在，誰敢爾！」乃偕太祖詣德崖家，破械出之，使人負以歸。子興由是得免。

3 是冬，元將賈魯以兵圍濠州。時徐州已平，丞相托克托班師還，留魯追討餘寇，且謀復濠也。太祖乃請釋前憾，合力拒之。

4 是歲，徐壽輝連陷湖廣、江西諸郡縣，遂破昱嶺關，陷杭州，別將趙普勝等陷太平諸路，勢大振。然無遠志，所得多不能守。而劉福通初起，奉韓山童爲號，元遣吏捕山童，誅之，其子林兒，與母楊氏逃匿武安山中。福通遂據朱皋，破羅山、上蔡、真陽、確山，犯葉、舞陽，陷汝、寧、光、息，衆至十餘萬，元兵不能禦。時二軍皆以紅巾爲號，而壽輝據蘄水爲都，國號天完，建元始平。

十三年（癸巳、一三五三）

1 夏五月，壬午，元將賈魯卒于濠州軍中，元兵遂解圍去。太祖得間歸里中，募民兵七百人至濠，子興喜，署爲鎮撫。而是時彭、趙所部多暴横，子興力弱不能制，太祖憂之。

2 是冬，彭大、趙均用皆僭稱王，子興及德崖等爲元帥如故。太祖度濠事不可爲，乃以所部兵屬他將，而獨與徐達、湯和等二十四人謀略定遠，取滁陽。

達時年二十二，和長于太祖，皆濠人也。達在子興部下，獨識太祖，一見語合，和亦初從子興，以功授千户，至是並歸心于太祖。方南至定遠，道中遇病還，病已，復率達等行。【考異】通鑑輯覽書太祖起事，系之至正十三年之末，蓋下滁州張本也，明史本紀亦系之十三年，若畢氏宋元通鑑，則直于十三年七月書太祖取滁陽及道遇李善長事。按元史，賈魯圍濠州在至正十二年十二月，魯卒于軍中在十三年五月，元紀系之五月壬午，則在望後也。魯卒而濠圍始解，圍既解而後太祖始得歸里募兵。畢鑑謂以六月朔至濠，已失其實。蓋欲遷就取滁州之前一月，而不知取滁州實十四年之七月。檢吴樸龍飛紀略及谷氏明史紀事本末皆同。明史本紀及三編不過牽連並記，而輯覽系之十三年之末者，承上起下之書法，本無舛誤。而畢氏編年之體，直書之于十三年之七月，是據紀略、紀事二書之月分而改其年分，尤舛誤矣。且畢氏考異於十四年彭、趙陷盱、泗，引辯證云：「洪武實録于甲午七月克滁陽之下，書云：『未踰月，彭早住、趙均用邀上將兵守盱、泗』云云。」然則甲午七月之克滁州，證之實録，固明明在至正十四年。今據實録，參紀略及紀事本末書之。○彭、趙稱王，據畢氏考異引明實録辯證云：「滁陽王廟碑，言二姓稱王在壬辰奔濠之時，與實録異。以高帝紀夢考之，則云『明年元將賈魯死，城圍解。當年冬，彭、趙僭稱王。』『當年冬』者，癸巳之冬也。以時勢言之，二姓雖草草僭竊，亦當在元兵解圍之後，而不在自滁奔濠之日，當以實録爲正。」按辯證之説是也。廟碑因彭、趙奔濠，牽連並記，非太祖自述之語前後矛盾也。且二姓稱王，即太祖不欲留濠之張本，其同在十三年之冬明矣，今宜從實録。

3 是歲，元遣使招諭方國珍。

國珍自至正八年爲怨家所告，遂與其兄國璋、弟國瑛、國珉亡入海，聚衆數千人，劫運艘，梗海道，尋寇温州。元以博囉特穆爾舊作孛羅帖木兒。爲江浙行省左丞，督兵討之，兵敗，被執，乃遣大司農達實特穆爾舊作達識帖睦邇。招之降。會汝、潁兵起，元募舟師守江，國珍疑懼，復叛，襲台州，元兵擊退之。復亡入海，使人潛至京師賂諸權貴，仍許之降，授國珍徽州路治中。國珍不聽命，仍擁船千艘，在海中阻絶運道。

先是元諭江浙行省左丞特哩特穆爾舊作帖哩帖木兒。議招撫，浙東元帥府都事劉基持不可，曰：「國珍首亂，赦之無以懲後。」左丞稱善，聞于朝，進基行省都事。至是國珍以賂故授官，遂坐基擅持威福，奪職，羈管紹興。自是國珍益不可制。——基，青田人。

4 泰州白駒場鹽丁張士誠反。

士誠有弟三人，並以操舟運鹽爲業，緣私作姦利，頗輕財好施，得群輩心。常鬻鹽諸富家，富家多陵侮之，或負其直不酬，而弓手邱義更窘辱之。士誠忿甚，即率諸弟及壯士李伯昇等十八人殺義，並滅諸富家，縱火焚其居，入旁近場，招少年起兵。時諸丁方苦重役，遂共推士誠爲主。

初陷泰州，元高郵守李齊諭降之，復叛，殺元行省參政趙璉，陷興化，結寨德勝湖，有衆萬餘，元遣人以萬户告身招之，不受。至是紿殺齊，襲據高郵，自稱誠王，僭號大周，建元天祐。

十四年（甲午、一三五四）

1 太祖率諸將徐達等南徇地至定遠。有張家堡者，集民兵三千人爲驢牌寨，孤軍乏食。太祖欲因其饑，撫而降之，選騎士費聚等從行。聚覘其兵盛，請益人，太祖曰：「多無益，祇取疑耳。」直前行，下馬渡水而往，諭以恩信。其帥許諾，請留物爲券，太祖立解佩囊與之，卒猶豫不至。乃簡兵三百人薄營，誘執其帥。衆懼，請焚其壘，悉降之。

時定遠人繆大亨者，集民兵二萬，屯橫澗山，元授爲義兵元帥，又遣張知院共督之。太祖既得驢牌之衆，命花雲率之，夜襲其營，知院敗走。遣人説大亨，悉率所部來降。于是軍聲大振。——雲，懷遠人，貌偉而黑，驍勇絶倫，從行二十四人中之一也。【考異】畢氏通鑑記收兵定遠事于十三年，今據龍飛紀略，改入十四年。太祖以是年七月下滁州，則收兵在春夏間，今並系之秋七月克滁州前。○橫澗山之屯，明史本紀以爲張知院。紀事本末以爲繆大亨，畢氏通鑑從之。證之明史繆大亨傳，言「大亨初爲元義兵，與張知院同守橫澗山」。據此，則義兵爲大亨所收集，而元又遣張知院督之也。今並書之。「二萬」，諸書或作「三萬」，今據本紀。

2 太祖將自定遠謀取滁州，道遇定遠人李善長，與語，悦之。嘗從容詢天下當何時定，善長對曰：「秦亂，漢高祖起布衣，豁達大度，知人善任，不嗜殺人，五載遂成帝業。今元政不綱，天下土崩瓦解。公濠產，距沛不遠，山川王氣，公當受之。法其所爲，天下不足定也。」太祖稱善，遂留爲記室，參預機謀。【考異】明史本紀：「道遇定遠人李善長，與語，大悅，遂與俱攻滁州，下之。」善長傳但云「迎謁」，其下亦云「從下滁州」。據此，則「道中」者，即定遠至滁陽之路。從下滁陽，則迎謁在略定遠之後，取滁州之前。畢氏通鑑皆系之至正十三年，今改入十四年。其事當在春、夏間，並敘入是年七月前。

3 秋七月，太祖自將攻滁州，使花雲爲前鋒，以數騎導大軍行，猝遇賊數千，雲舉鈹翼太祖，拔劍躍馬。衝突而過。賊大驚，皆曰：「此黑將軍勇甚，其鋒不可當也！」大軍繼進，遂克滁陽，因駐師焉。

4 是月，朱文正、李文忠先後來歸。

文正者，太祖兄子；文忠，姊子也。文正奉母避亂，在塗與太祖相失。文忠母死，其父攜之，走亂軍中，頻死者數矣，至是俱至，謁太祖于滁陽，太祖喜甚。文忠年方十四，牽上衣而戲，太祖曰：「外甥見舅如見母也。」

時有沐英者，定遠人，方十歲，父母俱亡，太祖憐之，令高后育之爲子，遂與文忠俱賜姓朱。【考異】諸書記文正、文忠來歸，皆在太祖取滁州之後，或系之七月，或系之八月，然（取）〔皆〕在至正十四年也。畢鑑誤系克滁州于十三年，而文忠來歸，仍入之十四年。不知文忠至滁之年，即太祖取滁州之年，畢鑑歧誤也。

5 太祖既下滁州，分兵收沿山諸寨，皆降之。

時彭、趙在濠並爲王，數（有争相）〔争權相〕鬥。大中流矢死，均用欲并其部曲，專很益甚。大子早住，代領其衆，爲均用所持，乃謀挾郭子興攻盱眙、泗州，將害之。

太祖時在滁，遣人説均用曰：「大王昔困彭城，投于濠，郭公開門而納之，以有今日。今不思報德，反聽細人言，自翦羽翼，失豪傑心，竊爲大王不取也。且郭公即易與，其部曲猶有强者，殺之，得無後悔乎？」均用聞太祖兵甚盛，憚不敢發。太祖又使人賂其左右，子興用是得免，乃率其所部萬餘，就太祖于滁州。【考異】畢氏通鑑書彭、趙陷盱、泗于十四年之六月，此恰不誤，惟以爲克滁州之次年，而不知克滁州之同在十四年也，辯已見前。至彭、趙稱王，乃十三年濠圍既解之後，是年則彭大已死而早住代之，畢氏又誤以十三年之稱王者即是早住，亦誤也，今並刊改。○盱、泗之陷，諸書有以爲張士誠之兵，故畢氏引實録辯證之説，謂「士誠方起高郵，攻揚州，豈能遽及盱、泗？其爲濠兵無疑也。」按明史子興傳，言「趙均用脅子興以攻盱、泗。太祖既取滁州，乃遣人説均用以免」，今據之。

6 是冬，元托克托與張士誠戰于高郵城外，大敗之。【考異】明史本紀，士誠敗于高郵在十月，畢鑑在十一月，今統系之是冬。

時濠兵方據六合。托克托遣兵圍之。事急，濠兵遣使求救于滁州。郭子興與其帥有隙，怒不發兵。【考異】明史本紀，「分兵圍六合」，未詳據六合者爲何兵。據畢鑑，是年九月，濠州兵陷六合縣，證之子興傳，所謂「與其帥有隙」者，即指趙均用、孫德崖輩也，今從之。太祖曰：「六之與滁，脣齒也。六合破，滁豈得獨存，可以小憾而廢大事乎！」

時元兵號百萬，諸將莫敢往，太祖自率師趨六合，與耿再成守瓦梁壘。元兵攻壘，日暮垂陷，詰朝再攻，則完壘如故，尋設伏誘敗之。然度元兵勢盛，且再至，乃還所獲馬，遣父老具牛酒犒師，謝元將曰：「守城，備他盜耳。奈何舍巨寇，戮良民！」元兵引去，城賴以完。

托克托既破士誠，軍聲大振，會中讒，遽解兵柄，于是江淮亂益熾。

7 郭子興之至滁也，太祖謹事之，敕諸軍稟其號令，稱滁陽王。而子興性悻直少容，方事之殷，輒就太祖取進止，倚如左右手，事已，更信讒疏之，凡太祖左右任事者，悉召之去。又欲收李善長置麾下，善長涕泣自訴，不肯從。

自是征討之權，太祖皆不得預，屢出戰，不敢當先，子興謂其無勇。使與諸將出禦敵，敵至，諸將皆反走，太祖從容擊却之，所向披靡，子興亦內愧。

而諸將自外歸，皆有所獻，太祖所至禁剽掠，有得即分之麾下，遂一無所獻，子興浸不悅。高皇后知之，乃悉所有遺子興次妻張氏，張喜，由是疑釁漸釋。

8 是歲，太祖取滁陽，滁人范常，杖策謁軍門。太祖夙知其名，與語，意合，留置幕下，有疑輒問，常悉以實對。

又得二將，曰鄧愈，曰胡大海，皆虹縣人也。愈據臨濠，承父兄没，衆推領軍事，年甫十六。每戰，必先登陷陣，軍中咸服其勇。太祖起滁陽，愈自盱眙來歸，授領軍總管。大海長身鐵面，智力過人。聞太祖起，走謁滁陽，命領軍爲先鋒。

又定遠馮氏兄弟二人，曰國用，曰國勝，自幼俱喜讀書，通兵法，元季結寨自保。太祖略地至妙山，國用、國勝偕來歸，甚見親信。太祖嘗從容詢天下大計，國用對曰：「金陵龍蟠虎踞，帝王之都，先拔之以爲根本。然後四出征伐，倡仁義，收人心，勿貪子女玉帛，天下不足定也。」太祖大悦，俾居幕府。

十五年（乙未、一三五五）

1 春，正月，滁兵乏糧，諸將議所向，太祖曰：「困守孤城，誠知非計。今惟和陽可圖，然城小而堅，可以計取，不可以力攻也。向所得廬州寨兵三千，使爲前導，令皆椎髻左衽，衣青衣，佯爲北軍。以四駝裝載貨物，而聲言廬州兵送使者入和陽賞賚將士，和人必開門納之。因别以兵萬人，皆衣絳衣繼其後，約相距十餘里。候青衣兵薄城，舉火爲應，絳衣兵即鼓行而前，破之必矣。」子興從其計，使張天祐將青衣兵，趙繼祖爲使者前行，耿再成將絳衣兵繼其後。

天祐，子興妻弟也。行至陡陽關，和陽父老以牛酒出迎。天祐兵從他道就食，舉火稍遲。再成意其已入城中，遂率衆直抵城下，元兵亟閉門，縋將士出戰。再成敗，中矢走。元兵追至千秋壩，日暮，收兵還，而天祐適至，與元兵遇，亟擊敗之。追至小西門，縋梯尚在，湯和乘之而登，將士繼之，遂克和州。

再成敗歸，謂天祐等必已陷沒，子興恐。俄又報元兵入滁，遣使招降，子興亟召太祖與謀。太祖趣呼使者入，以計懾而遣之，乃議收集散卒，仍規取和陽，比至則天祐已據城矣。是時鎮撫徐達、參謀李善長率驍勇先行，太祖繼至，遂入城中，撫定其民，民皆按堵。

2 太祖既得和州，子興檄之總軍事。時諸將皆子興部曲，不相下，惟湯和奉命唯謹，李善長亦委曲調護之。

太祖欲以計服諸將，祕其檄，期旦日會聽事。時席尚右，諸將先入，皆踞右。太祖故後至，就左，比視事，剖決如流，諸將多瞠目不能發一語，始稍稍詘。乃議分工甓城，期三日。太祖先成，諸將皆後，于是太祖始出檄，南向坐，語諸將曰：「奉主帥命總諸公兵。今甓城皆後期，如軍法何！」諸將皆皇恐謝。

所部兵多不戢，范常言于太祖曰：「得一城而使人肝腦塗地，何以成大事！」太祖乃切責諸將，悉搜軍民所掠婦女還其家，民大悦。

3 三月，元兵十萬攻和州，太祖以萬人拒守，間出奇兵擊之，元兵數敗，多死者，乃解去。

而是時元太子圖沁，舊作禿堅。樞密副使弁珠瑪，舊作絆住馬。民兵元帥陳埜先，分屯新塘、高望、雞籠山等處，阻我餉道，太祖率諸將擊走之。

4 濠州舊帥孫德崖乏糧，率所部就食和州，太祖納之。子興故與德崖隙，聞之怒，自滁至和，德崖亦不自安，謀引去。前軍已發，而德崖留視後軍。太祖送其先發者。行三十里，忽城中走報，滁軍與德崖鬥，德崖爲子興所執。太祖大驚，策騎欲還，而先發之衆遽擁太祖行，數里，遇德崖弟，欲加害，有張某者力止之。于是傳言太祖亦被執，子興聞之，如失左右手。徐達請挺身往代，太祖得脱歸。子興憾德崖甚，將甘心焉，以太祖故，勉釋之。德崖既去，達亦免歸。

5 是月，子興以德崖故悒悒病卒，太祖代領其軍。

先是，劉福通物色韓林兒，得之碭山夾河，迎立爲皇帝，又號小明王，建都亳州，國號宋，建元龍鳳。以杜遵道、盛文郁爲丞相，福通爲平章。遣人招滁、和諸將，惟張天祐往。至是天祐自亳歸，齎丞相檄授子興子天敘爲都元帥，天祐右副元帥，太祖左副元帥。太祖慨然曰：「大丈夫寧能受制于人耶！」不受。【考異】據明史林兒傳，僭號改元在是年二月，太祖本紀系之三月郭子興卒之下，蓋因檄授天敘等牽連並記也。時張天祐至亳，亳中始知子興已卒，故檄授子興之子。畢氏通鑑入之四月，今據明史本紀系之三月子興卒下。○諸書皆云「子興卒，太祖代領其軍。」證以是年正月「子興檄太祖總軍事」之語，則代領其軍，即出自子興之遺命可知也。畢鑑則言「子興卒，諸將推子興子天敘爲元帥。時孫德崖以宿將代統其軍，天敘恐不能制，乃以書邀太祖爲己助」云云，此蓋因龍鳳檄中有「授天敘爲都元帥」之語而致誤。其實滁、和乃太祖自取，子興方往依之。子興既没，太祖代總其軍，天敘擁空名而已。若孫德崖已去，即令再至，諸將亦必不推子興之仇而與之共事也，今仍據明史紀傳。既，念林兒勢盛可倚藉，因奉宋龍鳳年號以令軍中。

論曰：大丈夫不受制于人，太祖之志可見矣。然不受其官爵，則何以猶奉其年號哉！況奉其年號，則固稟其正朔矣。若謂其勢盛可倚，則大丈夫不受制于人者，又豈肯因人以成事！若謂十二年之久，使命不通，軍書不報，彼林兒（因）〔固〕無能爲，而劉福通方憑藉宋號，以爲奇貨之居，肯使太祖之陽奉其名而陰收其利哉！然則實録但言「太祖奉年號」而其餘皆不及者，諱之也。

予謂太祖之不受副元帥，則以子興之子天敘爲都元帥，不欲受制以掣軍事之肘而已。若自下太平、集慶後，林兒固已檄之爲平章，爲丞相，而吴國公雖係諸將所奉，亦必稱龍鳳之制以授之。——辨見考證中。

惟是太祖起兵，不藉林兒尺寸之力，而徒奉其年號，則已失之，又豈有奉其年號而不受其封拜者乎！若使不奉林兒，則異日瓜步沈舟，亦與友諒之中流矢，士誠之縊弓絃，同爲帝王之驅除而已，何至以廖永忠一獄，啓千古之疑，終爲盛德之累哉！予是以惜太祖此舉不能慎之于始也。

6 夏，四月，懷遠人常遇春來歸。遇春貌奇偉，勇力絶人，猿臂善射。初從劉聚爲盜，察聚終無成，聞太祖在和陽，往覘之。未至，困卧田間，夢神人披甲擁盾呼曰：「起，起，主君來！」驚寤而太祖適至，即迎拜，屈事之。無何，自請爲前鋒，太祖不許。固請，乃曰：「能相從渡江乎？取太平後，事我未晚也。」

7 太祖駐和陽久，城中數乏糧，與諸將謀渡江，無舟楫。會巢湖有廖永安、俞通海及趙普勝，擁衆萬餘，水軍千艘。當元季盜起，通海之父廷玉，率通海兄弟及永安等結水寨以禦寇，而是時元將左君弼據廬州，數爲所扼。五月，丁亥，遣通海間道納款。太祖喜曰：「方謀渡江，而巢湖水軍適至，此天贊我也！」親往收其軍。永安迎于巢湖，其弟永忠，年方少，從兄後，太祖顧之曰：「汝亦欲富貴乎？」永忠對曰：「獲事明主，掃平寇亂，垂名竹帛，是所願耳。」太祖嘉之。

壬辰，太祖登舟，出湖口，至桐城閘。有元兵中丞曼濟哈雅，舊作蠻子海牙。集樓船扼之于馬腸河口，普勝中叛，通于元。永安等請以舟師屯黃墩，先攻曼濟哈雅。會天大雨，水漲，遂從小港縱舟出。敵船高大，進退不利，而永安、通海等素習水戰，操舟若飛，再擊再敗之。遂出大江，至和州，于是渡江之策始定。

8 六月，太祖率諸將渡江。廖永安請所向，太祖曰：「牛渚前臨大江，敵難爲備，攻之必克。從此北取采石，定太平，則集慶可圖也。」乙卯，乘風引帆，直達牛渚。太祖亟趣軍士鼓勇徑趨采石。

時元兵皆陣于磯上，舟距岸且三丈許，莫能登。常遇春飛舸至，太祖麾之前，應聲挺戈躍而上，大呼跳盪，守者披靡。諸軍從之，遂拔采石，沿江諸壘望風迎降。

維時諸將以和州饑，欲取資糧而歸，太祖謂徐達曰：「渡江幸捷，若舍而歸，再舉必難，江東非吾有也。」乃悉斷舟纜，放急流中，舟皆順流東下，謂諸將曰：「太平甚近，當與公等取之。」遂自官渡向太平，直薄城下，縱兵急攻。元兵戰不勝，平章、僉事皆棄城走。丙辰，克之，執萬户納克楚。舊作納哈出。太平路總管靳義出東門赴水死，太祖曰：「義士也。」令棺葬之。

先期命李善長爲戒飭軍士榜，及入城，揭之通衢。一卒違令，立斬之，城中肅然。

9 太祖之至太平也，當塗陶安，舉元鄉試，方避亂家居，與耆儒李習率父老出迎。安見太祖，謂習曰：「龍姿鳳質，非常人也。我輩今有主矣！」

至是太祖召安語時事，安因獻言曰：「方今四海鼎沸，豪傑並争，攻城屠邑，互相雄長。然其志皆在子女玉帛，非有撥亂救民安天下之心。今明公率衆渡江，神武不殺，以此順天應人而行弔伐，天下不足平也。」太祖曰：「吾欲取金陵，如何？」安對曰：「金陵帝王之都，龍蟠虎踞，限以長江之險。若據其形勝，出兵以臨四方，何向不克！此天所以資明公也。」太祖大悦，禮之特厚。

于是改太平路曰府，置太平、興國翼元帥府，自領元帥事。以李善長爲帥府都事，汪廣洋及安皆爲帥府令史，參幕府事，仍稱宋龍鳳年號。【考異】據明史本紀「置太平、興國翼元帥府，自領元帥事」，是此時之元帥，曰興國，曰太平，惟太祖一人，而郭天敘、張天祐皆不預焉。無論林兒之檄，太祖之果受與否，而是時已自置元帥府，則龍鳳亦將如其所自置者授之矣。而畢氏通鑑删去「太平、興國翼元帥」之語，然則下文所謂「帥府都事」「帥府令使」者，果何人之帥府乎？又云：「時三帥雖共府署事，而運籌決策皆出自太祖，」據此，則似太祖仍與天敘、天祐爲三帥，而太祖仍居左副元帥之任，一國三公，此必不然者也。再檢畢鑑，是年九月，郭天敘、張天祐攻集慶，不克而死，下書云：「二帥俱没，諸將遂奉太祖爲都元帥」，此蓋遷就上文「三帥共府署事」之語。不知滁、和皆太祖自取，不藉濠兵尺寸之力。故林兒檄之爲左副元帥猶且不受，曾謂既取太平，仍推天敘爲都，天祐爲右，待二人没而後自爲之？

此尤不然者也。今據明史本紀。○陶安參幕府事，語見本紀，而不言所授何官。證之安傳，則云「留參幕府，授左司員外郎」。此沿野史之誤也。今檢陶學士集，集首載「龍鳳四年十月，劄付都事陶安」。龍鳳四年，乃至正十八年，安授都事，則其進左司員外及郎中，皆四年十月以後事。考明史職官志，行省都事正七品，員外正六品，郎中正五品，是員外正都事之進階，而都事之下則令史也。是年克太平，授李善長爲都事，汪廣洋爲令史。都事、令史，皆幕府之僚屬，則安之所授，亦必令史之官。明年克金陵，應陞都事，而其年學士以憂歸。故太平府志謂「學士以至正十八年（即龍鳳之四年）服闋授行省都事」，正與集中「龍鳳四年劄授都事陶安」之語合，而至于進左司員外及郎中，又在龍鳳四年十月以後可知也。又，證之集首所載劉辰國初事蹟，言「克太平，授安令史，後陞都事」云云，則本紀所云「參幕府事」者，乃授之令史，非員外也，今據之。

以李習爲太平知府，——習時年八十餘矣。

是時太平四面皆元兵。元將曼濟哈雅、阿嚕輝舊作阿嚕灰。等以巨舟截采石，閉姑孰口，而義兵元帥陳埜先與蘄人康茂才，以數萬水陸之師，分道寇城下。太祖遣徐達、湯和、鄧愈逆戰，別出奇兵自後夾擊之，遂設伏禽埜先以歸。

10 秋七月，陳埜先至，太祖解其縛而釋之。埜先問：「生我何爲？」太祖曰：「天下大亂，豪傑並起。勝則人附，敗則附人爾。既以豪傑自負，豈不知生爾之故！」埜先曰：「然則欲我軍降乎？此易爾。」乃爲書招其軍，明日，皆降。

曼濟哈雅等見埜先敗，不敢復進攻，率其衆還屯峪溪口。

11 八月，太祖命鎮撫徐達等分道徇溧水、溧陽、句容、蕪湖，皆下之。諸將謀進攻集慶路。

而埜先既發書招其衆降，自悔失計，及聞攻集慶，謀脱歸。太祖召之至，語之曰：「人各有心。從元從我，不相强也。」縱之還。

埜先復收餘衆，屯于板橋，陰與元行臺御史大夫福壽合，乃爲書報太祖，歷言長江進兵不易及晉、隋取東南持久之難。太祖知其詐，以書報之曰：「歷代之克江南者，皆以長江天塹，限隔南北，故須會合舟師，方克成功。今吾渡江，據其上游，扼其咽吭，豈晉、隋當日形勢所可同年語邪！」埜先卒不從。

12 九月，郭天敍、張天祐帥諸軍進攻集慶，埜先自板橋馳至，與元兵合，天敍、天祐皆戰死。埜先追襲至葛仙鄉，爲鄉民所殺，其從子兆先復收其衆屯方山，與哈雅犄角以窺太平。【考異】本紀但云「子興子天敍」，而據子興傳，言「子興三子，長子前戰死，次天敍、天爵。」是天敍乃子興次子，畢氏通鑑以天敍爲子興長子。又陳兆先，本紀作「埜先從子」，紀事本末及畢鑑皆作「埜先子」，今從明史。

13 冬，十二月，壬子朔，太祖釋元萬户納克楚北歸。

納克楚者，元故太師穆呼哩裔孫也。舊作木華黎。初獲時，待之甚厚，而納克楚居常鬱鬱不樂。至是太祖召語之曰：「爲人臣者，各爲其主，況爾有父母妻子乎！」遂縱之歸。

14 是月，元師大敗劉福通于太康，遂圍亳州，福通挾林兒走安豐。

十六年（丙申、一三五六）

1 春，二月，壬子朔，張士誠遣其弟士德陷平江路，並陷湖州、松江、常州諸路。改平江曰隆平府，士誠自高郵徙都之，毀承天寺佛像爲王宮。【考異】畢氏通鑑言「元史月而不日，徐氏後編據太祖實録書于是月之朔，今從之。」

2 丙子，太祖自將攻元曼濟哈雅于采石，大破之。

時哈雅以舟師屯據采石，我軍輜重皆在和州，江道中梗。太祖令常遇春以奇兵分其勢，自將正兵與之戰，戰則出奇兵擣之，縱火焚其舟艦，哈雅僅以身免。自是扼江之勢遂衰。

3 三月，辛巳朔，太祖督諸將攻集慶路，水陸並進。至江寧鎮，攻破陳兆先營，盡降其衆凡三萬六千人。禽兆先，尋釋之。

一時降者多疑懼不自安，太祖命簡其驍健者，得五百人，使居帳下。是夕，令入宿衞，環榻而寢，悉屏左右，獨留典親兵馮國用一人侍卧榻旁，太祖解甲酣寢達旦，衆心始安。

庚寅，進兵圍集慶。國用率五百人先登陷陣，大敗元兵于蔣山，入其郛。元御史大夫福壽督兵出戰，數敗，力不能支。城破，猶督兵巷戰，坐伏龜樓指麾左右。或勸之走，叱而射之，曰：「吾爲國家重臣，城亡與亡，尚安往哉！」頃之，兵四集，遂遇害。元參政伯嘉努、舊作伯家奴。達嚕噶齊舊作達魯花赤。達尼達斯「斯」，舊作「思」。亦死之。又有治書侍御史賀方，以文學名，同時殉焉。【考異】諸書但記福壽之死，餘皆不載。證之明史陳友定傳，言「明兵攻集慶，福壽戰死于兵，參政伯家奴，達魯花赤達尼達思皆戰死」。又檢畢鑑，有達尼達斯而軼去伯嘉努。又，治書侍御史賀方，明史亦佚之，今據增入。

曼濟哈雅遁歸，與張士誠合。康茂才欲奔鎮江，追及之，遂率其衆降，凡得軍民五十餘萬。

太祖入城，召官吏、父老諭之曰：「元失其政，所在紛擾。今我之來，爲民除亂耳，其各安堵如故。賢人君子有能相從立功者，吾禮用之。舊政有不便者，吾除之。吏毋貪暴殃吾民。」民乃大喜。

改集慶路曰應天府。置天興、建康翼統軍大元帥府，以廖永安爲統軍元帥。辟儒士夏煜、孫炎、楊憲等十餘人。葬元御史大夫福壽以旌其忠。

4 太祖既定金陵，欲發兵取鎮江，慮諸將不戢士卒爲民患，乃佯怒，數諸將之縱軍士者，欲置之法，都事李善長力救，乃解。

尋命徐達爲大將軍，委以東下之任，戒之曰：「吾自起兵，未嘗妄殺。卿宜體吾心，戒戢士卒，城下之日，毋焚掠殺戮。有犯命者，處以軍法，縱者罰毋赦！」

達頓首受命行。

丙申，攻鎮江，丁酉，克之。元苗軍元帥楊鄂勒哲舊作楊完者。出走，守將段武、平章定定戰死。達等自仁和門入，號令嚴肅，城中晏然。尋分兵徇金壇、丹陽，皆下之。改鎮江路曰江淮府，命達及湯和爲統軍元帥，鎮守其地。已，復改江淮府曰鎮江府。

5 夏，六月，太祖命總管鄧愈率邵成、華雲龍等攻廣德路，下之，改曰廣興府，以愈爲廣興翼統軍元帥鎮守。

6 秋，七月，己卯朔，諸將奉太祖爲吳國公，以元御史臺爲公府。是時宋龍鳳亦遣人稱制授太祖平章政事、右丞相。【考異】諸書所記，皆有「行丞相事及平章政事」之語，證之太祖自撰朱氏世德碑，言龍鳳降制，贈其祖已上曰中書右丞相，考曰平章右丞相，其爲克集慶所授太祖之官爵可知也。徐氏後編則並以江南行省亦係宋置，具詳考證中。按太祖既用龍鳳年號，則無論太祖自稱及諸將所奉，皆稱龍鳳制行之，既得天下，史臣諱言之耳。後編云云，非無據也。

于是置江南行中書省，太祖自總省事。以李善長、宋思顏爲參議，李夢庚、郭景祥、侯元善、楊元杲、孔克仁、陶安、阮弘道、王愷、欒鳳、夏煜等數十人爲左右司郎中、員外、都事、令史等官。尋又置江南行樞密院，以徐達、湯和同僉樞密院事。置帳前親軍，以馮國用爲總制都指揮使。復置左、右、前、後、中五翼元帥府及五部都先鋒。置提刑按察司，以王習古、王德爲僉事。【考異】據明史宋思顏傳，「省中官數十人，思顏與李善長爲首，其次則李夢庚、郭景祥等」云云。又據明史紀事本末，「授李夢庚、陶安等爲左右司郎中、員外、都事等官」。據此，則參議之下有此數等，即此數十人所授之官秩也。安以克太平授令史，則克金陵應進都事，而明史安傳「以克太平授員外，克金陵進郎中」云云，皆誤也，辨見前。

7 太祖之下集慶也，慮張士誠在平江，梗我東道，乃遣儒士楊憲通好，貽士誠書曰：「昔隗囂稱雄于天水，今足下擅號于姑蘇，事勢相等，吾深爲足下喜。睦鄰守境，古人所貴，竊深慕焉。自今信使往來，毋惑讒言以生邊釁。」士誠得書，以太祖比之隗囂，不悦，留憲不報。

初，常州有奔牛鎮人陳保二者，聚衆鄉里，皆以黄帕裹首爲識，號「黄包軍」。及徐達克鎮江，保二降。未幾，士誠脅之叛，令以舟師助攻鎮江。是月，達等邀擊于龍潭，大破之。士誠復寇宜興，守將耿君用以争栅中槊死，宜興入于士誠。

太祖聞之，諭達等曰：「張士誠起于負販，譎詐多端。今來寇鎮江，是其交已變。宜速出軍毘陵，先發制之。」達等乃率師攻常州，不克下，請益師，太祖復遣兵三萬往助之。

8 徵元人秦從龍于鎮江。

從龍，洛陽人，仕元爲校官，累遷江南行臺侍御史。會兵亂，避居鎮江。徐達之東下也，太祖語之曰：「鎮江有秦元之者，材器老成，城下之日，當爲吾訪之。」至是達得之，還報，太祖喜甚，命朱文正齎文綺造其廬聘焉。既至，太祖迎之于龍江。居從龍于西華門外，事無大小悉咨之。從龍每以筆書漆簡，問答甚密。太祖呼爲先生而不名。

9 九月，戊寅，太祖如鎮江謁孔子廟。分遣儒士告諭鄉邑，勸農桑。尋還應天。

10 是月，徐達、湯和等進兵攻常州，士誠遣將來援。達語諸將曰：「士誠師甚鋭，不可當，吾當以計取之。」乃于距城十八里之地，分設伏兵奇兵以待之，而自督大師與之戰。鋒既交，王均用率鐵騎横衝其陣。陣亂，反走，遇伏兵突起，大敗之，禽其張、湯二將。士誠始懼。【考異】畢氏通鑑系圍常州于七月，紀事本末系之九月。證之明史本紀：「七月，士誠引兵攻鎮江，徐達敗之，進圍常州，不下。」是圍常州始于七月，而敗士誠之兵及獲其張、湯二將，皆七月以後事也。畢鑑言「達攻常州，請益師，太祖遣兵三萬往助之」，則與本紀「攻常州不下」之語合。請兵往返，必需時日，則攻士誠兵當在九月，而士誠以十月請和，其爲敗後可知也。至太祖貽士誠書，乃在下集慶後，取鎮江前，畢鑑系之六月乙亥，是也。紀事本末系乙亥貽書于九月下，是年九月亦無乙亥，此舛誤也。今分系攻常州于七月，並敍貽書在前事，其敗士誠兵，仍系之九月。○獲張、湯二將事，見明史徐達及張士誠傳，但張、湯二將不著其名。據龍飛紀略、皇明通紀、紀事本末，皆以是年所獲之張將即士誠之弟士德也，故紀事本末又言「十月復敗士誠弟士信于舊館，禽其驍將湯元帥。」是張、湯二將，諸書皆以爲張士德、湯元帥。而證之明史徐達傳，言「明年克常州，徇宜興，使前鋒趙德勝下常熟，禽士誠弟士德」，又，趙得勝傳亦云：「攻常熟，禽張士德。」據此，則士德被禽乃十七年下常熟時，非是年所獲張、湯二將中之張將可知，而士德被禽乃在常熟，並非常州，又可知也。輯覽亦據明史系禽張士德于十七年三月克常州後。則諸書以十六年所獲爲士德者，因張、湯二將之語而臆度以爲張士德，誤矣。若傅氏明書，則于攻常州下書云：「禽其弟士德并其張、湯二將軍」，則是獲兩張將矣。又證以十月所獲之張德，豈非三張將乎？畢鑑删去「獲張、湯二將」之語，但于是冬記禽張德事，而仍系禽張士德于十七年下常熟時。予謂張德單名偶同，野史遂誤以爲士德，因而展轉淆訛，則以爲士德之外又有張德，今從明史列傳，餘皆不取。

11 冬，十月，戊申，張士誠遣其下孫君壽奉書至建康請和，願歲輸糧二十萬石，黃金五百兩，白金三百觔，以爲犒軍之費。太祖答書，責其歸我楊憲，歲輸五十萬石，且曰：「大丈夫舉事，宜赤心相示，浮言夸詞，吾甚厭之！」士誠得書，復不報。

12 十一月，士誠誘我新附兵七千人叛而相應，遂圍徐達于牛塘。達勒兵與戰，不克，副帥常遇春亟率廖永安、胡大海自外來援，夾擊，大破之，餘兵奔入城。士誠復遣其(兵)〔將〕呂珍潛入常州拒守，達等復進軍圍之。

13 十二月，寧國長槍元(師)〔帥〕謝國璽攻廣興，鄧愈擊敗之，俘其總管武世榮，獲甲士千餘人。尋遣裨將費子賢分徇武康、安吉等縣。

14 是歲，徐壽輝將倪文俊，建僞都于漢陽，迎壽輝居之。文俊爲丞相，專制國事。時有陳友諒者，沔陽漁家子也。本謝氏，祖贅于陳，因從其姓。少讀書，略通文義。有術者相其先世墓地，曰法當貴，友諒心竊喜。嘗爲縣小史，非其好也。壽輝兵起，友諒往從之，依文俊麾下爲簿掾，從戰，數有功，至是亦進領兵元帥。

十七年（丁酉、一三五七）

1 春，二月，丙午朔，遣耿炳文自廣德進攻長興。炳文，君用子也。君用既死，令炳文襲其父總管職，領其軍。時張士誠遣其將趙打虎以兵三千迎戰，炳文敗之，追至城西門，打虎走湖州。戊申，克之，禽其守將李福安等，獲戰船三百餘艘。長興據太湖口，陸通廣德，與宣、歙接壤，爲江、浙門户。太祖得其地，大喜，改曰長安州。立永興翼元帥府，以炳文爲總兵都元帥，守之。

2 徐達等圍常州既久，呂珍入城，城中糧頗足，以誘叛軍入，因之兵多糧少，不能自存。達等攻之益急，珍宵遁。

三月，壬午，克常州，改常州路曰常州府。立長春樞密院，進達僉樞密院事，以湯和爲樞密院同僉，統兵鎮守。【考異】紀事本末作「三月戊午」。按是年二月丙午朔，戊午乃二月十三日，三月無戊午也。畢氏通鑑作「壬午」，今從之。

[3]夏，四月，統軍元帥徐達、常遇春等攻寧國，長槍元帥謝國璽棄城走，守將拜布哈、舊作別不華。楊仲英等閉城拒守。城小而堅，攻之久不下，遇春裹創而戰。太祖聞之，丁卯，親至寧國督師，命造飛車，前編竹爲重蔽，數道並進。布哈、仲英見事急，開門迎降，遂克之。百户張文貴「張」，一作「朱」。殺其妻妾，自刎死。禽其元帥朱亮祖，得軍士十餘萬，馬二千匹。【考異】據明史本紀「四月丁卯，自將攻寧國」，則太祖以四月丁卯至寧國也。紀事本末、畢氏通鑑皆同，惟通鑑輯覽系之五月。蓋是時攻寧國久不下，太祖以丁卯至，已在四月下旬，是則輯覽據其克寧國之月書之耳。拜布哈之降見本紀，楊仲英之降見輯覽，今並書之。

亮祖，六安人，【考異】諸書及畢鑑皆作「六合人」，明史亮祖本傳，則云「六安人」，證之明一統志同，今據之。元授義兵元帥，太祖克太平，來降，令仍舊官。尋叛去，數與我軍戰，軍士爲所獲者六十餘人，遂入宣城，據之。達等圍寧國，亮祖突圍戰，遇春被創而還，諸將莫敢前。至是太祖親督戰，始獲之，縛以見，問曰：「今何如？」亮祖對曰：「是非得已。生則盡力，死則死耳。」太祖壯而釋之，令立功自贖。【考異】據明史亮祖傳，言「太祖克寧國，禽亮祖，喜其勇悍，賜金幣，仍舊官，居數月，叛歸于元」，下文始敘其據宣城及克寧國被執之事。按亮祖自克寧國降太祖後，並無叛歸于元之事。證之紀事本末，言「亮祖初爲義兵元帥，太祖克太平，來降，尋叛去」云云。然則亮祖初次被禽，蓋在克太平時，傳中「寧國」二字，乃「太平」二字之誤也。亮祖以克太平被禽而降，不久即叛，當在太祖取金陵之前，故傳言「太祖方取建康，未暇討」也，今據紀事本末改正。又，傳言「我軍士爲亮祖所獲者六千餘人」，按太祖彼時取太平、金陵，兵力强盛，亮祖即勇悍，不應軍士被獲至六千餘人之多，紀事本末作「六十餘人」，爲得其實，今從之。

4 五月，乙亥，張士誠遣其左丞潘原明、元帥嚴再興寇長興，屯上新橋。守將耿炳文擊敗之，生禽數百人。原明等遁去，部將費聚復追至瑣橋，敗之。自是士誠不敢犯長興者四年。

5 己卯，命兩淮分院副使張鑑、同僉何文正率兵攻泰興。士誠遣兵來援，元帥徐大興、張斌擊敗之，禽其將楊文德，遂克泰興。

6 是月，諸將下水陽。

時俞通海、張德勝皆以功授行樞密院判，遂率舟師略太湖馬蹟山，降士誠將鈕津等，東趨洞庭山，艤舟胥口。會吕珍兵猝至，諸將欲避其鋒。通海不可，曰：「彼衆我寡，退則情見勢詘，不如擊之。」乃身先士卒，敵矢如雨，中其右目，不爲動。徐令帳下士被己甲立船上督戰，敵以爲通海也，不敢逼，徐引去。由是通海一目遂眇。

7 六月，遣分院判官趙繼祖、元帥郭天禄、鎮撫吴良等率兵取江陰。張士誠兵據秦望山以拒我師，繼祖等就攻之。會大風雨，敵兵奔潰，我軍遂據其山。明日，己未，進攻城西門，庚申，克之。擢良爲分院判官，督兵守之。

江陰密邇士誠，去姑蘇僅百餘里，控扼大江，實當東南要衝。未幾，太祖復命（長）〔良〕弟禎增兵協守，並諭良曰：「江陰，我東南之屏蔽。汝約束士卒，毋外交，毋納逋逃，毋貪小利，毋與爭鋒，保境安民而已！」良奉命，謹修守備，敵至輒擊走之。

8 秋，七月，徐達徇宜興，使前鋒趙德勝攻常熟。時張士德守禦城中，達戒德勝曰：「張九六狡而善鬥，若使之勝，則其鋒愈不可當，唯宜以計取之。」——九六者，士德小字也。

丙子，德勝師次城下。士德迎戰不利，遇伏，馬蹶，遂爲德勝所禽。丁丑，克之。

士德善戰有謀，能得士心，浙西地皆其所略定，既被禽，士誠大沮。

9 廣興元帥鄧愈移鎮宣州，太祖命與右翼胡大海進攻徽州路。先下績溪，遂踰嶺抵新安。元守將巴斯爾布哈舊作八思爾不花。及建德路萬户吴訥等拒戰，皆敗之。庚辰，克徽州路，布哈遁走。訥與阿嚕輝、李克膺等退守遂安，大海引兵追及于白際嶺，復擊敗之，訥自殺。

改徽州路曰興安府，進愈行樞密院判官，統兵守之。【考異】紀事本末言「訥等自殺」。按是時自殺者惟訥一人，見明史陳友定傳中。若阿嚕輝以明年爲李文忠擊敗于萬年街，是阿嚕輝以此時遁去，無自殺之事，今删去「等」字。「訥」，一作「納」。

初，元翰林院待制鄭玉被徵，辭疾不赴，家居，與門人講學著書。愈等既克新安，欲要致之。玉曰：「吾豈事二姓者耶？」因被拘留。久之，親戚故舊攜具餉之，玉從容盡歡，且告以必死狀。明日，具衣冠北向再拜，自縊而卒。——玉字子美，歙縣人。【考異】玉以至正十七年殉節，見元史忠義傳中。畢鑑克徽州下遺之，今增入。

10 八月，徐達、常遇春、康茂才襲江陰馬馱沙，克之。

11 是月，張士德至建康，太祖以禮待之，供帳畢具，以俟其降，士德不食不語。其母聞之，令士誠歲餽糧十萬石，布一萬匹，請釋士德歸，太祖不許。士德以身縶，事無所成，遣人間道貽士誠書，俾降于元，遂不食而死。【考異】畢氏通鑑考異引後編辯證曰：「實録載士德被誅，而劉辰國初事蹟云『不食而死』。今考陳基祭文云：『能厲聲罵賊，而不能食不義之食』，則以爲『不食〔爲〕〔而〕死』者是也」。按士德被誅，此實録正名之書法。證之士誠傳，亦云「士德在金陵，竟不食死」，今從之。

是時士誠累敗，勢日窘，乃使元中丞曼濟哈雅爲書，請降于元浙江丞相達實特穆爾。達實知其反覆，不可，苗帥楊鄂勒哲固勸，乃許之，承制授士誠太尉。士誠雖奉元正朔，而城池、甲兵、錢穀，皆自據如故。

12 胡大海既克徽州，進攻婺源。會元苗帥楊鄂勒哲，率兵十萬，謀復徽州。時城中新附，守備未完，而大海又分兵入婺，守備單弱。鄧愈乃激厲將士，開門待之，苗兵疑不敢入。大海在婺聞之，兼程而進，遂合愈兵，内外夾擊，大敗之，鄂勒哲遁走。殺其鎮撫吕才，禽其裨將董旺、吕昇等，遂分兵徇休寧、婺源等縣。【考異】敗苗兵事，畢鑑系之七月，紀事本末系之十一月朔。按苗兵謀復徽州，必在七月之後，是時城守單弱，以之當十萬之師，利在速戰，是年九月有閏，必無持久將及半年之理。又證之鄧愈傳，擊走苗兵後，始下休寧、婺源，而婺源之降，已在是年之九月，則敗苗兵在九月之前、七月之後可知也。今系之是年八月之末。

13 九月，癸酉，婺源州元帥汪同，與守將特穆爾布哈舊作帖木兒不花。不協，偕總管王起宗、黟縣萬户葉茂、祁門元帥馬國寶詣胡大海降。甲戌，江浙平章夏章等亦來降。

14 丙戌，費子賢攻武康，敗其守將潘萬户，斬首百餘級，遂下之。

15 是月，天完將倪文俊謀弒其主徐壽輝，不果，自漢陽奔黄州。文俊之專政也，陳友諒居其下，心不平，至是遂襲殺文俊，并其衆，自稱宣慰使，尋爲平章政事。

時太祖略定東南，欲規取江西。而壽輝雖弱，友諒方强，遂爲戰争之勍敵云。

16 冬，十月，壬申，遣中翼元帥常遇春、同僉廖永安等，會合舟師，自銅陵進取池州，又命親軍舍人李文忠領兵策應永安。去城十里，而遇春已率吴禎舟師直薄城下，水陸合攻，自辰至巳，破其北門，遂入其城。執守將洪元帥，斬之，並禽其副將魏壽、徐天麟等。薄暮，陳友諒以戰艦百餘艘來逆戰，復大敗之，遂克池州。【考異】據諸書所記，洪元帥乃天完守將，而薄暮以舟師逆戰者即友諒也。畢鑑以爲官軍，似洪元帥仍是元之守將。不知徐壽輝是時連陷湖廣、江西諸郡縣，雖未必能守，而池州爲必争之地，上以規取安慶，下以規取太平。是時余闕所守，不過安慶，而太平、金陵已爲太祖所有，友諒安得不急争，池州一路能復爲元將所守耶？又證之明史友諒傳，言「太祖取太平，與爲鄰，友諒陷元池州，太祖遣常遇春擊取之，由是數相攻擊」云云。然則此時池州已先爲友諒所陷，而太祖之克，似非取之于元也。今但書守將洪元帥。

17 甲申，太祖閲兵于大通江，命元帥繆大亨率兵攻揚州路，降青軍元帥張明鑑。

初，明鑑聚衆淮西，以青布爲識，號「青軍」，又以善長鎗，號「長鎗軍」，由含山、全椒轉掠六合、天長，至揚州。元鎮南王博囉布哈舊作孛羅普化。鎮揚州，招降之，以爲濠、泗義兵。踰年，食盡，明鑑謀擁王作亂，王走死淮安，明鑑遂踞城，屠居民以食。大亨言于太祖，謂「賊饑則易撫，强則難制。且明鑑驍鷙可用，無爲他人得。」太祖以爲然，命大亨督兵攻之。至是降，得其衆數萬，馬二千匹，悉送其將校妻子于建康。

改揚州路曰淮海府，置淮海翼元帥，尋復改曰揚州府，置江南分樞密院，進大亨爲同僉樞密院事，總制揚州、鎮江。

大亨爲政，寬厚不擾，而治軍嚴肅，禁暴除殘，民甚悅之。未幾卒。後太祖過鎮江，嘆息，遣人祭其墓。【考異】克揚州紀事本末系之九月，皇明通紀系之十一月，今從明史本紀。

18 十二月，己丑，太祖下令釋囚，以干戈未寧，人心初附故也。

19 是歲，徐壽輝將明玉珍，陷蜀之重慶路，踞之。

玉珍，隨州人，世習農，頗以信義爲鄉人所服。初，聞壽輝兵起，集鄉兵千餘人，屯隨州之青山寨，結柵自固。未幾，壽輝招之降，令以義兵元帥守沔陽。久之，率舟師掠糧川、峽間，因乘間溯夔而上，至是遂襲破重慶。

元右丞旺扎勒圖舊作完者都。出走，已而復會平章埒克達、舊作朗革歹。參政趙資，屯嘉定之大佛寺，謀復重慶。玉珍遣其將萬勝禦之。復分兵陷成都，尋又陷嘉定，執旺扎勒圖等三人以歸，欲降之，皆不屈，遇害，時謂之「三忠」。于是蜀中大亂。

十八年（戊戌、一三五八）

1 春，正月，丙午，陳友諒陷安慶，元淮南行省左丞余闕死之。

先是闕固守安慶，倚小孤山爲屏蔽，命義兵元帥胡巴延舊作伯顏。統水軍戍守。友諒自上流引軍直擣而下，巴延與戰四日夜，敗還。敵追薄城下，闕遣兵扼之于東、西二門，簡死士奮擊，敗之。賊恚甚，乃樹柵起飛樓臨城闕，分遣諸將扞禦，晝夜不得息。賊增兵來攻，至是趙普勝軍東門，友諒軍西門，饒州祝寇軍南門，四面蟻集。闕徒步提戈，爲士卒先，分遣部將督二門之兵，自以孤軍血戰，斬首無算，而闕亦被十餘創。日中，城陷，火起。闕知不可爲，引刀自刎，墮清水塘中。妻伊伯氏，舊作耶卜。子德生，女福童，皆赴井死。守臣韓建，一家被害，同官死者數十人。城中民相率登城樓，自捐其梯，曰：「寧俱死此，誓不從賊。」焚死者以千計。

闕號令嚴信，與下同甘苦。然稍有違令，即斬以徇。嘗病不視事，將士皆籲天，求以身代，闕强衣冠而出。嘗出戰，矢石亂下如雨，士卒以盾蔽闕，闕却之曰：「爾輩亦有命，何蔽我爲！」故人争用命。稍暇，即注周易。率諸生詣學會講，立軍士門外以聽，使知尊君親上之義，有古良將風烈。或欲挽之入翰林，闕以國步艱危，辭不往。其忠君愛國之心，蓋所素定云。

事聞，贈淮南江北行省平章，追封豳國公，謚忠宣。【考異】據元史余闕傳，言城陷之日，則至正十八年正月丙午也。證之宋文憲余左丞傳，丙午爲正月初七日，是月庚子朔也。惟據元史傳中，陳友諒攻安慶，始于十七年之十月，而所記壬戌、癸亥，皆十一月干支。據順帝本紀，十一月辛丑朔，壬戌爲十一月二十二日，癸亥二十三日，是十月無壬戌、癸亥也。又自壬戌、癸亥以下，年月不分，干支倒誤。今皆不取，但據陷安慶之月日書之，而追敘去年攻小孤山之事，繫以「先是」二字。○余闕之謚，畢氏通鑑考異引錢辛楣之說，謂「諸書所載互異。程國儒序青陽集，云『謚文忠，追封夏國公。』張紳以爲『初封夏國公，謚忠愍，改贈豳國公，謚忠宣。』丁鶴年又稱『余文貞公』。宋景濂手定元史，而集中余左丞傳亦作『文忠』，未審孰得其真，改謚之說近是。」今按元史本傳作「封豳國公，謚忠宣」，而考之宋文憲余左丞傳，則云「謚忠愍，追封夏國公」，並無「謚文忠」之語，疑錢氏誤記也。考文憲洪武聖政記，記「太祖表章余闕，令有司立祠肖像」云云。疑改謚忠宣，當是洪武初年事，而修元史者據書之，文憲傳中「忠愍」之語，仍據元謚也。今從元史。

2 庚戌，鄧愈克婺源州，元守將特穆爾布哈死之，士卒降者凡三千餘人。又分兵徇高河壘，下之。【考異】據元順帝本紀作「正月庚戌」，徐氏後編系之乙卯。

3 是月，張士誠遣兵攻常州。湯和擊走之。

4 二月，乙亥，太祖以水軍元帥康茂才爲都水營田使，諭之曰：「今軍事方殷，度支爲急。理財之道，莫先于農。今命爾此職，分巡各處，修築隄防，專掌水利，俾高無患乾，卑不病潦，務在宣洩得宜。大抵設官爲民，非以病民。若但使有司增設館舍，迎送奔走，所至紛擾，無益于民而反害之，非吾委任之意也。」

5 是月，行省樞密院同僉廖永安、院判俞通海等攻江陰之石牌戍。

初，石牌民朱定，販鹽無賴，導張士誠由通州渡江，遂陷平江。以定爲參政，而遣元帥欒瑞戍石牌，以通舟師往來。

太祖既取江陰，命永安等擊之。瑞拒戰，行樞密院判桑世傑奮戈躍馬，陷陣而死。永安等直前奮擊，遂拔其戍，禽定、瑞等，盡獲其海舟。太祖復進吴禎爲天興翼副元帥，仍助良守江陰。

6 李文忠以舍人將親軍，驍勇冠諸將。既下池州，遂别攻青陽、石埭、太平、旌德，皆下之。

是月，敗元院判阿嚕輝于萬年街，復敗苗兵于於潛、昌化，進攻淳安。夜，襲洪元帥，降其衆千餘。授帳前左副都指揮，兼領元帥府事。

7 三月，己亥朔，太祖命提刑按察司、僉事分巡郡縣，録囚，凡笞罪者釋之，杖者減半，重囚杖七十，其有贓者免徵，武將征討之有過者皆宥之。

于是左右或言：「去年釋罪囚，今年又從末減，用法不宜太寬。」太祖曰：「自喪亂以來，民初離創殘以歸于我，正宜撫綏之。況其間有一時誤犯者，寧可盡法乎！大抵治獄以寬厚爲本，而刑新國則宜用輕典。執而不變，非時措之道也。」

8 丙辰，鄧愈、胡大海，由徽州昱嶺關會合李文忠攻建德路，克之。元守將布哈等棄城遁走，父老何良輔等率衆降。

改建德路曰嚴州府，命文忠統兵鎮守。【考異】克建德路，紀事本末平吴條下作「三月丙申」。

按順帝紀，是年三月己亥朔，「丙辰，大明兵取建德路。」丙辰爲三月十八日，是月無丙申也。畢氏通鑑亦作「丙辰」，今從之。

9 夏，四月，己巳，陳友諒陷池州。時巢湖叛將趙普勝方歸友諒，普勝故驍勇，號「雙刀趙」。友諒既得安慶，遣普勝據樅楊，爲水寨以窺池州，守將趙忠被執，遂陷焉。

10 丁丑，元苗帥楊鄂勒哲攻建德，以苗、獠數萬，水陸奄至。李文忠將輕兵破其陸軍，取所馘首浮巨筏上，水軍見之，懼而遁。鄂勒哲復來犯，文忠會鄧愈共擊，克之，禽其將李副樞。凡前後降溪峒兵三萬。【考異】紀事本末平吴卷内，言「張士誠率苗、獠水陸奄至城下」。證之明史李文忠、鄧愈傳，但言苗兵，不及士誠，士誠傳亦無之。且是時士誠與完者不睦，是年八月即謀殺之，不應此時與完者合攻建德也。今仍據明史列傳書之。鄂勒哲退屯烏龍嶺。踰月，復擊敗之。

11 是月，陳友諒陷江西之龍興路。

12 五月，劉福通破汴梁，因迎韓林兒都之。陳友諒連陷江西瑞州、吉安、撫州諸路，又遣其部將康泰、趙琮、鄧克明等分寇福建邵武路。【考異】「趙琮」，畢鑑作「邵宗」，今據元史本紀。

13 六月，癸酉，李文忠率兵下浦江縣。

浦江義門鄭氏，舉家避兵山谷間，文忠重其累世雍睦，訪得之，悉送還家，禁兵士侵犯。

14 甲午，張士誠遣兵寇常熟，廖永安與戰于福山港，大破之，追至狼山，獲其戰艦而還。

15 秋，七月，郭天爵伏誅。

天爵，子興第三子也。天敘戰没，林兒復授天爵爲中書右丞。時太祖勢日盛，進平章，爲吴國公，天爵失職怨望，謀不利于太祖，遂被誅。子興後遂絶。【考異】事見子興傳，不著年月。畢氏通鑑系之是年七月，蓋據徐氏後編本之洪武實録也，今從之。

16 八月，元苗帥左丞楊鄂勒哲被殺。

初，江淮既亂，元兵屢敗，議者以爲苗兵可用，遂自湖廣招至。累破士誠兵于嘉興、杭州，積功陞左丞。然苗性貪殘好殺，所過屠戮無遺，郡縣苦之。士誠既降，欲以前憾圖鄂勒哲。而江浙行省丞相達實特穆爾，亦浸厭鄂勒哲驕横不可制，乃陰定計，用士誠兵圍之。鄂勒哲乘城拒戰十日，力盡，自經死。士誠自此益無所憚，尋遣兵據杭州、嘉興，達實擁空名而已。

17 九月，丁酉，楊鄂勒哲部將員成、蔣英、劉震等，率所部詣李文忠降，且言其部下李福等三萬餘人在桐廬，皆願效順。文忠請于太祖，自往撫之。【考異】楊完者被殺，紀事本末系之九月。然丁酉請降，在完者既死之後。證之本紀，是年九月丁酉朔，則完者之死在八月明矣。今從畢鑑。

18 是月，陳友諒陷贛州路，元江西行省參政全普諳薩里舊「諳」作「庵」，「薩」作「撒」。及總管哈納齊舊作哈海赤。死之。

時江西下流諸郡，皆爲友諒所據，普諳薩里乃與哈納齊戮力同守。友諒遣將圍其城，使人脅之降，普諳薩里斬其使，環甲登城拒守，凡四月，兵少食盡，遂自刎。哈納齊守贛尤有功，城陷，語賊將曰：「與汝戰者我也，毋殺我民，請速殺我！」遂遇害。

19 冬，十月，進胡大海樞密院判官，令率兵攻蘭溪州。

大海先至婺州之鄉頭，禽元萬户趙布延布哈，舊作伯顏不花。平其五壘。壬申，進攻蘭溪。【考異】後編作「辛未」，今據元史本紀。元兵千人出戰，敗之，執元廉訪使趙秉仁等。分兵守其要害，遂進攻婺州。

20 甲戌，大將軍徐達、平章邵榮克宜興。

先是達等攻宜興，久不下，太祖遣使謂曰：「宜興城小而堅，猝未易拔。聞其地西通太湖口，張士誠餉道所由出，若以兵斷其餉道，彼軍士内乏，破之必矣。」乃遣總管丁德興分兵遏太湖口，而達等并力攻城，遂克之。

是役也，同知樞密院事廖永安率舟師從焉。既克宜興，永安乘勝深入太湖，遇士誠將呂珍，與戰不利，舟膠淺失援，遂被執。永安長于水戰，所至輒有功，士誠愛其材勇，欲降之，不可，遂被拘留。太祖欲以所獲將士三千人易永安，士誠以士德故，不從。永安被囚凡八年，卒于平江。太祖遥授行省平江政事，封楚國公。後吴平喪歸，太祖迎祭于郊。既定天下，追贈賜謚，復官其從子昇爲指揮僉事。

21 以楊國興爲右翼元帥，令守宜興。國興勞來安集，民多歸之。遂城宜興，三月，完之。士誠水陸來寇，輒爲國興所敗，逡巡遁去。

22 十一月，辛丑，立管領民兵萬户府。諭行中書省臣曰：「古者寓兵于農，有事則戰，無事則耕，暇則講武。今兵争之際，在因時制宜。所定郡縣，民間武勇之材，宜精加簡拔，編緝爲伍，立民兵萬户府領之。俾農時則耕，閒則練習，有事則用之。事平，有功者一體升擢，無功者還復爲民。如此，則民無坐食之弊，國無不練之兵，以戰則勝，以守則固，庶幾得寓兵于農之意。」

23 胡大海攻婺州，久不克。甲子，太祖命徐達還應天，與李善長居守，自率馬步水軍元帥常遇春及親軍都指揮使楊璟兵凡十萬，往征之，由寧國道徽州。召儒士唐仲實，問：「漢高帝、光武、唐太宗、宋太祖、元世祖平一天下，其道何由？」對曰：「此數君者，皆以不嗜殺人，故能定天下于一。今公英明神武，驅除禍亂，未嘗妄殺。然以今日觀之，民雖得所歸而未遂生息。」太祖曰：「君言是也。我積小而費多，取給于民，甚非得已，恒思所以休息之，曷嘗忘也！」

又聞前學士休寧朱升名，鄧愈復薦焉。召問之，對曰：「高築牆，廣積糧，緩稱王。」太祖悅，命參帷幄。

24 是月，陳友諒陷福建之汀州路。

25 十二月，太祖師至蘭溪。

有和州人王宗顯，避亂，寓居嚴州，胡大海薦其學行，召見之。太祖悅，曰：「此吾鄉人也。」令其先往婺州覘敵。宗顯至近城五里，有舊識吳世傑，語以城中守將不相能狀，還報，太祖悅，曰：「吾得婺州，當以汝爲知府。」

是時元行樞密院判官舒穆嚕宜遜，舊作石抹宜孫。分治處州，其母及弟厚遜舊作厚孫。皆在婺，聞大軍至蘭溪，宜遜泣曰：「義莫重于君親。食祿而不事其事，是無君也，母在難而不赴，是無親也。無君無親，尚可立天地哉！」時方與參謀胡深、章溢等造師子戰車數百兩，遣深率以行，而自率精鋭萬餘出縉雲以應之。

深至松溪，太祖語諸將曰：「松溪山多地隘，車不可行。若以精兵要之于阨，可立破也。援兵破，則城可計日下矣。」翼日，遣胡德濟誘深兵于梅花門外，縱擊，大敗之。——

德濟，大海之養子也。深聞敗遁去，城中勢益孤。

甲申，克婺州，元浙東廉訪使楊惠、達嚕噶齊僧珠舊作僧住。死之，禽元將特穆爾賚斯舊作帖木兒烈思。及舒穆嚕厚遜等。既入城，首下令禁戢軍士剽掠，民皆安堵。

改婺州路曰寧越府。尋復改曰金華府。

26 丙戌，置中書分省于婺州。【考異】明史本紀不載置中書分省事，畢鑑據後編書之，紀事本末同。按湯潛菴史稿本紀，書「丙戌置中書分省」。丙戌爲克婺州之第三日，置省當在是時，今據之。

召郡儒士許元、葉瓚玉、胡翰、汪仲山、李公常、金信、徐孳、童冀、戴良、吳履、孫履、張起敬及蘭溪吳沈凡十三人，皆會食省中。日令二人進講，敷陳治道。已，又聞金華范祖幹、葉儀名，召之至。祖幹持大學以進，令剖陳其義，太祖稱善，與儀並授諮議。尋置官屬，以宗顯知寧越府，王興宗爲金華知縣。——興宗，故隸人，從太祖久，以其勤廉能斷，擢用之。

又命宗顯開郡學，辟葉儀及金華宋濂爲五經師，浦江戴良爲學正，蘭溪徐源及吳沈爲訓導。自兵興，學校久廢，至是始聞絃誦聲，無不欣悅。【考異】據明史本紀「辟范祖幹、葉儀、許元等十三人」，證之文苑戴良傳，言「命良與胡翰等十二人」，是連良數之，正十三人也。又證之吳沈傳，言「召沈及同郡許元等十三人」，（名皆見上。）有戴良、胡翰在內，而無范祖幹、葉儀之名。考二傳之文，詳略不同，而所謂「十三人」者，堪以互證。若如本紀增入范祖幹、葉儀，則豈非十五人乎？意范、葉二人，或召在先，或召在後，抑或二人已授諮議，不入分講之列，皆未可知。今十三人之名，皆據沈傳備書之，而別敘范祖幹、葉儀二人于下。

方太祖之下婺也，先一日，城中人望見城西有五色雲如車蓋，以爲異，後知爲太祖駐師地，民望益歸之。至是太祖入城，首發倉粟振貧民，下令禁酒。選寧越七縣富民子弟充宿衛，號「御中軍」。有女子曾氏，自言能通天文，誑説災異惑衆，太祖以爲亂民，命戮于市。于是民皆悅服。

27 戊子，太祖遣典籤劉辰招諭方國珍。

時國珍據慶元、温、台等路，太祖既克婺州，謀規取浙東郡縣，乃遣辰往，諭以禍福，令納地請降。辰至慶元，國珍使人飾二姬以進，辰叱而却之。【考異】據明史方國珍傳，太祖遣主簿蔡元剛招諭國珍，不言劉辰，而證之辰傳，則記其奉使至慶元及叱却進姬之事。意當日遣使，有正有副，不止辰一人，而諸書所記，又有陳顯道者，今據辰傳。又，畢氏通鑑亦作「劉辰」，蓋據辰所撰國初事蹟云云，故諸書皆據之。

明通鑑前編卷二

前紀二起屠維大淵獻（己亥），盡昭陽單閼（癸卯），凡五年。

江西永寧知縣當塗夏　燮編輯

太祖

元至正十九年（己亥、一三五九）

1 春，正月，乙巳，太祖既克婺州，將以次徇浙東未下諸路，集諸將諭之曰：「克城以武，戡亂以仁。吾比入集慶，秋毫無犯，故一舉而定。今新克婺州，正宜撫綏，使民樂于鄉附，則彼未下諸路，亦必聞風而歸。吾每聞諸將下一城，得一郡，不妄殺人，輒喜不自勝。蓋爲將者能以不殺爲武，豈惟國家之利，即子孫實受其福。」

2 乙卯，方國珍遣使奉書于太祖。

方劉辰之至慶元也，國珍與其下謀曰：「方今元運將終，豪傑並起。惟江右號令嚴明，所向無敵，今又東下婺州，恐不能與抗。況今與我爲敵者，西有吳，南有閩，莫若姑示順從，藉爲聲援，以觀其變。」于是遣使隨辰來，進黄金五十觔，白金一百觔，文綺百匹，太祖復遣鎮撫孫養浩報之。【考異】諸書記國珍奉金幣及獻地遣子爲質，並系之三月丁巳，畢鑑則正月遣使，三月遣子，分爲兩次。證之明史國珍傳，遣子爲質，在孫養浩報書之後，是前次遣使隨辰來，後次遣子隨養浩來，灼然爲二事也。今從畢氏分書之。○諸書所記國珍語，皆云「西有張士誠，南有陳友定。」按友定是時在閩，不過一總管耳，至正二十一年，破陳友諒將鄧克明于汀州，始遷左丞，又三年始受平章，開省延平，此時安得便與國珍爲敵！故明史國珍傳別據他史，改云「西有吳，南有閩。」西指士誠，南指友諒。蓋友諒在江西，去國珍尚遠，迨十八年遣人入閩，破汀州，踰年陷杉關，攻邵武、延平諸郡，則逼近浙東。國珍所謂與我爲敵者，乃正指友諒，野史譌「諒」爲「定」耳，今從國珍傳。

3 庚申，樞院胡大海攻諸暨州，守將先期宵遁。萬户沈勝以城降，既而復叛，大海擊敗之，生禽四千餘人。

改諸暨曰諸全州。【考異】元史順帝紀，系大明攻諸暨州于甲午之下，辛丑之前。明史太祖紀作「庚申」。按是年正月甲午朔，庚申二十七日也。諸書皆作「庚申」，今從之。

4 是月，樂平儒士許瑗謁太祖于婺州。

瑗以元末兩舉于鄉，皆第一，會試不第，至是見太祖曰：「方今元祚垂盡，四方鼎沸，足下欲掃平僭亂，安定黎民，非延攬英雄，難以成功。」太祖曰：「予用英雄，有如饑渴，方廣攬群策，救民塗炭，共成康濟之功。」瑗曰：「如此，天下不難定也。」太祖喜，留參軍事。已，復授瑗爲太平知府。

時又有諸暨人王冕者，辟地隱九里山，嘗仿周官著書一卷，曰：「持此遇明主，伊、呂事業不難致也。」太祖下婺州，物色得之，置幕府，授諮議參軍。冕自謂得行其志，未幾，病卒。

5 二月，甲子朔，張士誠大舉兵入寇江陰，艨艟蔽江而下。樞院判官吳良與其弟禎謀曰：「彼衆我寡，宜分道設奇以禦之。」時士誠將蘇同僉方駐君山，指麾進兵，良令禎出北門迎戰，潛遣元帥王子明率壯士馳出南門夾擊，大破之，禽其將士五百人，殺溺死者甚衆，敵遂宵遁。

6 癸酉，平章邵榮攻湖州，士誠將李伯昇斂兵退守，攻之，不克，乃還屯臨安。伯昇復來攻。榮設伏敗之。

7 三月，甲午，赦大逆以下。

8 丁巳，方國珍遣郎中張本仁以温、台、慶元三路來獻，且以其次子關爲質。太祖曰：「古者慮人不從，則爲盟誓，盟誓不信，易而爲質子。此衰世之事，吾豈蹈之！夫質以釋疑，不疑何質！」乃厚賜關而遣之。然國珍方覘士誠勝負，仍陰持兩端不決。

9 是月，陳友諒由信州略衢州，復遣其將趙普勝寇寧國太平縣，總管胡惟賢遣萬户陳允、義士汪炳等擊敗之，獲其糧萬餘石。普勝復寇青陽、石埭等縣，僉院張德勝與戰于柵江口，破走之。

10 陳友諒將趙普勝既陷池州，遣别將守城，而自據樅陽水寨。時太祖方經略浙東，慮其乘下游之勢以窺太平、應天，命徐達會院判俞通海舟師亟攻之，遂大破普勝柵江營。普勝棄舟陸走。

夏，四月，癸酉，達等遂復池州，禽僞將洪鈞等，盡獲其巨艦艨艟。太祖聞之，大喜，進達奉國上將軍、同知樞密院事，通海僉樞密院事，令乘勝亟攻安慶。

11 是月，張士誠遣兵寇常州，湯和擊敗之。尋士誠復攻建德，駐兵大浪灘，李文忠遣部將何世明率精鋭出烏龍嶺，循屯口而上，擊破之。士誠復遣兵屯分水嶺以窺建德，世明復擊走之，斬首五百餘級。

12 胡大海既克諸全，太祖令移兵攻紹興，不下。

親軍都指揮馮國用卒于軍，時年三十六。太祖哭之慟，歸其喪。既定天下，追贈郢國公，賜謚。【考異】據紀事本末，系此事于三月之末，言「太祖自將取紹興，以馮國用守之，國用卒于軍，士誠復遣兵陷紹興」。按太祖親征紹興，本紀不載，證之馮國用傳，但言「攻紹興，卒于軍」，既不言取紹興，亦無從太祖往征之語。又證之士誠傳，言「士誠數以兵攻常州、江陰、建德、長興、諸全，輒不利去。而太祖遣邵榮攻湖州，胡大海攻紹興，常遇春攻杭州，亦皆不能下」。據此，則攻紹興既未下，而所遣之將爲胡大海，太祖未嘗親征也。大海傳亦但言其「自諸全移兵攻紹興，再破士誠兵」，亦不言其取紹興也。又證以是年五月太祖召大海守寧越，諭以紹興爲士誠將呂珍所據，是紹興彼時並未下，非既下而復陷也。畢氏通鑑系之四月，但敘大海再破士誠兵，不言其下，而國用卒于軍中，正在是時，畢氏亦遺之。今據國用傳增入，而删去「太祖親征」語。

13 五月，辛亥，太祖將還應天，召胡大海于紹興。既至，諭之曰：「寧越爲浙東重地，必得其人守之。吾以爾爲才，故特命之，其衢、處、紹興進取之宜，悉以付爾。宋巴延布哈舊作伯顏不花。在衢，其人多智略；舒穆嚕伊遜守處州，善用士；紹興爲士誠將呂珍所據。數郡密邇寧越，宜與常遇春同心協力，伺間取之。此三人皆勍敵，未可輕也。」仍命左司員外侯原善、都事王愷、管勾欒鳳綜理錢糧軍務事。未幾，有導大海再攻紹興，請爲内應者，太祖知其詐，命法司拷問，則士誠間也，遂併其家屬誅之。

14 六月，壬戌朔，太祖還應天。

15 甲子，張士誠將呂珍圍諸全，大海自寧越率兵援之。珍堰水灌城，大海奪堰，反以灌珍。珍勢蹙，乃于馬上折箭誓解兵，大海許之。都事王愷曰：「賊狡猾難信，不如因而擊之。」大海曰：「彼果來，吾有以待之。且言出而背之，不信；既縱而擊之，不武。」遂引兵還。

16 陳友諒之弟友德率兵圍信州。元江東廉訪使巴延布哈德克津舊作伯顔不花的斤。自衢引兵來援，與鎮南王子大聖努、舊「努」作「奴」。樞密判官席閏、參謀該里丹舊作海魯丁。等共入城守，凡六閲月。糧盡，軍民唯食草苗茶紙，既盡，括鞾底煮食之；又盡，則羅掘鼠雀及殺老弱以食，然猶出兵屢却賊。

是月，僞將王奉國來攻城，晝夜不息者踰旬，德克津登城麾兵拒之。已而士卒力疲不能支，萬户顧馬兒以城叛，城遂陷。

閏出降，大聖努、該里丹皆死之。德克津力戰不勝，遂自刎。部將蔡誠，盡殺妻子，與蔣廣奮力巷戰，誠遇害。廣爲奉國所執，愛其勇，欲降之，廣曰：「我寧爲忠死，不爲降生。汝等一草中盜耳，吾豈屈汝乎！」奉國怒，磔廣于竿，廣大駡而絶。義兵陳受，亦被禽不屈，賊焚之。

初，德克津之赴援也，自念天子司憲，不忍坐視信州危急，所不忍者有太夫人在。即入拜其母鮮于氏曰：「兒今不得事母矣。」母曰：「爾爲忠臣，吾即死何憾！」德克津乃命其子額森布哈舊作也先伯花。奉其母間道入閩，以江東廉訪使印送行御史臺，遂力守孤城而死。事聞，元贈官，謚曰桓毅。

17 秋，七月，故濠黨趙均用被殺。

初，均用與彭大之子早住，既陷盱眙、泗州，遂自泗州寇淮安，陷之。以至正十七年據淮，均用稱永義王，早住稱魯淮王。未幾，均用失淮，奔山東。會劉福通之黨毛貴，連陷山東諸路，據益都，聲勢大振，均用往依之。既而互相猜忌，均用遂襲殺貴，據益都，欲併其衆。貴黨續繼祖聞之，自遼陽入益都，遂殺均用，由是其黨互相讎敵。彭早住不知其所終。【考異】彭早住爲彭大之子，畢氏據實録辯證之説是也。然彭、趙稱王，則在十三年濠圍既解之後，未幾大死，早住代之，然無名號也。據元史順帝紀，則稱永義、稱魯淮者，乃在十七年踞淮安時，畢氏遂移之十四年，似彭大在時未嘗稱王，而稱王實始于早住，與元、明二史皆不合，今不從。餘詳前卷考異中。

18 八月，庚午，命朱文遜、秦友諒攻無爲州，陷之。——文遜，太祖義子也。

19 是月，元陝西行省左丞察罕特穆爾舊作帖木兒。率兵攻汴梁，復之。

察罕系出北庭，其祖父徙河南，爲潁州沈邱人，居平慨然有大志。及汝、潁兵起，奮義起師，沈邱子弟願從者數百人，與信陽州羅山人李思齊，同設奇計襲破羅山縣。事聞，元授察罕爲汝寧府達嚕噶齊，知府事，于是集義兵得萬人，自成一軍，數討賊有功。十七年，以援陝西報捷，行臺御史王思誠言于朝，請令察罕專守關、陝，仍許便宜行事，從之，于是授陝西行省左丞，並以思齊爲四川左丞。

至是謀復汴梁，率歸、亳、陳、蔡之師，水陸並下，又大發秦、晉兵會汴城下，圍之三月。偵知汴梁城中食且盡，乃與諸將分門而攻。夜，率將士鼓勇登城，斬關而入，遂拔之。劉福通奉韓林兒從數百騎出東門遁走，退保安豐。不旬日，河南悉定，獻捷元京。以功拜河南行省平章政事，兼知河南行樞密院事，陝西行臺御史中丞，仍便宜行事。詔告天下。

察罕乃以兵分鎮關、陝、荆、襄、河、洛、江、淮，而重兵屯太行，營壘旌旗，相望數千里，于是遂謀大舉以復山東。

20 九月，癸巳，奉國上將軍徐達、僉院張德勝等克潛山。

達等既克無爲州，遂自州登陸，夜，至浮山寨，敗趙普勝别將于青山，追至潛山。友諒遣參政郭泰渡沙河逆戰，德勝復大破之，斬泰，遂拔潛山，命將守之。

21 乙未，陳友諒殺其將趙普勝。

先是普勝據安慶，諸將攻之，不克。僉院俞廷玉卒于軍中。諸將患之，太祖曰：「普勝勇而寡謀，友諒驕而忮功，若用間以離之，一夫之力耳。」

時普勝有門客，數爲普勝畫策，見親任，乃使人陽與客交而陰間之。又致書與客，故誤達普勝，客見疑，不自安，遂來歸，盡得普勝陰事，乃重以金幣啗客，潛往友諒所間普勝。普勝不知，見友諒使者，輒自言其功，悻悻有德色，友諒遂忌之。至是憤潛山之敗，疑普勝貳于己，乃詐以會師爲期，自江州猝至。普勝不虞見圖，且燒羊出迎于雁汊。甫登舟，友諒遂執而殺之，併其軍。

22 丁未，同僉樞密院常遇春克衢州。

先是遇春攻衢，建奉天旗，樹栅圍其六門，造吕公車、仙人橋、長木梯、懶龍爪，擁至城下，高與城齊，欲乘之以登，又穴地攻其大西門。元守將宋巴延布哈等悉力捍禦，以束葦灌油燒吕公車，架千斤秤鉤懶龍爪，用長斧斫木梯，築夾城以防穴道。遇春攻之凡兩月餘，不能克。至是以奇兵掩其不意，突入南門甕城，毁其戰具，城中遂蹙。院判張斌度不能守，潛出小西門迎降，宋巴延布哈不知，尚督兵拒戰。俄而城中火起，我師入城，衆遂潰。總管馬浩赴水死，宋巴延布哈被執。【考異】馬浩死，見明史陳友定傳。畢氏通鑑「馬浩」作「馮浩」。

改衢州路曰龍游府，尋改曰衢州府。進遇春僉樞密院，以王愷爲衢州總制。

23 是月，張士誠復遣兵寇常州，湯和遣統軍元帥吴復督兵出忠節門奮擊，大敗之。院判吴良復遣萬户聶貴、蔡顯率衆出間道，殲其援兵于無錫之三山，守將莫天祐遁去。【考異】畢氏通鑑系之十月，今據紀事本末。又，是時攻常州，非江陰也，證之明史吴復、吴良傳皆同。畢鑑作「江陰」，今不從。

24 冬，十月，太祖遣浙東分省博士夏煜授方國珍福建行省平章，其弟國瑛參政，國珉樞密分院僉事，各給符印，仍以所部兵馬城守，俟命征討。

煜既至，國珍欲不受，業已降；欲受之，恐見制；乃詐稱疾，自言「老不任職」，唯受平章印誥而已。

是時元亦以國珍爲江浙行省平章政事，徵海運糧于張士誠，令國珍治運歲漕十萬石于京師。【考異】據明史本紀系之十月。畢鑑作「九月甲寅」，蓋據煜奉使月日也。

25 十一月，僉院胡大海，與樞判耿再成合兵攻處州。

初，再成從太祖取婺州，爲前鋒，太祖命屯兵于縉雲之黄龍山以遏敵衝，謀取處也。黄龍四面陡絶，再成樹栅其上。元處州守將舒穆嚕伊遜遣兵分據要害，而令元帥胡深守龍泉以拒我師，時將士皆怠弛，無鬥志。會大海出軍抵樊嶺，再成與之合，連拔桃花嶺、葛渡二寨，進薄城下。伊遜戰敗，棄城走，將士皆潰(敗)〔散〕。壬寅，遂克處州。

大海分兵略定諸縣，遣使諭深曰：「吾王天授也。士之欲立功名者，不以此時自附，將誰與戮力！且去年爾戰則敗，今年我不戰而勝，天意亦可見矣。」深然之，遂以龍泉、慶元、松陽、遂昌四縣先降，餘相繼下之。以再成統兵鎮守句容，孫炎爲總制。太祖素知深名，召見，授左司員外郎，遣還處州，招集部曲以俟征討。

26 戊申，陳友諒遣兵陷福建之杉關。

27 十二月，甲子，張士誠以分水之敗，復遣其將據新城、三溪結寨，數出寇掠，李文忠遣元帥何世明擊之，斬其將陸元帥、花將軍等，焚其壘。自是士誠不敢窺嚴、婺。

28 初，陳友諒破龍興，徐壽輝欲徙都之，友諒恐其來不利于己，遣人尼其行。至是友諒據江州，壽輝遂引兵發漢陽，次州城下。友諒陽遣使出迎，而陰伏兵于城西門外，壽輝既入，門閉，盡殺其部屬。居壽輝于江州，自稱漢王，置官屬。自是事權一歸友諒，壽輝擁虛位而已。

29 是歲，陳友諒遣兵入閩，寇邵武、汀州，元總管陳友定禦之，戰于黄土寨，盡獲其部衆，僞將鄧克明遁去。

友定，一名有定，福清人。至正十二年，盗起海上，汀州判蔡公安募人擊之。友定時以明溪驛卒，好談軍事，公安奇之，授爲黄土寨巡檢，從討延平、邵武諸山寇，平之，積功擢爲清流縣尹。爲人沈勇，喜游俠，衆憚服之。至是行省授爲總管，以禦寇功奏聞，友定名始著云。

二十年（庚子、一三六〇）

1 春，正月，己亥，夏煜自慶元還應天，言方國珍奸詐狀，非兵威無以服之，太祖曰：「吾方致力姑蘇，未暇與校。」乃遣都事楊憲、傅仲章復往諭之曰：「吾始以汝豪傑識時務，故命汝專制一方。汝顧中懷叵測，欲覘我虛實，則遣侍子；欲却我官爵，則稱老病。夫智者轉敗爲功，賢者因禍成福，及今能滌心改過，則三郡之地庶幾可保，其審圖之！」國珍得書，不省。

2 是月，以馮國勝爲帳前都指揮使，典親軍。

先是國用卒，子誠幼，而國勝先已積功爲元帥，太祖乃命襲其兄職。國勝後更名宗異，最後始以勝名。

3 二月庚申，元福建行省參政袁天禄以福寧歸附，請降。

時友諒兵入杉關，群盜竊發，閩中大擾。天禄見國勢不振，聞太祖師下浙東，方國珍降，乃遣古田縣尹林文廣以書納款，而福清州同知張希伯亦遣人請降。太祖皆納之，賜書褒諭。【考異】福寧請降，明史本紀系之正月，無日，明史稿系之二月，亦無日。惟潛庵史稿書「二月庚申」，與紀事本末平閩條下合。按是月戊午朔，庚申爲二月初三日，是明史本紀據其遣人納款之月，亦無不合。惟湯氏兼具日分，畢鑑同，今從之。

4 三月，戊子朔，徵劉基、宋濂、章溢、葉琛至建康。——溢，龍泉人；琛，麗水人。

先是太祖下婺州，召見濂，而是時基、溢、琛尚在處州元舒穆嚕伊遜幕中，故太祖謂「伊遜善用士」。及胡大海克處州，基已先棄官歸，而溢與琛自伊遜敗後，避入建寧，大海乃並濂薦之。時郎中陶安亦屢爲太祖道四人之賢，太祖因遣使以書幣徵之。孫炎方總制括蒼，承命招基，使者再往返，不起。尋以寶劍贈炎，炎作詩貽基，謂「劍當獻之天子，斬不順命者，我人臣，豈敢私受！」封還之。卒爲基開陳天命，而安贈基及濂勸駕之詩踵至，于是與溢等同至京師。

至是太祖召見，喜，賜坐，勞之曰：「我爲天下屈四先生。」因問：「今天下紛爭，何時定乎？」溢對曰：「天道無常，惟德是輔，惟不嗜殺人者能一之。」太祖稱善。基陳時務十八策，悉嘉納焉。

濂長基一歲，皆起東南，負重名。基雄邁有奇氣，而濂自命儒者，以文學受知，皆備顧問，太祖爲築禮賢館處之。

一日，從容問安曰：「此四人者，於汝何如？」對曰：「臣謀略不如基，學問不如濂，治民之才不如溢、琛。」太祖多其能讓云。【考異】伯兄跂甫撰陶學士年譜，證以集中有送孫伯融赴括蒼詩，又有寄劉伯温宋景濂二公詩，中有「東山好慰蒼生望，南國那容皓髮安」之語，以其時考之，則至正十九年太祖徵基等四人，而先生爲之勸駕也。又，二十年，四人既至，集中有喜伯温景濂輩至詩，有「攄才要濟邦家用，爲治當調鼎鼐和」及「當朝輔佐侔伊、吕，汗簡芳名耿不磨」之語，蓋以命世期之也。當太祖起兵之初，中原未定，劉、宋諸老佚處浙東，隱而不出，先生遠道貽詩，殷殷趣駕，其後雲集帝都，卒成王業，史以徵聘屬之孫炎，推薦歸之李善長，而不知先生啓蟄之功尤不可没。予謂太祖得此四人，獨以問安，則安與此四人相知之深，其數稱道于太祖之前可知也。集中所載，皆當日之實録，今據增之。若孫炎封還贈劍之事，據明史炎傳，又遜志齋集孫伯融傳同。

時李文忠亦薦諸儒許元、王天錫及義烏王禕，元即婺州所召十三人中之一也，並見徵用，置之館中。而禕以文章名世，太祖雅愛重之。【考異】「王天錫」，皇明通紀、紀事本末皆作「黄天錫」，今據明史王禕傳。

5 是月，召常遇春于杭州。

遇春之出師也，太祖戒之曰：「克敵在勇，全勝在謀。昔關侯號萬人敵，爲吕蒙所破，爲無謀也。爾宜深戒之！」及攻杭州，戰不利，故召還，仍命從徐達攻安慶。

6 夏，五月，丁亥，徐達、常遇春等敗陳友諒于池州。

趙普勝之死也，樅楊水寨不能守，達等遂拔之。友諒盛兵來援，聲言出安慶，遇春策其必攻池州，乃與達謀，伏鋭兵于九華山下，而以羸弱守城。明日，友諒兵果至，直造城下，鋒鋭不可當。須臾，城上揚旗鳴鼓，伏兵悉起，緣山而出，循江而下，絶其歸路，城中出兵夾擊，大破之，斬首萬餘級，生禽三千人。遇春曰：「此勁旅，不殺，將爲後患。」達不可，以狀聞，而遇春輒以夜掩殺過半。太祖令使者亟還，諭勿縱殺，絕歸附心。使者返，僅存三百人，太祖聞之，不懌，乃命達盡護諸將兵，禁妄殺者。【考異】紀事本末作「四月」，今據明史本紀。其日分據潛菴史稿。

7 是月，陳友諒挾徐壽輝東下，攻太平。守將行樞密院判花雲率麾下三千人結陣迎戰，元帥朱文遜力戰，死之。友諒攻城三日，不能拔，乃引舟師薄城西南，士卒緣舟尾攀堞而登，閏月丙辰朔，陷之。

賊縛雲，雲奮身大呼，縛盡裂，起奪守者刀，殺五六人，罵曰：「賊奴！爾縛吾，吾主行至，斮爾爲膾也！」賊怒，碎其首，縛雲于舟檣，叢射之，雲至死罵賊不絕口。院判王鼎，知府許瑗，俱被執不屈死。

雲自濠州隸麾下，每戰輒立奇功，因命宿衛，常在左右。至是以太平爲建康上游重地，命雲守之，遂死于難，年三十九。

方雲之與賊戰也，勢急，其妻郜氏祭家廟，挈三歲兒泣語家人曰：「城破，吾夫必死，吾義不獨生。然不可使花氏無後，若等善撫之！」雲被執，郜赴水死。侍兒孫氏，瘞畢抱兒行，被掠至九江。孫夜投漁家，脫簪珥，屬養之。及漢兵敗，孫復竊兒走。渡江，遇潰軍奪舟棄江中，浮斷木入葦洲，採蓮實哺兒，七日不死。夜半，有老父自稱雷老，挈之行。踰年，達太祖軍中，孫抱兒拜泣，太祖亦泣，置兒膝上，曰：「將種也。」命賜雷老衣，忽不見。

太祖賜兒名煒，及長，累官水軍衛指揮僉事。追封雲東邱郡侯，瑷高陽郡侯，鼎太原郡侯，立忠臣祠，並祀之。煒傳五世，請于朝，追贈郜貞烈夫人，孫安人，立祠致祭。【考異】據明史本紀，「閏五月丙辰」，花雲傳亦云「閏五月」。三編、輯覽皆系之五月。據友諒攻太平之月分，牽連並記。蓋以五月攻，閏月陷也。丙辰爲閏五月之朔日，證之雲傳，友諒攻城三日不得下，則來攻在五月明矣。今分別書之。

8 戊午，陳友諒弑其主徐壽輝而自立。

友諒既陷太平，亟謀僭僞號，乃進駐采石磯，遣部將佯白事壽輝前，乘間持鐵撾擊殺之。遂以采石五通廟爲行殿，稱皇帝，改元大義。以鄒普勝爲太師，張必先爲丞相，張定邊爲太尉。會大風雨，群臣班沙岸稱賀，不能成禮。方遣使約張士誠同入寇，士誠以連敗，齷齪不敢應。于是友諒欲乘勝攻應天，江東大震。

初，劉基見太祖，留參軍事，從容問征取計，基對曰：「士誠自守虜，不足慮。今友諒方劫主脅下，據我上游，宜先圖之。陳氏既滅，張氏亦孤，一舉可定。然後北向中原，王業可成也。」太祖大悦曰：「先生有至計，勿惜盡言！」

會友諒將東下，諸將獻計者，或議降，或議奔據鍾山，基獨張目不言。太祖召入内問計，基對曰：「主降及奔者可斬也！」太祖曰：「先生計安出？」對曰：「賊驕矣，待其深入，伏兵邀取之，易耳。且天道後舉者勝，以逸待勞，何患不克！取威制勝以成王業，在此舉矣。」太祖意益決。

時諸將議先復太平，太祖曰：「不可。彼居上游，舟師十倍，我猝難復也。」或請太祖自將迎擊，太祖曰：「不可。彼以偏師綴我，而全軍趨金陵，半日可達，吾步騎急難引還。百里趨戰，兵法所忌，非策也。」

乃馳諭胡大海以兵擣信州牽其後，而密召指揮康茂才語之曰：「汝與友諒雅游，吾欲以計速之來，非汝不可。可亟作書遣使約降爲内應，且紿以虚實，使分兵三道以弱其勢。」茂才應聲曰：「諾。」時參政李善長在側，曰：「今方憂寇來，何爲誘致之？」太祖曰：「遲則二寇將合，爲害益大，何以支！今先破此賊，則東寇膽落矣。」善長稱善。友諒得茂才書，大喜，問使者曰：「康公安在？」曰：「守江東橋。」問：「橋何如？」曰：「木橋。」乃與酒食，遣之還，令歸語茂才，「至則呼老康爲驗。」太祖聞使者歸，喜曰：「賊入吾彀中矣！」乃命善長亟撤江東橋，易以鐵石。

友諒果引兵東。于是常遇春率帳前五翼軍三萬人，伏石灰山側，徐達陳兵南門外，楊璟屯兵大勝港，張德勝等以舟師出龍江關，太祖親督軍盧龍山以待。

乙丑，友諒率舟師泊大勝港，楊璟整兵禦之。港狹，僅容三舟入，友諒令引退，直出大江，徑趨江東橋，見橋皆石甃，知已受紿，乃連呼老康，無應者。亟率舟師趨龍江，先遣萬人登岸立栅，勢甚鋭。時太祖預戒山上：「左右各偃赤幟、黄幟一，約以寇至舉赤幟，兵交則舉黄幟。伏兵見黄幟即起，諸軍應之。」會烈日，張蓋督兵。友諒至龍灣，衆欲戰。太祖曰：「天且雨，諸軍輒食，會當乘雨擊之。」須臾，果大雨。雨少止，赤幟舉，士卒競進拔其栅。友諒方麾衆争栅，太祖命發鼓舉黄幟，遇春等伏兵起，徐達兵亦至。于是水軍張德勝、朱虎等率舟師畢集，内外夾擊，漢兵大潰。其乘舟遁者，值潮落舟膠，殺溺死者無算，生禽七千餘人，獲巨艦百餘艘，戰船數百。

友諒乘别舸脱走，院判張德勝以舟師追至慈湖，焚其舟。又追之采石，友諒復麾兵迎戰，德勝陷陣，死之。指揮廖永忠、馮國勝等大呼而入，右副元帥華雲龍擣其中堅。奇兵元帥王銘突陣入，被敵兵攢搠，傷其頰，銘三出三入，殺傷過當，遂大敗之。友諒遁還江州。

徐達乘勝攻太平，守太平者聞友諒敗，皆無固志，遂復之。【考異】據元史順帝紀，友諒弑僞主徐壽輝于太平路，在五月丁亥朔之下，又云，「已而回駐于江州。」按明史本紀，陷太平在閏五月丙辰，弑壽輝無日。潛菴史稿作「戊午」，是陷太平之第三日也。又，龍灣之敗，明史及史稿皆作「乙丑」，去戊午僅七日。是月丙辰朔，乙丑初十日也。元史誤以爲前五月，因有「回駐江州」之語。若龍飛紀略、紀事本末等書皆作「閏五月丙辰陷太平」。而其下敘采石僭號之後，率衆還江州，又自江州引兵東下，此誤也。戊午尚在采石，乙丑便敗，若還至江州，然後東下，安得有往返七日，神速如此！況還江州係上溯之程，又值南風司令，必不然也。蓋友諒在采石時，初意欲約張士誠入寇，及得康茂才書，則以速趨金陵爲得計，而太祖遣茂才紿之，亦正恐其久則與士誠合而欲其速來，故其敗不過數日間。證之明史紀傳，並無「回至江州」之語，則野史仍沿元史順帝本紀之誤也，今不取。○復太平，取安慶，皆在大破友諒之後。潛菴史稿以爲「乘勝」者是也。紀事本末系復太平于辛酉，辛酉去戊午僅三日，正友諒在采石謀東下之時，故是時諸將有先復太平之議，而太祖以爲不可，此可見矣。今從史稿、明史，系于閏月乙丑之後。

9 丁卯，置儒學提舉司，以宋濂爲提舉，太祖命長子標從受經學。

10 戊寅，胡大海克信州路。

先是大海奉命擣信州，遣元帥葛俊往，道過衢州，總制王愷亟止之，至金華，謂大海曰：「廣信爲友諒門户，彼既傾國入寇，寧不以重兵爲守！非大將統全軍臨之不可。」大海然之，乃親率兵攻信州。至靈溪，城中步騎數千出迎戰，大海擊敗之。督兵攻城，守者不能支，衆潰，遂克之。【考異】紀事本末系之六月戊寅。按戊寅乃閏五月二十三日，六月無戊寅也。

蓋據元史順帝紀，而紀中本無日。今從畢鑑。

改信州曰廣信府。

11 六月辛亥，築太平城。

初，太平城西南俯瞰姑溪，故爲陳友諒舟師所陷，至是常遇春移築，去姑溪二十餘步，增置樓堞，守禦遂完。

12 壬子，元舒穆嚕伊遜攻慶元，不克，死之。

初，伊遜既失處州，以數十騎出走，至建寧，欲圖恢復，而所至人心已散，知事不可爲，嘆曰：「處州，吾守地也。今勢窮無所往，不如仍還處州，死亦爲處州鬼耳！」遂以兵攻慶元，耿再成擊敗之。伊遜衆潰，走竹口，欲還福建，道經桃花坑，爲鄉兵所邀擊，伊遜力戰死。

總制孫炎以聞，太祖嘉其盡忠死事，遣使祭之。【考異】明史，伊遜敗死系之六月無日。今據潛菴史稿。

13 是月，諸軍追友諒至池州，遂克安慶。

先是有趙普勝部將張志雄者，率兵從友諒東下，頗以普勝故怏怏，及龍灣之敗，遽率衆來降，因獻取安慶之策，遂克之。太祖命僉院趙仲中守之。【考異】據明史趙庸傳，仲中，即庸之兄也。明年，張定邊復陷安慶，仲中棄城奔還，太祖斬之。紀事本末作「伯仲」。惟畢氏通鑑作「余元帥」，皇明通紀作「俞伯仲」，俟考。

14 秋，七月，乙丑，浮梁守將于光降。

光，徐壽輝舊將也，聞友諒弑壽輝，尋敗，遂率衆擊走漢將，取饒州，遣使降于鄧愈。愈遂移鎮饒州。

15 九月，戊寅，徐壽輝將歐普祥降。

普祥守袁州。友諒弑壽輝，徵兵于普祥，普祥遂叛，乃以袁州來降。友諒遣其弟友仁攻之，普祥擊敗其衆，遂禽友仁。友諒懼，與之約和，始釋友仁歸。

16 是月，張士誠遣其將呂珍、徐義等率舟師自太湖入陳瀆港，分三路寇長興，耿炳文擊敗之，獲甲仗舟艦甚衆。

尋士誠復遣兵寇諸全，守將袁實戰死。

17 冬，十二月，復遣夏煜以書諭方國珍曰：「福基于至誠，禍生于反覆，隗囂、公孫述故轍可鑒。大軍一出，不可虛詞解也。」國珍雖不省，然始稍稍懼。

二十一年(辛丑、一三六一)

1 春，正月，癸丑朔，江南行中書省設御座，奉小明王行慶賀禮。參謀劉基怒曰：「彼牧(監)〔豎〕耳，奉之何爲！」不拜。太祖召基入，問之，基遂陳天命有在。太祖大感悟，乃定西征之計。【考異】事見明史基傳。然傳言「歲首」，當在二十年敗陳友諒之後。傳中記其不拜小明王，敘于友諒東下之前，標以「初」字，牽連並記，本非編年之體，然據此以爲二十年之歲首，則彼時基尚未至，何緣有斥爲牧豎之語？故皇明通紀、紀事本末皆系之二十一年之正月朔者近之。若畢氏通鑑系之至正二十四年，未知何據。惟時太祖已平友諒，擊走士誠兵于安豐，以林兒歸，居之滁州，遂以二十四年正月即吴王位。無論彼時不得有奉小明王之事，即謂中書省循前例仍設御座，而林兒之爲牧豎，人皆知之，何待基之斥而後知其無能爲耶！惟郎瑛七修類稿以爲即至正二十年龍灣之捷後事，蓋奏捷行慶賀禮也。徵之誠意伯集首行狀所載，謂「友諒既敗，中書省設御座，將以明年正月朔奉小明王行慶賀禮」，正與明史傳中語合，而史家牽連記事，偶倒置耳，然非二十四年之正月則無疑也，今不取。

2 辛酉，以鄧愈爲中書參政，仍僉樞密院事，總制各翼軍馬。

3 二月，甲申，始立鹽茶課，令商人販鬻以資軍餉。

4 己亥，置寶源局，定錢鈔法。【考異】明史本紀作「乙亥」。按是年二月癸未朔，有己亥，無乙亥也。潛菴史稿作「己亥」。而明史系之二月甲申之下，則「乙」字乃「己」字之誤。今據史稿。

5 三月，丁丑，改樞密院爲大都督府，以朱文正爲大都督，節制中外諸軍事，參議宋思顏參軍事。

6 元泗州守將薛顯以城降。

初，趙均用據徐州，以顯爲元帥，守泗州。均用既死，顯遂以泗州來降，授觀軍指揮使，使從征江西。

7 戊寅，方國珍遣使來謝，且飾金玉馬鞍以獻，太祖命却之。諭曰：「今有事四方，所需者人材，所用者粟帛，其他寶玩，非所好也。」

8 夏，四月，辛巳朔，以李善長兼領大都督府司馬，進行省參知政事。

9 五月，甲戌，命胡大海移鎮金華。

時大海既克信州，使其子德濟守之，友諒遣其將李明道進攻，據草坪鎮以遏浙東援兵。大海至婺，遣部將繆美率兵來援，而賊已保玉山。德濟將夏德潤拒戰，不克，死之。明道遂進圍信州。

10 六月，李明道圍信州急，胡德濟以兵少，閉城固守，遣人求援于大海。大海即率兵由靈溪以進，德濟乃引兵出城，與明道戰。大海縱兵夾擊，丙午，大破之，擒明道及其宣慰王漢二。

初，漢二有兄曰溥，安仁人，仕友諒爲平章，守建昌。太祖命將攻之，不克，又遣院判朱亮祖擊于饒之安仁港，亦失利，而太祖必欲招之降，以絶友諒之援。至是大海擒其弟，遂送之行省李文忠。文忠令漢二爲書以招溥，復送之建康，太祖命仍其舊職，用爲鄉導，以取江西。

11 秋，七月，甲子，以范常爲太平知府，諭之曰：「太平，吾股肱郡，其民數困于兵，宜令得所。」常以簡易爲治，興學恤民。官廩有穀數千石，請給民之種者，秋稔輸官，公私皆足，民親愛之。

12 太祖視事東閣，時天熱，坐久，汗濕衣，左右更衣以進，皆經澣濯者。參軍事宋思顔進曰：「主上躬行節儉，真可示法子孫，惟願終始如一。」太祖嘉其直，賜之幣。他日又言：「句容虎爲害，既捕獲，宜除之。今豢養民間，何益！」太祖然之，即命殺虎，分其肉飼百官。【考異】事見明史思顔傳。證之洪武寶訓，在是年七月甲子，今據之。

13 壬申，友諒將張定邊復陷安慶。

守將趙仲中遁歸，太祖怒，按以軍法。常遇春以渡江勳舊，請赦其死，太祖曰：「將不能堅守城池，敗則逃之，不殺，何以懲後！」乃誅仲中，而官其弟庸行樞密僉事。

14 八月，己卯，太祖遣使通好于元平章察罕特穆爾。

時察罕謀復山東，輿疾抵陜、洛，大會諸將議師期，分兵五道，水陸並進。而自率鐵騎渡孟津，踰覃懷而東，復冠州、東昌。遣其子庫庫特穆爾舊作擴廓帖木兒。擣東平。

東平僞丞相田豐者，劉福通之黨也，據山東久，軍民附之，察罕乃先遺書，諭以逆順之理，豐遂降，從大軍東討。一時群賊皆在濟南，察罕分遣奇兵由間道出賊後，南略泰安，逼益都，北徇濟陽、章邱及瀕海郡邑，乃自將大軍渡河，大破賊黨，魯地悉定。太祖聞之，欲徐察其所爲以覘其變。而是時察罕方攻益都未下，太祖乃決計先討陳友諒。

方李明道之降也，太祖詢以友諒虛實，乃言：「友諒自弒徐壽輝後，將士離心，政令不一，驍勇如趙普勝，又忌而殺之，雖有衆，不足恃也。」太祖乃召諸將諭曰：「友諒弒主僭號，犯我近疆，殞我名將，觀其所爲，不滅不已。爾等各厲士卒以從！」于是命徐達、常遇春等先發。

庚寅，太祖親御龍驤巨艦，率舟師乘風溯流而上。戊戌，師次安慶。敵堅守不戰，乃以陸兵疑之，尋命廖永忠、張志雄以舟師拔其水寨。攻城，自旦至暮不下。劉基請棄安慶，徑趨江州，直擣友諒巢穴，太祖然之。【考異】據明史本紀，「戊戌克安慶」。而龍飛紀略云「攻安慶不拔，至是冬始拔安慶。」陳氏通紀、紀事本末，皆云「克江（舟）〔州〕，旋師攻安慶，下之」。又證之明史基傳，亦云「攻安慶自旦至暮不下，基請徑趨江州」云云。今謂江州之役，制勝全在舟師，故破其水寨，基請疾趨以掩其不意，豈待城之下哉！今于戊戌下刪去「克安慶」語，仍據基傳。遂率舟師西上。過小孤，友諒將丁普郎、傅友德率所部來歸。

友德，宿州人，初從劉福通之黨，自山東入蜀，歸明玉珍。玉珍不能用，率所部走武昌從友諒，無所知名，常鬱鬱不樂。至是聞太祖來，喜曰：「吾得真主矣！」太祖一見奇之，擢爲將，使從常遇春徇地。

壬寅，次湖口。遇友諒舟師出江偵邏，擊敗之，乘勝直薄江州。友諒大驚，以爲神兵自天而下，倉猝不能軍。

維時廖永忠以舟師前導，見州城臨江，守禦甚固，乃預度城高下，造橋于船尾，名曰「天橋」，以船乘風倒行。橋傅于城，我師攀堞而上。癸卯，克江州。友諒挈妻子夜奔武昌。

甲辰，進拔南康，分兵徇蘄、黄、黄梅、廣濟，皆下之。

16 九月，辛亥，友諒將王溥以建昌來降，太祖命溥仍守建昌。

是月，友諒守將餘干吴弘、龍泉彭時中、吉安曾萬中、孫本立等，聞友諒敗，皆遣使約款，請以城降，乃遣行省參政鄧愈徇臨川、撫州，後翼元帥趙德勝徇瑞州、臨江等郡。

17 冬，十月，張士誠聞我軍西上，遣其將李伯昇寇長興，衆十餘萬，水陸並進。城中兵少，不能禦。太祖在江州，遣諸將陳德華、高費聚等分三路兵往援，皆不利。耿炳文嬰城固守，副元帥劉成出戰死。

于是敵復圍城，結九寨，爲樓車下瞰城中，取土石填濠塹，放火燒水關。城中晝夜應敵，凡月餘，内外不相聞，復遣人求援于江州。

18 十一月，戊午，太祖聞長興圍急，命行省參政常遇春亟率兵往援。

19 己未，鄧愈克撫州。

時友諒將鄧克明據城拒守，愈駐師于臨川之平塘，遣吴弘進攻撫州，敗之。克明佯遣使通款于愈，愈知其無降意，由間道卷甲夜馳二百里，比明，入其郛。克明單騎出南門走，自度不得免，乃詣愈降。愈留克明于軍中，令其弟志明還新淦，收其故部曲。克明因請詣太祖于江州，愈以兵送之，中途，克明復遁歸新淦。

20 甲戌，常遇春兵至長興。李伯昇素（單）〔憚〕遇春，棄營遁。遇春追擊，俘斬五千餘人，太祖聞之，不悦。

21 諸將還師攻安慶，下之，命遇春甓其城。

時太祖諭取龍興，友諒僞行省丞相胡廷瑞守之。太祖遣使招諭，使以城降。廷瑞聞友諒敗，亦内懼。十二月，己亥，廷瑞遣使鄭仁傑詣九江納款，具言：「將校部曲，請勿解散改屬他人」，太祖有難色。劉基蹴所坐胡牀，太祖悟，報以書曰：「仁傑至，言足下有效順之誠，此足下明達也；又恐分散所部，此足下過慮也。吾起兵十年，奇才英士，得之四方多矣。有能審天時，料事幾，不待交兵，挺然委身來者，皆推赤心以待，隨其才任使之。兵少則益之以兵，位卑則隆之以爵，財乏則厚之以賞，安肯散其部曲，使人自危疑，負來歸之心哉！且以陳氏諸將觀之，如趙普勝驍勇善戰，以疑見戮，猜忌若此，竟何所成！近建康、龍灣之役，所獲長張、梁鉉諸人，用之如故，視吾諸將恩均義一。長張破安慶水寨，鉉等攻江北，並膺厚賞。此數人者，自視無復生理，尚待之如此，況如足下以完城來歸者邪！得失之機，間不容髮，當早自爲計！」——長張，即志雄也。——廷瑞得書，意釋，乃遣部將康泰詣江州請降。【考異】胡廷瑞以龍興降，明史本紀系之二十二年正月，據其迎降及太祖至龍興之月日也。太祖既得江州，即遣人招諭廷瑞，故諸書多系之八九月間。至廷瑞遣鄭仁傑及太祖貽書事，畢鑑系之是年十二月己亥，證之明史稿，亦分書之，但稿中無日分耳。己亥乃十二月二十一日，今據之。

二十二年（壬寅、一三六二）

1 春，正月，辛亥，胡廷瑞以龍興降。

乙卯，太祖發江州。己未，次樵舍，廷瑞遣人齎陳氏所授丞相印及軍民糧儲之數來獻。辛酉，太祖如龍興，廷瑞率行省僚屬祝宗、康泰等迎謁于新城門。

壬戌，太祖入城，首謁孔子廟，開倉庫，振貧乏，悉除陳氏苛政，放友諒所蓄麋鹿于西山。民大悦。

改龍興曰洪都府。

時袁、瑞、臨江、吉安等府皆相繼下。【考異】太祖如龍興，明史本紀書「正月乙卯」，潛菴史稿書「正月壬戌」，蓋一據其發江州之日，一據其至南昌之日也。樵舍事見明史胡美傳，畢氏通鑑系之己未，而元史順帝紀，書「正月庚申，大明取江西龍興諸路。」以次第考之，畢鑑所記干支皆不誤，今據之。據順帝紀，是年正月戊申朔，則辛亥爲正月初四日，以後皆可考也。

2 二月，太祖還應天，命鄧愈以行省中書參政鎮洪都。

3 癸未，金華苗兵作亂，行中書省參政胡大海、郎中王愷死之。

初，苗帥楊鄂勒哲死，其部下蔣英、劉震、李福等自桐廬來歸，大海喜其驍勇，留置麾下，待之不疑。至是三人謀叛，以書通衢、處苗帥李祐之等，約以月之七日起事。是日，大海晨在分省署中，英等入，請觀弩于八詠樓。大海出，遣其黨遮跪馬前，訴英等將殺己。大海未及答，反顧英，英出袖中椎擊大海，中腦仆地，又殺大海子關住及總管高子玉。

時愷方佐大海治省事，其帥多德愷，欲擁之而西，愷正色曰：「吾守土，義當死，寧從賊耶！」遂殺愷及其子寅，掾史章誠亦死之。【考異】據明史本紀，苗兵作亂，系之二月辛未，證之元史順帝紀，二月丁丑朔，是月無辛未也。紀事本末言「英等約衢、處苗帥以是月七日起事」，以丁丑朔推之，七日當爲癸未。潛菴史稿系之是年二月癸未，是明史「辛」字爲「癸」字之誤明矣，今據潛菴史稿改正。

大海善用兵，而嚴于紀律，嘗自誦曰：「吾武人，不知書，惟知三事而已：不殺人，不掠婦女，不焚毁廬舍。」以是軍行，遠近争附，及死，聞者無不流涕。後追封越國公。太祖既定天下，復賜謚。大海等七人賜謚事見後。

初，太祖克婺州，禁釀酒，大海子首犯之，太祖怒，欲行法。時大海方征越，王愷請勿誅以安大海心，太祖曰：「寧可使大海叛我，不可使我法不行。」竟手刃之。及關住被殺，遂無後云。

愷當塗人。以克太平，召爲掾，累官至郎中，善謀斷。常白事不聽，却立户外，抵暮不去，太祖怪問之，愷諫如初，卒從其議。

後贈奉直大夫、飛騎尉，追封當塗縣男。

4 丁亥，處州苗帥李祐之、賀仁德一作「得」。遥應金華蔣英等，相繼作亂，殺行省樞密院判耿再成。總制孫炎、知府王道同、元帥朱文剛皆死之。

再成方與客對飯，聞變上馬，收戰卒，不及二十人，迎戰，不克，罵曰：「賊奴！國家何負汝，乃反耶！」賊攢槊刺再成，再成揮劍連斷數槊，中傷墜馬，大罵不絕口死。炎等三人皆被執，置之空室，脅之降，不屈。仁德燖雁，斗酒啗炎，炎且飲且罵。賊怒，拔刀叱炎解衣，炎曰：「此紫綺裘，主上所賜，吾當服以死。」遂與道同、文剛皆遇害。

再成持軍嚴，士卒出入民間，蔬果無所取。炎談辨風生，雅負經濟，有詩名。後再成追封泗國公，炎贈丹陽縣男，命建像再成祠，與道同、文剛皆祔祀。——文剛，太祖養子名柴舍者也。

5 金華之亂，典（吏）〔史〕李斌懷省印縋城走嚴州，告變于李文忠，文忠遣元帥何世明、掾史郭彥仁等率兵討之。至蘭溪，蔣英等懼，乃驅掠城中子女西走，降于張士誠。大海養子德濟聞難，引兵奔赴，文忠亦率將士至，鎮撫之，民乃定。

6 辛卯，拓江西洪都城。

先是太祖既定洪都，相度形勢，以舊城西南臨水，不利守禦，命移入三十步，又以東南空曠，復展二里餘。至是成之。

7 壬寅，命平章邵榮率兵討處州苗。

8 三月，癸亥，降人祝宗、康泰叛。

先是洪都之降，廷瑞主之，宗與泰浸不悅。及太祖還應天，以廷瑞從，廷瑞度二人必叛，密言于太祖。時上將徐達方追友諒于武昌，營于漢陽之沌口，太祖發使詣洪都，令宗、泰率所部兵往湖廣從達聽征調。二人舟次女兒港，遂以其衆叛。遇商人布船，因掠其布爲旗號，進劫洪都。是日暮，至城下，發鼓舉火，攻破新城門。都事萬思誠、知府葉琛皆被執，不屈，死之。

鄧愈聞變，倉猝以數十騎出走，數與賊遇，從騎死且盡。愈窘甚，連易三馬，馬輒踣，最後遇養子馬乘之，始得奪撫州門出，洪都遂陷。愈奔趨應天，太祖以其功多，弗罪也。

尋遣使詣漢陽，命達等還師討之。

9 是月，明玉珍陷雲南。

初，玉珍據蜀，聞徐壽輝爲陳友諒所弒，謀討之，命以兵塞瞿塘，絶不與通。立壽輝廟于城南隅。遂自稱隴蜀王，至是拓地至滇。參謀劉楨，謂西蜀自古形勝之地，勸其建都稱號，以繫人心，玉珍善之，乃僭稱皇帝于重慶，國號夏，建元天統。【考異】明史本紀系玉珍稱帝于三月，無日。通鑑輯覽則于是年三月書玉珍陷雲南，五月稱隴蜀王，至二十三年正月始稱帝，蓋據元史順帝紀。畢鑑據平夏録，改入是年三月己酉，今檢平夏録云「三月戊辰」，並非「己酉」。蓋玉珍陷雲南在三月甲寅，則稱帝在甲寅之後者似之。若作己酉，則似先稱帝，後陷雲南，未知畢氏何據，抑偶誤記平夏録，而以「戊辰」譌作「己酉」歟？至其稱隴蜀王，據平夏録在至正二十年，友諒弒壽輝之後，證之明史玉珍傳，亦云「至正二十年，友諒弒壽輝，玉珍與之絶，自立爲隴蜀王」，然則明史紀、傳，皆本之平夏録也，今從之，亦系于三月之末，並追敘稱王事。

10 婺州之亂，張士誠遣其弟士信乘間率兵萬餘圍諸全。守將謝再興，預遣將設伏城外，自引兵出戰。戰既合，伏起，大敗之，禽其將士千餘人。士信憤，益兵攻城，再興度不能支，告急于李文忠。

時金華叛寇初定，而嚴州逼近敵境，處州又爲叛苗所據，文忠自度兵少，不能應援，聞邵榮討處州之兵將至，文忠乃揭榜義烏古朴嶺，揚言「平章邵榮引兵五萬出江右，右丞徐達引兵五萬出徽州，約會金華，刻日抵諸全。」士信兵見之，大驚，謀夜遁。會胡德濟自信州率兵來援，與再興分門而守。夜半，令諸軍蓐食，率死士開門突擊。賊衆驚潰，士信遂脱圍遁去。

11 夏，四月，己卯，平章邵榮率諸軍復處州。

先是李文忠聞處州亂，遣將屯兵于縉雲山中。會耿再成子天璧，方奉命徵發苗兵，中塗聞變，遂馳至文忠所，得再成舊部朱絢等，會榮攻之。榮率元帥王祐、胡深等燒其東北門，軍士乘城入，李祐之自殺。賀仁德戰敗，走縉雲，耕者縛之，檻送建康伏誅。處州遂平。

方二郡之煽亂也，衢州兵謀翻城應之，守將夏毅懼甚。會劉基丁母憂歸，過衢州，迎之入城，一夕遂定。

事聞，授文忠浙東行省左丞，總制嚴、衢、處、信、諸全軍事。【考異】克處州，畢鑑系之己丑，今據明史本紀。又，紀事本末作「癸酉」，按四月丙子朔，癸酉則三月也。蓋處州以三月攻，四月復，故諸書所記互異。

12 甲午，徐達復洪都，祝宗、康泰俱敗。宗走新淦依鄧克明，後爲志明所殺。志明，克明之弟。泰走信州，爲追兵所獲，送建康，太祖以廷瑞甥，特宥之。廷瑞以避太祖字，改名美。

13 五月，丙午，太祖念洪都重地，非骨肉重臣不可守，乃以大都督朱文正統副元帥趙德勝、親軍指揮薛顯同、參政鄧愈鎮之。

德勝攻陳友諒將于南昌之西山，破其寨，俘斬三千餘人。

14 是月，元陳友定復汀州路。

先是友諒將鄧克明復寇汀州，友定擊敗之，遷左丞。至是命守汀州，進參知政事，行省平章雅克布哈，舊作燕只不花。擁虛位而已。

15 六月，戊寅，元平章察罕特穆爾遣使報書太祖，言「已奏朝廷，授以行省平章事」，太祖不答，謂左右曰：「察罕徒以甘言誘我耳。且以書來而不反我使者，其情僞可見也。今張士誠據浙西，陳友諒據江漢，方國珍、陳友定又梗于東南。天下紛紛，未有定日，惟徐以俟之。」

16 是月，察罕以攻益都久不下，遂爲叛將田豐、王士誠等所害。

初，豐之降也，察罕推誠待之，數出入帳中。及豐既謀變，乃請察罕行觀營壘，左右皆以爲不可往，察罕曰：「吾推心待人，安得人人而防之！」左右請以力士從，又不許。至是察罕從輕騎十一人，行至豐營，士誠遂刺之，與豐走入益都。衆乃推察罕子庫庫特穆爾爲總兵官，復圍益都。

事聞，元贈察罕河南行省左丞相，追封忠襄王，謚獻武。尋授庫庫特穆爾中書、平章政事，兼知河南、山東行樞密院事。

庫庫，姓王，小字保保，察罕甥也，養以爲子。至是力圖報仇，與益都兵戰，生禽六百餘人，斬首八百餘級。

太祖聞察罕死，歎曰：「天下無人矣！」【考異】明史本紀系察罕被殺于報書之下，是同月事也。證之元史順帝紀，乃六月戊子，則去報書時僅十日耳。庫庫敗益都之兵，系之己亥，仍是六月之下旬，今並系之是月下。

17 平章邵榮，自克處州歸，驕蹇有異志，與參政趙繼祖謀伏兵爲變。秋，七月，丙辰，事覺，伏誅。

太祖自起兵，所任將帥最著者，徐達、常遇春與榮爲三，而榮尤宿將善戰。太祖以勳舊，欲宥其死，遇春直前曰：「人臣以反名，尚何可宥，臣義不與共生。」太祖乃飲榮酒，流涕而戮之。自此益愛重遇春。

18 八月，癸巳，陳友諒將熊天瑞寇吉安，守將孫本立戰敗，走永新。天瑞復攻破永新，執本立，殺之，遂陷吉安。友諒遣其知院饒鼎臣守之。【考異】紀事本末系之是年十二月，蓋因朱文正之復吉安牽連並記也。潛菴史稿，陷吉安在八月癸巳，今據之。

19 冬，十月，戊子，池州元帥羅友賢，據神山寨作亂，謀通張士誠，杭、歙震動，命常遇春率兵討之。【考異】紀事本末作「十一月」，他書皆作「十月」。證之畢氏通鑑，則十月戊子也，今從之。惟畢鑑是月壬寅朔，「寅」字乃「申」字之誤也。元史順帝紀，十月壬申朔，且畢鑑系癸卯朔于九月，則十月爲壬申朔尤可證，蓋「寅」字轉寫誤也。

20 辛卯，設關市批驗所官，主通百貨，鹽十分而稅其一，他物十五分稅一。

21 十一月，乙巳，元平章庫庫特穆爾復益都，田豐等伏誅。

庫庫既襲父職，身率將士，誓不共之仇，奮力攻城。賊悉衆拒守，乃遣壯士穴地通道而入，遂克之，盡誅其黨，取田豐、王士誠之心以祭其父。庚戌，遣關保以兵復莒州，山東悉平。

庚申，元詔授庫庫特穆爾太尉，餘官並如故，將校士卒論賞有差。

初，察罕特穆爾平山西晉、冀之地，而是時河南行省平章博囉特穆爾，以捍蔽京（帥）〔師〕，移兵鎮大同，因欲並據晉、冀，遂與察罕兵争，元帝屢下詔令罷兵，終不聽。及察罕克汴梁，平山東，兵勢日盛，朝廷方倚之以爲安。及其没也，庫庫復修其職，振其軍，于是東至淄、沂，西踰關、陝，皆晏然無事，乃駐兵于汴、洛，令以次進兵江、淮。而博囉特穆爾復數以兵争晉、冀，朝廷雖屢解諭之，而釁隙日深。

22 十二月，丁亥，大都督朱文正遣兵復吉安，饒鼎臣出走，遂以参政劉齊、陳海同、李明道、曾萬中、粹中共守之，以朱叔華知府事。

23 太祖威名日重，元帝乃遣户部尚書張昶等齎龍衣、御酒、八寶頂（冒）〔帽〕、榮禄大夫、江西行省平章政事（使）宣〔命〕詔書，航海至慶元。蓋方國珍之計，欲兩以爲功也，乃遣其檢校燕敬報太祖，太祖不之答。

敬還，國珍懼，乃送昶于福建元平章雅克布哈所。時左丞王溥在建昌，聞之，以告，太祖命溥招之，昶遂偕郎中瑪哈木特舊作馬合謀。至建康。時太祖已聞察罕死，遂不受，殺瑪哈木特，以昶才，留之，並授以官。

元庫庫特穆爾既還河南，遣尹焕章致書于太祖，並歸我使人。

[24] 寧海布衣葉兑，以經濟自負，聞太祖已定寧越，規取張士誠、方國珍，而察罕恃其兵强名順，欲招太祖爲助，兑乃列一綱三目，言天下大計。

其略曰：「愚聞取天下者，必有一定之規模，韓信初見高祖，畫楚、漢成敗，孔明卧草廬，與先主論天下三分形勢者是也。今之規模，宜北絶李察罕，南併張九四，撫温、台，取閩、越，定都建康，拓地江、廣，進則越兩淮以規中原，退則畫長江而自守。夫長江天塹，所以限南北也。金陵古稱龍蟠虎踞，帝王之都，誠宜建都於此，守淮以爲藩屏，守江以爲門户，如高祖之關中，光武之河内。以此爲基，藉其兵力資財，以攻則克，以守則固，百察罕能如我何哉！且江之所備，莫急上流。吴、魏所争，在蘄春與皖，即今江州之境。今義師已克江州，足蔽全吴。況自滁、和至廣陵皆吾有，又足以遮蔽建康，襟帶江州，匪直守江，兼可守淮矣。張氏傾覆，可坐而待，淮東諸軍，亦將來歸，北略中原，李氏可併，孫權不足爲也。今聞察罕妄自尊大，致書明公，如曹操之招孫權。竊以元運將終，人心不屬，而察罕欲效操所爲，事勢不侔。宜如魯肅計，鼎足江東以觀天下之釁，此其大綱也。

至其目有三：張（元）〔九〕四之地，南包杭、越，北跨通、泰，而以平江爲巢穴。昔田豐説袁紹襲許以制曹公，李泌欲先取范陽以傾禄山，殷羨説陶侃急攻石頭，以制蘇峻，皆先傾敵巢穴。今欲攻張氏，莫若聲言掩取杭、嘉、湖、越，而大兵直擣平江。平江城固，難以驟拔，則以鎖城法困之。鎖城者，于城外矢石不到之地，別築長圍，環繞其城。長圍之外，分命將卒，四面立營，屯田固守，斷其出入之路。分兵略定屬邑，收其税糧以贍軍中。彼坐守空城，安得不困！平江既下，巢穴已傾，杭、越必歸，餘郡解體，此上計也。

張氏重鎮在紹興，懸隔江海，所以數攻而不克者，以彼糧道在三江、斗門也。若一軍攻平江，斷其糧道，一軍攻杭州，絶其援兵，紹興必拔。所攻在蘇、杭，所取在紹興，所謂「多方以誤之」者也。紹興既拔，杭城勢孤，湖、秀風靡，然後進攻平江，犁其心腹，江北餘孽，隨而瓦解，此次計也。

方國珍狼子野心，不可馴狎。往年大兵取婺州，彼即奉書納款；後遣夏煜、陳顯道招諭，彼復狐疑不從；顧遣使從海道報元，謂江東委之納款，誘令張昶齎詔而來，且遣韓叔義爲説客，欲説明公奉詔。彼既降我，而反欲招我降元，其反覆狡獪如是，宜興師問罪。然彼以水爲命，一聞兵至，挈家航海，中原步騎無如之何。彼則寇掠東西，捕之不得，招之不可。夫上兵攻心，彼言杭、越一平，即當納土，不過欲款我師耳。攻之之術，宜限以日期，責其歸順。彼自方國瑋之歿，自知兵不可用。又，叔義還，稱我師之盛，氣已先挫，今因陳顯道以自通，正可脅之而從也。事宜速，不宜緩。宣諭之後，更置官吏，拘集舟艦，潛收其兵權以消未然之變，三郡可不勞而定。福建本浙江一道，倚山瀕海，兵脆城陋。兩浙既平，彼心計浙江四道，三道既已歸附，吾孤守一道安歸哉！下之，一辯士力耳。如復稽送款，則大兵自温、處入，奇兵自海道入，福州必不支。福州下，旁郡迎刃解矣。威聲已震，然後進取兩廣，猶反掌耳。」太祖奇其言，欲留用之，兑力辭，賜銀幣襲衣以歸。後數歲，太祖削平天下，其規模次第，大略如兑言。【考異】事見明史葉兑傳。畢氏通鑑系之是年六月察罕遣使下，按兑書中已有張昶至慶元及方國珍遣人説太祖奉詔之語，則在是年十二月以後所上可證也。今改系之昶奉使至金陵之後。

二十三年（癸卯、一三六三）

1 春，正月，壬寅朔，以湯和爲中書左丞。

2 丙寅，太祖遣都事汪河報書于元庫庫特穆爾，並送其使人尹焕章歸汴。

3 初，太祖命諸將分軍于龍江等處屯田，惟康茂才積穀充牣，他皆不及。二月，壬申朔，諭諸將曰：「屯田數年，未見功緒。惟康茂才所屯，得穀一萬五千餘石，以給軍餉，尚餘七千石。分地均而所得有多寡，由人力勤惰不齊耳。今宜督軍及時開墾，以盡地利。庶幾兵食充足，國有所賴。」

4 癸酉，張士誠發兵攻安豐，以吕珍爲前鋒，士信率大兵繼之。

珍至安豐，圍其城。久之，城中乏食，劉福通遣人告急于建康。太祖曰：「安豐破，則士誠益張，不可不救。」時方召劉基至京，基諫曰：「漢、吴伺隙，吴，即士誠。見後。未可動也。」不聽。

未幾，珍破安豐，殺福通。

5 戊寅，移置浙江行省于嚴州。

時士誠屢寇諸全，李文忠應援不及，于是徙省治于嚴，留總制徐司馬守金華。——司馬，太祖養子，名馬兒者也。

6 是月，陳友諒將張定邊復陷饒州。

時守將于光與吴弘等不協，都昌盜江爵等乃導定邊等入寇，倉猝無備，皆出走，惟理問穆燮死之。郎中楊憲走還建康。

7 三月，辛丑朔，太祖率右丞徐達、參政常遇春等援安豐。

時吕珍水陸連營，據城樹栅，外掘重塹。會左右軍失利，阻于塹，不得出，太祖命遇春以兵横擊其陣，三戰三捷，俘斬無算。廬州左君弼出兵助珍，遇春又擊敗之，珍、君弼皆遁去。以韓林兒歸，居之滁州。

復命達等移師討廬州。達等既去，元將珠展、舊作竹貞。實都舊作忻都。遂乘間入安豐。

是月，太祖還應天。

8 閏月，處州總制胡深言：「關市之征，舊例二十取一，今令鹽貨十取其一。税額過重，則商販不通，軍儲缺乏。且使江西、浙東之民艱于食用。又他物十五分取一，亦恐稍重，請仍循二十取一之例。」從之。

9 是月，太祖自撰朱氏世德碑，遣官祗詣鳳陽、泗州告祭先陵，並稱龍鳳制，贈三代右丞相、平章政事、吴國公。【考異】此據郎氏七修類稿所載，朱氏世德碑蓋太祖自撰也。碑中稱「龍鳳九年三月十四日，降制贈曾祖祖及考」云云，又言「以閏三月十一日祗詣先壠，焚香告祭」云云，正至正二十三年之閏三月也。洪武實録不載，蓋既得天下諱之耳，今敘入。

10 夏，四月，陳友諒聞太祖援安豐，果大舉兵入寇洪都。

先是友諒自忿其疆土日蹙，乃治巨艦，高數丈，外飾以丹漆。上下三級，級置走馬棚，下設板房爲蔽，置艣數十，其中、上、下人語不相聞。艣箱皆裹以鐵。載其家屬百官，空國而至，兵號六十萬。壬戌，薄城下，友諒欲以大艦乘水漲傅城而登。至是城移去江三十步，艦不得近，乃大爲攻具，勢甚張。

都督朱文正與諸將謀分門拒守，于是參政鄧愈守撫州門，僉院趙德勝等守宫步、士步、橋步三門，指揮薛顯守章江、新城二門，元帥牛海龍、趙國旺、許珪、朱潛、程國勝等守琉璃、澮臺二門。文正居中節制，自將精鋭二千往來策應。

11 乙丑，諸全守將謝再興叛，降于張士誠。

初，再興有心腹二人，常往來販鬻杭州，太祖怒其洩軍事，禽二人，誅之。召再興赴應天，别遣參軍李夢庚總制諸全，已，復遣再興歸。至是憤夢庚出己上，遂作亂，殺知州欒鳳，執夢庚赴紹興，降于張士誠。總管胡士明，棄妻子，單騎走應天。時左丞李文忠聞變，遣同僉胡德濟屯兵五指山下，自將精騎二千往來援應。鳳高郵人，知諸全，有能聲。被殺時，其妻王氏以身蔽鳳，并殺之。已而夢庚亦不屈死。太祖以再興數有功，叛非其志，故鳳與夢庚皆不得卹。

12 丙寅，陳友諒攻撫州門。其兵各載竹盾如箕狀以禦矢石，并力攻城，壞二十餘丈。鄧愈以火銃擊退其軍，隨樹木栅，賊争栅，朱文正督諸將死戰，且戰且築，通夕復完。于是總管李繼先及海龍、國旺、珪潛等皆先後戰没。

13 五月，己巳朔，友諒分遣諸將陷吉安。時值守將李明道與曾萬中兄弟不協，謀爲内應，遂開門納漢兵。參政劉齊、朱叔華被執。

尋陷臨江，同知趙天麟被執。

癸酉，分陷無爲州，知州董曾死之。

14 諭置禮賢館，集劉基、陶安等諸人講論經史。

15 丙子，友諒復攻新城門。指揮薛顯，將鋭卒開門突戰，斬其平章、副樞各一人，敵兵乃退。百户徐明被執，死之。

明有膽略，嘗出劫友諒營，獲其良馬以歸，故見殺。

16 六月，辛亥，友諒增修攻具，欲拔栅自水關入，朱文正遣壯士以長槊迎刺之，敵奪槊更進。乃命鍛鐵戟鐵鉤，穿栅復刺，敵復來奪，手皆灼爛不得進。友諒見城中備禦萬方，堅不可拔，乃欲以計脅之，命執吉安、臨江被獲之劉齊、朱叔華、趙天麟以徇于城下。文正等不爲動，三人者亦不屈死之。【考異】明史本紀、潛菴史稿皆記劉齊等四人之死于五月。證之紀事本末，則劉齊、朱叔華、趙天麟三人者，皆死于南昌城下，蓋執之以徇城，不屈，又殺之，欲以脅城中之降也，此似得之。考南昌忠臣之祀，獨此三人在殉難下五人之數，而董曾不預，蓋曾非死于南昌者，故别祀之。若劉、朱、趙三人，皆江西守土之官，又以其同死于南昌城下，故得入南昌忠臣（祀）〔祠〕中。今據紀事本末書之。

乃復遣兵攻宫步、士步二門。僉院趙德勝，暮坐城門樓指麾士卒，弩中腰膂，鏃深入六寸，拔之出，歎曰：「吾自壯歲從軍，傷矢石數矣，無重此者。丈夫死無所恨，恨不能掃清中原耳。」言畢而絶，年三十九。後追封梁國公，復賜謚。

洪都被圍久，内外隔絶。文正遣千户張子明走應天告急。子明取漁舟夜從水關出，潛至石頭口，宵行晝止，凡半月始至。太祖問：「友諒兵勢何如？」對曰：「友諒兵雖盛，戰死亦不少。今江水日涸，巨艦將不利，又師久糧乏，援兵至，必可破也。」太祖曰：「汝歸語文正，但堅守一月，吾當自取之。」子明還，至湖口，爲友諒兵所執。友諒曰：「若能誘之降，非但不死，且富貴。」子明陽許之，至（誠）〔城〕下，大呼曰：「主上令諸公堅守，大軍行至矣。」友諒怒，殺之。

時徐達、常遇春方圍左君弼于廬州，州三面阻水，君弼自城上爲釣橋，謀夜劫達等營，擊敗之，遂入城斂兵拒守，凡三月不克。至是太祖遣人諭曰：「爲廬州而失南昌，非計也。」于是達、遇春皆解圍還。

17 秋，七月，癸酉，太祖自將救洪都，禡牙于龍江。凡舟師二十萬，刻期並發，達、遇春及樞院馮國勝、俞通海、右丞廖永忠等及儒臣劉基、陶安、夏煜等皆從。【考異】明史夏煜傳，言「太祖親征陳友諒，儒臣惟劉基與煜侍，草檄賦詩。」今證之陶學士集，有康郎山應制詩。又龍江閱兵詩序云：「癸卯七月，閱兵龍江，臣安忝侍從。」又，大明鐃歌曲引云：「安忝侍從，親覩大戰于彭蠡湖。」據此，則儒臣侍從，安固預焉，今據學士集增入。

癸未，師次湖口，先遣指揮戴德以一軍屯于九江口，復以一軍屯南湖嘴，以遏友諒歸師。又遣人調信州之兵扼之于武陽渡，防其奔逸。

18陳友諒圍洪都凡八十五日，聞太祖至，即解圍，東出鄱陽湖逆戰。太祖率諸將由松門入湖，丁亥，與友諒師遇于康郎山。

太祖見友諒列巨舟當前，顧謂諸將曰：「彼巨舟首尾連接，不利進退，可破也。」乃命舟師排十一隊，火器弓弩，以次鱗列。戒諸將：「近寇舟，先發火器，次弓弩，及其舟則短兵擊之。」

戊子，徐達、常遇春、廖永忠等進兵薄戰。達身先諸將，擊敗其前軍，殺一千五百人，獲一巨艦還。俞通海復乘風發火礮，焚寇舟二十餘艘，殺溺死者甚衆。徐達等搏戰良久，火延及達舟，敵乘之，達撲火更戰。太祖亟遣舟援，達力戰，敵乃退。

俄，友諒驍將張定邊直前犯太祖舟，舟膠于沙，漢兵遶三匝。我軍左右奮擊，身先捍蔽，定邊不得前。于是指揮韓成首以衝鋒墮水死，元帥宋貴、陳兆先繼之，萬户程國勝繼之，皆陷陣死焉。事急，遇春飛矢射定邊，通海、永忠復飛舸夾擊，定邊負重創，始遁去。太祖舟甫脱，而遇春舟亦膠淺，亟麾兵救之。值諸舟驟進，水湧乃解。會日暮，太祖命鳴鉦收軍，集諸將申明約束。又慮張士誠乘虚入寇，命徐達還守應天。

是役也，諸將皆殊死戰。而程國勝者，先以守撫州門被創落水，得不死，復從太祖禦友諒于湖東，卒死之。而南昌城中先以陣亡撫州門聞，故豫章、康山兩祀之云。【考異】諸書皆言「康郎山忠臣之祀凡三十五人」，證之明史趙得勝傳，言「凡贈公一人，侯十二人，伯二人，子十五人，男六人」，實三十六人也，蓋明史傳中言「三十五人」者，除程國勝數之故。傳末復記「國勝守南昌，與牛海龍夜劫友諒營，海龍中流矢死，國勝（泗）〔泅〕水得脱，抵金陵，從太祖戰鄱陽。張定邊直前犯太祖舟，國勝與韓成、陳兆先駕舸左右奮擊，太祖舟脱，國勝等繞出戰艦後，援絶，力戰死。而南昌城中謂國勝已前死，故豫章、康山兩祀之」云，此事本之朱善所撰國勝神道碑。蓋國勝至金陵一節，惟太祖知之，故南昌城中謂其已死，遂入之豫章忠臣中，後經太祖更正，改祀國勝于康郎山，特命朱善述其事于碑中。而野史但據實録三十五人之語，遂遺國勝，又見豫章更正祀典，去國勝之名，遂兩遺之。畢氏通鑑于康郎山之戰，不知據明史趙德勝傳考其顛末，特以國勝已死于撫州門，不應更有死于康郎山之程國勝，故不知據何野史而增入萬國勝之名，實所不解。惟龍飛紀略、七修類稿所載康郎山之祀三十六人，連程國勝數之，爲得其實，今據之。

19 己丑，太祖命鳴角，師畢集，乃親布陣，復與友諒戰。友諒悉巨舟連鎖爲陣，旌旗樓櫓，望之如山。我舟小，不利仰攻，太祖親麾之不前，右師却，命斬隊長十餘人，猶不止。元帥濠人郭興諫曰：「非人不用命，舟大小不敵也。此非火攻不可。」太祖然之，命常遇春等分調漁舟，載荻葦，置火藥其中。至晡，東北風起，命以七舟束草爲人，飾以甲冑，各持軍器，若鬥敵狀，令敢死士操之，備走舸于後。將迫敵舟，乘風縱火，風急火烈，須臾而至，焚其水寨數百艘，煙焰漲天，湖水盡赤，死者大半，友諒弟友仁、友貴及其平章陳普略等皆焚死。師乘之，又斬首二千餘級。

友仁，即所稱「五王」也，眇一目，有智略，梟勇善戰，至是死，友諒爲之奪氣。普略，即「新開陳」也。

先是我軍方對敵，忽院判張志雄舟檣折，爲敵所覺，以數舟攢兵鉤刺之，志雄窘迫自刎。樞院同知丁普郎，從援南昌有功，又從入湖，至是戰不利，身被十餘創，首脫，猶植立舟中不仆，持兵若戰狀。太祖聞而義之。時元帥余昶、右元帥陳弼、徐公輔皆同日戰沒，並祀康郎山忠臣廟。

初，太祖所乘舟檣白，友諒覺，謀并力來攻。太祖知之，庚寅夜，令諸舟盡白其檣，旦視莫能辨，敵益駭。

辛卯，太祖復聯舟與友諒戰，自辰至巳不決。太祖方坐胡牀指麾，劉基侍側，忽躍起大呼，趣太祖急更舟，倉猝徙別舸。坐未定，漢兵飛礮奮擊，所御舟立碎。友諒乘高見之方喜甚，而太祖麾舟更進，皆失色。廖永忠、俞通海等以六舟深入綴漢軍，若起若没，友諒初無所見，我軍亦愕眙，意已陷没。須臾，六舟繞漢舟而出，勢如游龍，諸將見之，勇氣百倍，呼聲震動，波濤立起。于是環攻漢艦，殺其士卒殆盡，而操舟者猶不知，尚呼號摇櫓如故，已而焚其舟，皆死。至午，友諒兵大敗，棄旗鼓甲仗，浮蔽湖面。通海等還，太祖勞之曰：「今日之捷，諸君之力也。」

時張定邊見戰不利，欲挾友諒退保鞋山，而我軍已先截罌子口。友諒不得出，乃斂舟自守，不敢更戰。是日，移舟泊柴棚，去敵五里許，遣人挑戰，敵不敢應。諸將欲退師，少休士卒。太祖曰：「兩軍相持，先退非計也。」通海以湖水淺，請移舟扼江上流，而基亦密言，期以金木相犯日決勝，太祖從之。時水路狹隘，舟不得並進，恐爲敵所乘，至夜，令舟置一燈，相隨渡淺，比明，皆銜尾至，乃泊于左蠡。友諒亦移舟出泊渚磯，相持者三日。

友諒有左、右金吾二將軍，咨之計。其右金吾曰：「今戰不利，出湖實難。莫若焚舟登陸，直趨湖南，謀爲再舉。」左金吾曰：「今雖不利，而我師尚多。戮力一戰，勝負未可知，何至自焚以示弱！萬一舍舟登陸，彼以步騎躡我，進不及前，退失所據，一敗塗地，豈堪再舉耶！」友諒猶豫不決。既而曰：「右金吾言是也。」于是左金吾聞之，懼及禍，遂率所部來降，右金吾見勢急，亦率所部降。

友諒既失二將，兵益衰，太祖乃倚舟貽之書曰：「吾欲與公約從以安天下。公失計，肆毒于我，我是以下池陽，克江州，奄有公龍興十一郡。今猶不悔，復啓兵端，一困于洪都，再敗于康郎，殺其弟姪，殘其兵將，捐數萬之命，無尺寸之功。此逆天理、悖人心之所致也。公乘尾大不掉之舟，頓兵敝甲，與吾相持，逞其狂暴之性，正宜親決一戰，何至徐徐隨後，若聽吾指揮者，無乃非丈夫乎？公早決之！」

友諒得書，怒，留使者不遣。猶建金字旗，周回巡寨，令所獲我將士盡殺之。太祖聞之，命悉出所俘友諒軍，視其傷者，賜藥療之，悉遣還，下令曰：「自今但獲彼軍，皆勿殺。」又令祭其弟姪及將士之戰死者。

師出湖口，命遇春、永忠諸將統舟師橫截湖面，邀其歸路，又令一軍立栅于岸，控湖口者旬有五日，友諒不敢出。

21 八月，太祖復移友諒書曰：「昨吾船對泊渚溪，嘗遣使齎記事往，不見使回，公度量何淺淺哉！丈夫謀天下，何有深仇！江、淮英雄，唯吾與公耳，何乃自相吞併！公之土地，吾已得之，縱欲力驅殘兵來死城下，不可再得也。即公僥幸逃還，亦宜却帝號，坐待真主。不然，喪家滅姓，悔之晚矣。」友諒忿恚不答。乃分兵克蘄州、興國。

友諒食盡，遣舟掠糧于都昌，朱文正使人燔其舟。友諒益失據，進退狼狽，謀奔還武昌，乃率樓船百餘艘趨南湖嘴，我軍輒列栅江南、北岸，阻遏不得前。

是月，壬戌，友諒計窮，乃冒死突出，欲由湖口繞江下流而遁。太祖麾諸軍邀擊，以火舟火筏衝之，追奔數十里。自辰至酉，戰不解，至涇江口，涇江之兵復擊之。

未幾，有降卒來奔，言「友諒在別舸中，流矢貫睛及顱而死」。諸軍聞之，大呼喜躍，益爭奮,禽其太子善兒、平章姚天祥等。明日,平章陳榮等悉舟師來降,得士卒五萬餘人。惟張定邊乘夜以小舟載友諒尸及其次子理奔還武昌。復立理爲帝,改元德壽。

太祖既平漢,顧謂劉基曰:「不聽卿言,致有安豐之行。使友諒乘我之出,建康空虛,順流而下。我進無所成,退無所歸,大事去矣。今友諒不攻建康而圍南昌,計之下者,不亡何待!友諒亡,天下不足定也。」【考異】太祖兩致友諒書,見明史友諒傳。按初次移書在七月,二次移書則八月也。是年七月戊辰朔,辛卯爲二十四日,又相持數日,則七月已盡。計友諒之死在八月壬戌。是年八月丁酉朔,壬戌則二十六日也。中間太祖初致書之後,又相持旬有五日,則二次致書之在八月中明矣,今敘于八月壬戌之前。

22 九月,丁卯朔,太祖發湖口,壬申,還應天。論功行賞,賜常遇春、廖永忠田,餘將士金帛有差。

壬午,命李善長、鄧愈留守應天,復率常遇春、康茂才、廖永忠、胡美等親征陳理于武昌。

23 諸全叛將謝再興,以張士誠兵犯東陽。左丞李文忠率兵禦之,以行省郎中胡深爲先鋒。是日,遇賊于義烏,擊敗之,再興遁去。

深建議,以「諸全爲浙東屏蔽,失之,則衢州不支」。文忠然之,乃度地去諸全五十里,于五指山下築新城,分兵戍守。太祖初聞再興叛,急馳使諭文忠,別爲城守計,至則工已竣，嘉深，賜之名馬。

未幾，士誠將李伯昇大舉入寇，兵號六十萬，頓于城下，不可拔，乃引去。

24 是月，張士誠乘太祖西征之間，脅元江浙丞相達實特穆爾，求請封王，達實不得已爲聞于朝，至再三，不報。士誠遂自稱王，改國號曰吳，即姑蘇治宮室，置官屬。

時士誠尚奉元正朔，元遣使徵其糧，不與。淮省郎中俞思齊言于士誠曰：「向爲賊，不貢猶可，今爲臣，其可乎？」士誠怒，抵案撲地而入。思齊知不可爲，棄官歸，遂杜門謝病以卒。

郎中參軍事陳基，以諫止士誠稱王，士誠欲殺之，不果，已而超授內史，遷學士。凡飛書、走檄、碑銘、傳記，多出其手。基每以爲憂，而未能去也。

25 冬，十月，壬寅，太祖至武昌，馬步舟師水陸並進。命常遇春分兵四門，立柵圍之，又于江中聯舟爲長寨以絶其出入之路。分兵徇漢陽、德安。于是湖北諸郡皆降。

26 十二月，丙申朔，太祖發武昌，命常遇春總督諸將守營柵，諭之曰：「彼猶孤㹠，處牢中久，困當自服。若來衝突，慎勿與戰。但堅守營柵以乘其敝，無患其城之不下也。」

甲寅，太祖至應天。戊午，閱武于雞籠山。

明通鑑前編卷三

前紀三起閼逢執徐（甲辰），盡柔兆敦牂（丙午），凡三年。

江西永寧知縣當塗夏燮編輯

太祖

元至正二十四年（甲辰、一三六四）

1 春，正月，丙寅朔，李善長、徐達等率群臣奉太祖即吴王位。

先是諸臣以功德日隆，屢表勸進。太祖曰：「今戎馬未息，創夷未蘇，天命難必，人心未定。若遽稱尊號，誠所未遑，俟天下大定，行之未晚。」善長等固請，乃許之。建百官，置中書省左右相國，以善長爲右相國，達爲左相國，常遇春、俞通海爲平章政事。立子標爲世子。仍以龍鳳紀年，下教稱「令旨」。【考異】畢氏通鑑考異云：「明祖尊奉龍鳳，見于明人紀載者，皆稱『皇帝聖旨』，『吴王令旨』。錢辛楣據陶學士集首所載龍鳳十年二月十二月令旨各一通，即至正之二十四年也。」今按潛菴史稿，「至正二十四年正月，太祖即吴王位，下教曰令。」而自此至二（一）〔十〕六年，所有教諭皆稱「令」，曰「此太祖奉龍鳳正朔之確證」，今從之。

諭善長等曰：「建國之初，首在正綱紀。元氏昏亂，紀綱不立，主荒臣專，威福下移，由是法度不行，人心渙散，遂致天下騷動。今將相大臣，宜以爲鑒，協心圖治，毋苟且因循，取充位而已。」

又曰「禮法，國之紀綱，禮法立則民志定，上下安。建國之初，此爲先務。吾昔起兵濠梁，見當時主將，皆無禮法，恣情任私，縱爲暴亂，由不知馭下之道，是以卒至于亡。今吾所任將帥，皆同功一體之人，自其歸心于我，即與之定名分，申約束，故皆稟號令，無敢異者。爾等爲吾輔相，當守此道，無謹于始而忽于終也！」

2 二月，乙未朔，太祖以武昌圍久不下，復親往視師。

辛亥，至武昌，趣攻城。城東有高冠山，漢兵據其上，俯城中可瞰也，亟命奪之。諸將相顧莫敢前。傅友德率數百人一鼓先登，矢中頰洞脅，不爲動，卒奪焉。

敵有驍將陳同僉，突抽槊馳入中軍帳下。太祖坐胡牀，疾呼曰：「郭四，爲我殺之！」——郭四者，興之弟英也。——英持鎗奮臂一呼，應手而殞。太祖曰：「尉遲敬德不汝過也！」解戰袍賜之。

陳理、張定邊見事急，潛遣卒縋城走岳州，告其丞相張必先使入援。至是必先引兵至洪山，去城二十里，太祖命常遇春率精鋭，乘其未集擊敗之，遂禽必先。必先驍勇善戰，軍中呼爲「潑張」，敵方倚以爲重，及被禽，縛至城下示之曰：「汝所恃者潑張，今已爲我禽，復何恃！」必先亦呼定邊曰：「吾已至此，兄宜速降。」定邊氣索不能言。

後數日，太祖復遣友諒舊臣羅復仁入城，諭理使降。——復仁，吉水人，初事友諒，知其無成，遁去，遂從太祖。——因請曰：「主上推好生之德，惠此一方，使陳氏之孤得保首領，而臣不食言，臣雖死不恨矣。」太祖曰：「吾兵力非不足，所以久駐此者，欲待其自歸，免傷生靈耳。汝行，必不誤汝。」復仁至城下號哭，理驚，召之入，復相持哭。哭已，問故，復仁諭以太祖意，辭旨懇切。時陳氏諸將，無右定邊者，定邊亦知不可支。

癸丑，陳理肉袒銜璧，率定邊等詣軍門降。理見太祖，俯伏戰栗，莫敢仰視。太祖見其幼弱，起，挈其手曰：「吾不爾罪，勿懼也！」令宦者入其宫，傳諭友諒父母，凡府庫儲蓄，悉令自取之，遣其文武官僚以次出門，妻子資裝皆俾自隨。

師圍武昌凡六閲月而降。士卒無敢入城市，晏然不知有兵。城中民饑困，命給米振之，召其父老撫慰。民大悦。于是漢、沔、荆、岳郡縣皆相繼降。

乙卯，置湖廣行中書省，以樞密院判楊璟爲參政。

初，友諒之從徐壽輝也，其父普才止之，不聽，及貴，往迎之，普才曰：「汝違吾命，吾不知死所矣。」普才五子：長友富，次友直，又次友諒，又次友仁、友貴。鄱陽之役，友仁、友貴皆前死，至是理敗，悉送之應天。

3 叛將李明道，聞太祖定武昌，懼而走，翦髯髮，逃之武寧山中。有識之者，縛送武昌，太祖數其反覆之罪，誅之。

4 是月，以陶安爲黄州知府。

時黄州初下，太祖思得重臣鎮之，曰：「無踰安者。」遂有是命。【考異】安守黄州，龍飛紀略系之至正二十一年，陳氏通紀系之二十年，皆誤也。且是時未平友諒，何緣便下黄州？今據學士集，有是年二月令旨。

5 三月，乙丑，太祖至應天。

丙寅，封陳理爲歸德侯。

6 丁卯，置起居注給事中。

7 戊辰，以中書左丞湯和爲平章政事。

時和守常州，率元帥吴福興以舟師徇黄楊山，遇張士誠水軍，擊敗之，禽其千户劉文興等，獲風船六艘，故有是命。

8 己巳，諭中書省臣曰：「郡縣官年五十以上者，雖練達政事，而精力就衰。宜令有司選民間俊秀年二十五以上，資性明敏，有學識才幹者，辟赴中書，與年老者參用之，待老者休致而少者已熟于事。如此，則人才不乏而官使得人。其宣布此意，令有司知之！」

9 庚午，江西行省以陳友諒鏤金牀進。太祖觀之，謂侍臣曰：「此與孟昶七寶溺器何以異！一牀工巧若此，其他可知。陳氏父子窮奢極靡。焉得不亡！」命毁之。

10 初，太祖平各路，皆置翼軍，總以元帥，至是罷諸翼元帥府，置十七衞親軍指揮使司。

11 辛未，太祖御西樓，有軍士十餘人，自陳戰功以求陞賞，太祖諭曰：「爾從我有年，才力勇怯，我縱不知，將爾者必知之。爾有功，予豈遺爾，爾無功，豈可妄陳！且爾曹不見徐相國邪？今貴爲元勳。其同時相從者，猶在行伍。予亦豈忘之？以其才智止此，不能過人故耳。爾曹苟能黽勉立功，異日爵賞，我豈爾惜！但患不力耳。」于是軍士乃不敢復言。

12 夏，四月，甲午朔，太祖退朝，與郎中孔克仁論前代成敗，因曰：「秦政暴虐，漢高帝起布衣，以寬大馭群雄，遂爲天下主。今元政不綱，群雄蠭起，皆不知修法度以明軍政，此其所以無成也。」

又曰：「今天下用兵，河北有博囉特穆爾，河南有庫庫特穆爾。即擴廓帖木兒。關中有李思齊、張良弼。然有兵而無紀律者，河北也；稍有紀律而兵不振者，河南也；道路不通，餽餉不繼者，關中也；江南則唯我與張士誠耳。士誠多奸謀，尚間諜，御衆無紀律。我以數十萬之衆，修軍政，任將帥，俟時而動，其勢有不足平者。」克仁對曰：「主上神武，當安天下于一，今其時矣。」

13 丙申，命建忠臣祠于鄱陽湖之康郎山，祀丁普郎、張志雄、韓成、宋貴、陳兆先、余昶、昌文貴、王勝、李信、陳弼、劉義、徐公輔、李志高、王咬住、姜潤、石明、王德、朱鼎、王清、常德勝、王鳳顯、丁宇、王仁、汪澤、王理、陳沖、裴軫、王喜仙、袁華、史德勝、常惟德、曹信、逯德山、鄭興、羅世榮，並前戰撫州門未死復從戰康郎山而死之程國勝，凡三十六人。又命建忠臣祠于南昌府，祀趙德勝、李繼先、許珪、趙國旺、牛海龍、張子明、張德山、夏茂成、徐明、朱潛。以上十人，皆死于友諒攻南昌之難者。劉齊、朱叔華、趙天麟、以上三人，皆陷吉安、臨江執至南昌城下而死者。葉琛、萬思誠，以上二人死于祝宗、康泰之難者。凡十有五人，並追封贈勳爵有差。【考異】康郎山之祀三十六人，連程國勝數之，見上。至豫章之祀，據明史趙德勝傳言，「立忠臣祠于豫章，並祀十四人，以德勝爲首。」所云「十四人」者除德勝數之，文義甚明。而諸書所記，皆據「十四人」之語，于是紀事本末遺去趙國旺，郎氏七修類稿，遺去朱叔華，又有趙德昭，無趙國旺，或一人而二名歟？畢氏通鑑于康郎山作「三十五人」，遺去程國勝，又于南昌作「十四人」，遺去趙國旺，皆沿舊史之誤。不知趙國旺之死，已于撫州門之戰記其與李繼先等同在戰死中，何以南昌之祀，未及詳考而遺之？今悉據明史趙德勝傳所載十五人及三十六人之名，詳析書之。○又按潛菴史稿，亦云「丁普郎等三十五人，趙德勝等十四人」，蓋亦據明史傳中語，而不知其一除趙德勝數之，一除程國勝數之。傳中所載，逐人逐事皆有考核，並不誤也。

14 乙巳，太祖聞諸功臣家僮有横肆者，召徐達、常遇春等諭之曰：「爾等從我，起身艱難，成此功勳，匪朝夕所致。比聞爾等所畜家僮，乃有恃勢驕恣，踰越禮法。小人無忌，不早懲治之，他日或生衅隙，寧不爲其所累！宜速去之，如治病當亟除其根。若隱忍姑息，終爲身害。」

15 丙午，中書省言：「湖廣行省所屬州縣，故有鐵冶。方今用武之際，非鐵無以資軍用，請興建鑪冶以備鼓鑄。」從之。

16 丁未，命左相國徐達率兵取廬州。左君弼聞達至，懼不敵，走入安豐，留部將殷從道、張焕等守城，達督兵圍之。

17 己酉，命中書省：「凡商税三十取一，多者以違例論。改在都官店爲宣課司，府、州、縣官店爲通課司。」

18 壬戌，命江西行省置貨泉局，設大使、副使各一人。頒大中通寶大小五等錢式，使鑄之。

19 是月，平章俞通海等率兵略劉家港，敗張士誠兵，禽其院判朱瓊等。

20 中書省進宗廟祭享及月朔薦新禮儀。太祖覽畢，悲不自勝，謂宋濂、孔克仁曰：「吾昔遭世艱苦，饑饉相仍，當時二親俱在，吾欲養而力不能給。今賴天地之佑，化家爲國。而二親不及養。追思至此，痛何可言！」因命並録皇考、妣忌日，歲時享祀以爲常。

21 五月，丙子，太祖御白虎殿閲漢書，問起居注宋濂、郎中孔克仁曰：「漢治不三代者，何也？」克仁對曰：「王霸雜故也。」太祖曰：「誰執其咎？」曰：「在高祖。」太祖曰：「昔高祖刱業，遭秦滅學，燔詩書，未遑禮樂。孝文令主，正當制禮作樂以復三代之舊，乃逡巡未遑，使漢業終于如是。帝王之道，貴不違時。三代之王，有其時而能爲之，漢文有其時而不爲，周世宗則無其時而欲爲之者也。」又問克仁：「漢高起徒步爲萬乘主，所操何道？」對曰：「知人善任使。」太祖曰：「項羽南面稱孤，仁義不施而自矜功伐。高祖知其然，承以柔遜，濟以寬仁，卒以勝之。今豪傑非一，我守江左，任賢撫民以觀天下之變，若徒與角力，則猝難定也。」【考異】此與上論前代成敗事，皆見克仁傳。紀事本末一系之四月，一系之五月，蓋五月論漢治，兼有宋濂在侍也。證之皇明寶訓，則論漢治在五月丙子，今從之。

22 六月，戊戌，湖廣溪峒長官向思明等納款。思明，元所授湖廣安定宣撫使也。

初，陳友諒據湖、湘間，諸苗畏其强，友諒又噉之以利，往往資其兵力，爲之驅使。及友諒既敗，太祖進克武昌，湖南諸郡，望風歸附。于是思明以元授宣撫使印來，上請改授，乃命仍置安定等處宣撫司二，以思明及其弟思勝爲之。又置懷德軍民宣撫司一，統軍元帥二，其他各溪峒皆置長官，于是降者踵至。

23 太祖謂廷臣曰：「治國之道，必先通言路。夫言，猶水也，欲其長流。水塞則衆流障遏，言塞則上下壅蔽。」

戊午，復諭廷臣曰：「國家政治得失，生民之休戚繫焉。君臣之間，各任其責，不宜有所隱避。若隱蔽不言，相爲容默，既非事君之道，于己亦有不利。自今宜各盡乃心，直言毋隱。」

24 秋，七月，丁丑，徐達、常遇春克廬州。

時州城被圍三月，衆皆饑困不能戰，張焕與賈丑潛通款于達，（謂）〔請〕攻東門，約爲内應，于是進兵亟攻之。城中諸軍悉救東門，焕乃斷弔橋，開西門，納我兵入城。執其部將吴副使並左君弼母妻及子，皆送建康。以指揮戴德守之。

25 己卯，左君弼部將許榮以舒城降，仍命榮守之。

改廬州路曰府。置江淮行省，命平章俞通海攝省事鎮之。

兵革之際，民多逃匿，通海日加招輯，爲政有惠愛，復業者衆。

26 是月，元博囉特穆爾舉兵犯闕。

初，御史大夫羅達錫，舊作老的沙。與知樞密院事圖沁特穆爾舊作秃堅帖木兒。得罪于元太子，太子欲誅之，乃奔大同，爲博囉所匿。帝以羅達錫母舅故，欲寢其事，而太子不可。時丞相綽斯戬、舊作搠思監。宦者布木布哈舊作朴不花。附太子，必欲窮究其事，帝無如之何。會庫庫特穆爾駐太原，與博囉搆兵，屢敗之，太子方倚以爲重，乃下詔誣博囉與羅達錫等謀不軌，削其官職，奪其兵，命庫庫率兵討之。博囉不受詔，遂舉兵犯闕，索綽斯戬、布木布哈，殺之，至是又合圖沁特穆爾兵再犯京師。

前軍抵居庸關，庫庫遣部將白索珠舊作鎖住。以萬騎入衛，與戰于龍虎臺，不利，遂奉太子奔太原。于是博囉入朝，詔以爲中書左丞相，仍諭以「與庫庫特穆爾各棄宿忿，弼成大勳」，皆不聽。【考異】據元史順帝紀，初次犯闕在四月，至七月又合兵犯闕，庫庫與戰不利，乃奉太子奔太原，輯覽則系之四、五兩月。今據元史牽連記之。

27 八月，壬辰朔，常遇春、鄧愈等徇江西上流未附州縣，率兵討新淦之沙坑、麻嶺、牛陂諸寨，平之，執叛將鄧志明送建康，與其兄克明皆伏誅。

28 乙未，命徐達會參政楊璟徇荆、湘諸路。

29 戊戌，常遇春、鄧愈等復吉安。

先是，遇春次吉安，遣人語饒鼎臣曰：「吾今往取贛，可出城一言而去。」鼎臣不敢出，遣其幼子出見。遇春坐而飲之酒，遣之告曰：「歸語而父：將欲何爲，匿而不出？吾往矣，不能爲爾留，可善自爲計！」鼎臣懼，即夜，棄城走，明日，遂下之，乃引兵趨贛州。

30 是月，張士誠使人面數元江浙丞相達什特穆爾過失，勒令自陳老疾避位，又言「丞相之任非士信不可」，士信即逼取其所掌符印，自爲江浙行省左丞相，徙達什于嘉興，幽錮之。士誠又諷行臺爲請于朝，使即真王，元御史大夫布哈特穆爾舊作普化帖木兒。不從。乃使人至紹興索行臺印章，布哈封其印，置之庫，曰：「我頭可斷，印不可與！」又迫之登舟，曰：「我可死，不可辱也！」從容更衣賦詩，仰藥而死。達什聞之曰：「大夫且死，吾何生爲！」亦仰藥死。

士誠遂專有江浙，委政于士信。士信既爲江浙丞相，乃廣建第宅，蓄聲妓，恣荒淫。每出師，不問軍事，輒攜樗蒱蹴踘，擁婦女酣宴。寵信黃敬夫、蔡彥夫、葉德新三人，皆諂佞憸邪，日事蒙蔽，一時有「黃菜葉西風」十七字謠。——西風，謂建康兵也。

太祖聞之，謂諸臣曰：「吾諸事經心，法不輕恕，尚且有人欺我。張九四終歲不出門，不理政事，有不敗者乎！」——九四者，士誠小字也。【考異】黃、蔡、葉，三人姓，借「菜」爲「蔡」也。明史張士誠、徐達傳皆同，而三人姓名，皆具士誠傳中。諸書多作「王蔡葉」，而畢氏通鑑，前作

「黄」，後作「王」，尤矛盾不合也。十七字謡，見明史五行志，曰：「丞相做事業，專用黄菜葉。一朝西風起，乾鱉。」

31 九月，辛巳，命中書省繪塑功臣像于卞壼、蔣子文廟，以時遣官致祭。其南昌及康郎山、處州、金華、太平府各功臣廟，亦令有司依時致祭。其未褒贈者，論功定擬以聞。

32 甲申，徐達、楊璟等率師進攻江陵，故漢平章姜珏詣達乞降，且曰：「當死者珏耳，百姓無辜。」達善其言，下令禁兵侵擾。列郡聞之，皆望風歸附。

乙酉，遣裨將傅友德徇夷陵，故漢守將楊以德率耆民出降。乃改江陵路曰荆州，夷陵曰峽州。尋徇潭州。

湘鄉土酋易華，集少壯，據黄牛峰十餘年，至是達使招降之。又，故漢歸州守將楊興，亦以城降，達以興爲千户，守州城。

33 是月，方國珍弟明善攻平陽。

初，温州土豪周宗道據平陽，數爲明善所偪，乃率衆詣處州參軍胡深降。深率兵援，擊敗之，遂下瑞安。

于是謀進兵温州，國珍懼，請輸歲幣銀二萬兩，太祖許之，乃諭深班師還。

34 冬，十月，常遇春等圍贛州久不下。太祖諭之曰：「熊天瑞困守孤城，如籠禽阱獸，復何能爲！但恐城破之日，殺傷過多耳，當以保全生民爲念。昔鄧禹不妄誅戮，子孫世昌，此可爲法。向者鄱陽之戰，友諒既敗，生降其兵，至今爲我用。苟得城，無民，將安用之！」

時天瑞拒守益堅，其子元震竊出覘兵勢，遇春亦乘數騎出。元震猝遇之，初不知。既，遇春還，始知之，復來襲。遇春遣壯士揮雙刀擊之，元震奮鐵撾以拒，且鬥且却，遇春曰：「壯男子也！」舍之去。

35 張士誠遣其弟士信寇長興永興衛，指揮耿炳文、指揮同知費聚擊敗之，獲其將宋興祖。

36 十一月，辛酉，置湖廣提刑按察司。

37 張士信憤長興之敗，再益兵入寇，圍其城。

時太祖命平章湯和自常州往援，辛巳，與士信戰，自巳至申不解，殺傷相當。耿炳文自城中出，內外夾擊，大敗之，俘其士卒八千餘人而還。

炳文守長興凡八年。大小數十戰，戰無不克，故士誠迄不得逞。

38 是月，湖廣土官覃垕、夏克武來降。

39 十二月，庚寅朔，徐達克辰州。

時辰州爲故漢左丞周文貴所據，達先遣指揮張彬擊之。文貴部將張川拒之于白雲關，彬敗之，文貴棄城走，遂克辰州。

又分遣傅友德攻衡州，守將鄧祖勝棄城退保永州，于是衡州亦下。

40 丙辰，新淦鄧仲謙作亂，襲破州治，殺知州王真，江西大都督朱文正遣參政何文輝、指揮薛顯等討之。——仲謙，志明從子也。【考異】王真，潛菴史稿「真」作「貞」。

41 是月，太祖復與庫庫特穆爾通好，貽書曰：「博囉犯闕，古今大惡，此正閣下正義明道不計功利之時也。然閣下居河南四戰之地，承潁川新造之業，而博囉寇犯不已，慮變之術，誠（未）〔不〕可以不審。閣下何靳一介之使，渡江相約？予地雖不廣，兵雖不强，然春秋恤交之義，常切慕焉。且亂臣賊子，人人得而誅之，又何彼此之分哉！英雄相與之際，正宜開心見誠，共濟時艱，毋自猜阻！」庫庫得書，留使者不報。【考異】致庫庫書，畢鑑系之是月己巳。按是月庚寅朔，無己巳也，疑「己」字爲「乙」字之誤。今不書日。

二十五年（乙巳、一三六五）

1 春，正月，己巳，平章常遇春、參政鄧愈等克贛州。時熊天瑞被圍凡五閲月，糧盡，乃遣子元震出降。尋天瑞亦肉袒詣軍門，盡獻其地，遇春送天瑞于應天。太祖聞遇春不殺，喜甚，遣使褒諭之曰：「予聞仁者之師無敵，非仁者之將不能也。

今將軍破敵不殺，捷至，予爲將軍喜，雖曹彬之下江南，何以加茲！將軍能廣宣威德，保全生靈，予深有賴焉！」

先是天瑞據贛，常加賦橫斂民財，太祖命悉罷之，并免去年秋糧之未輸者。元震，本姓田氏，爲天瑞養子，善戰有名。遇春喜其才勇，薦之，授指揮，後復姓田氏。【考異】克贛州，明史本紀、潛菴史稿及諸書皆作「正月己巳」。是年正月己未朔，己巳乃十一日也。畢氏通鑑系之己未，疑誤也。友諒傳言「天瑞拒守五越月」，鄧愈傳亦云「五月克之」，蓋遇春以去年九月至贛也。遇春傳作「六月」，今不從。

壬申，遇春進師南安，遣麾下踰嶺南招諭韶州諸郡之未下者，于是故漢韶州守將張秉彝及南雄守將孫榮祖，各籍其兵糧來降，遇春令指揮王璵守南雄，秉彝守韶州。

時左相國徐達亦徇寶慶路，克之，于是靖州軍民安撫司及諸長官司皆來降，湖、湘悉定，達與遇春皆振凱還。

2 進鄧愈江西行省右丞。

愈時年二十八，兵興諸將早貴者，李文忠外，愈其一也。行軍最嚴；善撫降附。方自贛還軍至吉安時，饒鼎臣走據安福，愈遣兵討之，部卒掠其男女千餘人。安福州判官潘樞告愈曰：「將軍奉揚天威以除禍亂，渠魁未殄而良民先被其害，非弔伐之義也。」愈立起驚謝，趣下令，「掠民者斬！」大索軍中，所得子女盡出之。樞因閉置空舍中，自坐舍外，煮糜粥食之，卒有謀夜劫取者，愈鞭之以徇。樞因悉護遣還其家，民大悦。

愈還，至富州，復討山寨，平之。

3 參政何文輝、指揮薛顯等討新淦鄧仲謙，斬之。

4 甲申，大都督朱文正以罪被執歸。

初，文正從渡江有功，太祖問以「若欲何官？」文正對曰：「叔父成大業，何患不富貴！爵賞先及私親，何以服衆！」太祖善其言，益愛之。

及江西平，文正功居多。太祖賞諸將，念文正前言知大體，錫功尚有待也，文正遂不能無少望。性素卞急，至是益暴怒無常，任掾吏衛可達奪部中子女。按察使李飲冰，奏其驕侈缺望，太祖遣使詰責，文正懼，飲冰益言其有異志。太祖即日登舟，疾駛至南昌城下，遣人召之，文正倉卒出迎，太祖泣謂之曰：「汝何爲者？」遂載與俱歸。至應天，馬后力解之，曰：「兒特性剛耳，無他也。」群臣請置于法，太祖曰：「文正固有罪，然吾兄止此一子，若置之法則絶矣。」宋濂進曰：「主上體親親之誼，置之遠地，則善矣。」乃免文正官，安置桐城。未幾卒。

文正子守謙，時方四歲，太祖撫之曰：「爾父倍訓教，貽吾憂。爾他日長成，吾封爵爾，不以爾父廢也。」命馬后育之。

5 乙酉，閱將士，命鎮撫率軍士分隊習戰，勝者賞銀十兩，其傷而不退者，亦以其勇敢賞之，仍賜之醫藥。

諭曰：「刃不素持，必致血指；舟不素操，必致傾覆；若弓馬不素習而欲攻戰，鮮不敗者，故使汝等練之。今勇健若此，臨敵何憂不克！爵賞富貴，惟有功者得之。」

顧謂起居注詹同等曰：「兵不貴多而貴精，多而不精，徒累行陣。近聞軍中募兵，多冗濫者，吾時爲試之，冀得精鋭以待用也。」又謂同曰：「孫武殺吴王二寵姬以教兵，此司馬遷好奇之論也。夫以吴國之衆，豈無數十百人與武習兵，乃出宫人試之！且當時武欲試其能，亦何必婦人哉！」

6 二月，己丑朔，陳友定侵處州，參軍胡深率兵往援，友定聞深至，遁去。深追至浦城，守將拒戰，深擊敗之，遂下浦城。

7 辛丑，命千户夏以松守臨江，張信守吉安，單安仁守瑞州，宋炳守饒州，並屬江西行省節制。又命參軍詹元亨總制辰、沅、曲靖、寶慶等州郡，聽湖廣行省節制。

8 丙午，張士誠遣其司徒李伯昇，率馬步舟師二十萬踰浦江，報諸全之怨也。

伯昇挾叛將謝再興攻諸全之新城，造廬室，建倉庫，預置州縣官屬，爲持久必拔之計。又分兵數萬，據城北隅，遏我援師。行省參政胡德濟堅壁拒之，告急于嚴州行省左丞李文忠，文忠令指揮張斌率兵出浦江，遥爲聲援。

士誠又以兵自桐廬溯釣臺，窺嚴州，文忠命以舟師拒之，分署諸將，各爲備禦居守，自率指揮朱亮祖等馳救。

丁巳，去新城二十里而軍。德濟潛使人告「賊勢盛，宜少避其鋭以俟大軍」，文忠曰：「以衆則彼勝，以謀則我勝。昔謝玄以兵八千破苻堅百萬，兵在精，不在衆也。」乃下令曰：「彼衆而驕，我少而鋭。以鋭當驕，一戰可克。且其輜重山積，此天以富汝曹也。勉之！」

詰朝，軍方食，候卒告敵至。文忠悉精鋭張左右翼，使元帥徐大興、湯克明等將左軍，嚴德、王韶等將右軍，而自以中軍當敵衝。會胡深遣耿天璧以援師至，文忠軍益奮。與諸將申約束，即横槊引鐵騎數十，乘高馳下，直出陣後，衝其中堅。敵以精騎圍文忠數重，矛屢及膝。文忠大呼，手格殺其驍將數人，所向皆靡，左右軍乘之，德濟亦率城中將士鼓譟而出。士誠兵大潰，逐北十餘里，斬首以萬數。文忠命收兵會食，遣朱亮祖、張斌追殄餘寇，燔其營落數十，獲僞同僉韓謙等六百人，甲士三千，馬八百，委棄輜重鎧仗如山，收旬日不盡。伯昇、再興僅以身免。

太祖聞捷，大喜，召文忠、德濟入京，賜御衣、名馬，尋擢德濟行省右丞。

9 三月，辛巳，平章常遇春至應天，太祖御戟門頒賞，勞將士。【考異】此據畢氏通鑑所記，明史本紀則但有「四月庚寅命常遇春徇襄、漢諸路」之語，而不言其「還至應天」。證之遇春本傳，則云「自贛州還，定安陸、襄陽」，似遇春無還至應天之事。今按遇春以正月平贛，若不還應天，則襄陽之行不應遲至四月。蓋振凱還應天以三月，至四月復出。畢氏蓋據實録，今從之。

10 癸未，起居注宋濂乞歸省金華，太祖賜金幣遣之。

濂侍左右，太祖嘗召講春秋左氏傳，進曰：「春秋乃孔子褒善貶惡之書，苟能遵行，則賞罰適中，天下可定也。」太祖一日御端門口，釋黄石公三略，濂曰：「尚書二典、三謨，帝王大經大法畢具，願留意講明之！」已，論賞賚，復曰：「得天下以人心爲本，人心不固，雖金帛充牣。將焉用之！」太祖悉稱善。

至是濂還家，進表謝，復致書世子，勉以孝友敬恭，進德修業。太祖覽書，大悦，召太子爲諭書意，賜札褒答，並令太子致書報焉。【考異】據明史濂傳，講春秋以下二事，皆系之乙巳告歸之前。證之文集行狀，講春秋則壬寅八月事，乃至正二十二年也，論三略則乙巳正月事，即是年之正月也。王圻續文獻通考亦系之至正二十五年正月，濂即以是年三月告歸，今牽連並記之告歸之下。

11 夏，四月，己丑朔，參軍胡深進攻建寧之松溪，克之，獲陳友定守將張子玉。太祖聞之，喜曰：「子玉驍將，禽之則友定破膽。乘勢攻之，理無不克。」

深既下松溪，留元帥李彦文安輯其衆，因請發廣信、撫州、建昌三路之兵規取八閩。【考異】紀事本末「四月乙丑」。按是月己丑朔，無乙丑也，「乙」字當爲「己」字之誤，今從畢氏通鑑。太祖遣廣信指揮朱亮祖由鉛山，建昌左丞王溥由杉關，會深齊進。

12 庚寅，命常遇春徇襄、漢諸路。

太祖嘗與徐達等論襄、漢形勢曰：「安陸、襄陽，跨連荆、蜀，乃南北之襟喉，英雄所必争之地，今置不取，將貽後憂。況沔陽新附，城中人民多陳氏舊卒，壤地相連，易于煽動。譬之樹木，安陸、襄陽爲枝，沔陽爲榦，榦若有損，枝葉亦何有焉！今宜增兵守沔陽，庶幾不失其宜。」至是始命遇春往取之。

13 五月，庚申，廣信指揮王文英率師趨鉛山，次佛母嶺，遇陳友定之兵，擊走之。

14 乙亥，平章常遇春攻安陸，克之，禽其守將任亮。以沔陽衛指揮吴復守安陸。

己卯，進攻襄陽，【考異】明史本紀作「乙卯」，誤也。是月無乙卯。今據潛菴史稿作「己卯」。守將棄城遁。遇春追擊之，俘其衆五千。僞僉院張德、羅明以穀城降，送之建康。

先是遇春既行，太祖復命江西右丞鄧愈領兵繼其後，諭之曰：「凡得州郡，汝宜駐兵以撫降附。若襄陽未下，則令遇春分兵半集沔陽，半集景陵，汝居武昌，使聲援相應，以遏寇之奔軼。」愈奉命行，尋授愈湖廣平章，使鎮襄陽。

又調浙東提刑按察使章溢爲湖廣按察僉事，太祖復以書諭愈曰：「汝戍襄陽，宜謹守法度。山寨來歸者，兵民悉仍故籍，小校以下悉令屯糧，且耕且戰。汝所戍地鄰庫庫，若汝愛加于民，法行于軍，則彼所部皆將慕義來歸，如脱虎口就慈母。汝其勉之！」愈于是披荆棘，立軍府營屯練卒，拊循招徠，威惠甚著。溢至湖廣。以荆、襄初平，多廢地，請分兵屯田，且以控制北方，太祖從之。

15 是月，浙東元帥何世明敗張士誠兵于新溪，又敗之于柴溪。胡深等兵至浦城，亦敗陳友定兵于浦城之南。

16 六月，丁酉，克安福州，饒鼎臣棄城走茶陵。先是，鄧愈遣兵攻安福，不克，太祖復命元帥王國寶會江西參政何文輝討之，至是始下。

17 壬子，參軍胡深進兵攻樂清，克之，禽方國珍鎮撫周清等送建康。時朱亮祖等已至閩，深遂會兵攻崇安、建陽，克之。進攻建寧，時陳友定將阮德柔嬰城固守。軍次城下，亮祖欲攻之，深覘氛祲不利，謂亮祖曰：「天時未協，將必有災。」亮祖曰：「天道難知。山澤之氣，變態無常，何足徵也！」迫深進兵，深猶持不可。德柔以兵四萬屯錦江，逼深陣後，亮祖督戰益急。深不得已，遂引兵鼓譟而進，破其二栅。德柔悉精鋭扼深軍，圍之數重。日已暮，深突圍出，伏兵忽起，馬蹶，被執。友定素重深，禮遇之。深因盛稱太祖神聖威武，天命有歸。且援竇融歸漢故事以喻友定。友定雖不聽，亦無殺深意。會元使至，督趣之，遂遇害。

深久涖鄉郡，馭衆寬仁，用兵十餘年，未嘗妄戮一人。太祖嘗問宋濂曰：「深何如人？」濂曰：「文武才也。」太祖曰：「然。浙東一障，吾方倚之。」

比伐閩，有星變，太祖曰：「東南必折一良將。」至是深果應之。太祖聞報，深加悼惜，遣使祭，追封縉雲郡伯。

18 乙卯，下令課民種桑。「凡農民田五畝至十畝者，栽桑、麻、木棉各半畝，十畝以上者倍之，其田多者，率以是爲差。有司親臨督率，不如令者有罰。不種桑，使出絹一匹，不種麻及木棉，出麻布、棉布各一匹。」

19 是月，以儒士滕毅、楊訓文爲起居注，諭之曰：「吾見元大臣門下士，多不以正自處，唯務諂諛以求苟合。見其人所爲非是，不相與正救，及其敗也，卒陷罪戾。爾從徐相國幕下，久而無過，故授爾此職，宜盡心所事，勿爲阿容！」

又曰：「起居之職，非專事紀録而已，要在輸忠納誨，致主于無過之地，而後爲盡職。吾平時于百官所言，一二日外，猶尋繹不已。今爾在吾左右，不可不盡言也！」

復命毅、訓文集古無道之君若夏桀、商紂、秦始皇、隋煬帝所行之事以進，曰：「吾觀此者，正欲知其喪亂之由以爲鑒戒耳。」

20 秋，七月，丁巳朔，命降將張德山歸襄陽，招諭未附山寨。

21 初，故漢守將周安，聞友諒亡，即以永新歸降，行省即遣安守之。及討安福饒鼎臣，安疑而復叛，仍結諸山寨拒守。太祖命平章湯和移師討之，克其十七寨，禽僞官三十餘人，圍其城。【考異】湯和討永新山寨，畢鑑敘于正月，據其下令之月也，實則和之進兵在七月。明史本紀不書，據潛菴史稿，以爲七月丁巳。紀事本末同，惟連敘斬周安事于下，乃牽連並記之體，實則斬周安，克永新，皆閏十月事也。證之明史湯和傳，言「和圍永新凡五閱月」，則是以七月攻，閏十月下，正與「五閱月」之語合，故史稿別書克永新于閏十月戊辰，今從之。

22 庚申，故漢左丞周文貴之黨復攻陷辰溪，總制辰、沅等州事、參軍詹允亨遣兵討之。

23 甲子，太祖復貽元庫庫特穆爾書，令還我使者汪河，不報。

24 壬午，置太史監，以劉基爲太史令。【考異】明史本紀不載，曆志則始于吴元年上戊申曆。然是時劉基爲太史院使，不云「太史令」也。證之職官志，言「明初置太史監，吴元年改監爲院，秩正三品，即院使也。」據此，則初名太史監，設太史令，後改爲太史院，乃設院使。故潛菴史稿系設太史監事于是年七月壬午，畢氏通鑑同，蓋皆據洪武實録也。若基傳言「吴元年以基爲太史令，上戊申大統曆」，此牽連記之，實則吴元年改授基爲太史院使也。今分書之。

25 是月，元博囉特穆爾等伏誅。

先是庫庫特穆爾以兵攻大同，取之，元太子乃趣大舉以討博囉。無何，博囉幽皇后，索元帝所愛女子。帝怒，欲圖之。

于是威順王子華善舊作和尚。受密旨，謀于士人徐士本，結壯士金諾海舊作金拜海。等六人，挾刀衣中，立延春門東排仗内。會博囉入奏事，壯士突前，以刀斫中其腦，六人者遂攢殺之。羅達錫被執，圖沁特穆爾遁，尋被禽，皆伏誅。

明日，遣使函博囉首詣太原，詔太子還京，並命庫庫特穆爾扈從入朝。

26 令：「從渡江士卒，被創廢疾者養之，死者歸其妻子。」

27 八月，周文貴復攻辰州，千户何德率輕騎直抵其寨，敗之。文貴走保麻陽。德追擊，又敗之，文貴遁去。

28 九月，丙辰朔，置國子學，以故集慶路學爲之。

29 是月，元庫庫特穆爾至京師，詔授太尉、中書左丞相，録軍國重事，兼知樞密院事。

30 蜀明玉珍遣其參政江儼通好。太祖命都事孫養浩報之。

時玉珍取雲南失利，諸將暴掠不能制，太祖復以書戒之。

31 冬，十月，戊戌，太祖以張士誠屢犯疆埸，將舉兵討之，下令曰：「士誠啓衅多端，襲我安豐，寇我諸全，連兵搆禍，罪不可逭。今命大軍致討，止于渠魁，在彼軍民，無恐無畏，毋妄逃竄以廢農業。已敕大將軍約束官兵，有虜掠者，以軍律論。」

辛丑，命左相國徐達、平章常遇春、胡美及同知樞密院馮國勝、左丞華高等，率馬步舟師水陸並進，規取淮東、泰州等處。

時士誠所據郡縣，南至紹興，與方國珍接境，北有通、泰、高郵、淮安、徐、宿、濠、泗，至濟寧與山東相距。太祖謀先取通、泰諸郡，翦其羽翼，然後專事浙西。故命達總兵，以次取之。

32 乙巳，徐達兵趨泰州，浚河通州，遇士誠兵，擊敗之，駐軍海安壩上。丁未，進兵圍泰州新城，擊敗士誠淮北援兵，獲其元帥王成。

己酉，士誠復遣淮安李院判援泰州，常遇春擊敗之，禽萬户吴聚等。遣人諭城中降，僞將嚴再興、夏思忠、張士俊等拒守不下，益兵圍之。

33 饒鼎臣既走茶陵，復合浦陽群盜于南峰山寨，時出侵掠。癸丑，遣元帥王國寶等擊敗之，鼎臣遁去。

34 信州盜蕭明率兵攻饒州。

時陶安自黄州移守饒，集諸父老，諭以「糧實城堅，但能堅守數日，援兵至，可破也。」

因與千户宋炳親率吏民分城拒守，選勇健爲游兵，晝夜巡捍，而請救于江西行省。安登城諭賊曰：「爾衆，吾民也，反爲賊用，得毋失計乎？」皆唯唯。賊衆登城，安命射之，矢下如雨，賊不敢逼。越三日，行省援兵至，遂大敗之。蕭明遁去，禽其僞招討都海萬户袁勝，斬之。

諸將欲屠從賊者，安不許，曰：「民爲所脅，奈何殺之！」太祖聞之，賜詩褒美，州民建生祠祀之。【考異】明史本紀不載，證之陶安傳，則以爲陳友定之兵。按友定時據建寧，未必遠至饒州，圖取江西之地，故諸書皆以爲信州盜者近之。潛菴史稿亦云「信州賊蕭明」，蓋信、閩連界，友定方强，或蕭明等假其旗幟以入寇，亦未可知。證之學士集首所載劉辰國初事蹟，亦但云「寇至攻城」而已。又明史稿書「十一月信州盜陷婺源」，證之諸書，即蕭明也。此必自饒敗遁，饒、婺連界，故復有寇婺之事。今據潛菴史稿及畢鑑。

35 閏月，乙卯朔，江陰水寨守將康茂才亟遣人報曰：「張士誠以舟師四百艘出大江，次范蔡港，別以小舟于江中孤山往來出没，請爲之備。」

太祖揣知其情，諭達等曰：「寇初非有攻江陰直趨上流之計，不過分駐舟師，設詐疑我，使我陸戰之兵還備水寨。我兵既分，彼又將棄水趨陸，擣吾之虚，此一詭策也。又聞常遇春出海安七十餘里擊寇，寇兵不過萬人，此非有抗我大軍之勢，不過欲誘之深入。去泰州既遠，彼必潛師以趨海安，使我軍勢分，首尾衡決，不及救援，此又一詭策也。兵法『致人而不致于人』，爾宜審慮！使至，即令遇春駐師海安，慎守新城，以逸待勞，何患不克！泰興以南並江寇舟，亦宜備之！」

己未，太祖親至江陰茂才水寨，覘察軍情。

36 戊辰，平章湯和克永新，執周安送建康，斬之。

37 庚辰，徐達、常遇春克泰州，禽士誠守將嚴再興等。捷聞，命達等以便宜守城，亟乘勝徇未下諸郡縣。于是遣千户劉傑分兵徇興化，士誠守將李清戰敗，閉城拒守。士誠復遣將援清，傑擊走之。

38 是月，元封庫庫特穆爾爲河南王。

時巴咱爾舊作伯撒里。爲右丞相，累朝舊臣，而庫庫以後生晚出，與之並相，居兩月，即請南還視師。

是時中原雖無事，而江、淮、川、蜀，皆非元所有。太子屢請出督師，元帝難之，至是特封庫庫，命總天下兵，而代之行。于是庫庫分省以自隨，官屬之盛，幾與朝廷等。尋還河南，欲廬墓終喪，左右咸以爲受命出師，不可中止，乃復北渡，居懷慶，又移居彰德。

39 十一月辛卯，徐達進攻高郵。太祖恐其深入敵境，不能策應諸將，乃命馮國勝率所部節制高郵，俾達還軍泰州，圖取淮安、濠、泗。

會士誠兵寇宜興，達渡江擊敗之，俘其士卒三千餘人。

40 甲午，元帥王國寶邀擊饒鼎臣，敗之。鼎臣中弩死，餘黨遂潰。

41 是月，信州盜蕭明自饒州敗走，復寇婺源，知州白謙力不能禦，懷印出北門赴水死。

42 十二月，張士誠遣兵八萬寇安吉。

初，廣德翼元帥費子賢，從鄧愈下武康、安吉，遂築城守之，士誠兵數來犯，輒敗去。至是命張左丞盛兵來攻，而子賢所部僅三千人，堅壁拒守，設車弩城上，射殺其梟將二人。乙卯，解圍去。子賢以功進指揮同知。【考異】畢氏通鑑言費聚敗士誠寇安吉之兵，誤也。證之明史聚傳，言「聚從征淮安、湖州、平江有功」。所謂從征湖州者，乃從耿炳文守長興，禦士誠疊次寇長興之兵，非安吉也。子賢乃專守安吉之將，明史附金興旺傳中，言「子賢取武康、安吉，築城守之，士誠兵數來犯，輒敗去。最後張左丞以兵八萬來攻，子賢僅三千人，守甚固，設車弩城上，射殺其梟將二人」云云，即指此事也。紀事本末、潛菴史稿皆作「子賢」，今並據明史子賢傳敘入。至子賢敗士誠之兵，史稿系之是月乙卯，乃十二月初二日也，畢鑑誤作「十二月庚子朔」。庚子乃十一月十七日，蓋是年十一月甲申朔也。士誠之兵以十一月庚子來攻安吉，至十二月乙卯始敗去，義當如此。但庚子非十二月，尤非十二月之朔，此則舛誤之尤甚者，今據潛菴史稿。

43 左丞相徐達，自宜興還兵攻高郵，士誠遣其左丞徐義由海道入淮援之。義怨士誠，以爲驅之死地，屯崑山、太倉等處，三月不進。

44 是歲之夏，元思南宣慰使田仁智遣其都事楊琛歸款，并納元所授宣慰使印。太祖喜曰：「仁智僻處遐荒，世長溪峒，乃能識天命，先來歸誠，可嘉也！」俾仍爲思南道宣慰使，授琛思州等處宣撫使，給以三品銀印。

其秋，思州宣撫使田仁厚亦遣使獻其所守地，命改宣撫司爲思南、鎮西等處宣慰司，亦以仁厚爲宣慰使。

二十六年（丙午、一三六六）

1 春，正月，癸未朔，張士誠以舟師駐君山，又出馬馱沙，凡數百艘，將溯流由江陰以窺鎮江，樞密院判吳良與其弟指揮吳禎嚴兵以待。

太祖親率大軍，水陸並進。比至鎮江，士誠焚瓜洲，掠西津而遁，太祖命良會都督副使康茂才出江追之。比至浮子門，士誠以五百艘遮海口，乘潮來薄。良與茂才督諸軍力戰，敵舟首尾相失，遂大敗之。其棄舟登岸者，預伏一軍于江陰之山麓，悉掩擊殆盡，獲卒二千。

是役也，茂才以水寨制勝，而良自江陰來，且守且戰。太祖勞軍至，周巡壁壘，嘆曰：「良，今之吳起也！」

良守江陰十年，捍禦有方。訓將練兵，常如寇至。暇則延儒士，興學校，修屯田。太祖嘗嘉其「保障一方，使我無東顧之憂」，命宋濂等爲詩文美之。

辛卯，太祖還應天。【考異】明史本紀但云「康茂才追敗士誠」，不及吴良，畢鑑亦但云「吴守將以聞」，守將，即良也，而亦不言其追士誠之事。惟紀事本末則專敘良兄弟之功，並追士誠于浮子門亦歸之于良，不及茂才，皆兩失之。今參之二書，並記其功。至士誠始窺江陰，雖太祖下令親征，而良之守禦有方，故士誠旋即遁去，惟追之于浮子門，則茂才之功居多耳。觀于太祖至江陰勞軍，周巡壁壘，比其功于吴起，以此觀之，良之功固不可没也。

2 是月，命中書省録用諸司劾退官員。

省臣傅瓛等言：「今天下更化，庶務方殷，諸司官吏，非精勤明敏者不足以集事。」太祖曰：「不然。人之才能，各有長短，故致效亦有遲速。夫質樸者多迂緩，狡猾者多便給。便給者雖善辦事，或傷于急促，不能無損于民；迂緩者雖于事或有未逮，而於民則無所損也。」于是有劾退仍起用者。

又命按察司僉事周楨等「定擬按察事宜，條其所當務者以進」，諭之曰：「風憲紀綱之司，唯在得人，則法清弊革。人言神明可行威福，鬼魅能爲妖禍。爾等能興利除害，輔國裕民，此即神明；若陰私詭詐，蠹國殃民，此即鬼魅也。凡事當持大體，毋沽名賈直，以察察爲名，苛刻爲能，則風憲之職舉矣。」

3 二月，癸丑朔，湖廣參政張彬敗周文貴于辰州。

4 丁卯，四川容美峒宣撫使田光寶，遣其弟光受等以元所授宣撫勑印來歸。太祖以光寶爲四川行省參政，兼容美峒等處軍民宣撫使，仍置安撫元帥治之，並立太平臺、宜麻寮等十寨長官司。

5 處州青田縣山賊連福建陳友定兵攻慶元。

時章溢擢授浙東按察副使，溢辭，請仍爲僉事。既至，值胡深入閩陷没，處州動揺，溢宣布詔旨，誅首叛者，餘黨悉定。至是召舊部義兵，分布要害，賊至，遂擊走之。

6 己巳，置兩淮都轉運鹽使司，所領凡二十九場。

7 初，徐達援宜興，太祖命馮國勝統兵圍高郵。張士誠將俞同僉畢鑑「俞」作「余」。詐遣人來降，約推女牆爲應。國勝信之，夜，遣指揮康泰率數百人先入城，敵閉門，盡殺之。太祖怒，召國勝，決大杖十，令步詣高郵。國勝慚憤力攻。

適徐達自宜興還，癸酉，達請以指揮孫興祖守海安，常遇春督水軍爲高郵聲援，太祖從之。復遣使諭達曰：「士誠起自高郵以有吴、越，此其巢穴也，大軍攻之，彼必來救。今聞徐義已入海，或由射陽湖，或由瓠子角，或出寶應趨高郵，不可不備！」又令達駐師泰州以防賊窺海安。

8 辛巳，下令禁種糯稻。其略曰：「曩以民間造酒醴，糜費米麥，故行禁酒之令。今春米麥價稍平，然不塞其源而欲遏其流，不可也。其令農民今歲無得種糯，以塞造酒之源。」

9 是月，僞夏明玉珍卒，子昇自立。

10 三月，庚寅，徐達自泰州進兵，會馮國勝等攻高郵，丙申，克之，戮僞將俞同僉等。俘其將士，命悉遣戍沔陽、辰州，仍給衣糧。

丁未，太祖諭達，令乘勝取淮安。其餘兵馬，悉令常遇春統領，守泰州、海安，爲江上應援。

時孫興祖守海安，防禦甚嚴。會士誠兵自海口來侵，擊敗之，禽僞彭元帥，獲其將士二百餘人。

11 是月，命中書省嚴選舉之禁。凡府縣每歲薦舉，得賢者賞，濫舉及蔽賢者罰。

12 初，元李思齊與察罕特穆爾同起義師，齒位相等。至是庫庫特穆爾總天下兵，檄調關中四軍。——四軍者，思齊及張良弼、圖魯卜、（舊作脱列伯。）孔興也。思齊得檄，大怒，罵曰：「我與若父同鄉里，今乳臭小兒黃髮猶未退，乃欲總兵調我耶！」于是良弼遂首拒命。孔興、圖魯卜等，亦皆恃功懷異，請別爲一軍，莫肯統屬。

庫庫嘆曰：「吾奉命總天下兵，而鎮將皆不受調遣，何平賊爲！」乃遣關保、和爾齊舊作虎林赤。以兵西攻良弼于鹿臺，而思齊與良弼合，自是東西搆兵不解。

13 夏，四月，丙辰，徐達兵至淮安。聞徐義舟師集馬騾港，夜，率兵往襲之，破其寨，義泛海遁去。

我軍進薄城下，士誠中書左丞梅思祖等，封府庫，籍甲兵，開門迎降，並獻所部四州。太祖嘉其知命保民，授大都督府副使，命指揮蔡先、華雲龍守其城。

14 戊午，徐達由瓠子角進兵攻興化，克之，淮地悉平。

15 命平章韓政取濠州。

濠自郭子興棄後，孫德崖亦死，士誠將李濟竊據守之。太祖命李善長招之以書，不報。太祖曰：「濠州，吾桑梓之邦，今爲張士誠所據，是我有國而無家也！」即命政督指揮顧時以雲梯礮石攻其水簾洞月城，又攻其西門。城中不能支，庚申，濟及知州馬麟出降，太祖甚悅。

壬戌，遣人賫書諭宿州吏民，以「誼屬鄉鄰，不忍遽興師旅。凡我父老，宜重體此意。」

時守將陸聚，爲元樞密院同知，自脱脱敗芝麻李于徐州，彭大等奔濠，聚撫輯流亡，繕城保境，寇不敢犯。至是聞徐達經理江、淮，遂以徐、宿二州降。值太祖諭至，率衆歸誠。太祖喜，以聚爲江南行省參政，仍命守徐州。

16 甲子，太祖發應天，將幸濠州省陵墓，命博士許存仁、起居注王禕從行。——存仁，金華元儒謙子也。

時陸聚遣兵略定魚臺，以次徇邳、蕭、宿遷、睢寧，皆下之。

丁卯，太祖至濠州。念祖考葬時，禮有未備，乃詢改葬典禮服制于存仁等，皆以儀禮改葬緦對。太祖猶以爲輕，命有司製素冠白纓衫絰，皆以粗布爲之。

時有言「發祥之地，靈秀所鍾，不宜啓遷以洩山川之氣」，太祖然之，乃令增土培其封，置守冢二十家。里人劉英、汪文，與太祖故舊，召至，相勞苦，並以守冢事屬焉。——汪文，即太祖自製皇陵碑所謂「汪氏老母」者，文其子也。

17 戊辰，濠州父老經濟等謁見，太祖與之宴，極歡，謂濟等曰：「吾去鄉十有餘年，艱難百戰，乃得歸省墳墓，與父老子弟復相見，今苦不得久留歡聚爲樂。父老幸教子弟孝弟力田，毋遠賈。濱淮郡縣，尚苦寇掠，父老善自愛。」濟等皆頓首謝曰：「久苦兵争，不遑安處，微吾王之威德不及此。」

18 初，太祖既定淮地，遣使諭左相國徐達曰：「聞元將珠展領馬步兵萬餘，自柳灘渡入安豐，其部將漕運，自陳州而南，給其餽餉。亟宜遣兵絶其糧道，俾遠來之衆，師不宿飽，野無所掠，然後選劉平章、薛參政部下騎卒五百，并廬州之兵與之速戰，一鼓可克也。不然，事機一失，爲我後患。」

于是達等率馬步舟師三萬餘人，進兵安豐。辛未，薄城下，分遣韓政等以兵扼其四門。乃于東城龍尾壩潛穿其城二十餘丈，城壞，遂克之，實都、珠展、左君弼等皆出走。我師追奔十餘里，獲實都及裨將賁元〈師〉〔帥〕而還，珠展、君弼並走汴梁。日晡，珠展復率師來援，政等再與戰于南門外，大敗之。珠展遁去，追至潁，獲其運船以歸。遂置安豐衞，留指揮唐勝宗守之。

19 戊寅，太祖將還應天，謁辭墓。召汪文、劉英，賞以綺帛米粟，曰：「聊以報宿昔相念之德。」又語諸父老曰：「鄉縣租賦，已令有司勿征。一二年間，當復來相見也。」

20 五月，甲申，太祖至應天。【考異】明史本紀、潛菴史稿皆作「壬午」。按戊寅太祖將還應天，中間尚有辭墓及召汪文等賞勞之事。畢鑑系之甲申者近之。壬午，據元史本紀爲五月朔日。

庚寅，命有司徧求古今書籍以充祕府。

21 秋，七月，丁未，太祖以淮東諸郡既平，遂議討張士誠，召中書省及大都督府臣問計。

右丞相李善長對曰：「張氏宜討久矣。然其勢雖屢屈而兵力未衰，土沃民富，又多積儲，恐難猝拔，宜俟釁而動。」太祖曰：「彼淫昏益甚，生釁不已，今不除之，終爲後患。且彼疆域日促，長淮東北之地，皆爲我有，我以勝師臨之，何憂不拔！況彼敗形已露，豈待觀隙邪！」

左丞相徐達曰：「張氏驕淫，暴殄奢侈，此天亡之時也。其所任驍將，如李伯昇、呂珍之徒，皆齷齪不足數，徒擁兵衆，爲富貴之娛耳。其居中用事者，黃、蔡、葉三參軍輩，皆迂闊書生，不知大計。臣奉主上威德，率精鋭之師，聲罪致討，三吴可計日定也。」太祖喜曰：「諸人局于所見，獨爾合吾意，事必濟矣。」于是命諸將簡士卒，擇日出師。

22 是月，太祖復遣使貽元庫庫特穆爾書，告以「拘我使者，不足爲利而反足爲害」，仍不報。

23 八月，庚戌朔，命拓應天城。

初，舊城西北控大江，東盡白下門。距鍾山既闊遠，而舊内在城中，因元南臺爲宮，稍卑隘。太祖乃命劉基等卜地，定作新宮于鍾山之陽。在舊城東白下門之外二里許，增築新城，東北盡鍾山之陽，延亘周圍凡五十餘里。【考異】明史本紀「八月庚戌」，紀事本末作「庚申」。按是月庚戌朔，庚申爲八月十一日。今從明史。

24 辛亥,命左相國徐達爲大將軍,平章常遇春爲副將軍,率兵二十萬討張士誠。太祖親御戟門誓師,諭諸將佐曰:「城下之日,毋殺掠,毋毁廬舍,毋伐邱壠。士誠母葬平江城外,毋侵毁。」皆再拜受命,遂爲戒約軍中事,令人給一紙。

將發,召問諸將曰:「此行用兵當何先?」遇春對曰:「逐梟者必覆其巢,去鼠者必熏其穴。此行宜直擣平江,破其巢穴,其餘城邑,可不勞而下矣。」太祖曰:「不然。湖州張天騏,【考異】「天騏」,畢氏通鑑作「天麟」,今從明史。杭州潘原明,爲士誠臂指,平江既蹙,二人必併力救之。今不先分其勢而遽攻平江,若天騏出湖州,原明出杭州,援兵四合,難以制勝。不若出兵先攻湖州。使其疲于奔命。羽翼既披,則平江勢孤,可立破也。」遇春猶執前議,太祖乃屏左右,密語達、遇春曰:「吾欲遣熊天瑞從行,俾爲吾間也。天瑞之降,非其本意,心常怏怏。適來之謀,戒諸將勿令知,但云直擣姑蘇。天瑞知之,必叛而輸之于張氏,如此則墮吾計中矣。」

癸丑,達等率諸軍發龍江。辛酉,師至太湖。己巳,遇士誠援兵于港口,敗之,禽僞將尹義、陳旺,遂次洞庭山。癸酉,進至湖州之毘山,又擊敗僞將石清、汪海,禽之。士誠駐軍湖上,不敢戰,將遁,適指揮熊天瑞果叛降士誠。

甲戌,師至湖州之三里橋,僞右丞張天騏分兵三路以拒我師,僞參政黃寶當南路,院判陶子實當中路，天騏自當北路，僞同僉唐傑爲後繼。達進兵，分派遇春攻實，王弼攻天騏，而自出中路與子實戰，別遣驍將王國寶率長槍軍直扼其城。遇春與實戰，實敗，走入城，城下弔橋已斷，不得入，復還力戰，遂被擒，于是天騏、子實皆不敢戰，斂兵而退。

士誠又遣司徒李伯昇來援，由荻港潛入城，我軍四面圍之。伯昇及天騏閉門拒守，達遣國寶攻其西門，自以大軍繼之。子實及僞同僉余德全等出戰，復敗走。

士誠又遣其僞平章朱暹、同僉呂珍等及其五太子者率兵六萬來援，屯城東之舊館，築五寨自固。時平章湯和自常州來，與達、遇春等分兵營于東阡鎮南姑嫂橋，連築十壘以絶舊館之援。

時士誠壻潘元紹駐兵烏鎮東，爲呂珍等聲援，達遣兵乘夜襲之。元紹遁，遂填塞溝港，絶其糧道。——原紹，原明弟也。

士誠見事急，親率兵來援，復敗之于皂林。

25 是月，元以陳友定爲福建行省平章政事。

友定自敗胡深後，有勝兵萬人，益發取諸州縣，遂盡有福建八郡之地，開省延平。時張士誠、方國珍等各據一方，歲漕粟大都，輒不至。而友定事朝廷未嘗失臣節，歲輸粟數十萬石，海道遼遠，至者嘗十之三四。元帝嘉之，下詔褒美，故有是命。

友定粗涉書史，數招致文學知名士，置之幕府。然頗任威福，所屬有違令者，輒承制誅竄不絕。

漳州守將羅良，心不平，以書責之曰：「郡縣者國家之土地，官司者人主之臣役，而倉廥者朝廷之外府也。今足下視郡縣如家室，驅官僚如圉僕，擅廩廥如私藏，名雖報國，實自爲身家。不審足下將欲爲郭子儀乎，抑欲爲曹孟德乎？」友定大怒，竟攻漳，殺良，並良妻子及其弟羅三。一時如福清宣慰使陳瑞孫，崇安令孔楷，建陽人詹翰，皆以拒友定不從被殺。于是友定威震八閩。

26 九月，己卯朔，士誠復遣其同僉徐志堅，以輕舟出東阡鎮覘我師，欲攻姑嫂橋，遇常遇春，與戰。會大風雨，天晦冥，遇春令勇士乘划船數百突擊之，遂禽志堅，得衆三千餘人。

27 乙未，命行省左丞李文忠自嚴州率師攻杭州，指揮華雲龍自淮安率師攻嘉興，以牽制張士誠。

28 乙巳，左丞廖永忠，參政薛顯，將游軍駐湖州之德清，遂克之，獲船四十艘，禽僞院判鍾正及叛將晋德成。

29 張士誠自徐志堅敗，甚懼，遣其右丞徐義至舊館覘形勢。常遇春以兵扼其歸路，義不得出，乃潛遣人約張士信出兵與舊館兵合戰，士誠又遣赤龍船親兵援之。義甫得脱，與潘原紹率赤龍船兵屯于平望，別乘小舟潛至烏鎮，欲援舊館。遇春由別港追襲之，至平望，縱火焚其赤龍船，衆軍潰走。自是舊館之援遂絶。饋餉不繼，多出降者。

30 周文貴復攻掠辰州諸郡，湖廣參政楊璟率兵進討，又分遣指揮副使張勝宗討湘鄉之賊，斬其帥易華。

31 冬，十月，壬子，常遇春兵攻烏鎮，徐義、潘原紹皆敗走。追至昇山，破其平章王晟六寨，餘軍奔入舊館之東壁。僞同僉戴茂乞降，許之。是夕，晟亦降。

32 甲子，李文忠率指揮朱亮祖、耿天璧攻桐廬，降僞將戴元帥。復遣袁弘、孫虎徇富陽，禽僞同僉李天禄，遂合兵圍餘杭。

33 戊寅，徐達復攻昇山水寨。顧時引數舟繞出敵船，掩其不意，率壯士躍入敵舟，大呼奮擊，餘舟競進薄之。僞五太子盛兵來援，遇春兵爲之稍却。薛顯率舟師直前奮擊，燒其船，敵衆大敗，五太子及朱暹、吕珍等以舊館降。遇春謂顯曰：「今日之戰，皆將軍之功，吾不如也。」

五太子者，實士誠之養子，本姓梁，短小精悍，能平地躍起丈餘，善没水。朱暹、吕珍，亦皆善戰，士誠倚之。至是聞其降，爲之奪氣。

34 先是達等所獲將士，悉執以徇于湖州城下，城中大震。

十一月，甲申，又以降將吕珍、王晟等徇州城下，諭其司徒李伯昇出降。伯昇在城上呼曰：「張太尉養我厚我，何忍負之！」抽刀欲自殺，左右抱持，不得死，語之曰：「援絶勢窮，不降何待！」伯昇俛首不能言。會張天騏等以城降，伯昇不得已亦降。

35 辛卯，李文忠攻餘杭，下之。

先是，文忠兵至城下。僞守將謝五者，再興弟也，文忠遣人語之曰：「爾兄以李夢庚小隙歸張氏，非爾謀也。今爾若降，不死，且得富貴。」于是謝五率其弟姪五人出降。

文忠進兵杭州，未至，士誠平章潘原明懼，遣其員外郎方彝詣軍門納款，文忠曰：「吾兵適來，勝負未可知，而遽約降，得無欲以計緩我乎？」對曰：「天兵如雷霆，當之者無不摧破。誠念百萬生靈，爲之請命耳。」文忠留宿帳中，明日，遣還報，而駐兵以待。原明乃籍土地錢糧並士誠所授諸印，又執叛將蔣英、劉震出降，伏謁道左。以女樂導迎，文忠叱去之。壁麗譙，下令曰：「擅入民居者死！」一卒借民釜，立斬以徇，城中帖然。得兵三萬，糧二十萬。執元平章努都、長壽等，與蔣英、劉震皆送應天。

原明，泰州人，與士誠俱起鹽徒。元軍圍高郵，士誠與十八人突圍出走，原明及李伯昇、吕珍三人與焉。三人相繼降，士誠益孤立矣。

36 庚子，克紹興，僞同僉李思忠降，命駙馬都尉王恭、千户陳清、李遇守之。

辛丑，華雲龍克嘉興，僞守將宋興降。

37 大將軍徐達等既克湖州，引兵至南潯，僞元帥王勝降。至吴江，僞參政李福、知州楊彝降。

壬寅，師次蘇州城南鮎魚口，擊僞將竇義，走之。值都督副使康茂才自湖州來，遇士誠兵于尹山橋，擊敗之。茂才持大戟督戰，覆其將士，焚其官瀆戰船千餘艘。

癸卯，合兵圍平江。達軍葑門，遇春軍于虎邱，郭興軍婁門，華雲龍軍胥門，湯和軍閶門，王弼軍盤門，張温軍西門，康茂才軍北門，耿炳文軍城東北，仇成軍城西南，何文輝軍城西北，四面築長圍困之。又架木塔，與城中浮圖對。築臺三層，下瞰城中，名曰「敵樓」。每層施弓弩火銃于其上，又設襄陽礮擊之，城中震恐。

有楊茂者，無錫莫天祐部將也，善泅水。天祐潛令入姑蘇與士誠相聞，邏卒獲之于閶門水柵，縛送大軍，達釋而用之。時平江城堅不可拔，天祐阻兵無錫，爲士誠聲援。達因縱茂出入往來，得其彼此所遺蠟書，悉知士誠、天祐虚實。

遣指揮茅成攻婁門，成中流矢死。

38 甲辰，李文忠送元平章努都、長壽等至應天，太祖以其朝臣，命有司給餼廩，歸之于元。

誅蔣英、劉震，命懸胡大海像，刺英等心血祭之。

以潘原明全城歸順，民不受鋒鏑，仍授平章，其官屬皆仍舊職，聽李文忠節制。尋授文忠江浙行省平章政事。文忠至是始命復李姓。

39 先是，徽儒士熊鼎、朱夢炎至應天，居之賓館。太祖令集古事質直語以教公卿子弟，名曰公子書。又以民間農工商賈子弟多不讀書，宜以其所當務者，直詞詳説，爲務農、技藝、商賈書，使各通知大義，可以化民成俗。是月，書成，進御，賜鼎等人白金五十兩及衣帽韡韈等物。

40 十二月，乙卯，永寧縣賊饒一寧作亂，江西行省遣指揮畢榮討之，禽其元帥王子華，餘黨悉平。【考異】畢氏通鑑作「十二月乙卯朔」，誤也。是年九月己卯朔，十月己酉朔，畢鑑誤作「辛亥朔」，實則辛亥乃十月三日也。十二月戊申朔，乙卯爲十二月初八日。畢氏此數月干支多誤。

41 陳友定守建寧將阮德柔，遣使來納款。

42 韓林兒在滁州，太祖命廖永忠迎歸應天，行至瓜步，沈之于江。林兒既卒，始命以明年爲吴元年。

群臣請建宫闕，太祖以國之所重，莫先廟社，命有司以次營建。

是月，甲子，太祖告事山川。

己巳，典營繕者以宫室圖進，凡有雕琢奇麗者，即命去之。

論曰：韓林兒之卒也，本紀但書其卒，而于林兒傳中則並存或説，謂「太祖命廖永忠迎林兒歸應天，至瓜步，覆舟，沈于江」云。又永忠傳言：「林兒在滁州，遣永忠迎歸應天。至瓜步，覆其舟死，帝以咎永忠。」由或説觀之，似瓜步之沈，太祖實授意焉。由帝咎永忠之言觀之，似永忠實有擅弑之罪，于是遂以爲八年永忠賜死之張本。及太祖晚年，命寧王權編輯通鑑博論，于至正二十六年大書曰：「廖永忠沈韓林兒于瓜步。大明惡永忠之不義，後賜死。」據此，則出自太祖特書之筆以爲萬世戒。然則當日永忠自瓜步歸，何難明正其罪而誅之邪？

予謂永忠之沈林兒，與黥布之弑義帝事絶類，太祖殆欲避項羽之名而慕漢高之義，遂使永忠無淮南之反而蹈黥布之誅，不亦千古之大疑案乎！

夫大丈夫不受制于人，因林兒之勢盛而用其年號，此太祖之一失也。平友諒之後，既稱吴王，即當建國，必待林兒既死而後稱吴元年，此太祖之再失也。沈林兒于建國之後，猶得曰卧榻之旁豈容他人鼾睡，今建國于沈林兒之後，是代之也，代之而何以自解于奪之之名乎？十二年中，無北面之事，無尺寸之倚，而徒奉其年號以令軍中，一旦改之則爲無名，因之則將終事，此林兒之所以卒不免也。

觀史所記，永忠邀封公爵，正自以其瓜步之功，是有挾而求也。以太祖之猜忌功臣，永忠即無沈舟之事，亦終與馮勝、傅友德等先後賜死。今不正其罪于建國之初，而歸其獄于賜死之後，又命寧王書之博論中，是欲蓋而彌彰也。

伏讀御批明鑑云：「明祖聞副元帥之檄，謂大丈夫寧能受制于人，固已中情流露，瓜步沈舟之事，未必盡誣」云云，實春秋誅意之書。予謂當劉文成斥林兒爲牧豎時，太祖固已心領之矣。惜文成不能于平漢之後上勸進之書，則當日君臣之兩失也。

43 是歲，僞夏明昇以父喪遣使告哀，已，又遣使來聘，太祖亦遣侍御史蔡哲往報之。哲至蜀，盡圖其山川險易以獻，太祖覽而善之。

44 方國珍恃元屢晉官爵，輒驕橫不奉命，畏太祖之逼，許以三郡獻，終不納土，又請輸歲幣，亦不至。太祖屢遣使詰責，陽奉陰拒。太祖曰：「姑置之，待我克平江，欲奉正朔晚矣。」

明通鑑前編卷四

江西永寧知縣當塗夏燮編輯

前紀四彊圉協洽（丁未），盡一年。

太祖

元至正二十七年吳元年（丁未、一三六七）

1 春，正月，【考異】畢氏通鑑，是年「正月癸巳朔，吳王始稱吳元年」，誤也。按去年十二月甲子告事山川，則已下令以明年爲吳元年矣。至其即吳王位，則已在至正二十四年之春，故明史本紀及諸書，于是年正月記事，並無「癸巳下令稱吳元年」之語。且是年二月丁未朔，正月之朔，若大建則丁丑，小建則戊寅，癸巳乃正月之中旬，畢氏作「癸巳朔」，尤舛誤也。今仍據明史本紀，書稱吳元年于去年十二月之下。

乙未，諭中書省曰：「太平、應天諸郡，吾創業地，供億最勞。昔在軍中乏糧，空腹出戰，歸得一食，雖甚粗糲，食之亦甘。今尊居民上，飲食豐美，未嘗忘之。況吾民居于田野，所業有限，而又供需百出，其何以堪！」戊戌，下令免太平租二年，應天、鎮江、寧國、廣德各一年。【考異】明史本紀「戊戌諭中書省」云云，明史稿作「乙未」，潛菴史稿「戊戌令曰」，據此，則乙未乃據其諭中書省之日，戊戌則下令之日也，今分記之。

2 庚子，松江府嘉定州守臣王立忠等詣徐達軍降。

時平章俞通海從達克湖州後，分兵徇太倉州，約束軍士，秋毫無犯，民大悅，爭獻牛酒迎道左。于是崑山、崇明等縣皆望風歸附，通海遂從達等進圍平江。

3 辛丑，諭中書省臣曰：「古人祝頌其君，皆寓儆戒之意。適觀群下所進牋文，頌美之詞過多而規戒之言罕見，非古者君臣相告以誠之道。今後牋文，但令平實，勿以虛辭爲美也。」

4 癸卯，副指揮戴德攻沅州，圍其城六日，守將李勝出降。遂下之。【考異】克沅州，潛菴史稿系之戊戌下，今從元史順帝紀，「圍城六日」，則是以戊戌攻，癸卯下也。

5 甲辰，復與元庫庫特穆爾書。

初，太祖遣汪河，被留不報，復遣錢楨，亦如之。乃復告以「今日事勢，張思道操刃于潼關，李思齊抗衡于河間，俞寶蓄變于肘腋，王信生衅于近郊，連兵搆禍，首尾牽制。若復棄我舊好，拘我使臣，則是內外交攻，兵連禍結，閣下之境必將土崩瓦解矣。」庫庫仍不悟。

會元趣庫庫南征，而庫庫畏江南强盛，不得已遣其弟托音特穆爾舊作托音帖木兒。及部將摩該舊作貊高。駐兵濟寧、鄒縣等處，名爲保障山東，因以遏南軍入北之路，覆命元帝曰：「此爲肅清江淮張本也。」

至是太祖知其無意南征，乃復責其拘使不還之罪曰：「若能遣汪河、錢楨等還，豈惟不失前盟，亦可取信天下。不然，是又開我南方之兵，爲彼後時之戰，閣下雖深謀如莽、操，詭計如懿、温，英雄滿前，何以取生？古云：『功被天下，守之以遜；富有天下，守之以謙。』況其爲臣者乎！惟審思之！」——思道，即良弼，以字行者。俞寶、王信，皆據山東之地，合從張、李者也。【考異】據明史庫庫傳，言「太祖七致書，皆不答。」其可考者，至正二十三年正月遣汪河報書，一也；二十四年十二月貽庫庫書，言博囉犯闕事，二也；二十五年七月責送汪河還，三也；二十六年七月再責送使者，四也；是年正月三責送使者，五也；又是年九月送元神保大王至京師，貽庫庫書，六也；七次致書，當在即位以後。今按明史本紀，但記二十三年汪河報書之事，而是年九月，亦但言致書元主，不及庫庫，惟潛菴史稿所載特詳，但略去二十四年一次耳。今按二十四年之書，係約共討賊，不及汪河，至二十五年，始責送汪河。以後凡三貽書責送使者，而是年書中之詞，則又兼及錢楨，是楨當爲二十五年所遣，今並敘入。

是月，李思齊、張良弼等會于含元殿基，推思齊爲盟主，以拒庫庫之師。

6 二月，丁未朔，元庫庫特穆爾遣左丞李二寇徐州，駐陵子村，參政陸聚、指揮傅友德禦之。友德度兵寡不敵，遂堅壁拒守。詗其出掠，乃以步騎二千溯河至吕梁，登陸擊之，刺其驍將韓乙，餘衆敗去。友德度李二必益兵復至，亟還城，開門出兵，陣于野外，臥戈以待，約聞鼓聲則起。二果至，鼓而破其前鋒，餘衆大潰，多溺死者，遂禽二，獲其將士二百餘人，馬五百匹。

太祖聞捷，謂都督府臣曰：「此蓋庫庫之游兵，欲以此餌我，使我將驕兵惰，掩吾不備。古人之戒，正在于此。善戰者知己知彼，察于未形。可語安豐、六安、臨、徐、濠、邳守將嚴爲之備。」尋進友德江淮行省參知政事。

7 壬子，温州茗洋降賊周瑞卿叛，【考異】「瑞」，潛菴史稿作「遂」。浙東僉事章溢遣其子元帥存道，合平陽、瑞安總制孫安兵討之，斬瑞卿，獲其黨六十餘人。

8 癸丑，置兩浙都轉運鹽司于杭州，設三十六場。

9 是月，大將軍達以平江久不下，遣人自軍中來請事。太祖手書慰勞之曰：「將軍自昔相從，忠義出自天性，沈毅有謀，用能戡亂定難。雖古豪傑何以加兹！今所請事，多可便宜行者，而識慮周詳，不欲造次，誠邦家之福，社稷之慶。然將在外，君不御，古之道也。自今軍中緩急，惟將軍便宜行之。」達得書，遂檄各路進兵。

時太祖以平江圍久不下，復以書遺士誠，勸以全身保族，如漢竇融、宋錢俶故事。士誠得書，卒不報。【考異】達自平江軍中來請事，語見明史達傳，紀事本末系之是年二月之下，諸書皆不載。按達檄各路進兵，俞通海自太倉以兵來會，而通海之卒在四月，則進兵在三月。以此推之，遣人至金陵請事，紀事系之二月者是也。惟通海之卒，紀事牽連並記。證之潛菴史稿，則其卒在四月乙卯，其圍平江中創歸金陵，當在三月也，今分月書之。

10 江西行省遣兵會湖廣行省千户徐興攻平江瀨寨，鎮撫楊五以寨降。

11 參政陸聚遣兵攻宿州，禽其僉院邢瑞。

12 三月，丁丑，設文武科取士。

13 壬午，江西行省參政楊璟克澧州。戊子，思、沅兩界軍民安撫使黃元明以其地内附。又用參軍詹永亨言，授黔陽縣前元帥蔣節爲靖州安撫使，俾討平山寨，且耕且守。

14 丁酉，頒科舉取士式。

令曰：「應文舉者，察其言行以觀其德，攷之經術以觀其業，試之書算騎射以觀其能，策之經史時務以觀其政事。應武舉者，先之以謀略，次之以武藝。俱求實效，不尚虛文。然此二者，必三年有成。有司預爲勸諭，俟開舉之歲，充貢京師。」【考異】據明史太祖本紀，但云「始設文武科取士」，而下令之文，見龍飛紀略、紀事本末等書。又證之明史選舉志，亦云「使有司勸諭民間秀士及智勇之人以時勉學，俟開舉之歲，充貢京師」云云，據此，則是年僅頒科舉取士之令，未嘗開科試士也。而考之陶學士知新近稿中，有與員外黄觀瀾、李彦章試士西掖詩云：「王業興家國，人才薦廟堂。風簷留晷刻，冰鑑照毫芒。列坐清儀肅，終篇耿論昌。願言登用者，一一是賢良。」又次黄觀瀾韻，有云：「右掖蒼柏陰，揮筆司文柄。」按東、西掖在午門之左、右，吴元年始建宫殿，則集中云「試士西掖」者，正是年三月事也。草創之初，設官需才，故其時僅就東南人士，命安等試之于廷，此正明初設科取士之濫觴。既試之後，復頒科舉定式，以爲三年後各省通行之例。故諸書所記，有系之三月丁丑者，有系之三月丁酉者，蓋一據其試士之日，一據其下令之日，未可據令中之語而以爲是年未嘗開科取士也。今分書之，仍敘下令原文而附識于此。

15 夏，四月，丙午，上海縣民錢鶴皋作亂，據松江。

先是松江既平，即令王立忠守府事，已，太祖又遣荀玉珍代之。會大軍檄徵磚甓城，鶴皋不奉令，遂結士誠故元帥府副使韓夏秦、施仁濟糾衆三萬餘人攻松江。通判趙儆倉猝不能禦，同妻子赴水死，玉珍棄城走，賊追殺之。

鶴皋遂自稱行省左丞，僞署官屬，令其子遵義率小舟數千走蘇州，欲歸士誠以求援。徐達遣指揮葛俊討之，兵至連湖蕩，見遵義之衆皆操農器，知其無能爲也。乃于蕩東西連發十餘礮，賊皆驚潰，溺死者衆，遂復松江。獲鶴皋，檻送大將軍，斬以徇。

施仁濟等脱走，率其黨五千餘人入嘉興，劫庫藏軍需而出。海寧衛指揮孫虎等率兵追擊，悉禽之。

16 乙卯，行省平章俞通海卒。

先是大將軍檄通海會圍平江，行至滅渡橋，擊敗士誠兵。進擣桃塢，中流矢，創甚，乃遣將以兵會達，身歸應天。太祖幸其第視病，病革，太祖呼謂曰：「平章知我來問疾乎？」通海已不能語，太祖揮淚而出。至是卒，年三十八。後追封虢國公，賜謚。【考異】通海之卒，惟潛菴史稿有月日，今據之。

17 己未，方國珍入貢，復陰泛海，北通庫庫，南交陳友定。太祖遺書責國珍，數其十二過，且徵貢糧二十萬石，曰：「克杭有日，何負約如故也？張士誠與公接壤，取公振落耳，所不敢者，以誰在邪？吾旦暮下姑蘇，奄至公境，背城一戰，亦丈夫矣。不然，去之入海，亦一策也；然自古未有老海上者。公審思之！」國珍懼，與其弟姪將佐謀。郎中張本仁曰：「江左方圖張氏，勝負未可知，彼安能越境而致于人！」劉庸曰：「江左多步騎，奈吾海舟何！」獨幕下士邱楠力爭之，曰：「此皆非主福也。唯知可以決事，唯信可以守國，唯直可以用兵。昔者江、淮之間，豪傑並起，人人莫不欲帝，然分鼎足者，漢與二吳耳。友諒敢戰不怯，尚死九江。張吳區區，如竇中鼠，敗可知已。江左法嚴而軍威，諸將所過，秋毫無犯，所得府庫，還封識之以奉其主。且業已并漢，勢復兼張。公經營浙東十餘年矣，不能越三郡，不以此時早決，不可謂知；既許之降，抑又背焉，不可謂信；彼之徵師，則有詞矣，我實負彼，不可謂直。幸而扶服請命，庶幾可視錢俶乎！」國珍不能用。

18 丁卯，李文忠請調兵戍沿海州縣。

19 是月，諭起居注詹同曰：「國史貴直筆，善惡皆當書之。昔唐太宗觀史，雖失大體，然命直書建成之事，是欲以公天下也。朕平日言行，是非善惡，汝等皆宜直書，不宜隱諱，庶使後世觀之不失其實。」

20 五月，己丑，湖廣行省遣兵討平江花陽山寨，禽其賊首王世明。

21 己亥，初置翰林院，設學士等官，以陶安、潘庭堅爲翰林院學士。

庭堅，亦當塗人，初以安薦，召爲帥府教授，尋守浙東，至是，與安並召。未幾，庭堅以老告歸。

時徵集諸儒議禮，以宋濂方家居，乃命安充議禮總裁官。【考異】明史本紀、傳，云「初置翰林院」，不言設官及召陶安等事，證之職官志，是時初置翰林院，秩正三品，謂學士也。又證之安傳，言「吳元年初置翰林院，首召陶安爲學士，時徵諸儒議禮，命充總裁官」，學士集所載國史同。又潘庭堅傳，言「庭堅與王愷守浙東，太祖爲吳王，設翰林院，與安同召爲學士。」據此，則安與庭堅，皆首召之人也，今增入，並據傳補充議禮總裁之事。此事畢鑑失載。

22 是月旱，命減膳素食。

令曰：「予以布衣定江右十有三年，中原之民，流離顛頓，無有所歸。徐、宿、濠、泗、壽、邳、海安、襄陽、安陸等郡縣及自今新附之民，皆復田租三年。」

23 太史令劉基，以旱故請決滯獄，太祖即命基平反之。未幾，雨澍。基因請立法定制以止濫殺，又以熒惑守心，請下詔罪己，皆從之。【考異】熒惑守心及旱請決滯獄，明史基傳皆以爲吳元年事。證之誠意伯行狀，但云「某月某日」，故明史天文志亦不載。今因五月旱牽連並記，系之是月之末。

24 徐達等圍平江數月，士誠堅守不出。

六月，己酉，士誠欲突圍決戰，覘城左方，見我軍嚴整，不敢犯。乃遣徐義、潘元紹潛出西門，轉至閶門，神武衞指揮楊國興戰死。義等將襲常遇春營，遇春覺其至，分兵北濠，截其兵後，遣軍與戰。良久未決，士誠復遣其參政率兵千餘助之，自出兵山塘爲援。山塘路狹，塞不可進，麾令稍却。遇春拊元帥王弼背曰：「軍中皆呼爾爲猛將，能爲我取此乎？」時弼在軍有「雙刀王」之稱，應曰：「諾！」即馳鐵騎揮雙刀往擊之。敵小却，遇春率衆乘之，遂大敗其軍，人馬溺死于沙盆潭者甚衆。士誠有勇勝軍號「十條龍」者，皆善爲盜者也，士誠每厚賜之，令被銀鎧錦衣，出入陣中。是日亦敗，溺死萬里橋下。士誠馬驚墮水，幾不救，肩輿入城，計忽忽無所出。

時降將李伯昇，知士誠勢迫，欲説令歸命，乃遣客詣士誠告急。士誠召之入，曰：「爾欲何言？」客曰：「吾爲公言興亡禍福之計，願公安意聽之！」士誠曰：「何如？」客曰：「公知天數乎？昔項羽喑嗚叱咤，百戰百勝，卒敗死垓下，天下歸于漢。何則？此天數也。公初以十八人入高郵，元兵百萬圍之，此時如虎落阱中，死在朝夕。一旦元兵潰亂，公遂得提孤軍，乘勝攻擊，東據三吴，有地千里，甲士數十萬，南面稱孤，此項羽之勢也。誠能於此時不忘高郵之厄，苦心勞志，收召豪傑，度其才能，任以職事，撫人民，練兵馬，御將帥，有功者賞，無功者罰，使號令嚴明，百姓樂附，非但三吴可保，天下不足定也。」士誠曰：「足下此時不言，今復何及！」客曰：「吾此時雖有言，亦不得聞也。何則？公之子弟親戚將帥，羅列中外，美衣玉食，歌童舞女，日夕酣宴。提兵者自以爲韓、白，謀畫者自以爲蕭、曹，傲然視天下不復有人。當此之時，公深居内殿，敗一軍不知，失一地不聞，縱知亦不問，故遂至今日。」士誠嘆曰：「吾亦深恨無及，今當何如？」客曰：「吾有一策，恐公不能從也。」士誠曰：「不過死耳。」客曰：「死而有益于國家，有利于子孫，死固當；不然，徒自苦耳。且公不聞陳友諒乎？跨有荆、楚，兵甲百萬，與江左之兵，戰于姑孰，鏖于鄱陽，友諒舉火欲燒江左之船，天乃反風而焚之，兵敗身喪。何則？天命所在，人力無如之何。今公恃湖州援，湖州失；嘉興援，嘉興失；杭州援，杭州又失，而獨守此尺寸之地，誓以死拒。吾恐勢極患生，一旦變從中起，公此時欲死不得，生無所歸。故吾爲公計，莫如順天之命，自求多福，遣一介之使，疾走金陵，陳公所以歸義救民之意，開城門，幅巾待命，亦不失爲萬户侯，況曾許以竇融、錢俶故事邪！且公之地，譬如博者，得人之物而復失之，何損！」士誠俛首沈慮良久，曰：「足下且休，待吾熟思之。」然卒狐疑莫能決也。

25 壬子，士誠復率兵突出胥門，鋒甚鋭。遇春禦之，兵少却。士誠弟士信，方在城樓上督戰，忽大呼曰：「軍士疲矣，且止。」遂鳴鉦收軍。遇春乘勢掩擊，大破之，追至城下，復築壘遶其城。自此士誠不敢復出。

時徐達所轄四十八衛，令將士每衛取所製襄陽礮晝夜轟擊。士信方張幕城上，踞銀椅，與參政謝節等會食。左右方進桃，未及嘗，忽飛礮碎其首而死。

26 戊辰，大雨，群臣請復膳。太祖曰：「雖雨，傷禾已多，其賜民今年田租！」

27 癸酉，命朝賀罷女樂。

28 是月，遣送元降人努都、長壽等北歸。

初，元前户部尚書張昶，奉使至應天，太祖留之，授官參知政事。然昶外示誠款，心懷歸計，與楊憲、胡惟庸等皆相善。昶有才辯，智識明敏，熟于前代典章，凡江左建置制度，多出其手，裁決如流，事無停滯，太祖雅重之。

其後見元事日蹙，而太祖威德日隆，陰使人上書頌功德，且勸太祖及時行樂。太祖疑之，以語劉基曰：「是欲爲趙高也。」基曰：「然。必有使之者。」太祖不欲窮治，但斥之，焚其書而已。昶復勸太祖重刑法，多陳厲民之術，用意多不測。太祖雖不聽，而昶既被留，元帝猶擢用其子。

會努都等北歸，昶陰奉表元帝，且寓書其子詢存亡。值楊憲往候，于昶臥內得其稿，奏之，命大都督府按其事。昶書八字于牘曰：「身在江南，心思塞北。」太祖惜其才，欲赦之，既見所書牘詞，曰：「彼意決矣。」遂誅昶。

29 秋，七月，乙亥朔，太祖御戟門閱雅樂，自擊石磬。起居注熊鼎言「八音唯石聲最難和。」太祖曰：「樂以人聲爲主，人聲和即八音諧矣。」鼎曰：「樂不外求，在于君心。君心和，則天地之氣和，而樂亦無不和矣。」太祖深然之。

時學士朱升審五音，誤以宮爲徵，太祖哂之。

30 丙子，除郡縣官二百三十四人，賜布帛道里費及其父母妻子有差。諭曰：「以養汝廉，俾之奉公，毋漁民以自利也。」

31 甲申，右相國李善長等請曰：「王起濠梁，不階尺寸，遂成大業。四方群雄，削除殆盡，遠近歸心。願早正大位以承天命。」太祖曰：「自古帝王，知天命有歸，猶且謙讓以俟有德。嘗笑陳友諒初得一隅，妄自尊大，驕恣速亡，吾豈能更蹈之！」

32 己丑，雷震宮門獸吻。赦中外罪囚。

33 辛丑，置太常、大理、司農、將作四司。

34 是月，元庫庫特穆爾部將關保、摩該叛。

先是庫庫命關保攻張、李不利，乃用孫翥、趙恒之謀，檄摩該一軍疾趨河中，渡河擣鳳翔，以覆思齊巢穴。而摩該部將多博囉特穆爾之黨，行至衞輝，軍變，相約脅摩該以叛。

摩該善論兵，先爲察罕所信任，關保自察罕起兵以來，勇冠諸軍，功最高，至是皆不服，庫庫遂列其罪狀以聞，舉兵攻之。

35 八月，癸丑，立圜丘、方丘及社稷壇。壇皆二成，仿漢制也。

36 甲寅，始定樂律。

元末有冷謙者，知音，善鼓瑟，以黄冠隱吴山，至是太祖置太常官屬，召謙爲協律郎，令協樂章聲譜，俾樂生習之。取石靈璧以製磬，采桐梓湖州以製琴瑟。乃考正四廟雅樂，令謙較定音律及編鐘編磬等器，及定樂舞之製。樂生用道童，舞生則取軍民俊秀子弟充之。

37 丙寅，太祖親祀山川，還宮。

38 是月，元帝詔太子親出，總制天下兵馬。

初，太子之奔太原也，欲援唐肅宗靈武故事自立，庫庫特穆爾不從。及還京，皇后奇氏遣人諭庫庫，以重兵擁太子入城，脅帝禪位。庫庫逆知其意，未至京城三十里，即散遣其軍，以數騎入朝，故太子深銜之。

及與李思齊相持經年，帝數遣人諭令罷兵，專事江淮，而庫庫欲遂定思齊等，然後引軍東下，不奉詔，帝亦心忌之。至是命太子總制軍務，而分命庫庫以其兵自潼關以東肅清江淮，李思齊以其兵自鳳翔以西進取川蜀，圖魯舊作禿魯。以其兵與張良弼、孔興、圖魯卜等取襄樊，王信以其兵固守山東汛地。

詔書方下，而關保、摩該等已搆釁稱兵。于是太子復用錫喇岱爾、舊作沙藍答兒。巴延特穆爾舊作伯顏帖木兒。等計，奏立大撫軍院，專備庫庫，又以摩該首倡大義，賜其所部曰「忠義功臣」。是時摩該方襲據衛輝、彰德以窺懷慶，庫庫聞之，亟率河、洛之兵北渡。于是朝廷下詔黜其兵權，即命摩該討之。

39 先是方國珍得太祖書，不報，唯日夜運珍寶集巨艦，爲泛海計。是月，命參政朱亮祖討之，戒之曰：「三州之民，疲困已甚，城下之日，毋殺一人！」

40 九月，甲戌朔，太廟成。四世祖各爲廟，高祖居中，曾祖居東第一廟，祖居西第一廟，考居東第二廟。【考異】明史本紀，太廟成在九月甲戌，畢氏通鑑系之八月己巳，今依明史。

41 辛巳，大將軍徐達等克平江，執張士誠。

時圍城既久。叛將熊天瑞教城中作飛礮，拆城中木石盡，又毀祠廟民居爲礮具。達令軍中架木若屋狀，承以竹笆，軍伏其下，載以攻城，不受矢石。達督將士破葑門，常遇春破閶門新寨，遂率衆渡橋，進薄城下。僞樞密唐傑登城拒戰，士誠駐軍門内，令參政謝節、周仁立柵以補外城。唐傑不能支，投兵降，于是周仁、潘元紹等皆降。日晡，士誠軍大潰，諸將蟻附登城，城破。士誠更使其副樞密劉毅收餘兵，尚二三萬，親率之戰于萬壽寺東街，復敗，毅亦降。士誠倉皇歸，從者僅數騎耳。

初，士誠屢敗，謂其妻劉曰：「我敗且死！若曹何爲？」劉曰：「必不負君。」乃積薪齊雲樓下，城破，自焚死。

士誠獨坐室中，達遣李伯昇諭意。時日已暮，士誠拒户自經，伯昇抉户，令降將趙世雄挽解之，氣未絶，復蘇。達又遣潘元紹諭之，反覆數四，士誠瞑目不語。乃以舊盾舁之，出葑門，易以户扉，舁至舟中。獲其官屬平章李行素、徐義、左丞饒介等，并元宗室神保大王、赫罕等送應天，而誅熊天瑞。

方城垂下，達先與遇春約中分撫之，先集將士申明上意，令將士各懸小木牌，令曰：「掠民財者死，拆民居者死，離營二十里者死！」及城下，達軍其左，遇春軍其右，號令嚴肅，居民晏然。

42 太祖聞平江之捷，命平章胡美取無錫州，仍遣大都督副使康茂才繼之。

初，莫天祐據無錫，士誠累表元爲同僉樞密院事，因以羈縻之。徐達數遣使諭降，俱爲天祐所殺。

至是美等攻城，將不支，州人張翼，見事急，率父老謁天祐曰：「張氏就縛。縱固守，將誰爲？一城生命存亡，皆在今夕，願熟思之！」天祐沈思良久，許之。翼縋城納款于美，美曰：「城不受兵，皆汝力也。」癸未，天祐出降。

43 徐達遣兵取通州。乙酉，次狼山，其守將率所部降。

44 己丑，朱亮祖駐軍新昌，遣指揮嚴德攻關嶺山寨，平之。

45 士誠將至應天，卧舟中不食，比至龍江，堅卧不起。舁至中書省，相國李善長與之語，不答。已而士誠言不遜，善長怒。太祖欲全士誠，而士誠竟自縊死，賜棺葬之。

士誠爲人，外遲重寡言，似有器量而實無遠圖。既據有吳中，吳承平久，户口殷實，士誠漸奢縱，怠于政事。又欲以得士要譽，士有至者，無問賢不肖，輒重其贈遺，資以輿馬，故士多往趨之。及士信用事，疏簡舊將，奪其兵權，由是上下乖疑。凡出兵遣將，當行者輒要求官爵美田宅，即如言賜之，及喪師失地而歸，士誠亦不問，或復用爲將。其威權不立多類此。士信愚妄，濟以驕淫，上下嬉遊，卒以亡國。

太祖以其爲黄、蔡、葉三參軍所誤，命斮誅之，並殺潘元紹，磔莫天祐。惟李伯昇、潘原明以先降獲宥，命仍故官，已，又命原明以平章守杭州。

改平江曰蘇州府。

46 辛卯，置宣徽院。

47 甲午，朱亮祖兵至天台縣，尹湯盤降。

丁酉，進攻台州。方國珍出師拒戰，亮祖擊敗之。我指揮嚴德中流矢死。——德，采石人也。

48 戊戌，遣使送元宗室神保大王及赫罕等九人于元。

又以書與庫庫曰：「閣下如存大義，宜整師旅聽命于朝。不然，名爲臣子，而朝廷之權專屬軍門，縱此心自以爲忠，安能免于人議！若有他圖，速宜堅兵以固疆土。」時庫庫方拒元命。太祖知其無他心，而所爲不順，故云。【考異】據明史本紀，「是月戊戌，遣使致書于元主，送其宗室神保大王等北還。」證之諸書，但有再貽庫庫書，無致書元主之語。檢潛菴史稿，亦云「遣使送元宗室等九人于元主，再以書貽擴廓帖木兒」，不言遺元主書，畢氏通鑑同。今據之，删去「致書元主」語。

49 浙西既平，諸將振凱還京師。

辛丑，太祖御戟門論功行賞，封李善長宣國公、徐達信國公、常遇春鄂國公，餘進爵賜金帛有差。諭諸將曰：「滅漢滅吳，皆公等力，古之名將，何以加諸！今當北定中原，各努力進取！」明日，入謝，太祖曰：「公等還第，亦置酒爲樂乎？」對曰：「荷上恩，有之。」太祖曰：「吾亦欲與公等爲一日歡，唯中原未平，非爲樂時也。公等不見張氏乎？終日酣飲，宜以爲戒！」

50 參政朱亮祖克台州。

初，台州爲方國珍弟國瑛所據，聞亮祖至，即欲遁去。會國珍入慶元，治兵爲城守計，遣人謂國瑛「堅守勿去」，國瑛乃約束軍士，聚衆拒守，然士卒多懷懼散亡者。亮祖等亟攻之，國瑛度不能支，以巨艦載妻子，乘夜出興善門，走黃巖。亮祖遂入城撫定之，分徇仙居諸縣，亦下焉。

元台州總管趙琬至黃巖絶粒死。

51 癸卯，新內三殿成，曰奉天、華蓋、謹身，左右樓曰文樓、武樓。殿之後爲宮，前曰乾清，後曰坤寧，六宮以次序列，皆朴素，不尚雕飾。

命博士熊鼎彙編古人行事可爲鑒戒者，書于壁間，又命侍臣書大學衍義于兩廡壁間。太祖曰：「以此備朝夕觀覽，豈不愈于丹青乎！」

是時有言「瑞州出文石，可甃地。」太祖曰：「敦崇儉朴，猶恐習于奢華。爾不能以節儉之道事予，乃導予侈麗耶！」言者慚而退。

52 冬，十月，甲辰朔，太祖謂中書省曰：「軍士因戰而傷者，不可以備行伍。今新宮成，宮外當設備禦，合于宮牆外周圍隙地多造廬舍，令寢疾者居之。晝則治生，夜則巡警，皆給衣糧贍之。」

53 遣起居注吳琳、魏觀等以幣帛求遺賢于四方。徙蘇州富民實濠州。

54 丙午，命百官禮儀俱尚左。先是承元制尚右，至是改之。

以右相國李善長爲左相國，徐達爲右相國。又命定國子學官制，以博士許存仁爲祭酒，劉承直爲司業。改太史監爲院，以太史令劉基爲院使。

55 辛亥，敕禮官曰：「自古忠臣義士，舍生取義，身没名存，垂訓于天下。若元右丞余闕，守安慶，屹然當南北之衝，援絕力窮，舉家皆死，節義凜然。又，江州總管李黼，身守孤城，力抗强敵。臨難死義，與闕同轍。褒崇前代忠義，所以厲風俗也，宜令有司建祠肖像，歲時祀之！」

56 壬子，置御史臺，以湯和爲左御史大夫，鄧愈爲右御史大夫，劉基、章溢爲御史中丞，基仍兼太史院。

太祖諭之曰：「國家所立，唯三大府總天下之政，中書政之本，都督府掌軍旅，御史臺糾察百司，朝廷紀綱，盡係于此，其職實爲清要。卿等當思正己以率下，忠勤以事上，毋徒擁虚位而漫不可否，毋委靡因循以縱姦長惡，毋假公濟私以傷人害物。詩云：『剛亦不吐，柔亦不茹。』此大臣之體也。」

57 元帝詔落庫庫特穆爾太尉、丞相並諸兼領職事，仍前河南王，以汝州爲食邑，從行官屬，悉令還朝。庫庫既受詔，即退軍屯澤州。

58 甲寅，命平章湯和爲征南將軍，都督府僉事吳禎爲副，討方國珍于慶元。諭之曰：「爾等奉辭伐罪，毋縱殺戮，當如徐達下姑蘇，平定安集，乃吾所願也。」

時朱亮祖追方國瑛兵至黄巖。國瑛復遁入海。元守將哈爾魯以城降。

59 命中書省定律令，以左相國李善長爲總裁官，參知政事楊憲、傅瓛、御史中丞劉基、翰林學士陶安等爲議律官。

初，太祖以唐、宋皆有成律斷獄，唯元不仿古制，取一時所行之事爲條格，胥吏易爲姦弊。自平武昌以來，即議定律。至是臺諫已立，各道按察司將巡歷郡縣，欲頒成法，俾内外遵守，故有是命。

復諭之曰：「法貴簡當，使人易曉。若條緒繁多，或一事兩端，可輕可重，使貪猾之吏得以因緣爲奸，則所以禁殘暴者反以賊善良，非法意也。夫網密則水無大魚，法密則國無全民。卿等宜悉心參究，日具刑名條目以上，吾親酌議焉。」

60 丙辰，遣使以書遺元李思齊、張良弼等，使息兵解鬥，思齊等得書，不報。

61 辛酉，太祖將北伐，謂徐達等曰：「中原擾攘，人民離散。山東則王宣反側，河南則庫庫跋扈，關、隴則李思齊、張思道彼此猜忌，元祚將亡，其幾已見。今欲北伐，何以決勝？」

常遇春曰：「今南方已定，兵力有餘。直擣元都，以我百戰之師，敵彼久逸之卒，梃竿可取勝也。都城既克，有似破竹之勢，乘勝長驅，餘可建瓴而下矣。」

太祖曰：「元建都百年，城守必固。若懸師深入，不能即破，頓于堅城之下，餽餉不繼，援兵四集，進不得戰，退無所據，非我利也。吾欲先取山東，撤其屏蔽；旋師河南，斷其羽翼；拔潼關而守之，據其户樞。天下形勢，入我掌握，然後進兵元都，則彼勢孤援絶,不戰可克。既克其都,鼓行雲中、九原以及關、隴,可席卷而下矣。」諸將皆曰:「善!」

62 甲子,命中書右丞相信國公徐達爲征討大將軍,中書平章政事常遇春爲副將軍,率師二十五萬由淮入河,北取中原。

是時名將,必推達、遇春兩人,才勇相類。遇春剽疾敢深入,而達尤長于謀略。遇春每下城邑,不能無誅戮,而達所至不擾,獲壯士間諜,結以恩義,俾爲己用。

至是太祖面諭諸將曰:「征伐所以奉天命,平禍亂,故命將出師,必在得人。師有紀律,戰勝攻取,得爲將之體者,無如大將軍達。當百萬之衆,勇敢先登,摧鋒陷陣,所向披靡,無如副將軍遇春。然吾不患遇春不能戰,但患其輕敵耳。身爲大將,好與小校争能,甚非吾所望也!」

63 是日,又命中書平章胡美爲征南將軍,江西行省左丞何文輝爲副將軍,率師取閩,以湖廣參政戴德隨征,皆命由江西取道入閩。

美行,諭之曰:「汝以陳氏丞相來歸,事吾數年,忠實無過,故命汝總兵取福建,左丞何文輝爲爾副,參政戴德聽調發。二人雖皆吾親近,勿以其故廢軍法。吾昔微時,在行伍中,見將帥統馭無法,心竊非之。及後握兵柄,所領一軍皆新附之士,一日,驅之野戰,有二人犯令，即斬以徇，衆皆股栗，莫敢違吾節制。人能立志，何事不可爲！聞汝往年嘗攻閩中，宜深知其地利險易。今總大軍，攻圍城邑，必擇便利可否，爲之進退，無失機宜。克定之功，全賴于汝！」美拜命出。

同日，復命湖廣行省平章楊璟、左丞周德興、參政張彬率武昌、荆州、潭、岳等衛軍取廣西，文輝至是始復何姓。【考異】「張彬」，畢氏通鑑作「周彬」。證之明史楊璟傳，言「璟帥左丞周德興、參政張彬將武昌諸衛軍取廣西」，蓋彬是時爲湖廣行省參政，即二十六年敗周文貴于辰州者也。畢氏作「周」，未知何據。

64 乙丑，遣世子標及次子樉往謁臨濠諸墓。

諭世子曰：「商高宗舊勞于外，周成王早聞無逸之訓，皆知小民疾苦，故在位勤儉，爲守成令主。兒生長富貴，習于宴安。今出臨郡縣，游覽山川，經歷田野，因道塗險易以知鞍馬勤勞，觀閭閻生業以知衣食艱難，察民情好惡以知風俗美惡，即祖宗所居，訪求父老，問吾起兵渡江時事，識之于心，以知吾創業不易。」

又命中書擇官輔導以行，所過郡邑，城隍山川之神，皆祀以少牢。

65 先是平吴之捷，太祖即决計北征，命虎賁左衛副使張興率勇士千人，赴淮安候師期，又命濠州練習平鄉山寨軍，會取膠州、東萊，又命江淮衛以兵千人守禦邳州。至是，達等出師，太祖先檄諭齊、魯、河、洛、燕、薊、秦、晉官民，令速歸附。

丁卯，達等師次淮安，遣人招諭元將王宣及其子信。宣，揚州興化人，元季爲司農掾，治河有功，授招討使，後從元將復徐州，授義兵都元帥。洎信從察罕破田豐，復令宣父子還鎮沂州。

太祖將議北征，以書諭之曰：「爾父子數年前與吾書云：『雖在蒼顏皓首之際，猶望閣下鼓舞群雄，殪子嬰于咸陽，戮商辛于牧野，以清區宇。』今吾整兵取河南，已至淮安，爾若能奮然來歸，相與戮力戡亂，豈不偉哉！」信父子得書，不報，及達至淮安，宣聞之，始懼，達復以書招諭之。

己巳，太祖又以大軍進取山東。恐庫庫弟托音特穆爾乘間竊發，命廬州、安豐、六安、濠、泗、蘄、黄、襄陽各嚴兵守備。

66 辛未，元沂州王信既得徐達書，乃遣使納款應天，且奉表賀平張士誠。太祖遣徐唐、李儀等至沂州，授信江淮行省平章政事，麾下官將悉仍舊職，令所部軍馬聽大將軍節制。

時信與其父宣，陰持兩端，外雖請降，内實修備。太祖知之，乃遣人密諭徐達，勒兵趨沂州以觀其變。

67 是月，朱亮祖自黄巖進兵温州，陣于城南七里。國珍令其子明善引兵拒戰，亮祖擊敗之，破其太平寨，追至城下，餘兵潰奔入城。亮祖遣部將湯克明攻西門，徐秀攻東門，柴虎將游兵策應。晡時，克其城，明善遁去，亮祖入撫其民。分兵徇瑞安，元守將同僉謝伯通降。

68 十一月，癸酉，朱亮祖會吳禎舟師，襲敗方明善于樂清之盤嶼。

時禎副湯和攻慶元，乘潮夜入曹娥江，抵軍廏。會降卒言國珍已遁入海，禎勒兵攻及之盤嶼。適湯和自紹興渡娥江，進次餘姚，降其知州李密及上虞縣尹沈煜，「煜」，畢鑑作「温」。遂進兵慶元城下，攻其西門，府判徐善等率耆老迎降，辛巳，下之。國珍乘海舟遁去，和等率兵追敗之，禽僞將方惟益等。還師慶元，分兵徇定海、慈谿等縣。

69 壬午，徐達克沂州。

先是徐唐等傳太祖諭，令王宣父子以兵從大軍征討，宣陽諾，令信密往莒、密募兵，而遣人詣達詐犒師。使還，宣以兵夜劫唐，欲殺之，唐脱身走達軍。達即日率兵抵沂州，亟攻之，都督馮宗異，令軍士開壩放水。宣自度不能支，開門降。達令宣爲書，遣鎮撫孫惟德招信降，信殺惟德，與其兄仁走山西。于是嶧、莒，海州及沭陽、日照、贛榆、沂水諸縣皆下。

達以宣反覆，並怒其子信殺惟德，執宣，戮之。命指揮韓温守沂州。

70 己丑，命平章廖永忠爲征南副將軍，會湯和由海道討方國珍。

71 庚寅，太祖復使諭徐達曰：「將軍已下沂州，未知兵欲何向？如向益都，當遣精鋭將士，於黄河扼其衝要以斷援兵，使彼外不得進，内無所恃，我軍勢重力專，可以必克。如未下益都，即宜進取濟寧、濟南，二郡既下，則益都以東，如囊中之物，可不攻而自下矣。然兵難遥度，隨機應變，自在將軍，吾不中制也。」

72 甲午，太祖親閲郊壇，世子標從，令左右導之農家，徧觀服食器具，又指道旁荆楚曰：「古用此爲扑刑，以其能去風，雖傷不殺人。古人用心仁厚如此，兒念之！」【考異】諸書多記圜丘、方丘壇成于是月，蓋牽連記之耳。其實壇成在八月，世子至濠在十月。此是冬至（連）（前）一日，太祖往觀之，而世子方自濠歸，故興宗傳以爲是冬。潛菴史稿系之十一月甲午，據洪武實訓，今從之。

73 乙未，冬至，太史院進戊申歲大統曆。太祖謂劉基曰：「古者以季冬頒來歲之曆，似爲太遲，今於冬至亦未宜。明年以後，皆以十月朔進。」時所詳定，皆出自基及其屬高翼之手，太祖命詳校而後刊之。

74 己亥，太祖聞應天有滯獄，曰：「京師且然，何況郡縣！」諭有司「自今依時決遣」。

75 辛丑，徐達攻益都，克之，元平章李老保降，宣慰使巴延布哈、舊作普顔不花。總管胡濬、知院張俊皆死之。遂分徇壽光、臨淄、昌樂、高苑，令指揮葉國珍等守之。

初，我軍壓境，巴延布哈力戰以拒。及城陷，巴延還，拜其母曰：「兒忠孝不能兩全，有二弟，可爲終養。」已，乃趨官舍，坐堂上。達素聞其賢，遣人召之再三，不往，既而面縛之。巴延曰：「我元朝進士，官至極品。臣各爲其主，肯事二姓乎！」遂不屈而死。其妻阿嚕珍及二弟之妻，各抱幼子投井死。

李老保，陽武人；又名保保。從察罕起兵，數有功。後爲平章，留守益都。至是遂降，達送之應天。

76 壬寅，胡美率師度杉關，略光澤，下之。

77 是月，召浙江按察僉事章溢入朝，命其子存道守處州。太祖諭群臣曰：「溢雖儒臣，父子宣力一方，寇盜悉平，功不在諸將下。」

復問溢：「征閩諸將何如？」對曰：「湯和由海道進，胡美自江西入，必可制勝。然閩中尤服李文忠威信，若令文忠從浦城取建寧，此萬全策也。」太祖即命文忠屯浦城。

78 十二月，丁未，都督同知張興祖至東平，元平章馮德棄城遁，興祖遣兵追之。東阿參政陳璧等以所部來降。復以舟師趨安山鎮，右丞杜天祐、左丞蔣興降。

興祖，德勝之養子，本姓汪。以德勝子尚幼，命之嗣職，累有功。至是將衛軍從大兵由徐州進取山東。

時有使者宋迪，自山東還，言「興祖能推誠待人，降將皆樂爲之用。」太祖曰：「此非良策。聞興祖麾下有領千騎者，一旦臨敵變生，何以制之！」乃遣迪往諭興祖：「今後得降將，悉送以來，勿自留也！」

79 方國珍之入海也，其部將先後來降，湯和復遣人持書招之。國珍窮蹙，乃遣其子明善、明則等納省、院諸印于軍門，至是復遣子明完奉表應天謝罪。太祖怒其反覆，及覽表，憐之。表出其臣詹鼎所草，詞辯而恭，太祖曰：「孰謂方氏無人耶！」錫國珍書曰：「吾當以投誠爲誠，不以前過爲過。」【考異】國珍之降，潛菴史稿系之是月庚戌。畢鑑系之戊申，今從明史本紀。

80 戊申，徐達兵至章邱，元守將右丞王成降。

庚戌，至濟南，元平章達多爾濟舊作朵兒只。等以城降，命指揮陳勝守之。

81 胡美至邵武，元守將李宗茂以城降。

82 張興祖兵至濟寧，元守將陳秉直棄城遁，興祖分兵守之。

83 辛亥，太祖遣使諭徐達、常遇春曰：「屢勝之兵易驕，久勞之師易潰。能慮乎敗，乃可無敗；能慎乎成，乃可有成。若一懈怠，必爲人所乘，將軍其勉之！」

84 方國珍及其弟國珉，率部屬謁湯和于軍門，得士馬舟楫數萬計，和遂送國珍及其官屬之降者于京師。

先是，朱亮祖克温州，執元浙江行省郎中劉仁本，送之應天，不屈。太祖怒，命數其罪，鞭背潰爛而死。

仁本，國珍同縣人，數從名士謝理、趙俶、朱右等賦詩，有稱于時。國珍海運輸元，仁本實司其事，故其不屈而死，論者以爲盡忠于元云。【考異】明史附仁本于國珍傳後，並書其爵里姓字。今按仁本雖在國珍幕中，未嘗爲之參謀。而是時元徵張士誠漕于東南，國珍治海運事，仁本所司，乃爲朝廷催促輸輓，而其始授温州路總管，後進行省郎中，皆元官也。然則其不屈節于明，乃爲元抗節，非叛臣之比，不當與降官邱楠、詹鼎等並論也，今分別書之。仁本有文集四卷，姚實甫廉訪采入乾坤正氣集中。

85 癸丑，中書左丞相李善長率百官奉表勸進，太祖不許。群臣固請，乃曰：「此大事，當斟酌禮儀而行。」

86 丁巳，胡美、何文輝克建陽。

87 先是律令成，頒行天下，凡增損得二百八十五條。太祖復命儒臣作直解，俾人人通曉，官吏不克因緣爲奸。至是律令直解成，命頒行，著爲令。

88 戊午。元蒲臺守將荆玉，鄒平縣尹董綱，皆詣徐達軍降。達以降將酈毅守鄒平，指揮張夢守章邱，唐英守蒲臺。

89 庚申，命湯和、廖永忠、吴禎率舟師自海道取福州。

辛酉，廣信衞指揮沐英破分水關，克崇安縣。

90 太祖御新宫，以群臣推戴不已，甲子，祭告于上帝神祇。其略曰：「如臣可爲生民主，告祭之日，帝祇來臨，天朗氣清。如不可者，當烈風異景，使臣知之。」

時善長等進儀衞，太祖見仗内旗有「天下太平皇帝萬歲」字，顧善長曰：「此夸大之詞，非古制也。」命去之。

91 徐達自濟南復還益都，進取登、萊州縣。己巳，元登州守將董車，萊州守將安然，皆詣大軍降。

92 庚午，征南將軍湯和克福州。

初，陳友定環城外築壘爲備，每五十步更築一臺，嚴兵守之。聞我軍入杉關，留同僉賴正孫、副樞謝英輔、院判鄧益以衆二萬守福州，自率精鋭守延平，相爲犄角。

時和等自明州海道乘東北風徑抵福州，入虎門，駐師南臺河口，遣人入城招諭，爲元平章庫春所殺。我師登岸，將圍城，庫春出南門逆戰，指揮謝德成等擊敗之，衆潰，入城拒守。

是夜，參政袁仁密遣人納款，我師遂于臺上蟻附登城。南門陷，和擁兵入，鄧益拒戰，不克，死之。賴正孫、謝英輔自西門出走延平，庫春等皆懷印綬挈妻子遁去。參政尹克仁赴水死，宣政院使多爾瑪舊作朵兒麻。不屈，下獄死。

時元僉院拜特穆爾舊作柏鐵木兒。居侯官，聞攻城急，嘆曰：「戰守非我所得爲，無以報國！」乃積薪樓下，殺其妻妾及二女，縱火焚之，遂自刎。

和入省署，撫輯軍民，遣袁仁暨員外郎余善招諭興化、漳、泉諸路，其福寧等州縣未附者，分兵徇之。

93 辛未，命官撫輯山東已下郡縣。尋定各縣爲上、中、下三等：稅糧十萬石以下爲上縣，六萬以下爲中縣，三萬以下爲下縣。又以得金華時軍食不給，暫增民田租以足用，至是以李文忠請，令免其所增之數。

94 元帝聞山東郡縣相繼不守，南軍日逼，乃詔陝西行省左丞相圖嚕，總統張良弼、圖魯卜、孔興各枝軍馬，以李思齊爲副總統，守禦關中，撫安軍民，圖魯卜、孔興等出潼關，及取順便山路渡黃河，合勢東行，共勤王事，思齊等皆不奉命。

時太常禮儀院使陳祖仁上書元太子，言：「庫庫屢上書明其心曲，是猶未自絕于朝廷。且今爲國家計，不過戰、守、遷三事。以言戰，則資其犄角之勢；以言守，則望其勤王之師；以言還，則假其藩衛之力。當此危急之秋，宗社存亡，在于旦夕。不幸一日有唐玄宗倉猝之出，則是以百年之宗社委而棄之，此時即碎首殺身，何濟于事！故敢不顧嫌忌，奉書以聞。」太子不報。

明通鑑卷一

江西永寧知縣當塗夏燮編輯

紀一 著雍涒灘（戊申），盡一年。

太祖開天行道肇紀立極大聖至神仁文義武俊德成功高皇帝

洪武元年元至正二十八年。（戊申、一三六八）

1 春，正月，壬申朔，四日，乙亥，太祖祀天地于南郊，即皇帝位。定有天下之號曰明，建元洪武。

2 追尊高祖考曰元皇帝，廟號德祖；曾祖考曰恒皇帝，廟號懿祖；祖考曰裕皇帝，廟號熙祖；皇考曰淳皇帝，廟號仁祖。妣皆皇后。

3 立妃馬氏爲皇后，世子標爲皇太子。

4 以李善長、徐達爲左、右丞相。諸功臣進爵有差。

5 丙子，頒即位詔于天下。追封皇伯考以下皆爲王。

6 丁丑，大宴群臣于奉天殿。

宴罷，謂御史中丞劉基曰：「堯、舜聖人，處無爲之世，猶且憂之。況德匪唐、虞，處天下者，其得無憂乎！朕賴諸臣輔佐之功，尊居天位，每念天下之廣，生民之衆，萬幾方殷，中夜思之，輒寢不安寐，憂懸于心。」

7 辛巳，御史中丞劉基、翰林院學士陶安言于上曰：「適聞仿元舊制設中書令，欲奏以太子爲之。」上曰：「取法于古，必擇其善者而從之。苟爲不善而一概是從，譬猶登高岡而却步，渡長江而回楫，豈能達哉！且吾子年未長，學未充，更事未多，所宜尊禮師傅，講習經傳，博通古今，識達機宜。他日軍國重務，皆令啓聞，何必效彼作中書令乎！」

時帶刀舍人周宗，上書請教太子，上因謂起居注詹同等曰：「朕今立東宮官，取廷臣勳德老成兼其職，新進之賢者亦選擇參用。夫舉賢任才，立國之本；崇德尚齒，尊賢之道；輔導得賢，人各盡職。故連抱之木，必以授良匠；萬金之璧，不以付拙工。」同對曰：「陛下立法垂憲之意，至深遠矣！」

于是以李善長兼太子少師，徐達兼太子少傅。【考異】明史達傳及潛菴史稿皆作「少傅」，惟諸王傳作「太傅」，誤也。按之上下文，師、保、傅皆無加「太」者，今從達傳。常遇春兼太子少保。其詹事、左右率府、諭德、贊善、賓客等，並以朝臣兼領。

諭曰：「昔周公教成王，告以克詰戎兵；召公教康王，告以張皇六師；此居安慮危，不忘武備。蓋繼世之君，生長富貴，昵于安佚，軍旅之事，多忽而不務，一旦緩急，罔知所措。二公之言，不可忘也。」【考異】置東宮官，明史本紀系之辛巳。紀事本末作「辛丑」，誤也。至陶凱請置東宮官屬在三年，見明史禮志。蓋凱以三年七月爲禮部尚書，請置東宮官當在其時。諸書並系之是年正月下，蓋牽連並記耳，今分書之。

8 初，皇后馬氏，從上軍中，躬習勞苦，親緝將士衣鞋。值歲大歉，上又爲郭氏所疑。嘗乏食，后竊炊餅懷以進，肉爲之焦。居常儲糗糒脯脩供上，無所乏絶，而己不宿飽。及貴，上比之蕪蔞豆粥，滹沱麥飯，每對群臣述后賢同于唐長孫皇后。退以語后，后曰：「妾聞夫婦相保易，君臣相保難。陛下不忘妾同貧賤，願無忘群臣同艱難。且妾何敢比長孫皇后也。」

至是以諸臣進秩，上欲訪后族人官之。后曰：「爵禄私外家，非法。且妾家親屬未必有可用之才，一旦驕淫，不守法度，前代外戚之覆敗，皆由于此。陛下加恩妾族，厚其賜予，使得保守足矣。若非才而官之，恃寵致敗，非妾所願也。」上遂止。

9 上朝罷，從容謂劉基、章溢曰：「朕起淮右，以有天下。戰陣之際，横罹鋒鏑者多，常惻然于懷。夫喪亂之民思治安，猶饑渴之望飲食，若更歐以法令，譬以藥療疾而加之以鴆，民何賴焉！」溢頓首曰：「陛下及此，天下蒼生之福也。」

時溢與基同拜御史中丞，廷臣多伺上意，務嚴苛，溢獨持大體。或以爲言，溢曰：「憲臺百司儀表，當養人廉恥，豈恃搏擊爲能邪！」

10 甲申，詔遣周鑄等一百六十四人往浙西覈實田畝。

諭中書省臣曰：「兵革之餘，郡縣版籍多亡，過制之取，民多病焉。夫善政在于養民，養民在于寬賦。今遣鑄等往定稅額，此外毋令有所妄擾。」

是時處州之糧，以軍加徵至十倍，章溢屢以爲言。至是，請定處州七縣稅糧，視宋制畝加五合，餘悉除之。上多劉基功，命青田縣勿有加，曰：「使劉伯温鄉里子孫，世世傳爲美談也。」

一日，問基以生息之道，基曰：「在于寬仁。」上曰：「不施實惠而概言寬仁，亦無益耳。以朕觀之，寬民必先阜民之財，息民之力。不節用則民財竭，不省役則民力困，不明教化則民不知禮義，不禁貪暴則民無以遂其生。」基頓首曰：「此所謂以仁心行仁政也。」

11 丁亥，上御東閣，陶安、章溢等侍，因論前代興亡事。安謂：「喪亂之源，由于驕侈。」上曰：「居高位者易驕，處佚樂者易侈。驕則善言不入而過不聞，侈則善道不立而行不顧，如此者未有不亡。卿之此論，深契予心。」

又與群臣論學術，安進曰：「道之不明，邪説害之也。」上曰：「邪説之害道，猶美味之悦口，美色之眩目，自非豪傑，鮮不爲所惑。戰國之時，縱横捭闔之徒，肆其邪説，游説諸侯，人主急于功利，多中其説，往往事未就而國隨以亡。夫邪説不去，則正道不興，天下安得而治！」安曰：「陛下所言，可謂深探其本。」上曰：「仁義，治天下之本也。賈生論秦之亡，不行仁義之過。夫秦襲戰國之餘弊，又安得知此！」【考異】明史安傳，兩事並記，無月日。證之學士集首所載劉辰國初事蹟，作「是月丁亥」，檢洪武寶訓同，惟寶訓論學術別書「癸巳」，今仍據學士集牽連記之。

12 征南將軍湯和，既克福州，遣人招諭興化、漳、泉諸路，其福寧等州縣之未附者，分兵徇之，遂進攻延平。

初，上既平方國珍，欲遣使招諭友定。使者至延平，友定置酒，大會諸將及賓客，殺使者，瀝其血酒罌中，與衆酌飲之。酒酣，誓于衆曰：「吾曹並受國厚恩，有不以死拒者，身磔，妻子戮！」及福州之敗，友定自率精鋭守延平。和復遣人招諭之，不答。【考異】紀事本末言「湯和進兵延平，垂發，先遣使招諭友定。友定殺使者，瀝血飲酒，酌衆將及賓客。」證之明史友定傳，言「太祖發兵伐閩，而別遣使至延平招諭友定」，因有殺使者瀝血取飲之事。據此，則友定所殺乃太祖所遣之使者，與紀事本末異。又按明史湯和傳，言「和駐師南臺，使人諭降，不應」，是諭友定降恰是兩次。

然當友定執至應天，太祖面詰之，言「殺我胡將軍，又不納使者」云云，按胡將軍謂胡深也，事見至正二十五年。太祖責之以殺胡將軍，而但言不納使者，似太祖所遣之使，友定未嘗殺也。然則紀事本末言「殺湯和之使」者，亦似不誤。蓋和使人諭降，或即閩中人，且與朝使有別，故太祖不深詰也。今合兩次諭降，並系之是年，仍據明史友定傳書之，而附識其異于此。

時平章胡美、左丞何文輝攻建寧，克之，元守將同僉達里瑪，舊「瑪」作「麻」。夜，潛至何文輝營納款。美怒其不詣己，欲屠其城，文輝不可，曰：「與公同受命至此，爲安百姓耳。今城降而欲以私忿殺人，可乎！」乃止。

壬辰，美等整軍入建寧，秋毫無犯，民大悦。執元參政陳子琦送京師，遣指揮費子賢守之。

13 湯和兵至延平，隔水而陣。分一軍渡河，攻其西門。友定戰不利，謀于衆曰：「敵兵鋭，難與争鋒，不如持久困之。」乃日夜勒將士擊刁斗，被甲偶立，不許更番稍休，守者怨甚。會諸將請出戰，不許，數請不已，友定疑其攜貳，收蕭院判，殺之，于是軍士解體，多出降者。圍十日，忽軍器局火，城中礮聲震地。我師乘變，亟攻城，庚子，遂克延平。

友定見事迫，乃與元樞密副使謝英輔、參政文殊哈雅舊作海（呀）〔牙〕。訣曰：「公等善爲計，吾一死以報國耳。」退入省堂，按劍仰藥飲之。英輔與達魯噶齊巴哈瑪勒，舊作白哈麻。皆具服北嚮拜，自縊死。哈雅及所部兵争開門迎降。

大軍入，趨視友定，氣未絶也，舁出水東門。俄，天大雷雨，友定復蘇。會友定子自將樂來，自首軍門，請從父死，俱械送京師。上面詰之曰：「元已亡，若爲誰守？殺我胡將軍，又不納使者。今何憊也！」友定厲聲曰：「死耳，尚何言！」遂並其子誅之。友定子名海，一名宗海，工騎射。元末，所在盜起，民間起義兵，保障鄉里，稱元帥者不可勝計，元輒因而官之。其後或事元不終，或去而爲盜，惟友定父子死義，時人稱完節焉。

友定以農家子起傭伍，目不知書。及據八郡，數招致文學士知名者，如閩縣鄭定、廬州王翰之屬，留置幕下。粗涉文史，習爲五字小詩，皆有義理。其子亦喜禮文士，有儒將風。

陳氏既滅，鄭定浮海入交、廣間，久之，還居長樂。上即位，徵之至，累官至國子助教。唯王翰自友定敗，以黄冠隱棲永泰山中者十年，上聞其賢，强起之，自刎死。

14 平章胡美等進兵克興化，遣建陽降將曹復疇招諭汀州及寧化、連城等縣，元汀州守將陳國珍納款。于是泉州以南郡縣，皆望風歸附，惟漳州路達魯噶齊迪里密實舊作迭里迷失。引佩刀刺喉而死。時稱「閩有三忠」，謂陳友定、迪里密實及福州拜特穆爾也。拜特穆爾，見前紀。

15 以右御史大夫鄧愈爲征戍將軍，率兵略定南陽以北州郡。

16 是月，湖廣行省平章楊璟進兵攻永州，元全州平章阿思蘭遣兵來援，逆擊，敗之，遂薄州城下。守將鄧祖勝出南門拒戰，不克，閉城而守，進兵圍之。

又分兵攻寶慶，元守衛百户周迪戰死，遣官祭之。

17 上既即位，元丞相伊蘇舊作也速。上書元主，頗言庫庫悔悟，元主乃諭之曰：「省伊蘇奏卿來意，良用惻然。朕視卿猶子，卿何惑于憸言，不體朕心，隳其先業！今能自悔，固朕所望。其思昔委任肅清江淮之意，即將冀寧、真定諸軍，就行統制渡河，直擣徐、沂，康靖齊、魯，則職任之隆，當悉還汝。但無以摩該爲名，縱兵侵暴耳。」

時元太子仍以庫庫拒命爲詞，命圖魯、李思齊及關保、摩該合兵討之。【考異】元主諭庫庫之語，見元史順帝本紀，系之至正二十八年正月辛巳。輯覽謂盡削庫庫官爵在諭書後，明史不載，今系之是年正月之末。

18 初，上克集慶，罷諸翼統軍元帥，置武德、龍驤等十七衛。後又罷元所設平章、總管等名，定以所部兵五千人爲指揮，千人爲千户，百人爲百户，五十人爲總旗，十人爲小旗。

至是復用中丞劉基議，更定衛制，大率度要害地，係一郡者設所，連郡者設衛。衛五千六百人，所千一百二十人爲千户所，百十有二人爲百户所。所設總旗二，小旗十，大小聯比以成隊伍，撫綏操練，務在得宜。凡有事征伐，則詔總兵官佩將印領之，既還則上所佩印于朝，單身歸第，軍士亦各歸其衛。權皆出自朝廷，不敢有所擅調。

又定取兵之法，有從征，有歸附，有謫發。從征者諸將留戍之兵，歸附則勝國及僭僞諸降卒，謫發則以罪遷隸爲兵者，其軍皆世籍。此其大略也。【考異】明史本紀不載，紀事本末系之二月。證之宋文憲洪武聖政記，書「洪武元年正月」，且言「出太史令劉基所奏」，與基傳合，今從之。

19 天下府州縣官來朝，陛辭，諭曰：「天下新定，百姓財力俱困，如鳥初飛，木初植，勿拔其羽，勿撼其根。惟廉者能約己而愛人，貪者必朘人以肥己。況人有才敏者或尼于私，善柔者或昧于欲，皆不廉致之也。爾等宜戒之！」

20 二月，壬寅朔，定郊社宗廟禮。

初，學士陶安充議禮總裁官，大祀之禮多出安所裁定，至是與中書省臣李善長等始進其議。

其論圜丘、方丘曰：「王者事天明，事地察。故冬至報天，夏至報地，所以順陰陽之義也。祭天于南郊之圜丘，祭地于北郊之方澤，所以順陰陽之位也。周禮大司樂：『冬日至禮天神，夏日至禮地祇。』禮曰：『享帝于郊，祀社于國。』又曰：『郊所以明天道，社所以神地道。』經典所載，或以社對帝，或以社對郊，是祭社所以親地。又，書言『敢昭告于皇天后土』，是知古曰地祇，曰后土，曰社，皆祭地，則皆對天而言也。此三代之正禮而釋經之正說。

自秦立四畤，漢增北畤，遂有五方色帝之名。武帝又增立渭陽五帝、甘泉太乙之祠，而昊天上帝之祭則未嘗舉行。魏、晉以後，宗鄭玄者，以爲天有六名，歲凡九祭。宗王肅者，以爲天體惟一，安得有六！一歲二祭，安得有九！雖因革不同，大抵多參二家之說。又自漢武立后土祠于汾陰脽上，禮如祀天，而後世因于北郊之外仍祠后土。鄭玄又惑于緯書，謂『夏至于方丘之上祭昆侖之祇，七月于泰折之壇祭神州之祇』，析而爲二，後世又因之一歲二祭。

若夫合祀天地，始于王莽元始間。莽奏罷甘泉泰畤，復長安南北郊，以正月上辛若丁，天子親合祀天地于南郊。由漢歷唐千餘年間，皆因之合祭。其親祀北郊者，唯魏文帝、周武帝、隋高祖、唐玄宗四帝而已。宋元豐中議罷合祭，故政和之專祭北郊者凡四，南渡以後，唯用合祭之禮。元成宗始合祭天地五方帝，已而立南郊，專祀天，泰定中又合祭。文宗至順以後，唯祀昊天上帝，中間惟仁宗皇慶間議夏至專祭地，未及施行。

今當以經爲正，依周制分祭南北郊，冬至則祀昊天上帝于圜丘，以大明、夜明、星辰、太歲從祀，夏至則祀皇地祇于方丘，以五嶽、五鎮、四瀆從祀。」

其論宗廟曰：「周制，天子七廟，而商書曰：『七世之廟，可以觀德，』則知天子七廟，自古有之。太祖百世不遷，三昭三穆，以世次比，至親盡而遷，此有天下之常禮。若周文王、武王，以有功當宗不祧，故皆别立一廟，謂之文世室、武世室，亦百世不遷。

漢每世輒立一廟，不序昭穆，又有郡國廟及寢園廟。光武中興，于洛陽立高廟，祀高祖及文、武、宣、元五帝，又于長安故高廟中祀成、哀、平三帝，别立四親廟于南陽春陵，祀父南頓君以上四世。至明帝，遺詔藏主于光烈皇后更衣别室，後帝相承，皆藏于世祖之廟。由是同堂異室之制，至于元莫之改。

唐高祖尊高、曾、祖、考，立四廟于長安。太宗議立七廟，虚太祖之室。玄宗創制，立九室，祀八世。文宗時，以景帝受封于唐高祖，太宗創業受命，百代不遷，親盡之主，禮合祧遷，至禘祫則合食如常，其後以敬、文、武三宗爲一代，故終唐之世，常爲九世十一室。

宋自太祖追尊僖、順、翼、宣四祖，每遇禘則以昭穆相對，而虚東向之位。神宗奉僖祖爲太廟始祖，至徽宗時，增太廟爲十室，而不祧者五宗。崇寧中，取王肅説，謂二祧在七世之外，乃建九廟。高宗南渡祀九世，至于寧宗，始别建四祖殿，而正太祖東向之位。

元世祖建宗廟于燕京，以太祖居中，爲不遷之祖。至泰定中，爲七世十室。

今請追尊高、曾、祖、考四代，各爲一廟。廟皆南向，以四時孟月及歲除凡五享。」從之。

安等又言：「古者四時之祭，三祭皆合享于祖廟，唯春秋于各廟。自漢而下，廟皆同堂異室，則四時皆合祭。今宜仿近制，合祭于第一廟。」上親加裁定，命以孟春特祭于各廟，三時及歲除則祫祭于德祖廟。

又定制：大祀圜丘、方丘、宗廟，皆天子親祀，歲以爲常。

21 癸卯，命平章湯和提督海運。時大軍北伐，使造舟于明州，運糧輸之直沽，以給軍食。

22 以平章廖永忠爲征南將軍，浙江行省參政朱亮祖爲副將軍，由海道取廣東。

諭之曰：「王者之師，順天應人以除暴亂。朕昔平定武昌，荆、湘諸郡望風款附，常遇春克贛州，南安、嶺南數郡亦相繼來歸。此無他，師出以律，人心悦服故也。兩廣之地，遠在南方，彼此割據，民困久矣。今聞八閩不守，湖、湘已平，中心震慴。若先遣人宣布威德，必有歸款迎降者。不得已而舉兵，則扼其險要，絶其聲援。聞廣東要地，惟在廣州，廣州既下，則循海諸郡可以傳檄而定。海南海北，以次招徠，留兵鎮守，仍與平章楊璟合兵取廣西。肅清南服，在此一舉。」

23 丁未，詔以太牢祀先聖孔子于國學，仍遣使詣曲阜致祭。

戊申，上親祀社稷。

先是中書省進社稷議曰：「周制，小宗伯掌建國之神位，右社稷，左宗廟。社稷之祀，壇而不屋，社以祭五土之祇，稷以祭五穀之神。其制在中門之外，外門之内，尊而親之，與先祖等。然天子有三社，爲群姓立者曰大社，其自爲立者曰王社。又，勝國之社屋之，國雖亡而存之，以重神也。後世天子唯立大社、大稷，社皆配以句龍，稷皆配以周棄。漢高祖除亡秦社稷立官，大社大稷一歲各再祀。光武立大社大稷于洛陽，在宗廟之右，春秋二仲及臘，一歲三祀。唐因隋制，並建社稷。玄宗升爲大祀，仍以四時致祭。宋制如東漢時。元世祖營社稷于和義門内，以春秋二仲上戊日祭，今宜因之。」

是日，上親祀社稷，服皮弁服省牲；祭，服通天冠，絳紗袍，行三獻禮。

初，上命中書省翰林院議創屋備風雨，學士陶安言：「天子大社，必受風雨霜露。亡國之社則屋之，不受天陽也。建屋非宜。若遇風雨，則請于齋宫望祭。」從之。

論曰：明初議禮，始于吴元年召陶安爲翰林學士充議禮總裁。是元年所進者，即安議禮時所定之大祀，而事由中書省，故李善長、傅瓛之名在前，蓋瓛時爲中書省參知政事也。明史陶安等傳贊曰：「明初之議禮也，宋濂方家居，諸儀率多陶安裁定。大祀專用安議，其餘參彙衆説，從其所長。祫禘用詹同，時享用朱升，釋奠耕藉用錢用壬，五祀用崔亮，朝會用劉基，祝祭用魏觀，軍禮用陶凱，皆能援據經義，酌古準今，郁然成一代休明之治。」

伯兄弢甫陶學士年譜云：「明初以圜丘、方澤、宗廟、社稷、朝日、夕月、先農爲大祀，而證之明史，學士所議之大祀，圜丘、方澤、宗廟、社稷而已。圜丘、方澤，用周禮冬夏至分祭。至洪武九年，太祖感齋居陰雨，覽京房災異之說，謂分祀天地，情有未安，乃作大祀殿，定爲正月南郊並祀天地，于是天地之分祭者，變而爲合祭矣。宗廟則立四親廟，以德祖爲高祖，是德祖即始祖也。嘉靖四年，奉德祖于祧室，則祖之百世不祧者變而祧之矣。社稷則據古禮，異壇同壝，以句龍配社，后稷配稷。至洪武九年，用禮部尚書張籌之議，請合祀社稷，罷句龍、后稷之配而易以仁祖，以成一代之盛典，于是社稷之異壇者變而同壇，祖之不配社者變而配社矣。一代休明之治，不得與明爲終始，可勝慨哉！」

按學士議禮，謂社稷之社與郊社之社異。社與郊對舉，則天地分祭之本義也；社與稷異名，則社稷異壇之本義也。考洪武元年之制，社稷本爲中祀，一以示二社之分，一以明配祖不配祖之異。自九年配以仁祖，而社稷不得不升之上祀，于是先農、朝日、夕月之等反降而爲中祀矣。此則議禮之疎也。

夫以仁祖配南郊合祭之社，又以配五土之社，而二社隆殺之義淆矣。社稷同壇，則既以仁祖配社者復以仁祖配稷。而配祀之制，稷與先農本無區別。后稷以配稷，又以配先農，是先農即稷也。以五穀言則曰稷，以農祈言則曰先農。二仲之祭，常祭也，故與社同日。農祈之祭，因祭也，故與稷異名。今以罷句龍、后稷之配，遂並先農之配位而罷之。豈知先農者固始爲稷之人，議禮之初，列之上祀，具有精義。今以配祖之故，躋社稷于先農之上，則何以解于逆祀之譏哉！

然則學士議禮，誠爲酌古準今，而不謂太祖已及身而盡變之。彼張籌者，固不足論，何以宋文憲之默無一言也！

25 壬子，詔衣冠悉如唐制。

26 癸丑，副將軍常遇春克東昌，元平章申榮自經死。茌平等縣皆降。

27 甲寅，湖廣平章楊璟克寶慶。

先是璟分兵取寶慶，下之，復爲陳友諒將周文貴所陷。至是璟遣千户王廷進兵茱萸灘，賊衆千餘據險拒戰，廷擊敗之，文貴遁走，遂復寶慶。

28 己未，學士陶安等請制五冕，上曰：「五冕禮太繁。今唯祭天地宗廟服衮冕，社稷等則服通天冠、絳紗袍，餘四冕皆不用。」【考異】明史禮志系之是年，無月日，今紀陶學士集卷首所載國史，作「二月己未」。

29 壬戌，勅贛州衛指揮使陸仲亨等率師會廖永忠取廣東。

上諭仲亨等曰：「近命平章楊璟等由湖南取廣西，廖永忠等由福建取廣東，今特命爾等自韶州直擣德慶，三方進兵，爲犄角之勢，必無不克。廣東既平，合兵取廣西，先聲既振，勢如破竹。但當撫輯生民，毋縱殺掠。」

30 乙丑，命中書省定役法。

上以立國之初，經營興作，恐役及貧民，乃議驗田出夫。于是省臣議，「田一頃，出丁夫一人，不及頃者，以別田足之，名曰『均工夫。』」尋編應天十八府、州，江西九江、饒州、南康三府均工夫圖册。每歲農隙，赴京供役三十日遣歸。其田多而丁少者，以佃人充夫，而田主出米一石資其用。非佃人而計畝出夫者，畝資米二升五合。

上又諭省臣曰：「民力有限而徭役無窮，自今凡有興作，不獲已者，暫借其力。至于不急之務，浮泛之役，宜悉罷之。」

31 丙寅，大將軍徐達克樂安。

先是達未至樂安，俞勝納款，禮而遣之。勝歸，復叛。會常遇春克東昌，將會師濟南，與達合兵追擊勝，敗之。距樂安五里，爲土河所隔，命軍士填壩以進。郎中張仲毅出降，達遣指揮華雲龍率兵守之。

32 庚午，命選國子生國琦、王璞、張傑等十餘人，【考異】「國琦」，潛菴史稿、典彙皆作「周琦」，今仍據明史興宗傳。侍太子讀書禁中。

琦等入對謹身殿，儀狀明秀，應對詳雅。上喜，因謂殿中侍御史郭淵友等曰：「諸生於文藝習矣。然與太子處，當端其心術，不流浮靡，庶儲德亦有裨助。」因厚賜之。

33 三月，辛未朔，命儒臣修女誡。

時朱升方進翰林學士，命總其事，諭之曰：「治天下者，正家爲先。正家之道，始于謹夫婦。后妃雖母儀天下，然不可俾預政事。至于嬪嬙之屬，不過備職事，侍巾櫛，恩寵或過，則驕恣犯分，上下失序。歷代宮壼，政由内出，鮮不爲禍。唯明主能察于未然，下此多爲所惑。卿等其纂女誡及古賢后妃事可爲法者，使後世子孫知所持守！」于是升等編録上之。【考異】明史本紀作「三月辛未」。按是年二月小建，故辛未乃三月之朔也。紀事本末作「丁未」，二月無丁未，誤，今據本紀。

34 楊璟既克寶慶，遣左丞周德興、參政張彬。率師取全州。壬申，克之，元平章阿思蘭遁去。于是道州莫友遜、寧遠州李文卿、藍山縣黎元帥相繼降。

35 甲申，大將軍徐達奏上所獲山東土地甲兵之數。

時近臣因進言「山東有銀場可興舉者。」上曰：「銀場利于官者少，損于民者多。今凋瘵之餘，豈可以此重勞民力！」不許。

戊子，命中書省給榜撫安山東郡縣。並令所在訪賢才，凡仕元者，皆予録用。

36 辛卯，彗星出昴北、大陵、天船間，長八尺餘，掃文昌，近五車，踰月始没。【考異】元史順帝紀作「庚寅」，按明史天文志作「辛卯」，又云「己酉乃没」。辛卯則是月二十一日，己酉則四月初九日，潛菴史稿云「十九日乃没」者是也。今據明史天文志，又孫之騄二申野録同。

37 丙申，征戍將軍鄧愈率襄、漢兵攻唐州，克之。進兵南陽，敗元兵于瓦店，逐北抵城下。丁酉，克南陽，禽元史國公等二十六人。

38 徐達引舟師溯河克永城、歸德、許州，至陳橋。己亥，左君弼以汴梁降。

初，君弼自唐州走安豐，又自安豐走汴梁，元汴梁守將李克彝使守陳州。上遣使諭以書曰：「天下兵興，豪傑並起，豈惟乘時以就功名，亦欲保全父母妻子于亂世。今足下以身爲質而求安于人，既已失策，復使垂白之母，糟糠之妻，天各一方，度日如歲。足下縱不念妻子，忍忘情于老母哉！功名富貴，可以再圖，生身之親，不可復得，幸留意焉！」君弼得書，猶豫不能決，上乃歸其母于陳州，君弼感泣。

至是大兵下山東，西指汴、洛，李克彝夜驅軍民遁入河南，君弼乃與元將珠展等珠展譯見前紀。率所部詣達納款。

達遣都督僉事陳德守汴梁，率步騎自中灣進取河南。

39 是月，遣官祭告仁祖陵。

40 夏，四月，辛丑朔，蘄州進竹簟，却之。令四方無妄獻。【考異】紀事本末系之三月乙酉，今據明史本紀作「辛丑」，蓋是年四月之朔也。

41 廖永忠舟師發福州，先以書招諭廣東行省左丞何真。

真，東莞人。元末盜起，真聚衆保鄉里。元至正十四年，縣人王成、陳仲玉作亂，真攻之，不克。會惠州人王仲剛，與叛將黃常據惠，真擊走常，殺仲剛，以功授廣東都元帥，守惠州。海寇趙宗愚陷廣州，【考異】趙宗愚，潛菴史稿「趙」作「邵」，諸書又有作「鄧」者，今據明史列傳。真以兵破走之，復其城，擢廣東分省參政，尋擢左丞。贛州熊天瑞引舟師數萬欲圖真，真迎之胥江，天大雷雨，天瑞舟檣折，真乘間擊走之，廣人賴以完。因舉兵再攻王成，誅仲玉，而成卒固守，遂圍之，募禽成者予鈔十千。成奴縛成以出，真予之鈔，命具湯鑊趣烹奴，號于衆曰：「有奴叛主者視此！」于是緣海之叛者皆降。

時中原大亂，嶺表隔絕，有勸真效尉佗故事者，不聽。

至是聞上定天下，得永忠書，遂航海趨潮州。永忠至潮，真遣其都事劉克佐籍郡縣户口，奉表詣軍門。永忠以聞，詔褒真曰：「朕惟古之豪傑，保境安民以待有德，若竇融、李勣擁兵據險，角立群雄間，非真主不屈，朕實嘉之！今爾真，連數郡之衆，乃不煩一兵，不折一鏃，保境來歸，漢、唐名臣何多讓焉！」

是日，永忠至東莞，真率官屬迎謁虎頭關，遂入廣州。元將盧左丞亦降。時分遣指揮陸仲亨等徇英德、清遠、連州，皆下之。永忠入城，首禽趙宗愚，數其殘暴，斬以徇，廣民大悦。遣使馳諭海南、海北諸道，令納印請降。

事聞，詔真馳驛入朝。諭之曰：「天下紛争，所謂豪傑有三：易亂爲治者，上也；保民達變者，次也；負固偷安，身死不悔，斯其下矣。卿輸誠納土，不逆顔行，可謂識時務者。」擢江西行省參知政事。【考異】明史永忠本傳，「馳諭九真、日南、朱崖、儋耳等郡」，重修三編以爲此皆漢郡，非元、明間地名，乃易爲「海南、海北諸道」，今從之。

42 丁未，祫享太廟，奉懿祖以下皆合祭。德祖妣居中，南向；懿祖妣東第一位，西向；熙祖妣西第一位，東向；仁祖皇考妣東第二位，西向。

先是詔製太廟祭器，上曰：「禮順人情，可以義起，所貴斟酌得宜，隨時損益。近世泥古，好用古籩豆之屬以祭其先。夫生既不用，死而用之，甚無謂也！孔子曰『事死如事生，事亡如事存。』其製宗廟器用服御，皆如事生之儀！」

43 戊申，命諸臣圖古孝行及身所經歷艱難起家戰伐之事以示子孫，諭之曰：「朕本農家，祖父皆長者，積善餘慶，以及于朕。今圖此者，欲令後世子孫知王業之艱難，不敢以富貴驕也。」

44 徐達率大軍自虎牢關進次河南塔兒灣，元庫庫弟托音特穆爾以兵五萬陣于洛水北。常遇春單騎突入其陣，敵發二十餘騎，攢槊刺之。遇春發一矢，殪其前鋒，大呼馳入，麾下壯士從之，敵大潰。脱音收散卒，走陝州，我軍追奔五十餘里。達遂進，營于洛陽城北門，李克彝復走陝西。元梁王阿掄降，舊作阿魯溫，輯覽譯改阿哩袞，今據重修三編。——察罕特穆爾之父也，餘皆望風降遁。達遣左丞趙庸守之。

45 壬子，常遇春克嵩州，元守將李知院降。甲寅，入其城，分兵下未附諸山寨。

46 丙辰，禁宦官預政典兵。

上謂侍臣曰：「史傳所書漢、唐宦官之禍，亦人主寵愛自致之耳。易稱『開國承家，小人勿用。』此輩在宮禁，止可使之供灑掃，給使令而已。若使宦官不預政，不典兵，雖欲爲亂，其可得乎！」

47 楊璟圍永州，久不下，乃命指揮胡海洋等築壘困之，復造浮橋于西江上，練習軍士，示以必克。至是城中食盡援窮，鄧祖勝仰藥死，參政張子賢等猶率衆拒守。百户夏昇縋城詣璟降，因言祖勝死狀。璟趣軍士四面亟攻之，丁巳，夜三鼓，胡海洋等踰城入，子賢復率衆巷戰。天明，衆潰，子賢與元帥鄧思誠等俱就執，獲其全城士馬。璟調衡州衛指揮同知丁玉守之。于是耒陽等州皆相繼降。

48 戊午，元鞏縣孟夏寨參政李成降。

庚申，福昌知院張興鈞，州守將哈剌魯，許州右丞謝李，陳州知院楊崇，皆遣人詣大軍降。

辛酉，參政傅友德分兵取福昌山寨，元右丞潘莽兒降。

常遇春下汝州，又分兵徇郟縣，于是河南悉平。

49 壬戌，都督同知馮宗異克陝州，元脫音特穆爾復遁，以都督同知康茂才守之。

大軍徇裕州。守將郭雲，以義兵保其城，累遷至平章。時河南郡縣皆下，唯雲獨爲元堅守，徐達遣指揮曹諒圍之。雲出戰被執，大將軍呵之跪，雲植立嫚罵求死。脅以刃，不動。大將軍壯之，送之京師，上奇其狀貌，釋之。

會上方閱漢書，問雲：「識字否？」對曰：「識之。」因授以書，誦其語甚習，上大喜，厚加賞賜。尋用爲溧水知縣，有政聲。

50 詔免山東夏税秋糧。凡中原經兵亂流離失業者，遣使分振之。

51 甲子，上發京師，幸汴梁。

時有言「汴梁居天下之中，宋之故都在焉。」上方欲與大將軍謀取元都，遂以視師行，留左丞相李善長、御史中丞劉基居守。

52 丙寅，馮宗異克潼關。

方大軍之下河南也，元將李思齊、張思道合兵守潼關，會火焚思道營，思齊移師退守葫蘆灘，遣其部將張德欽等駐關。至是聞大軍至，思齊棄輜重走鳳翔，思道走鄜城。宗異入關，引兵西至華州，元守將望風奔潰。

方宗異克陝州，上遣使諭曰：「若克潼關，勿遽乘勝而西。今徐達方有事北方，宜選將守關以遏西路之援，事畢且率所部兵回汴梁。」

53 是月，曲阜孔克堅來朝。

克堅，先聖五十五世孫也，元至正間，襲封衍聖公，有薦其明習禮樂者，徵爲太常同知禮儀院事，以其子希學襲封。未幾，克堅遷國子祭酒，尋謝病歸。時天下方亂，起爲集賢學士、山東廉訪使，皆不赴。

方大軍之定山東也，克堅稱疾，遣希學來謁，大將軍達送之京師。希學奏父病不能行，上敕諭克堅，末有「稱疾則不可」之語。會克堅奉建元詔下，將入朝，行至淮安，聞命皇恐，兼程而進。

至是進見于謹身殿，上問其年，對曰：「臣年五十有三。」上曰：「卿年未邁而疾嬰之，今不煩爾以官。惟先聖子孫，不可不學，爾子温厚，宜俾之進德修業以副朕懷。」克堅頓首謝。即日，賜宅一區，馬一匹，米二十石。明日，復召見，命以訓厲族人。因顧侍臣曰：「先聖後裔，宜優禮之，養以禄而不任以事也。」命暫留京師。

54 初置山東行省，以江西參政汪廣洋調任山東，參政翰林學士陶安爲江西參政。

上之即位也，進安知制誥，兼修國史。安事帝十餘歲，視諸儒最舊，及官侍從，寵愈渥，御製門帖子賜之曰：「國朝謀略無雙士，翰苑文章第一家。」時人榮之。

至是以江西參政闕，諭安曰：「朕渡江，卿首謁軍門，敷陳王道。及參幕府，裨益良多，繼入翰林，益聞讜論。江西上游之地，撫綏化導，宜莫如卿。」安辭，上不許，遂之官。

【考異】據安傳，擢知制誥兼修國史在是年授江西參政之前，潛菴史稿系之元年正月庚子，證之學士集首册命之文，則同在是年四月，無日，蓋一月先後間事也。賜帖子在知制誥時，今並系之四月授江西參政之下。

55 五月，庚午朔，馮宗異請益兵守潼關，謀于大將軍達，達曰：「此三秦之門户，目前健將，無如郭興者。」乃令興將慶陽衛指揮于光、威武衛指揮金興旺兵守之。

宗異回師至陝州，與達俱還河南。達分遣指揮王臻討平虢州山寨，指揮豐諒、任亮討平鞏縣雞翎山寨並天堂、王山等寨，參政傅友德取淩青、黑山二寨，悉收叛民降之。

56 己卯，征南將軍廖永忠、參政朱亮祖等兵至梧州，元達魯噶齊拜珠舊作拜住。率官吏父老迎降。

時元吏部尚書布延特穆爾、舊作普顏帖木兒。張翺，以奉詔便宜行事入廣西，行次藤州，大兵適至，募民兵迎戰，無應者。既而藤州守將吴鏞出降，布延率所部百餘人走鬱林，朱亮祖勒兵追之，布延戰没，翺赴水死。亮祖駐師藤州。【考異】「翺」，紀事本末作「翔」，今據三編。

57 庚寅，車駕幸汴梁，召大將軍達等詣行在。

58 辛卯，改汴梁路曰開封府。

59 副將軍常遇春，都督馮宗異，自河南來謁行在，上授宗異爲征虜右副將軍，留守汴梁。

60 癸巳，置中書分省于開封。

61 甲午，朱亮祖引兵至容州，克之，于是鬱林、潯、貴諸郡悉平。尋會楊璟之師于靖江。

62 丁酉，以江西行省左丞何文輝扈從，授河南指揮使，都督同知康茂才留守陝州，任亮守嵩州。

63 六月，庚子朔，徐達朝行在，【考異】據明史本紀，達朝行在在是月庚子，而紀事本末言「五月庚寅召達等，辛卯，常遇春、馮宗異至行在。」是二人之至行在在先，達以在河南部署留守事宜，故遲十日始行也。諸書並系之五月，蓋牽連記之耳，今分書之。其徐達至之月日，仍據明史。上置酒勞之，且謀北征，問計，達曰：「臣自平齊、魯，埽河、洛，王保保逡巡太原，觀望不進。及潼關既克，張、李失勢西竄，元之聲援已絕。今乘勢直擣元都，可不戰有也。」上據圖指示曰：「卿言誠是。然北土平曠，利騎戰，宜選裨將提兵爲先鋒，將軍督水陸之師繼其後，下山東之粟以給饋餉，使彼外援不及，内潰自生，必可克也。」

達復進曰：「使元都克而其主北走，將窮追之乎？」上曰：「元運已衰，行自澌滅，不煩窮兵。出塞之後，固守封疆，防其侵軼可也。」達頓首受命。

64 壬寅，上躬祀開封府諸神，仍遣官祭境内山川。

癸卯，徐達辭行在，會副將軍之師，議北征。

65 甲辰，元海南、海北道元帥羅福等及海南分府元帥陳乾富等，皆遣使納款歸附。

66 初，楊璟克永州，先遣左丞周德興分兵扼靖江險要，絕其聲援。大軍至，直薄靖江，屯北關，分遣參政張彬屯西關。會朱亮祖自廣東來，屯東門象鼻山下，四面圍攻，凡二旬不下。璟謂諸將曰：「彼所恃者，西濠水耳，決其隄，破之必矣。」乃遣指揮邱廣引兵攻牐口關，殺守隄兵，盡決濠水。水涸，築土隄五道，傅于城。城中固守，又兩閱月。元守將額爾吉納舊作也兒吉尼。等勢蹙，驅兵出南門戰，指揮胡海洋擊敗之。

璟乃陰遣人搆其總制張榮，榮以書繫矢射璟營，期以是夜降。壬戌，漏二鼓，榮遣其麾下裴觀縋城出，備言城中乏食可取狀。璟乃給白皮帽百餘，俾歸爲識，約四鼓，從賓賢門入，至期，命諸將率衆徑進。額爾吉納聞變倉猝走，追至城東伏波門，禽之。時靖江都事趙元隆、陳瑜、劉永錫，廉訪使僉事特穆爾布哈，舊作帖木兒不花。元帥約尼圖們，舊作元秃蠻。萬户董綽哈，舊作董丑漢。府判趙世傑，皆先後力不支自殺。【考異】據諸書所記克靖江事，但言禽也兒吉尼，而自帖木兒不花以下四人之死皆不具，今據明史陳友定傳及重修三編補入。

先是張彬攻城，爲守者所詬，恚曰：「城下，當悉屠之。」比克城，璟先下令曰：「殺人者死！」彬懼而止，衆心遂安。

67 乙丑，詔賜北征將士夏衣。

68 戊辰，廖永忠進兵南寧，元土浪屯田千户宋真執其守將平章耀珠等舊作咬住。遣使降。永忠悉收諸司印，命真守其城，送耀珠至京師。

69 是月，定國子學官制，增設祭酒、司業等官，以太子賓客梁貞兼祭酒掌監事。

70 遣使祭元故平章察罕特穆爾。

71 秋，七月己巳朔，廣西左江太平路土官黃英衍，右江田州路土官岑伯顏，遣使賫印詣平章楊璟軍納款。

72 元平章阿思蘭，自全州遁後，率餘衆退保象州，廖永忠遣指揮耿天璧等討之。師至賓州界，阿思蘭遣其部將李左丞拒戰，天璧擊敗之。阿思蘭窮迫，乃遣其子僧保詣永忠納款，許之。

73 征戍將軍鄧愈克隨州，降元右丞王誠。于是葉、舞陽、魯山等州縣皆相繼下之。

壬午，分遣指揮吳復討平牛心、光石、洪山諸叛寨，均、房、金、商之地悉定。

74 戊子，永忠下象州，阿思蘭率所部自詣軍門，上元所授銀印三，銅印三十七。

75 庚寅，命振恤中原貧民。

76 辛卯，上將還京師，大將軍徐達等自陳橋入辭。上諭之曰：「中原之民，久苦兵革，朕欲拯之水火，故命卿等北征，非得已也。唯是元之祖宗，入主中國，天實命之。及其子孫，罔恤民艱，始厭棄之。君則有罪，民復何辜！每觀前代革命之際，屠戮如仇，違天虐民，朕不忍也。諸將克城之日，勿虜掠，勿焚蕩，必使市不易肆，民安其生，凡元之宗戚，宜善待之。庶幾上答天心，成朕伐罪弔民之志。」

丙申，上發開封。

77 丁酉，楊璟徇地至郴州，元守將左丞楊以誠詣大軍送款。是時廣西悉定，璟自靖江振旅還。

78 是月，帶刀舍人周宗上疏，請天下府州縣開設學校，上嘉納之。

79 廣東既平，有南海賊馮簡等作亂，邑人關敏，倡義擊賊，死之。官兵討賊既平，以其事聞，上曰：「敏生未授官，而能仗義討賊，没于王事，朕甚軫之！」詔特贈敏敦武校尉、兵馬司副指揮，表其鄉曰忠義，命立祠祀之。

80 閏月，己亥朔，大將軍徐達、副將軍常遇春會師于河陰，遣諸將分道徇河北地。庚子，右丞薛顯、參政傅友德兵至衞輝，元平章龍二棄城走彰德，辛丑，克之。癸卯，至彰德，二二復走，降其部將陳同知等。甲辰，龍二部將楊義卿，以船八十艘來歸，遂下磁州。進攻廣平，元平章周昱棄城遁，邯鄲尹都文玉率父老迎降。進攻趙州，獲元將侯僉院等。凡所克城邑，皆遣裨將守之，友德等各率師會于臨清。

81 丁未，車駕至京師。

82 己酉，大將軍達師次臨清，議以水陸之師分道並進，遣人詣東昌檄都督同知張興祖，詣樂安檄指揮華雲龍，皆以師來會。

庚戌，令傅友德率步騎以開陸道。會友德游騎獲元將二人，以爲鄉導。又令都督副使顧時浚牐，以通舟師自臨清至通州之路。【考異】顧時浚牐通舟師，見明史徐達及時傳。而紀事本末乃書朱亮祖勒民夫濬河、知府方克勤禱雨之事，此大誤也。克勤授濟寧知府乃在洪武四年，至朱亮祖勒民夫濬河，乃洪武八年鎮北平事。是時克勤方自京師朝覲歸，其年十月罷官，則朱亮祖之至及克勤之禱雨，正八年五六月間事也。且是年亮祖征廣西，何嘗從大將軍北征耶！今删去，改入洪武八年。

83 癸丑，平章韓政，都督副使孫興祖，俱以師會臨清。大將軍達遂率馬步舟師刻期北發，命政守東昌並鎮撫臨清。會副將軍常遇春已先驅陷德州，遂合兵取長蘆。

戊午，元守將左僉院遁，遂克長蘆。扼直沽河，得海艘七，比橋以濟師。于是遇春與張興祖各率舟師並河東西以進，大軍統步兵在前，水陸輻湊。元丞相伊蘇左次海口，望風而逃，燕都大震。

84 癸亥，大軍至河西務，敗元平章之兵，禽其知院等三百餘人。丙寅，遂克通州，元知樞密院事布顔特穆爾舊作卜顔帖木兒。力戰死之。

是日，元主聞報，大懼，集后妃太子議避兵北行，曰：「今日豈可復作徽、欽！」于是詔以淮王特穆爾布哈舊作帖木兒不花。監國，慶通舊作慶童。爲中書左丞相，同守京城。時左丞相實勒們舊作失烈門。及知樞密院事赫色、舊作黑厮。宦者趙巴延布哈舊作伯顔不花。

皆諫，以爲不可行，不聽。巴延布哈慟哭曰：「天下者，世祖之天下，陛下當死守，奈何棄之！臣等率軍民及諸集賽岱舊作法薛歹。出城拒戰，願陛下固守京城！」卒不聽，遂以夜半開建德門，由居庸關北走。

先是元主詔李思齊等東出關，與摩該合攻庫庫，而令關保以兵戍太原。庫庫憤甚，引軍據太原，盡殺朝廷所置官吏，于是元主下詔盡削庫庫官爵，令諸軍四面討之。時大軍方進兵潼關，思齊等倉皇西遁，而摩該、關保等尋爲庫庫所禽殺。元主大恐，乃悉復庫庫官，令與思齊等分道捍禦。詔下而思齊等會諸將于鳳翔，總關、陝、秦、隴强兵十餘萬，不急國難，猶日與庫庫干戈相尋。未及一月而大軍直薄都城，救援不及，以至于亡。

85 是月，詔定軍禮。中書省會儒臣議親征遣將禮奏之。

詔徵天下賢才至京，授以守令。

諭中書省曰：「布衣之士，新授以政，必先養其廉恥，然後責其成功。定制，自今除府州縣官，賜白金十兩，布六疋。」

又諭新授北方守令曰：「新附之邦，生民凋瘵，不有以安養之，將復流離失望矣。爾等宜體朕意，善拊循之，毋加擾害，簡役省費以厚其生，勸孝勵忠以厚其俗。能如朕言，不特民有受惠之實，即汝亦獲循吏之名，勉之！」

86 詔免吳江、廣德、太平、寧國、和、滁水旱災租。

87 八月，庚午，徐達等兵至元都，次齊化門，將士填濠乘城而入。達登齊化門樓，執其監國宗室淮王特穆爾布哈、中書左丞相慶通、平章德爾畢什、舊作迭兒必失。保賽音布哈舊作卜賽因不花。及右丞張康伯、御史中丞穆辰舊作滿川。等，不降，死之，餘不戮一人。封府庫圖籍寶物，令指揮張勝以兵千人守宮殿門，宮人妃主，皆令其宦者護視。禁士卒毋侵暴，吏民安堵，市肆不移。尋下令，凡在元大小諸臣，皆令送告身。

時元翰林待制黃殷仕欲投井，爲其僕所守，乃紿僕取酒，乘間投井死。左丞丁敬可、郭允中皆死之。

達遣人赴京獻捷，仍令薛顯、傅友德等分守古北諸隘口。又，所獲宣府鎮南威順王子六人，皆送京師。

88 壬申，以京師火災，四方水旱，詔中書省集議便民事。

89 甲戌，徐達遣人詣東昌，令韓政分兵守廣平，又遣華雲龍經理故元都新築城垣。張興祖徇永平路，下之。

90 丁丑，始定六部官制。

初，中書省設四部，掌錢穀、禮儀、刑名、營造諸務，至是分吏、户、禮、兵、刑、工爲六部，每部設尚書、侍郎等官，仍隸中書省。又各部設郎中、員外郎、主事等官，以資佐理。

91 御史中丞劉基致仕。

初，上幸汴梁，基與丞相李善長居守。基謂「宋、元寬縱失天下，今宜肅紀綱」，令御史糾劾無所避，宿衛宦寺有過者，皆啓皇太子置之法，人憚其嚴。中書省都事李彬，坐貪縱抵罪，善長素暱之，請緩其獄，基不聽，馳奏，報可，方祈雨，即斬之，由是與善長忤。上歸，善長愬「基戮人壇壝下，不敬」，諸怨基者亦交譖之。

會上以旱求言，基奏：「士卒物故者，其妻悉處別營，凡數萬人，陰氣鬱結。工匠死，胔骸暴露，吳將吏降者，皆編軍户，足干和氣。」上納其言。旬日，仍不雨，上怒。會基有妻喪，遂請告歸，許之。

92 己卯，以元都平，下詔：「大赦殊死以下。將士從征者恤其家，逋逃許自首。新克州郡毋妄殺。輸賦道遠者，官爲轉運。災荒以實聞。免鎮江租税。避亂民復業者，聽墾荒地，復三年。衍聖公襲封並授曲阜知縣，如前代制。有司以禮聘致賢士。學校毋事虚文。平刑，毋非時決囚。除書籍田器税。民間逋賦免徵。蒙古色目人有才能者許擢用。鰥寡孤獨廢疾者存恤之。民年七十以上，一子復。他利害當興革不在詔内者，有司具以聞。」

93 壬午，上幸北京。

初，上欲營都于汴梁，不果。及平元都，下詔曰：「朕觀中原土壤，四方朝貢，道里適均，其以應天爲南京，開封爲北京，朕將以春秋往來巡守。」又命徙北平民于北京。

尋改大都路曰北平府，置六衞。改飛熊衞曰大興左衞，淮安衞曰大興右衞，樂安衞曰燕山左衞，濟寧衞曰燕山右衞，青州衞曰永清左衞，徐州五所曰永清右衞。留兵三萬人，分隸六衞。命都督副使孫興祖、僉事華雲龍守北平。

94 癸未，詔大將軍徐達、副將軍常遇春率大軍往取山西，又授平章湯和爲偏將軍，與右副將軍馮宗異、平章楊璟等從行。

95 甲午，放元宮人。

96 是月，以滕毅爲吏部尚書，錢用壬爲禮部尚書，楊思義爲户部尚書，周楨爲刑部尚書。

毅，鎮江人。上初平吴，毅以儒士見，留徐達幕下，尋除起居注。吴元年，出爲湖廣按察使，尋召還。至是擢居吏部。一月，改江西行省參政，卒。

用壬，廣德人。元故翰林院編修，奉使至平江，爲張士誠所留。大軍下淮、揚，來歸，累官御史臺經歷。預定律令，尋佐陶安定郊廟社稷諸儀。至是授爲禮官，凡禮儀、祭祀、宴享、貢舉諸政，皆專屬之，又詔與儒臣議定乘輿以下冠服諸式。時儒生多習古義，而用壬考證，尤爲詳確云。

思義，未詳其籍里。吴元年設司農卿，以思義爲之。至是擢居户部，凡請令民間植桑麻及奉詔設立預備倉諸善政，皆其所經畫者，時稱其能。

楨，江寧人。上平武昌，用楨爲江西行省僉事，歷大理卿。與李善長、劉基、陶安等定律令，書成，上覽之稱善。至是遂擢刑部，尋改治書侍御史。

97 初，上將即位，召同知南康府事王禕還，與諸儒臣議禮，尋坐事忤旨，出爲漳州府通判。

至是上疏曰：「人君祈天永命之要，在忠厚以存心，寬大以爲政。昔周家忠厚，故垂八百年之基；漢室寬大，故開四百年之業。蓋上天生物之心，春夏長養，秋冬收藏，其間雷電霜雪，有時摶擊肅殺，然可暫而不可常。若使雷電霜雪無時不有，則上天生物之心息矣。臣願陛下法天道，順人心。今浙西既平，科斂當減，幸陛下留意焉！」

時上反元政，尚嚴厲，故禕以爲言，上嘉納之，然不能盡從也。

98 詔徵元故官至京師。

99 九月，癸卯，江西行省參政陶安卒。

安前守黄、饒，有政聲，擢爲監司，益修其職。涖任數月，遂卒于官。病劇，猶草時務十事以上，上覽而惜之，親爲文以祭，追封姑孰郡公。

安，字主敬，少敏悟，博涉經史，尤長于易。元至正初，舉浙江鄉試，授明道書院山長，避亂家居。上克太平，安一見識爲真主，慨然以身許之。凡事上十有四年，所陳皆王道，所論皆聖學，故君臣契合，自劉基、宋濂外，罕有其比。若其寵遇不衰，始終一致，則基與濂尚不及也。

初，安入爲侍從，信任方專，有御史忌之，言其隱微之過于上，上曰：「朕素知安，安豈有此！且爾何由知之？」對曰：「聞之道路。」上曰：「御史但取道路之言以毁譽人，以此爲盡職邪？」命黜之。時中書省臣謂「御史職居言路，有失宜容之。」上曰：「不然。夫植佳木者必去蟫蠹，長良苗者必芟稂莠，任正大者必絶邪人。凡邪人之事上，必先結以小信而後逞其大詐，此人嘗有所言，朕不疑而聽之，故今日乃敢爲此妄言。夫去小人、當如撲火，及其未盛而撲之，則易爲力，不則害滋大矣。」卒黜之。【考異】學士之卒，三編書之九月，潛菴史稿書九月壬寅之下。證之學士集，但云「是月戊戌朔」，伯兄撰年譜，定爲癸卯初六日。又「草時務十事」，明史本傳作「十二事」，今悉據本集書之。御史言安過，洪武寶訓在八月甲午，則安卒前一月事也，今牽連記之。

100 癸亥，詔曰：「天下之治，天下之賢共理之。今賢士多隱巖穴，豈有司失于敦勸歟？

朝廷疎于禮待歟？抑朕寡昧不足致賢，將在位者壅蔽使不上達歟？不然，賢士大夫，幼學壯行，豈甘没世而已哉？天下甫定，朕願與諸儒講明治道，有能輔朕濟民者，有司禮遣。」

101 乙丑，副將軍常遇春下保定，留指揮李傑守之。丁卯，下中山，以指揮董勳守之。遂率師趨真定，元守將孫平章棄城遁。

達嚕噶齊濟農實克章，舊作鈒納錫彰。聞大兵已取元都，朝服投崖死。【考異】取真定，達魯花赤鈒納錫彰死，諸書不載。今據明史陳友定傳及三編譯改補入。

102 是月，定正旦朝賀之儀。

初，登極朝賀儀注，皆中書省會禮官奏定，至是大略仿之。又定中宫朝賀之儀。

103 冬，十月，戊辰朔，大將軍徐達遣廣武衛鎮撫劉聚守河間，兼領府事，令右副將軍馮宗異、偏將軍湯和率師自河南渡河，由武陟取懷慶。庚午，克之，元平章白素珠棄城遁。我軍遂踰太行，破碗子關，元兵奔潰。進取澤州，元平章賀宗哲棄城遁。進克潞州，分兵克雄州。

104 丁丑，車駕還京師。

戊寅，以元都平布告天下。

105 甲午，司天監進元所置水晶刻漏，備極機巧，中設二木偶人，能按時自擊鉦鼓。上覽之，謂侍臣曰：「廢萬幾之務，勞心于此，所謂作無益害有益也。」命左右碎之。

106 是月，置京畿漕運司，以龔魯、薛祥爲都轉運使。

時薛祥轉漕河南，夜半，抵蔡河，賊驟至，祥不爲動，好語諭散之。上聞，大喜。以方用兵，供億艱，故設官專職其事。

祥分司淮安，浚河築隄，自揚達濟數百里，徭役均平，民無怨言。時元都方下，官民南遷，道經淮安，祥必多方存恤之。

107 十一月，己亥，詔徵天下賢才，特遣起居注詹同、魏觀、侍御史文原吉等分行各府州縣訪求以聞。【考異】明史本紀言，「遣使分行天下」，不言其人。潛菴史稿云「遣文原吉等」，紀事本末云「命學士詹同等十人」。今證之同傳，有同與文原吉、魏觀等，觀傳則云「偕詹同、吴輔、趙壽等」，有名者凡五人，重修三編備列之。惟是年十一月建大本堂，有命起居注魏觀侍太子讀書之事，觀傳同。其下文云「未幾，偕文原吉、詹同等分行天下」，則是二事同在十一月，蓋所召有先後之不同耳。今並系之十一月，其干支仍據本紀及潛菴史稿。

108 庚子，冬至，始祀上帝于圜丘。壇二成：第一成昊天上帝，南向，第二成東大明星辰，西夜明太歲，用李善長、陶安等議也。

有司請配祀，上謙讓不許，先期親爲文告太廟曰：「歷代有天下者，皆以祖配天，臣獨不敢者，以臣功業有未就，政治有闕失。去年上天垂戒，有聲東南，雷火焚舟擊殿吻。早暮兢惕，恐無以承上帝好生之德，故不敢輒奉以配。惟祖神與天通，上帝有問，願以臣所行善惡奏帝前無隱。候南郊竣事，臣率百司恭詣廟廷，告成大禮，以共享上帝之錫福。」

109 辛丑，建大本堂，取古今圖籍充其中，徵四方名儒以教太子、諸王。謂太子賓客梁貞、王儀等曰：「笵金礱玉，所以成器；尊師重傅，所以成德。朕命卿等輔導太子，必先養其德性，使進于高明。然後于帝王之道，禮樂之教，及往古成敗之跡，民間稼穡之事，朝夕與之論説，日聞讜言，使無非僻之干。積久而化，他日爲政，自能合道。卿等勉之！」又令廣選才俊之士充伴讀官。

上時臨幸堂中，商榷古今，評論經史。嘗御文樓，太子侍，問：「近與諸臣讀何史？」對曰：「漢七國事。」問：「曲直安在？」對曰：「曲在七國。」上曰：「此講官一偏之説。景帝爲太子時，以博局殺吴世子，及爲帝，又輕聽鼂錯，黜削諸侯，七國之變，實由于此。若爲諸子講此，則宜言藩王當上尊天子，無撓天下公法。如此，則爲太子者，知敦睦九族，隆親親之恩，爲諸子者，知夾輔王室，盡君臣之義。」

110 甲辰，詔以孔子五十六代孫希學襲封衍聖公，進二品秩，賜銀印。置衍聖公官屬，曰掌書，曰典籍，曰司樂，曰知印，曰奏差，曰書寫，各一人。立孔、顏、孟三氏學，曰教授，曰學録，曰學司，各一人。又立尼山、泗水二書院，各設山長一人。復孔氏子孫及顏、孟大宗子孫徭役。又授其族人希大爲曲阜世襲知縣。

111 癸丑，徐達克趙州。薛顯敗元脱音特穆爾之兵，師次保定，取七垛寨。

將分兵與湯和、馮宗異等徇山西。會元庫庫特穆爾遣其驍將哈扎爾舊作韓扎兒。來攻澤州，平章楊璟等往援之。遇元兵于韓店，我師失利，璟大敗而返。

方元帝之北走也，庫庫謀援大都，不及。會元帝至開平，仍趣庫庫引兵出雁門，由保安徑居庸以攻北平。大將軍達聞之，謂諸將曰：「王保保全師遠出，太原必虚。北平孫都督總六衛之兵，足以禦之。今我軍乘其不備，直擣太原，彼進不得戰，退無所依，此兵法所謂批亢擣虚者也。彼若西還自救，此成禽耳。」諸將皆曰：「善。」乃引兵徑趨太原。

112 癸亥，上手詔召劉基還。

方基之告歸也，瀕行，奏曰：「鳳陽雖帝鄉，非建都地。王保保未可輕也。」時上方鋭意滅庫庫，又欲營中都，故基言及之。洎聞庫庫阻大兵，頗思基言，乃手詔敘其勲伐，趣赴京師。基既至，賜賚甚厚。又追贈基祖、父皆永嘉郡公。【考異】按基以八月告歸，越三月即手詔召還。證之基傳，「基言王保保未可輕，已而定西失利，庫庫竟走沙漠，卒爲邊患」，是基之召還，正以此也。然明兵出塞，凡失利兩次，一本年韓店之敗，一五年大將軍定西之敗，皆如基言。則當韓店失利，太祖已悟，故亟亟召之也。韓店之敗在是月癸丑，去癸亥十日，則正失利奏至之時，今系之本月召還之下，爲得其實。

113 十二月，丁卯，徐達率諸軍攻太原，克之。

時庫庫出師，行次保安，聞之，亟還軍自救。前鋒萬騎突至，傅友德、薛顯率敢死士數十騎衝却之。副將軍遇春言于達曰：「我騎兵雖集，步卒未至。驟與之戰，必多殺傷。若夜劫之，可以得志。」達曰：「善！」

會庫庫部將呼必勒瑪舊作豁鼻馬。潛遣人約降，請爲内應，乃選精騎乘夜銜枚襲之，舉火爲號，内外相應，大軍繼進。敵聞鼓譟聲，自相驚擾，不戰而潰。庫庫方然燭治軍書，倉猝不知所出，跣一足，乘孱馬，以十八騎走大同。呼必勒瑪以其衆降，得兵四萬，遂下太原。遇春率輕騎追至忻州，不及，得行人汪河還。庫庫走甘肅。【考異】據潛菴史稿，汪河還在十月辛卯。按庫庫據太原，河被拘在彼，至十二月克太原，庫庫走，始得河歸。紀事本末系之十二月克太原之下，今從之。

114 己巳，置登聞鼓于午門外，日令御史一人監之。凡民間詞訟冤抑，府、州、縣及按察司不爲伸理，及有機密重情，許擊登聞鼓，由御史引奏。其他户婚、田土及鬥毆、軍役等件，但許具狀赴通政衙門及當該衙門告理，不許徑自擊鼓。守鼓官不許受狀。有軍民人等故自傷殘恐嚇受奏者，由守鼓官校執奏，追究教唆主使之人，一體治罪。其後又移設于長安右門外，六科給事中派一人監之。

115 庚午，徐達遣傅友德、薛顯邀擊賀宗哲于石州，拔白崖、桃花諸山寨。友德又敗元將圖魯卜于宣府。

副將軍馮宗異克猗氏，禽元右丞賈成。進攻平陽，禽元右丞李茂等。進攻絳州，禽元左丞田保保等，又分遣裨將陸聚等討平諸山寨。于是陽曲、榆次、平遥、介休皆以次下，山西悉平。

116 辛未，詔中書省會禮官定官民喪服之制。

時御史高原侃奏言：「京師人民，循習元俗，凡喪葬，設宴會親友，作樂娱尸，唯較酒肴厚薄，無哀戚之情。流俗之壞至此，甚非所以爲治。且京師者天下之本，萬民之所取則，一事非禮，則海内之人轉相視效，弊可勝言！況送終大事，尤不可不謹，乞禁止以厚風化。」上是其言。

尋又詔中書省定官民房舍服色等第，諭之曰：「昔帝王之治天下，必定禮制，以辨貴賤，明等威，是以漢高初興，即有衣錦繡綺縠操兵乘馬之禁，歷代皆然。近代風俗相沿，流于奢侈，閭里之民，服食居處與公卿無異，貴賤無等，僭禮敗度，此元之所以失也。宜明立禁條，頒示中外，俾各有所守以正名分。」【考異】定官民喪服制，見明史禮志，蓋洪武元年御史高原侃所奏。潛菴史稿、紀事本末皆系之十二月辛未，今從之。

117 壬辰，遣使以書諭僞夏明昇歸命。

118 是月，行人汪河至京師。

河奉使庫庫，被拘六年，上甚嘉之，擢爲吏部侍郎，陳西征方略。踰年，改御史臺侍御史，後遷晉王左相。居數歲卒。

119 上以東宮師傅皆勳舊大臣，當待以殊禮，命禮官定三師朝賀東宮儀。

議曰：「唐制，群臣朝賀東宮，行四拜禮，皇太子答後二拜，三公朝賀，前後俱答拜。今擬凡大朝賀，設皇太子座于大本堂，設答拜褥位于堂中，設三師、賓客、諭德拜位于前，仿唐制行四拜禮，皇太子答後二拜。」從之。

120 是冬，以崔亮爲禮部尚書，錢唐爲刑部尚書。

亮，藁城人，平吳歸附，授中書省禮曹主事，遷濟南知府，以母憂歸。至是尚書錢用壬請告去，起亮代之。方亮居禮曹時，即位大祀諸禮，多所條畫，由是知名。及擢本部尚書，一切禮制，凡用壬先所議行者，亮皆援引故實以定其議，而考證詳確過之。

唐，象山人，上即位，以明經對策稱旨，特授刑部尚書，以代周楨。

121 是歲，方國珍入朝，上以其謝書懇誠，弗罪也。居數月，授廣西行省左丞，食祿，不之官。國珍卒以善終京師。

其時國珍官屬降者，皆徙滁州，獨赦邱楠，以爲韶州知府，嘉其曾勸方氏歸誠，識天命也。

詹鼎以代草謝書，爲上所賞。鼎，寧海人，有才學，爲國珍府都事。判上虞，有治聲。既至京，未見用，乃草封事萬言，候駕出獻之。上爲立馬受讀，欲官之，而爲省臣楊憲所沮，蓋忌其才也。憲敗，除留守經歷，遷刑部郎中，坐累死。

122 北征之役，令浙江、江西及蘇州等九府運糧三百萬石于汴梁，已而大將軍又令忻、崞、代、堅、臺五州運糧大同，又令發萊州洋海倉，于是始定于遼東、北平由海運輸餉。

123 改太史院爲司天監。徵元太史張佑、張沂等十四人至京師。

有黑的兒者，回回國人也，上詢以元定曆之官。兼設回回曆科。踰年，復召回回司天臺官鄭阿里等十一人至，于是始定曆法，兼設回回司天監。

124 陳友定之滅也，閩中悉定。平章胡美請置延平衛，以部將蔡玉守之。

是年，六月，友定故將金子隆、馮谷保等復率衆寇延平，玉擊敗之。追至沙縣青雲寨，子隆負險拒守。會建寧指揮沐英攻鉛山，上命會平章李文忠進兵夾剿，禽子隆、谷保等，誅之，餘黨遂平。

125 上自爲吳王時，命考周禮五輅制。以玉輅太侈，用博士詹同言，常乘皆用木輅。至是即位，有司奏乘輿服御應以金飾，詔用銅。有司復言：「萬乘尊嚴，此小費，不足惜。」上曰：「朕富有四海，豈悋乎此！第儉約非身先無以率下，且奢泰之習，未有不由小而致大者。」卒不許。

一日，上退朝還宮，太子諸王侍，上指宮中隙地謂之曰：「此非不可起亭臺館榭爲游觀之所，誠不忍重傷民力耳。昔商紂瓊宮瑤室，天下怨之。漢文帝欲作露臺，惜百金之費，當時國富民安，猶不欲耗中人之産以爲一身之娛。爾等宜以爲法鑒！」

明通鑑卷二

江西永寧知縣當塗夏燮編輯

紀二屠維作噩（己酉），盡一年。

太祖高皇帝

洪武二年（己酉、一三六九）

1 春，正月，庚子，上御奉天門，召元故臣至京師者入見。

上詢以元政得失，馬翼對曰：「元有天下，以寬得之，亦以寬失之。」上曰：「以寬得之，則聞之矣；以寬失之，未之聞也。夫弦急則絕，民急則亂，居上之道，正宜用寬。元季君臣耽于逸樂，馴至淪亡，失在縱弛，實非寬也。大抵聖王之道，寬而有制，不以廢事爲寬；簡而有節，不以慢易爲簡；施之適中，則無弊矣。」

時元故臣至京師者，惟金谿危素、古田張以寧名最重，素長于史，以寧長于春秋，上

皆授爲翰林侍講學士。【考異】三編系召元故官于京師在元年八月，據其徵召之年月也。證之危素傳，以二年授翰林侍講學士。紀事本末系之是年正月庚子，今從之。

2 **乙巳，詔立功臣廟于鷄鳴山下。**【考異】諸書及明史本紀皆作「鷄鳴山」，今據三編質實云，「鷄鳴山，一名鷄籠山，在江寧府西北七里。」

上親定功臣位次，以徐達爲首，次常遇春、李文忠、鄧愈、湯和、沐英、胡大海、馮國用、趙德勝、耿再成，華高、丁德興、俞通海、張德勝，吴良、吴楨、曹良臣、康茂才、吴復、茅成、孫興祖，凡二十一人，死者像祀，生者虚其位。又以廖永安、俞通海、張德勝、桑世傑、耿再成、胡大海、趙德勝七人配享太廟。【考異】功臣二十一人之次，死者像祀，生者虚位。弇州史乘考誤云，「前列次序六人，皆王也。其明年爲六公。所謂生封公，死封王者，至洪武二十八年而始定，何以預知李善長、馮勝之不終而革之？是時沐西平一指揮耳，何以預知其有功而列之胡大海之前？蓋塑像虚位誠有之，以後有不克終者不得入。而所定位次，則據永樂初年見在者而言耳。此皆姚、解諸公忽略之過也。」今考二十一人廟祀在洪武二年，其元年以前死者八人，見存者僅十三人耳，當日所定生者虚位之次，必不止此。證之三年所封功臣，凡六公，二十八侯，必多有在虚位之數者。惟此十三人，如中山、開平、岐陽、寧河、東甌、黔寧、江國、海國、蕲國、黔國、巢國等，皆以功名終，燕山、安國二人死於王事，亦皆有純而無疵，故其位次至洪武之末而始定，成祖遵而行之，遂爲定典。若太祖當日所定之位次，雖不可考，而如韓國，如宋國，如德慶、潁川之等，亦必在生者虚位之列，其爲在後删之可知矣。至有删亦必有補，而如黔寧者，則又在後補之數。故王景撰黔寧神道碑，言「王薨之明年，塑像功臣廟，祀以太牢」，則其後入可知也。錢牧齋功臣廟考，但見此二十一人中，初封之二十八侯僅見五人，遂疑「生者虛位」之語必無其事。而不知洪武二年原定位次，歷經删汰，故弃州以爲後定者得之。而史家牽連並記，不考顛末，謂之忽略，宜矣。今仍據明史書之，而附識于此。

3 丁未，享太廟。

始命學士朱升等撰齋戒文，請以大祀七日，前四日戒，後三日齋。上曰：「凡祭祀天地、社稷、山川等神，爲天下祈福，宜下令百官齋戒。若自有所禱于天地百神，不關民事者，不下令。」又曰：「致齋以五日、七日，爲期太久，人心易怠。止臨祭齋戒三日，務致精專，庶可格神明。」遂著爲令。

4 庚戌，詔曰：「朕淮右布衣，因天下亂，率衆渡江，保民圖治，今十有五年。荷天眷佑，悉皆戡定，用是命將北征，齊、魯之民，饋糧給軍，不憚千里。朕軫厥勞，已免元年田租。遭旱，民未蘇，其更賜一年。頃者大軍平燕都，下晋、冀，民被兵燹，困征斂，北平、燕南、河東、山西今年田租，亦予蠲免。河南諸郡歸附，久欲惠之，西北未平，師過其地，是以未遑。今晋、冀平矣，西抵潼關，北界大河，南至唐、鄧、光、息，今年税糧悉除之。」

又詔曰：「應天、太平、鎮江、宣城、廣德，供億浩繁。去歲蠲租，遇旱惠不及下。其再免諸郡及無爲州今年租税。」

5 癸丑，更定太廟時享日期，用清明、端午、七月望、冬至祭之。

6 甲寅，副將軍常遇春率師取大同，庚申，克之，元守將珠展棄城走。

時參政傅友德將兵屯朔州，大將軍徐達遣參政陸聚分兵守井陘、散關。聚所部皆淮北勁卒，雖燕、趙精騎不及也，達將進兵陝西，故使聚守之。

7 癸亥，遣使賚敕往山西諭諸將曰：「近者御史大夫湯和定浙左，平閩中，平章楊璟靖湖湘，定廣西，班師還朝，未有定賞，以大將軍等滅元未還故也。于是遣諸偏將仍從北征。楊璟兵出澤、潞，中道與賊相拒，雖少算累軍，此亦兵家常事。且太原得此爲掎綴，亦分其勢。今定左副將軍馮宗異居遇春之下，偏將軍湯和居宗異之下，偏將軍楊璟居和之下，協力同心，翦除餘寇。」——宗異，即國勝也，自後始以勝名。【考異】據明史馮勝傳，「勝，初名國勝，又名宗異，最後名勝。」今按諸書所記，或稱「國勝」，或稱「馮勝」，惟自吳元年從大將軍北征後，改書「宗異」，則是彼時由國勝更名宗異也。洪武三年大封功臣，始稱「馮勝」，則傳中所云「最後名勝」者是也。此係二年正月詔書之原文，仍以「宗異」稱之，則是更名勝者，當在洪武二年之後，三年之前。故潛菴史稿，吳元年及洪武元年、二年，此三年中，俱書「宗異」，其爲實録之原文明矣。今仍之，（明史勝傳詔書之語，因前已敘明，故直書勝之後名，以便省覽。）特于是月詔書下揭出，自此以後，則皆書「馮勝」云。

8 是月，倭寇山東濱海郡縣。

倭，古日本國也。宋以前皆通中國。元興，遣使招之不至，命將以舟師往征，行至海中，遭暴風而没，終元世不相通。自張氏、方氏之亂相繼誅降，諸豪亡命入海，往往糾島人入寇，至是轉掠山東濱海州縣。上遣行人楊載詔諭其國，日本王良懷不奉命。自是遂爲邊患。

9 二月，丙寅朔，上以克元大都，得元十三朝實録。時宋濂方服闋，召還京師，元之故臣亦至焉，乃詔修元史。以左丞相李善長監修，濂及漳州通判王禕爲總裁，其他纂修，命廣徵山林隱逸之士充之。

上諭善長等曰：「元初君臣朴厚，政務簡略，與民休息，時號小康。後嗣荒淫，權臣跋扈，兵戈四起，民命阽危。間有賢智之士，忠藎之臣，不獲信用，馴至土崩。其間君臣行事，有善有否，賢人君子，或隱或顯，諸所言行，亦多可稱者。卿等務直述其事，毋溢美，毋諱惡，以垂鑒戒。」

初，元都破，危素時爲翰林學士承旨，聞難，趨所居報恩寺，方入井，寺僧大梓力挽起之，曰：「國史非公莫知，公死，是死國史也。」素遂止。大兵迫史庫，往告鎮撫吴勉輩出之，元實録得無失，至是上訪以元興亡事甚悉。

同時被徵之士，有胡翰、汪克寬、宋僖、陶凱、陳基、曾魯、高啓、趙汸、趙壎、謝徽等，凡十六人，皆授翰林院國史編修官。

翰自克婺州來歸，召至金陵。時方籍金華民爲兵，翰從容進曰：「金華人多業儒，鮮習兵，籍之，徒糜餉耳。」上即罷之。授衢州教授，有薦其文章與宋濂、王褘相上下，復徵之。克寬，祁門人。祖華，受業饒雙峰，得勉齋黃氏之傳。克寬承其家學，尤邃于經，四方知名士出其門下者居多。汸，休寧人。從臨川虞集游，獲聞吴澄之學，通貫諸經，尤長于春秋。凱、基皆臨海人，僖，餘姚人，啓、徽，皆長洲人，同以詩名。壎，新喻人，魯，新淦人。

時命開局于天界寺，並取元虞集所撰經世大典等書以備參考。

10 庚辰，元丞相伊蘇侵通州。

時大軍徇山西，北平守兵不滿千人，平章曹良臣守之。伊蘇以萬騎營于白河，良臣自度衆寡不敵，謀以計破之，乃于潞河舟中多立赤幟，亘十餘里，伊蘇驚遁。良臣出精騎，逐北百餘里，元兵自是不敢窺北平。

11 初，御史尋适請行耕藉、享先農禮，上命禮官錢用壬等議，謂：「先農與社異，當以耕藉日祭之。國語：『農正陳藉禮』，韋昭注云：『祭其神，爲農祈也。』漢以藉田之日祀先農，其禮始著，由晉至唐、宋，相沿不廢。政和間，命有司享先農止行親耕禮，南渡後復親祀。元雖議耕藉，竟不親行，其祀先農，命有司攝事。今議耕藉之日，皇帝躬祀先農，禮畢，躬耕藉田，以仲春擇日行事。」從之。詔建先農壇于南郊，在藉田之北。

壬午，上親祭先農，配以稷。祭畢，行躬耕禮。是日，宴百官耆老于壇所。

12 是月，以禮部尚書崔亮言，上仁祖陵曰英陵。尋改皇陵，詔立皇陵碑。上手録大略，授侍講學士危素撰文。【考異】事見元史危素傳，碑文即素所撰也，本紀不載。潛菴史稿書「二月乙亥立仁祖陵碑，上陵名曰英陵」，又「是年五月，更英陵曰皇陵」，然則英陵碑即皇陵碑也。此太祖初次命素所撰，至洪武十一年，復行改撰，詳郎氏七修類稿。碑首言「儒臣粉飾之文，不足以爲後世子孫之戒」，所謂「儒臣」，即是年危素所撰，李善長等所上者也，今分記之。

13 平章楊璟征唐州叛卒，平之。

璟自韓店還，會唐州爲鄧愈所克，復叛，州中兵亂，賊將老馬劉煽聚南陽，郡縣相應。大將軍達承制遣璟討之，誅其首惡，餘黨悉平，遂復南陽。

14 三月，乙未，大將軍達渡河，遣副將軍常遇春、馮勝等先驅入陝西。

15 丙申，以旱災，祭告仁祖廟。

丁酉，祈雨，祭風雲雷雨山川等神。凡爲壇十八，中五壇，上親行祭告禮，餘遣官分獻。

16 庚子，大軍次鹿臺。

時元將李思齊據鳳翔，遣部將張德欽等守關中，張思道與圖魯卜、孔興、龍濟民等駐鹿臺以捍奉元。聞大兵入關，先三日，思道等由野口遁去。達遣都督僉事郭興率輕騎直擣奉元，守將棄城走。達統大軍繼進，涇、渭父老千餘迎降。達按兵，遣左丞周凱撫諭城中，乃整軍入。

改奉元路曰西安府，留都督僉事耿炳文守之。

大軍之至鹿臺也，元御史桑圖錫里舊作桑哥失里。守關家洞。達遣攻之，力屈，與妻子俱投崖死。檢校阿什克布哈舊作阿失不花。自經死，郎中昂克舊作王可。仰藥死，【考異】桑圖錫里，重修三編作桑噶實哩，昂克作恩克。三原尹朱春與其妻投繯死。

時關中饑，詔户振米三石。炳文守西安，修築涇陽洪渠十萬餘丈，民賴其利。

17 癸卯，遇春等次鳳翔。

先是上以書諭思齊曰：「足下據秦中之險，雖有張思道專尚詐力，孔興等自爲保守，庫庫以兵出没其間，然皆非勍敵。足下不以此時圖秦自王，已失其機。今中原全爲我有，與足下犄角者，皆披靡竄伏，足下以孤軍相持，豈可久邪！朕知足下鳳翔不守，必將深入沙漠以圖後舉。非我族類，其心必異，倘中原之衆，以塞地荒涼，一旦變生肘腋，妻孥不保。足下本汝南之英，祖宗墳墓所在，深思遠慮，獨不及此乎！誠能以信相許，幡然來歸，當以漢竇融之禮相報，否則非朕所知也。」思齊得書，有降意。其麾下有誘以西入吐蕃者，思齊惑之。丙午，遇春至鳳翔，思齊懼，遂奔臨洮。

時參政傅友德分兵取鳳州，皆克之。

18 癸丑，始置北平行中書省。又以廣西初隸湖廣，至是全省既平，亦分置焉。

初，慶遠既下，詔改爲慶遠府，行省臣奏言：「慶遠地接八番溪峒，所轄南丹、宜山等處，宋、元皆用其土酋爲安撫使統之。大軍下廣西，安撫使莫天護，首來款附，宜如宋、元制録用以統其民，則蠻情易服，守兵可減。」從之。詔改慶遠府爲慶遠南丹軍民安撫使，以天護爲安撫使同知。踰年，省臣以天護庸弱不能制，仍請設府置衞守其地。

19 戊午，詔工部增益太學齋舍。

20 夏，四月，上以通州被侵，北平之守單弱，丙寅，詔常遇春還師備邊，並授浙江行省平章李文忠爲偏將軍，會遇春出塞，規取上都。

21 大將軍徐達會諸將于鳳翔，議所向，蓋是時思齊在臨洮，思道在慶陽也。諸將以思道易取，欲先由豳州取慶陽，然後度隴以攻臨洮。達曰：「不然。慶陽城險而兵精，未易猝拔。臨洮北界河湟，西控羌、戎，得之，其人足備戰鬥，物産足佐軍餉。今蹙以大兵，思齊不西走胡則束首就縛矣。臨洮既克，于旁郡何有！」諸將然之。

乃留偏將軍湯和守營壘輜重，別遣指揮金興旺、余思明等守鳳翔。遂移師趨隴州，丁卯，克之。尋至秦州馬跑泉，元守將吕德、張義遁，追獲之，遂克秦州。分遣合肥衛千户王弘將兵五百守隴州，張規魯將兵千人守秦州。達遂統大軍進師鞏昌。

22 戊辰，置陝西、山西行中書省。改河南分省爲行省。

23 己巳，詔諸王子受經于博士孔克仁，功臣子弟，亦令入學。克仁侍帷幄最久，上數與論治道謀略，及天下形勢，前代興亡，皆與聞之。已，出知江州。入爲參議，坐事死。

24 乙亥，詔定封建諸王國邑之制。

25 徐達師次鞏昌，元守將梁子中、汪靈、真保等以城降，遣郭興守之。趣副將軍馮勝進攻臨洮。

26 丙子，賜秦隴新附各州縣税糧。

27 丁丑，馮勝師至臨洮，思齊窮蹙，舉城降，勝遣人送大將軍營。捷聞，上即遣使諭達曰：「思齊既降，宜進攻慶陽、寧夏。但張思道兄弟多詐，若來降，當審處之，慎勿墮其計中也。」

28 都督同知顧時克蘭州，以指揮韓温守之。

乙酉，徐達遣薛顯襲走元豫王于西寧，獲其部落輜重。

29 是月，淮安、寧國、鎮江、揚州、台州各獻瑞麥，一莖五穗、三穗者甚衆，群臣稱賀。上曰：「朕爲天下生民主，惟修德召和，使三光平，寒暑時，此爲國家之瑞，不以物爲瑞也。昔漢武帝獲一角獸，産九莖芝，好功生事，卒使海内空虚。其後神爵、甘露之侈，至山崩、地震，而漢德于是乎衰。由此觀之，嘉祥無瑞而災異有徵，可不戒哉！」

已而禮部尚書崔亮奏言：「唐六典有大瑞及上、中、下三瑞。大瑞則景星、慶雲、麟、鳳、龜、龍之屬，若岐麥、嘉禾，是爲下瑞。今擬有大瑞者所司表奏，餘則驗實繪圖以進。」上曰：「卿等所議，但及祥瑞，不及災異。不知災異乃上天示戒，所繫尤重。今後四方有災異，無論大小，皆令有司即時奏聞。」

30 五月，甲午朔，日有食之。

31 丁酉，大將軍達師至蕭關，下平涼。分遣指揮朱明克延安，命守之，遂至慶陽。會張思道聞大軍克臨洮，懼，走寧夏，至則爲庫庫所執。

達既下平涼，即令湯和守涇州，别遣指揮張煥率騎兵往偵慶陽。時思道留弟良臣守之，煥諭歸命。良臣聞思道被執，方懼，辛丑，遣其知院李克仁等籍軍民馬數請降。達遣右丞薛顯率騎兵五千人往，良臣出迎，匍伏道左，示歸順狀，顯信之。

32 癸卯，始祀地于方丘，有司復請配位，上執不許。固請，乃曰：「俟慶陽平議之。」禮成，仍詣太廟恭謝，如圜丘儀。

上祀方丘，患心不寧，學士宋濂從容言曰：「養心莫善于寡欲。」上稱善良久。

33 戊申夕，張良臣復叛，以兵劫薛顯營，張煥被執，顯受傷走還。達聞，語諸將曰：「上明見萬里外，今日之事，果如前言。然良臣之叛，祇取滅亡，當與諸公戮力翦之！」

于時馮勝、傅友德聞變，率兵自臨洮至涇州，湯和亦以師來會。達恐良臣黨羽相扇爲聲援，乃先遣兵抄其出入，派令俞通源將精騎略其西，顧時略其北，友德略其東，陳德略其南。——通源，通海弟也。——達自統大軍趨慶陽，四面圍其城。良臣出兵挑戰，達麾兵擊敗之。

34 是月，御史中丞章溢卒。

溢，字三益。弱冠師事王毅，得金華許謙之傳，與劉基、宋濂等並召，累官浙江、湖廣僉事。元年，上御極，與基並拜是職，能舉憲綱，務爲寬厚。上嘗祀社稷，會大風雨，還坐外朝，怒儀禮不合致天變，溢委曲明其無罪，乃貰之。

子存道，佐李文忠平閩。閩平，詔存道以所部鄉兵從海道北征，溢持不可，上不懌，溢曰：「不得已，則擇昔嘗叛逆之民籍之爲兵，使從北上，一舉而恩威著矣。」上喜曰：

「孰謂儒生迂闊哉！然非先生一行，無能辦者。」溢行至處州，遭母喪，乞守制，不許。鄉兵既集，命存道由永嘉浮海而北，再上章乞終制，詔可。溢悲戚過度，營葬，親負土石，感疾卒。上悼惜，親撰文，即其家祭之。

35 上追念外家。仁祖妣之父曰陳公，母某氏，上即位，命中都守臣訪其墓在盱眙，立祠于太廟之東。追封外大父陳公爲揚王，大母某氏王夫人。明年，復即墓次立廟，設祠祭奉祀一人，守冢户二百一十家。上自製揚王行實，命翰林學士宋濂文其碑。京師廟成，上親祀之，禮官請御通天冠、絳紗袍，祭畢，召大臣問曰：「朕祭外王父，卿等以爲不當服衮冕，何也？」宋濂對曰：「衮冕唯天地宗廟之祭用之，餘皆降禮也。」是日，又追封皇后父馬公爲徐王，媪王夫人，亦建祠祀。皇后親奉安神主，祝文稱「孝女皇后馬氏謹奉皇帝命致祭。」

36 六月，乙丑，副將軍常遇春、偏將軍李文忠等發北平，往攻開平，道三河，經鹿兒嶺，敗元將江文清于錦川。次全寧，伊蘇以兵迎戰，敗之。進攻大興州，分千騎爲八伏，守將夜遁，遇伏兵，邀其歸路，盡禽之。遂率兵道新開嶺，進攻開平，己卯，拔之。元帝北走，追奔數百里，俘其宗王齊克慎舊作慶生。及平章鼎珠等，舊作鼎住。凡得將士萬人，車萬兩，馬三千匹，牛五萬頭，薊北悉平。

37 辛巳，張良臣遣人往寧夏求援于庫庫，爲大軍所獲，斬之。遣參隨王敬祖將兵守彭原。

38 初，廖永忠等平定兩廣，安南國王陳日煃謀遣使納款，以元梁王在雲南，不果。去年冬，上詔漢陽知府易濟招諭之，日煃遣其正大夫段悌、黎安世等奉表來朝，貢方物。至是達京師，上喜，賜安南使臣宴。

壬午，詔封日煃爲安南國王，遣侍讀學士張以寧、典簿牛諒賫敕書往，並賜國王大統曆，頒塗金銀印。

39 秋，七月，甲午，大將軍達遣降將李茂等，將騎兵千人往隆德、秦安等處招捕諸未附餘黨，皆平之。

40 己亥，鄂國公常遇春卒于軍。遇春自開平還，師次柳河川，猝遇疾卒，年僅四十。遇春沈鷙果敢，善拊士卒，摧鋒陷陣，未嘗敗北。雖不習書史，用兵輒與古合。嘗自言能將十萬衆横行天下，軍中稱「常十萬」。長于大將軍二歲，數從征伐，聽約束唯謹。一時名將，推徐、常爲開國元勳。

上聞，震悼。喪至龍江，親出迎奠。詔禮官議天子爲大臣發哀禮，請用宋太宗喪韓王趙普故事，從之。追封開平王，賜謚忠武。尋奉詔，以李文忠領其軍，會大將軍于慶陽。

41 辛亥，元庫庫遣其將哈扎爾陷原州，指揮陳壽死之。徐達聞報，與馮勝、傅友德議，以驛馬關當其衝，遣右丞徐禮將兵據之。又遣指揮葉石真守彭原，調指揮韋正守邠州，友德與薛顯駐靈州扼之。勝復與大將軍謀曰：「今大軍圍慶陽，良臣雖困，未能遽下。王保保欲爲良臣聲援，故令哈扎爾攻原州以解慶陽之急。請移兵逼關以扼原州，彼無所施矣。」達然之。勝遂以其軍西臨驛馬關，去慶陽三十里而軍。是夜，哈扎爾復攻陷涇州。辛酉，馮勝自關引兵往援，擊哈扎爾，走之，追至邠州而返。勝仍還屯驛馬關，慶陽之援遂絶。

42 八月，丙寅，元兵寇大同。

會李文忠奉詔平慶陽，行次太原，聞大同圍急，謂左丞趙庸曰：「我等受命而來，閫外之事，苟利于國，專之可也。今大同甚急，援之便。」遂率兵出雁門，次馬邑，敗元游兵，禽其平章劉特穆爾。舊作劉帖木兒。

進至白楊門，會天雨雪，駐營，文忠引數騎入山察視，疑其有伏，遽令移前五里，阻水爲固。元兵果乘夜劫營，文忠預下令，堅壁不動。質明，敵大至，以二營委之，殊死戰，度敵疲，乃出精兵左右擊，大破之，禽元將圖魯卜等，凡俘斬萬餘，窮追至孟克桑舊作莽哥倉。而還。

初，元帝之北走也，屯哈里泊之地，舊作蓋里泊，輯覽作噶爾布，今從三編。詔圖魯卜、孔興以重兵攻大同，欲圖恢復。至是圖魯卜被禽，孔興走綏德，其部將斬之來降。元帝知事不可爲，自此不復南向矣。

圖魯卜俘至京師，上命釋之，曰：「彼各爲其主耳。」賜之冠服。

43 己巳，命吏部定内侍官制。

上曰：「朕觀周禮，閽寺未及百人，後世多至數千，卒爲大患。今雖未能復古，亦當爲防微之計。此輩所事，不過洒掃、給使令而已。若求善良于中涓，百無一二。用爲耳目即耳目蔽，用爲腹心即腹心病。馭之之道，但當使之畏法，不可使之有功。有功則驕恣，畏法則檢束。」尋又詔：「自今内臣不得知書識字。著爲令。」

44 癸酉，元史成。諸儒徵召入纂修局者，或授官而歸，或不受者，賜金幣文綺遣之，惟陶凱、曾魯後至顯官云。

先是所得十三朝實録，唯元統以後之事闕焉。上復遣儒士歐陽佑等十二人往北平、山東采求遺事，時尚未至也。

45 丙子，封王顓爲高麗國王。

初，上即位，遣使賜高麗璽書，續又送還其國流人。于是顓遣使表賀，貢方物，且請封。既至京師，上遣符璽郎偰斯齎敕書及金印誥文往封之。

46 癸未，大將軍徐達等克慶陽。

先是大兵圍城，守將張良臣出戰東門，顧時擊敗之，復自西門出，馮勝又敗之。良臣勢蹙，登城呼呂德約降，達不聽。外援既絕，音問不通，城中餉盡，至煮人汁和泥噉之。其將姚暉及熊左丞、胡知院等知事不濟，開門迎降，達勒兵自北門入。良臣父子俱投井中，命引出，斬之。

良臣驍勇善戰，軍中呼爲「小平章」。有養子七人，皆嫻技術，軍中又語曰：「不怕金牌張，惟怕七條鎗。」——金牌張者，思道之驍將，同走寧夏，被執于庫庫者也。良臣恃慶陽高而險，又城下有井泉，可據以守，又外藉庫庫爲聲援，賀宗哲、哈扎爾爲羽翼，內以姚暉格斡舊作葛八。等爲爪牙，故欲負嵎拒守以圖大功，卒至于敗。

47 元將賀宗哲，因慶陽之圍，欲以牽制我師，乃率精鋭攻鳳翔。

時指揮金興旺方自潼關移守鳳翔，與知府周焕嬰城拒敵。敵編荆爲大箕，形如半舫，每箕五人，負之攻城，矢石不能入，投藁焚之輒飈起。興旺乃令置鉤藁中，擲著其隙，火遂熾，敵棄箕走。復爲地道薄城，城中以矛迎刺。敵死甚衆而攻不已，興旺與煥謀曰：「彼謂我援師不至，必不敢出。乘其不意而擊之，可敗也。」潛出西北門奮戰，敵少却。

會百户王輅自臨洮收李思齊降卒東還，即以其衆入城共守。敵拔營去，衆欲追之，輅曰：「未敗而退，誘我也。」遣騎偵之，至五里坡，伏果發，還師圍城。衆議欲走，興旺叱曰：「天子以城畀我，寧可去邪！」以輅所將皆新附，慮生變，乃括城中貲蓄，充積庭中，令曰：「敵少却，當大犒新兵。」新兵喜，乃協力固守，相持凡十五日。

洎宗哲聞慶陽下，始解圍引去，由六盤山遁。達偵知之，遣顧時、薛顯、傅友德率萬騎馳追，宗哲又以其衆掠蘭州，馮勝率步騎一萬七千道靖寧擊之。宗哲渡河遁，勝乃還。于是陝西悉平。

48 庚寅，詔儒臣纂修禮書。

先是上即位，屢敕儒臣編集郊廟、山川等儀及古帝王祭祀感格可垂鑒戒者，名曰存心録。尋又詔郡縣舉高潔博雅之士年四十以上者，禮送京師。

一時徵召之士，首山陰楊維楨，元季隱居松江。上以其前朝老文學，特命詹同奉幣詣其門。維楨年已七十餘，謝曰：「豈有老婦將就木而再理嫁者邪！」未幾，上復遣有司敦促，賦老婦謡一章進御，曰：「皇帝竭吾之能，不强吾所不能則可，否則有蹈海死耳。」上許之，賜安車詣闕廷，留百有十日。所纂敘例略定，即乞骸骨。上成其志，仍給安車還山。史館胄監之士，祖帳西門外，宋濂贈詩，以爲「不受君王五色詔，白衣宣至白衣還」，蓋高之也。

其他徵入禮局者，有新喻梁寅，滑縣宋訥，天台徐一夔，山陰唐肅，永豐劉干，及周子諒、胡行簡、劉宗弼、董彝、蔡深、滕公琰等，凡十八人。而曾魯以修元史成，賜金帛居首，乞還山。會禮局方開，復命留之。

49 是月，賜僞夏明昇書。

先是上遣人至蜀，責昇貢大木，昇遂遣使修貢。會大師平關、陝，蜀人震恐。昇丞相戴壽謂昇曰：「大明遣將用兵，所向無敵。以王保保、李思齊之强，尚莫能禦，況吾蜀乎！」昇將吴友仁曰：「蜀非中原之比，設有緩急，據險可守。爲今之計，莫若外假修好以緩敵，内修武事以自强。」昇遂從其言。

至是使歸，上復賜璽書曰：「朕歷觀古有蜀者，如公孫述、李特、王建、孟知祥輩，皆能乘機進取，而善守之道未聞，今足下必圖所以善守者而後可耳。遠勞致禮，姑以此復。」昇得書，不省。【考異】明昇之貢，本紀系之七月丙辰，紀事本末系之八月。證之潛菴史稿，昇貢在七月，賜書在八月，蓋蜀使以七月至，八月歸也，今並系之八月之末。

50 詔設京衛軍儲倉，遞增至二十所。又設臨濠、臨清二倉以利轉運。

51 九月，辛丑，詔大將軍徐達、偏將軍湯和班師還京，以右副將軍馮勝留總軍事。

52 癸卯，上詔問群臣建都之地，或言「關中天府之國」，或言「洛陽天地之中」，汴京亦宋故都」，或言「北平宮室完備」。上以「平定之初，民未休息，供給力役，悉資江南，建業長江天塹，足以立國。臨濠前江後淮，有險可恃，有水可漕」，乃詔「以臨淮爲中都」。

53 戊午，征南將軍廖永忠、副將軍朱亮祖等還京師，命皇太子郊迎，仍送歸第。

54 是月，天壽節，禮部尚書崔亮奏請以聖壽日祭壽星，同日祭司中、司命、司禄，又定以八月望日祭靈星。踰年，立星辰壇，始罷靈星之祭。

55 冬，十月，壬戌朔，上遣平章楊璟至蜀，諭明昇歸命。昇牽于臣下吴友仁等之議，不能決。

璟將還，遺昇書曰：「古之爲國者，同力度德，同德度義，故能身家兩全。反是者敗。足下幼沖，席先人之業，不思至計而信群下之言，自以瞿塘、劍閣，一夫當關，萬人莫敵，此不達時變之言也。昔之據蜀稱盛者，無如漢昭烈，又輔之以孔明，綜核官守，訓練士卒，然猶朝不謀夕，僅能自保。今足下君臣，以此況彼，相去萬萬，而欲藉一隅之地延命須臾，抑亦不自量矣。

我主上仁聖威武，神明響應，順附者無不加恩，負固者然後致討。以足下先人通好之故，不忍加師，數遣使諭意；又以足下年幼，未更事變，恐惑于群議，失遠大計，復遣璟面諭禍福；深仁厚德，足下可不重念乎！

且以向者陳、張之輩，竊據吳、楚，造舟塞江河，積糧過山岳，强將勁兵，自謂無敵，然而番湖一戰，友諒授首，旋師東討，張氏面縛。足下視彼何如哉？友諒子竄歸江夏，勢窮面璧，主上宥其罪愆，剖符錫爵，恩榮之盛，天下所知。今足下無彼之過，而能幡然覺悟，自求多福，則必享茅土之封，保先人之祀，世世不絶，豈不賢且智哉！

若必欲崛强一隅，假息頃刻，魚游沸鼎，燕巢危幕，禍害將至，恬不自知，恐天兵一臨，凡爲足下計者，各自便身謀以取富貴。當此之時，老母弱子，將安所歸？禍福利害，瞭然可覩，足下其細審之！」昇終不聽。

56 甲戌，甘露降于鍾山，群臣危素等請告廟，不許。

先是甘露屢降，上問宋濂以災祥之故，對曰：「受命不於天，於其人；休符不於祥，於其仁。春秋書異不書祥，爲是故也。」上曰：「然！」

57 辛巳，馮勝以關、陝既定，輒引兵還。上怒，切責之，念其功大，赦勿治，而賞賚金幣不能半大將軍。

58 辛卯，詔天下府州縣皆立學。

諭中書省臣曰：「學校之設，名存實亡，兵革以來，人習戰鬥。朕謂治國之要，教化爲先，教化之道，學校爲本。今京師雖有太學，而天下學校未興，宜令郡縣皆立學！」

于是定制：府設教授、州設學正、縣設教諭各一；俱設訓導，府四、州三、縣二；生員，府學四十人，州縣以次減十；並給學官月俸、師生月廩有差。生員專治一經，以禮、樂、射、御、書、數設科分教，務求實才，頑不率者黜之。【考異】立學事，明史本紀是月辛卯，紀事本末作「辛巳」，今從明史。辛卯蓋是月之晦也。

59 是月，遣使貽元帝書，勸其「安分順天以存宗祀，勿效漢之匈奴，唐之突厥，世爲邊患，自取滅亡。」不報。

60 十一月，壬辰朔，大將軍徐達等還自陝西。

61 乙巳，有事于圜丘，始奉仁祖配。

禮部尚書崔亮，請罷禮成詣太廟躬謝之儀，惟先祭三日詣太廟，以配享告，從之。

上以祭祀省牲，去神壇甚邇，有所未安，命亮考定古省牲之儀，遠神壇二百步。

時亮又奏言：「禮行于郊而百神受職，今宜增天下神祇壇于圜丘之東，方澤之西。」

上又慮郊社諸祭，壇而不屋，或驟雨沾服，以致失容。亮引宋祥符九年南郊遇雨於太尉廳望祭及元經世大典壇垣內外建屋避風雨故事奏之，遂詔建殿于壇南，遇雨則望祭。

亮之援據古今，比傅經義，皆此類也。

初，楊璟自廣南還，上問土官黃、岑二氏所轄情形，璟言：「蠻、獠頑獷，散則爲民，聚則爲盜，難以文治。宜臨之以兵，彼始畏服。」上曰：「蠻、猺性習雖殊，然其好生惡死之心未嘗不同。若撫之以安靖，待之以誠，諭之以理，彼豈有不樂從化者哉！」

丙午，上遣中書照磨蘭以權齎詔往諭左、右兩江溪峒官民曰：「朕惟武功以定天下，文德以化遠人，此古先哲王威德並施，遐邇咸服者也。睠兹兩江，地邊南徼，風俗質朴，自唐、宋以來，黃、岑二氏代居其間，世亂則保境土，世治則修職貢，良由其審時知幾，故能若此。頃者朕命將南征，八閩克靖，兩廣平定，爾等不煩師旅，奉印來歸，嚮慕之誠，良足嘉尚！今特遣使往諭，爾其克慎乃心，益懋厥職，宣布朕意，以安居民！」

以權至，兩江之民無不懾服，左江黃英衍隨遣使奉表貢馬，右江岑伯顏亦如之。乃改左江路曰太平府，右江路曰田州府，以英衍、伯顏爲知府，世襲。自是朝貢如制。

十二月，甲戌，封阿答阿者爲占城國王。占城，古越裳地，漢以後改稱林邑，其王所居之都城曰占城，因以爲號。

先是上遣官以即位詔諭其國，阿答阿者隨遣使奉表貢方物，至是達京師。命中書省管勾甘桓會同館副使路景賢齎詔往封，並賜綵幣，頒大統曆。

尋又以占城與安南搆兵，上命翰林編修羅復仁、兵部主事張福賫敕諭罷兵，兩國皆奉詔。

63 甲申，振西安諸府饑，户米二石。【考異】此據明史本紀。證之重修三編，言「二年冬，詔有司正月、二月户給米一石。三年正月，以耆民宋昇等言民多饑死，户部奏請運粟濟之。帝曰：『民旦暮待哺。若待運粟，死者多矣。』即命户部主事李亨馳馹往西安、鳳翔振之，户加粟一石。」據此，則本紀據初次所振記之也，附注于此。

64 己丑，大賚平定中原及征南將士。時上方欲論功行封，會聞元庫庫寇蘭州而止。

65 庚寅，元庫庫在甘肅，聞大軍南還，乃率兵襲蘭州。守將張温等方會諸將謀捍禦，而敵兵奄至城下，温等出戰，少却，斂兵入城，庫庫進圍之。

時鷹揚衛指揮于光守鞏昌，移師往援。行至蘭州之馬蘭灘，猝遇庫庫兵，戰敗，被執，驅之至蘭州城下，令呼温等出降。比至，光大呼曰：「我不幸被執，公等但堅守，徐大將軍行至矣！」敵怒，批其頰，遂遇害。城中聞光言，守益堅。

温善方略，敵初至，語諸將曰：「彼遠來未知我虛實，乘間擊之，可挫其鋭。」自是設奇禦敵，屢有斬獲。庫庫圍數月不利，聞大軍至，乃引去。上以此奇其功，擢大都督府僉事。

方圍事之急也，元兵乘夜梯城而登，千户郭佑，被酒不能起，他將巡城者擊却之。圍既解，温將斬佑，天策衞知事朱有聞争曰：「當其時，將軍斬佑以徇衆，軍法也。今賊已退，誅之無及，徒有擅殺名。」温謝曰：「非君不聞是言。」乃杖佑，釋之。上聞而兩善焉，並賞有聞綺帛。

66 是歲，徵處士陳謨至。

謨，泰和人，邃于經學，旁及子史百家，涉流溯源，要諸至當。元季隱居不仕，而究心經世之務。嘗謂：「學必敦本，莫加于性，莫重于倫，莫先于變化氣質。至于禮樂、刑政、錢穀、甲兵、度數之詳，亦宜講習。」一時經生學子多從之游。事親孝，友于弟。鄉人有爲不善者，不敢使聞。上聞其名，徵至京師，召見，賜坐以寵之。學士宋濂、待制王褘請留爲國學師，謨引疾辭歸。後屢應聘爲江浙考試官，著書教授以終。

明通鑑卷三

紀三上章掩茂（庚戌），盡一年。

太祖高皇帝

江西永寧知縣當塗夏燮編輯

洪武三年（庚戌、一三七〇）

1 春，正月，上以元庫庫特穆爾爲西北邊患，議大發兵肅清沙漠。癸巳，以丞相信國公徐達爲征北大將軍，浙江行省平章李文忠爲左副將軍，都督馮勝爲右副將軍，御史大夫鄧愈爲左副副將軍，湯和爲右副副將軍。

時上召諸將問曰：「元主遲留塞外，王保保以孤軍犯我蘭州，其志欲僥幸尺寸之利，不滅不已。卿等出師，宜何先？」諸將皆曰：「王保保之寇邊者，以元主猶在也。若以師直取元主，保保失勢，可不戰降也。」上曰：「保保方以兵臨邊，今舍彼而取元主，是遺近而趨遠，失緩急之宜，非計之善者。朕意欲分兵二道：一令大將軍出潼關，自西安擣定西以取保保，一令左副將軍出居庸，至沙漠以追元主，使彼此自救，不暇應援。元主遠在塞外，不意我師之至，如孤豚之遇咋虎，取之必矣，此一舉而兩得者也。」諸將曰：「善！」遂受命行。

2 壬寅，吏部請謫有罪人于儋崖，上曰：「前代謂儋崖爲化外，以處罪人。朕今天下一家，若有風俗未淳，宜更擇良吏治之，豈可棄之化外！」不許。

3 二月，辛酉，上游後苑，見鵲巢卵翼之勞，喟然嘆曰：「禽鳥劬勞如是，況人母子之恩乎！」令群臣有親老者許歸養。

時故元鎮撫陳興，被俘來京，恩待甚厚。興言「有母在嵩州，年八十餘，欲求歸養。」即賜之白金衣服而遣之。

4 儒士歐陽佑等自北平采遺事歸，乙丑，詔重開史局。【考異】明史本紀不載續修元史月日，潛菴史稿系之是月乙丑。又，成書在七月丁亥，證之孫氏春明夢餘録同，今據之。仍以宋濂、王禕爲總裁，復徵四方文學士朱右、貝瓊、朱廉、王彝、張孟兼、高遜志、李懋、李汶、張宣、張簡、杜寅、殷弼、俞寅、趙壎等十四人爲纂修官。

而壎以前修史成未歸，復命入局。先後纂修三十人，兩局並預者，唯壎一人而已。

右，臨海人，廉，義烏人，二人皆以書成不受官歸。瓊，崇德人。彝，嘉定人，師事王貞文，得蘭溪金履祥之傳，學有端緒，嘗著論力詆楊維楨爲文妖，一時聞者異之。汶，當塗人，博學多才，後除巴東知縣，晚年歸里，以經學訓後進。宣，江陰人，初以考禮徵，尋預修元史，年最少，上親書其名，召對殿庭，即日授翰林院編修，呼爲「小秀才」。遜志，蕭縣人。師貢、師泰、周伯琦等，文章典雅，成一家言。孟兼，浦江人，劉基爲上言：「今天下文章，宋濂第一，其次即臣基，又次即孟兼。」上頷之。簡，吴縣人，與杜寅同邑。

又，禮局徐一夔者，工文章，與王褘善，時禮書將成，褘薦之入史局，一夔遺書，自言「不材多病，」又言：「史之根柢在日曆，而元代不置日曆，不置起居注，其于史事固甚疎略。又況順帝三十六年之事，既無實録可據，又無參稽之書，唯憑采訪以足成之，竊恐事未必覈，言未必馴，首尾未必穿貫。而向之數公，或受官，或還山，復各散去，僕雖欲仰副執事之望，曷以哉！」遂不至。其後預修日曆，書成，將授翰林院，亦以足疾辭，終不仕。

5 癸未，追封郭子興爲滁陽王，妻張氏王夫人。令有司立廟祀之，並以其三子祔祀。

6 戊子，詔訪求賢才堪任部職者。

上諭廷臣曰：「六部總領天下之務，非學問博洽、才德兼全之士，不足以居之。誠慮有隱居山林或屈在下僚者，其令有司悉心推訪以聞！」

7 是月，始行朝日禮于東郊。

先是禮官議：「古者祀日月之禮有六，然郊之祭大報天，而主日配以月，此從祀之禮，非正祀也。大宗伯肆類于四郊，兆日于東郊，兆月于西郊。覲禮祀方明，禮日于南門之外，禮月于北門之外，此因事之祭，非常祀也。惟春分朝日于東門之外，秋分夕月于西門之外，此祀之正與常者。蓋天地至尊，故用其始而祭以二至。日月，陰陽之義。春分陽氣方永，秋分陰氣始長，故祭以二分。今宜各設壇專祀，朝日壇築于城東門外，夕月壇築于城西門外，朝日以春分，夕月以秋分，星辰則祔祭于月壇。」上謂中書省臣曰：「星辰祔祭，非禮也。」

禮部議：「于城南諸神享祭壇正南向增九間，日月及周天星辰皆于是行禮。朝日夕月用春秋分，星辰則于天壽節前三日。」從之。【考異】明史本紀不載，見禮志，在是年。據潛菴史稿，正月定朝日、夕月禮，二月丙子，朝日東郊，今並系之行朝日禮下。蓋二月春分，當行朝日之祭，所云丙子，蓋即是月春分節也。

8 初，陶安等議郊祀禮，太歲及風雲雷雨諸神皆從祀圜丘。已而上命禮官議專祀，乃定太歲風雲雷雨諸天神合爲一壇，地祇諸神爲一壇。至是復以諸神陰陽一氣，流行無間，乃合二壇爲一而增四季月將之祀，皆以驚蟄及秋分後三日祭之。

9 詔諸郡縣富民入京師，召見，面諭以「孝敬父母，和睦親族，周恤貧窮」，各賜酒食而遣之。

10 北平行省參政華雲龍攻下雲州，獲元平章和爾呼達、舊作火兒忽赤。右丞哈海等。大同衛指揮金朝興克東勝州，獲元平章荊麟等十八人。都督同知汪興祖克武州、朔州，獲元知院馬廣等。

時張德勝子宣已長，世襲衛指揮同知，于是興祖始復汪姓。

11 三月，庚寅朔，詔免南畿、河南、山東、北平及浙江、江西、廣信、饒州今年田租。

12 壬辰，享太廟，以忠武公常遇春配。

13 丁酉，鄭州知州蘇琦上書言三事：「一，關輔、平涼、北平、遼右，餘（蘖）〔孽〕未平，調兵轉餉，事難猝辦，宜屯田積粟爲長久計。一，沙漠之地，宜徙其人民分布内地，而擇重臣鎮守要害以綏靖之。一，墾田開户，宜責之守令，招集流亡，官給牛種，及時耕耨。」上命中書省采行之。

14 戊戌，蠲徐州、邳州夏税。

15 是月，以滕德懋爲户部尚書。德懋，吴縣人，有才辨，器量弘偉。長于奏疏，一時招徠、詔諭之文，多出其手。始自外任召拜兵部尚書，尋改户部。

16 倭寇登、萊，遣萊州府同知趙秩責讓之。

17 是春，衍聖公孔克堅以疾告歸，上遣中使慰問。疾篤，詔給驛還家，賜白金文綺。舟次邳州，卒。

18 夏，四月，乙丑，封皇子九人：樉爲秦王，棡晋王，棣燕王，橚吴王，楨楚王，榑齊王，梓潭王，杞趙王，檀魯王，又封從孫守謙爲靖江王。

上懲宋、元孤立，乃仍古封建制，擇名城大都，豫王諸子，待其壯，遣就藩服，用以外衛邊陲，内資夾輔。諸王皆置相傅官屬，及護衛甲士少者三千，多至一萬數千，皆隸兵部。車服邸第下乘輿一等，公侯俛伏拜謁，内外大臣，禮無與鈞。唯列爵不治民，分藩不錫土，與周、漢制稍異焉。

19 大將軍達師自潼關出西道。元庫庫退屯車道峴，左副將軍鄧愈立栅以逼之。是日，大軍出安定。庫庫駐師于沈兒峪，達進軍薄之，隔溝而壘，一日數戰。庫庫遣精兵千餘人，由間道潛劫我東南壘，左丞胡德濟倉猝失措，一軍驚擾。達亟率親兵擊之，斬東南壘將校數人以徇，軍中股栗。丙寅，整兵出戰，奪溝深入，遂大破庫庫兵于川北，禽其郯王、濟王及國公闞思孝、平章哈扎爾等凡一千八百餘人，士卒八萬，馬萬五千餘匹。庫庫僅挾妻子數人從古城北遁去，至黃河，得流木以渡，遂奔和林。都督郭英追至寧夏，不及而還。

達以德濟失律，械送京師，上念其舊勞，貰之。仍以書諭達曰：「將軍欲效衛青不斬蘇建，獨不見穰苴之待莊賈乎？德濟失律，正宜就軍中戮之。今歸之朝廷，朝廷必議其功過，彼信州、諸全之功，朕豈得不念乎！今赦之。懼將軍以此緩軍法，是用遣使即軍中諭意。」

20 丙戌，元帝崩于應昌，【考異】三編據明實録，丙戌乃四月二十八日也。是月己未朔大建，五月己丑朔小建，本紀書「六月戊午朔」，推之正合。又，五月癸卯，文忠至應昌，諸書以爲五月十五日，亦合。子阿裕錫哩達喇嗣。舊作愛猷識里達臘。

帝諱托歡特穆爾，舊作妥懽帖木兒。以元仁宗延祐七年庚申生于沙漠，相傳爲宋瀛國公之子。瀛國，宋恭帝也，降元，尚公主。有言其將興宋室者，世祖欲殺之，以公主故，謫居漠北爲僧，奉詔居甘州山寺，娶一回回女子。其年四月，帝生之辰，值明宗出居沙漠，過其地，見寺上有龍文五采，又聞笙鏞聲，異之，乞以爲嗣，遂並載其母以歸。洎泰定帝崩，明宗以適長當立，迎于北方，行至翁郭察圖，舊作晃忽叉。文宗襲位。至順初，明宗后遇害，乃徙帝于高麗。踰年，又詔天下，謂帝非明宗子，再徙于廣西之静江。文宗後悔之，將崩，遺詔立明宗子，令迎帝于静江，而是時大臣雅克特穆爾，舊作燕鐵木兒。以曾預篡弑之謀，遲迴久之。尋立明宗幼子鄜王，踰月而崩。文宗后堅執遺詔，遂迎帝立之。至元之初，以臺官奏「太皇太后非陛下母」，遂貶太后及文宗太子雅克特古思，舊作燕帖古斯。尋皆遇害。于是尚書復希旨，謂：「文宗在日，曾言陛下非明宗子。」帝大怒，撤去文宗廟主，並逮當時草詔者。時奎章閣侍書學士虞集方謝病歸，令以皮繩拴腰，馬尾縫眼，至大都，集取文宗親改詔草呈上，帝意始釋。

回回女者，帝即位後追尊其所生母瑪里達舊作邁來迪。爲真裕雲徽后者是也。帝生于延祐庚申，距宋太祖開國之元年爲第六庚申。相傳宋時宫中以四更末即轉六更，蓋太祖因陳摶有「怕聽五更頭」之言而改之，不知「更」之爲「庚」也。其後元世祖以第五庚申即位，越十七年而宋亡，又四十三年爲第六庚申而帝生，宋祚以續，一時皆稱之曰「庚申君」。帝北遁之次年，有太行隱士葛溪權衡，著庚申外史，其事始著。後上詔寧王權編輯博論，有云「瀛國外婦之子，綿延宋末六更之讖。」蓋上在當時深悉其事之顛末，故詔書中亦數稱「庚申君」云。【考異】按庚申君之爲宋後，四庫書提要力駁之。而本朝如錢牧齋、萬季野，多主宋後之説。全謝山鮚埼亭集，則據其生于塞外及中間文宗徙之高麗，再徙廣西，及其後即位追封其生母邁來迪后及以皮繩馬尾拴召虞集之事，以爲前後無不脗合，非「吕嬴」「牛馬」之事涉曖昧者比也。予謂此事之顛末，太祖當日早已知之，故其見之詔書中，皆稱「庚申君」。又命寧王纂輯通鑑博論，而直揭出「外婦之子」及「六庚」之讖語，似非無稽之傳聞可比。今詳敘于順帝崩之下，以存舊說。

21 初，上命侍讀學士張以寧封安南，既至而陳日煃先卒。其兄子日熞嗣位，遣其臣阮汝亮來迎，請誥印，以寧不予，日熞乃復遣杜舜欽等告哀請命于朝。

是月，舜欽等至，上素服御西華門引見，命編修王廉往祭賜賻，別遣吏部主事林唐臣往封日熞爲安南國王。

杜舜欽之來也，以寧駐安南俟命，其告哀也，以寧實教之，又勸其世子行三年喪，令其國中人效中國行頓首稽首禮。上聞而嘉之，賜璽書，比之陸賈、馬援。尋賜御製詩八章。比還，道卒，詔有司歸其柩，所在致祭。

22 置弘文館，以劉基、危素爲弘文館學士。

素時年七十餘，上特賜小車，免朝謁。屢賜宴，輒遣內官勸之酒，賜御製詩以示恩寵。素居館中，一日，上御東閣，聞簾外履聲橐橐，問爲誰，對曰：「老臣危素。」上哂曰：「朕謂是文天祥耳！」御史王著，尋希旨論「素亡國之臣，不宜列侍從。」上曰：「何不令守余闕祠！」遂謫居和州，踰二歲卒。【考異】危素之謫和州，證之明史本傳，在授弘文館學士時，而置弘文館在洪武三年四月，故紀事本末系之三年四月下。雖其授官在四月，未必即以四月被謫，要亦牽連並記耳。若素之卒，則宋文憲爲撰墓志，乃洪武五年正月二十三日，故志中敘其謫官之事，下云「閱再歲卒」，證之明史本傳，亦云「歲餘卒」。紀事本末但云「踰年卒」，亦微誤也。今據文憲所撰學士墓志書之。

23 上將剖符封功臣，召宋濂議五等封爵，宿大本堂，討論達旦，歷據漢、唐故實，量其中而奏之，上皆嘉納焉。

24 五月，己丑，大將軍達進攻興元，克之。

達破走庫庫，乃分遣左副將軍鄧愈招撫吐番，而自率所部趨興元。以參政傅友德爲前鋒，自徽州南出一百八渡，至略陽，克沔州。分遣指揮金興旺等由鳳翔入連雲棧，合攻興元，元守將劉思忠、知院金慶祥等迎降，留興旺及指揮張龍守之。大軍還西安。

25 甲午，置司農司。

上以中原兵興以來，田多荒蕪，命省臣議計民授田，設官領之。于是設司開府于河南。

26 乙未，詔嚴宮闈之政。

上以元末宮嬪女謁，私通外臣，或番僧入宮攝持受戒，而大臣命婦亦往來禁掖，淫瀆褻亂，遂深戒前代之失，著爲令：「皇后止治宮中嬪婦事，宮門之外，悉不得預。宮費奏自尚宮，內使監覆之始支部。違者死。私書出外者亦如之。宮人疾，言其狀，徵藥。群臣命婦，非朝賀不見中宫人。君無見命婦禮。」以上皆垂爲永制，命子孫世世守之。

27 左副將軍李文忠出師，與左丞趙庸率步騎十萬出野狐嶺，克興和。進兵察罕諾爾，舊作腦兒。禽元平章珠占。舊作竹貞。【考異】珠占，即珠展，見前紀。舊作竹貞，又作竹昌，而畢氏宋元通鑑誤以竹昌、珠展爲二人，今改正。次駱駝山，走平章沙布鼎。舊作沙不丁。丁酉，師次開平，元平章沙達哈舊作上都罕。迎降。

時李文忠偵知元帝已崩，遂兼程趨應昌。【考異】據明史本紀、潛菴史稿，皆系文忠下興和事于是年二月，並敍其進兵察罕腦兒執元平章竹貞之事。按文忠以是年正月奉命北征，統師十萬出野狐嶺，一月之間便有此捷，不應若是之神速也。計是時文忠與大將軍分道，一西一北，而史所記大將軍出安定在四月，計文忠之出塞亦當在是時，紀事本末系之五月者近之。蓋出野狐嶺方至興和，由興和進兵至察罕腦兒，過駱駝山至開平，史稿記文忠次開平于五月丁酉，正與紀事本末合。自開平聞元帝崩，兼程趨應昌。計元帝之崩在四月丙戌，文忠之至開平在五月丁酉，自丁酉至癸卯，不過七日，便至應昌。本紀記克應昌于甲辰，蓋以癸卯至，甲辰克，亦與紀事本末合。以此推校，文忠之克興和必在四月明矣，紀事本末入之五月者，牽連並記耳。今記文忠下興和以後事，統敍于五月癸卯至應昌之前，爲得其實。其克興和以後月日，仍參明史、史稿書之。

28 己亥，詔設科取士。定以三年一舉，子、午、卯、酉鄉試，辰、戌、丑、未會試，鄉試以八月，會試以二月。

又詔定科舉格，初場試經義、四書義，二場試論，三場試策。中式者，十日後試以騎、射、書、算、律五事。厥後雖有變更增減，而經義、四書義試之初場，遂爲一代永制。蓋上及學士劉基所定，仿宋經義之例爲之，後遂謂之「八股」，通名之曰「制義」。

29 癸卯，李文忠師至應昌，元嗣主北遁。甲辰，入其郛，獲元帝孫密迪哩巴拉舊作買的里八剌。及后、妃、諸王、官屬數百人，並得宋、元玉璽、金寶、玉册、鎮圭、大圭、玉斧等，駝馬牛羊無算，窮追至北慶州而還。道興州，禽元國公江文清等，降其兵民三萬七千人。至紅羅山，又降元將楊思祖之衆萬六千餘人。

維時與大將軍先後獻捷至京師，上御奉天殿受朝賀。

30 丁未，詔行大射禮。

定制，凡郊廟祭祀，先期行之。命工部製射侯，定以七鵠：天子虎鵠，皇太子熊鵠，親王豹鵠，文武一品、二品、同三品至五品糝鵠，六品至九品狐鵠，文武子弟及士民俊秀皆布鵠。采自五采以下有差，布鵠無采。其司正、司射等官，皆仿古射禮增損用之。

上又以先王射禮久廢，弧矢之事，專習于武夫，而文士多未解，乃詔國學及郡縣生員皆習騎射。

31 戊申，有事于方丘，奉仁祖配。

32 辛亥，鄧愈克河州，追元豫王于西黃河。于是陝西行省吐番宣慰使何索諸木袞布舊作鎖南普。詣軍門降，其鎮西武靖王伯訥呼舊作卜納剌。亦率吐番諸部來納款。自河州以西，朵甘、烏斯藏等部皆歸附，征哨所至，極甘肅西北數千里而還。

33 是月，遣使頒科舉詔于高麗、安南、占城。

34 大將軍之出塞也，都督孫興祖率燕山六衛之卒以從。師次賽音布拉克川，舊作三不剌川。遇元兵，力戰，與燕山衛指揮平定、大興衛指揮龐禋皆戰没于五郎口。海寧衛指揮副使孫虎，師至落馬河，及元太尉瑪魯舊作買驢。戰，亦死之。

35 上以久旱，祈禱齋戒。后妃躬執爨，皇太子諸王饋于齋所。

36 六月，戊午朔，上素服草屨，徒步至壇，席藁曝日中，夜卧于地，凡三日。

詔賚將士，省獄囚，命有司訪求通經術明治道者。

壬戌，大雨。

37 癸亥，上以山川之神不宜加以國家封號，詔曰：「爲治之道，必本于禮。考之禮典，如五嶽、五鎮、四海、四瀆，皆自開闢以來受命于上帝，幽微莫測，豈國家封號之所能加！自唐以來，瀆禮不經，莫此爲甚。夫禮，所以明神人，正名分，不可以僭差。自今悉依古制，凡嶽、鎮、海、瀆之神，並去前代加封本號，止以山川本名稱其神。至歷代忠臣烈士，亦依當時初封以爲實號，後世謚義之稱，皆與革去。惟孔子明先王之道，爲天下師以濟後世，非有功于一方一時者可比，所有封爵，宜仍其舊。」

38 壬申，李文忠捷奏至，上命仕元者勿賀。

又以庚申君不戰而奔，克知天命，謚曰順帝。上自製祭文，遣使致弔。

癸酉，文忠俘送元皇孫、諸王等至京師。省臣楊憲等，「請以密迪哩巴拉獻俘太廟，所得寶器，令百官具朝服以進。」上曰：「寶册藏之庫，不必進也。獻俘之禮，於古有之，然武王伐殷，用之乎！」憲等對曰：「唐太宗嘗行之。」上曰：「太宗是待王世充耳，若遇隋之子孫，恐不爾也。」不許。

又以捷奏多侈詞，謂宰相曰：「元主中國百年，朕與卿等父母亦預享其太平，奈何爲此浮薄之言！」命亟改之。

乙亥，密迪哩巴拉朝見奉天殿，其母及妃朝見坤寧宮，俱賜以中國冠服。是日，封密迪哩巴拉爲崇禮侯，命賜第龍光山上。又以元后妃等久于北方，不能耐暑，食肉飲酪，嗜好各殊，敕中書省臣：「務令飲食起居適宜。若其欲歸，即當遣還漠北，勿强也。」

39 丙子，以平元告捷南郊，丁丑，告太廟，頒詔天下，仍遣使賫詔諭高麗、安南、占城。

是日，百官表賀。上諭之曰：「當元之季，君則宴安，臣則跋扈，國用不經，征斂無藝，天怒人怨，盜賊蠭起，天下已非元有矣。朕取天下于群雄，非得之元氏也。向使元君克畏天命，不自暇逸，其臣各盡乃職，罔敢驕奢，天下豪傑，雖欲乘之，其可得乎！」

40 辛巳，詔免蘇州逋糧。又徙蘇、松、嘉、湖、杭五郡民無田產者往臨濠耕種，官給資糧牛種，復三年。一時徙者凡四千餘户。

41 是月，倭寇浙江、福建濱海州縣。

先是，趙秩奉詔泛海，至析木崖，入其境，守關者拒弗納，秩以書抵良懷，乃入。倭盛兵陳于海岸，秩不爲動，爲陳大明天子神聖文武。良懷氣沮，始奉命遣使稱臣納貢。而是時倭寇已轉掠温、台、明州，遂入福建，沿海官兵擊敗之。【考異】據明史本紀，「是月，倭寇山東、浙江、福建濱海州縣」，此牽連並記耳。證之明史日本傳，「是年三月，遣萊州同知趙秩責讓」，則彼時寇山東也。秩至日本，責其稱臣納貢，日本國王已從之，而出掠之舟尚在浙江、福建一帶，故是年六月復奏報浙、閩入寇事。潛菴史稿記倭寇登、萊在正月，詔諭日本在三月，復記入寇浙、閩于六月，與明史日本傳合，今據史稿分書之，並據日本傳詳其顛末。

42 始定開中鹽法。

時山西行省上言：「大同糧儲，自陵縣運至太和嶺，路遠費煩。請令商人于大同倉入米一石，太原倉入米一石三斗，給淮鹽二百斤一小引，商人鬻畢，即以原給引自赴所在官司繳之。如此，則運費省而邊儲充。」上從其議，召商輸糧而與之鹽，謂之「開中」，其後各行省邊境多仿行之。一時鹽法邊計相輔而行，稱善政焉。

43 詔天下郡縣設義冢，禁止江西、浙江等處水火葬。

44 初，危素至京師，宴見時，爲上言元至元間西僧揚喇勒智舊作揚璉真伽。爲江南總攝發宋會稽六陵事，又截理宗顱骨爲飲器，後揚喇勒智敗，籍入宣政院，以賜所謂帝師者，今其骨猶在。上嘆息良久，命北平守將吳勉訪得之于西僧汝克鼐舊作汝納。所，諭有司厝于京城之南高坐寺西北。至是紹興府以永穆陵圖來獻，遂敕葬于故陵。【考異】事見明史素傳。素以洪武二年至京師，傳言明年敕葬故陵，則正洪武三年也。明史稿、潛菴史稿皆據實録系于是年六月下，三編因之，今據補。

45 文忠之出塞也，元宗室四大王遁入靜樂岢嵐山中，結塞自固。是月，率衆寇武州，太原指揮程桂等擊敗之。追至龍尾莊，獲其三大王托郭斯特穆爾舊作脱忽的帖木兒。送京師。

46 秋，七月，丁亥，學士宋濂等續修元史成，上之。

47 丙辰，僞夏明昇將吳友仁率兵三萬寇興元。

時金興旺以功擢大都督府僉事，仍與張龍率兵三千守城。尋改興元路曰漢中府。友仁初至，興旺擊却之。明日，復來攻，興旺面中流矢，拔矢再戰，斬數百人，敵益進。興旺度衆寡不敵，乃斂兵入城。友仁決濠填塹，爲必克計。

大將軍達自西安聞報，即移師屯益門鎮，遣傅友德率三千騎夜襲木槽山，攻斗山塞，令軍中人持十炬，連亘山上。友仁驚遁，興旺出兵躡之，墜崖石死者無算，友仁自此奪氣。一時興旺威震隴、蜀，上屢以戰守功推之。

48 中書左丞楊憲有罪誅。

初，上以事責丞相李善長，劉基以其勳舊，能調和諸將，上曰：「是數欲害君，君乃爲之地邪？吾行相君矣。」基頓首曰：「是如易柱，須得大木；若束小木爲之，且立覆。」及善長以眷遇衰，屢請致仕，上意欲相楊憲，以問基，基力言不可，曰：「憲有相才，無相器。夫宰相者，持心如水，以義理爲權衡而己無與焉者也。」

憲有才辨，明敏，善決事。然忮刻，有不足于己者，輒以事中傷之。在中書，欲盡易省中故事，凡舊吏皆罷去，更用己所親信者。

會善長病，上以中書省乏人，召陝西參政汪廣洋爲右丞。憲專決省事，廣洋依違其間，猶不能得憲意，嗾侍御史劉炳劾廣洋奉母無狀，上切責，放還。已，又奏徙廣洋于海南，上不悦，自此益疑憲。是時炳復有所論劾，上覺其誣，下之獄，炳自言受憲指，上積前怒，收憲並炳，誅之，復召廣洋還。【考異】楊憲誅在是年七月，明史本紀、潛菴史稿、三編皆同。紀事本末書其事于胡藍之獄卷内，而追溯其始事云：「洪武二年冬十月，上欲以楊憲爲相，問之劉基。基以爲不可」云云。證之明史基傳，基以元年冬召還，下文記上責李善長即及與基論置相事，皆標「初」字。是太祖早有相憲之意，故與基論及之，並不因李善長之罷而始欲相憲也。蓋太祖自即位後浸厭善長，故有易相之議，而是時意在憲等，故決之于基，基以爲不可，遂止，是論置相之時，善長實未嘗罷也。而明史基傳中，乃謂「善長罷，帝欲相楊憲」，則誤矣。憲之誅在是年七月，善長罷相在四年正月，其時憲誅已久，則論置相事當在洪武元二年間基召還之後，紀事本末以爲二年十月者，必有據矣。又，證之誠意行狀，責善長在吴元年，其論置相在元年召還之後，是時上方眷憲，故有此問。今統記于憲誅之下，而汪廣洋、胡惟庸則分別書之。

49 是月，太史奏文星見。

50 以陶凱爲禮部尚書。

凱與崔亮同時議禮，各有論建，軍禮及品官墳塋之制，皆凱議也。未幾，亮卒，凱獨任之，遂奉詔定科舉之式。

51 八月，己未，都督同知康茂才卒。

茂才從大將軍經略中原，取汴、洛，留守陝州。是年，復從征定西，取興元。還軍，道卒，追封蘄國公。子鐸，年十歲，入侍皇太子讀書大本堂，後襲封蘄春侯，賜謚武康。【考異】茂才卒，據潛菴史稿誤書是月乙未于乙丑之前，蓋「己」字之誤也，今刊正。

52 己卯，禮部尚書崔亮言：「古者四時之祭皆用孟月，其仲、季之月不過薦新而已。既行郊祀，則時享仍宜改從舊制。」從之。于是復定四時之祭皆用孟月，增入歲除爲五祭。

53 乙酉，遣使瘞中原遺骸。

54 是月，開鄉試科取士，自應天外，凡十一行省皆舉之。

京畿鄉試，以劉基、秦裕伯爲考官，宋濂、詹同等爲同考官。裕伯，大名人，仕元，累官至福建行省郎中。遭亂棄官，避地上海，居母喪盡禮。張士誠據姑蘇，遣人招之，拒不納。吳元年，上命中書省檄起之。裕伯對使者曰：「食元祿二十餘年而背之，不忠也。母喪未終，忘哀而出，不孝也。」遂辭。元年，上即位，復徵之，稱病不出。上乃手書諭之曰：「海濱民好鬥。裕伯智謀之士，而居此地堅守不起，恐有後悔。」裕伯拜書，涕泗横流，不得已偕使者入朝。授侍讀學士，固辭，不允。尋改待制，遷治書侍御史，遂有是命。

55 九月，儒臣纂修禮書成，上之，賜名曰大明集禮。

其書分五禮：吉禮目十四，嘉禮五，軍禮三，賓禮二，凶禮二。益以冠服、車輅、儀仗、鹵簿、字學、音樂，凡升降儀節、制度、名數皆具焉。

56 鄧愈既克河州，上命指揮韋正守之。

正初至，城郭空虛，骼胔山積，將士咸欲棄去。正曰：「正受命率公等出鎮邊陲，當不避艱險以報國恩。今無故棄之，遂生戎心，吾與公等死亡無日，妻孥不能相保，毋寧死于王事乎！」于是衆皆感激聽命。正日夜拊循軍民，河州遂爲樂土。——正，本姓甯，韋姓養子也，至是始請復姓焉。

57 是秋，青州民孫古朴作亂，襲莒州。時烏程牟魯，爲莒州同知，城破，被執。賊脅魯，欲降之，魯曰：「國家混一海宇，民皆樂業，若等悔過自新，可轉禍爲福。不然，官軍旦夕至，無噍類矣。我守土臣，義惟一死。」賊不敢害，擁至城南，魯大駡，遂遇害。賊既平，詔卹其家。

58 上以秋日御闕樓，編修高啓、謝徽，俱入對稱旨，擢啓爲户部右侍郎，徽吏部郎中。啓自陳「年少不敢當重任」，徽亦固辭，許之，已，並賜白金放還。

59 冬，十月，丙辰朔，詔儒士更直午門，爲武臣及功臣子弟講説經史，從御史袁凱奏也。時武臣恃功驕恣，得罪者漸衆，凱上言：「諸將習兵事，恐未悉君臣禮。請於都督府延通經古學之士，令諸武臣赴都堂聽講，庶得保族全身之道。」上乃敕臺省延名士爲之。

60 先是湖廣慈利安撫使覃垕，搆諸蠻入寇，上命湖廣行省平章楊璟討之。垕詐降，璟使部卒往報，爲所執。上遣使讓璟，璟進兵而垕遁。

癸亥，上授湖廣行省左丞周德興爲征蠻將軍，率兵進討。【考異】明史本紀系覃垕作亂于四月，而不書命討之事，至十月癸亥，始書「周德興爲征南將軍討𡶶，𡶶遁。」證之明史楊璟傳，「璟是時爲湖南行省平章，命率師往討𡶶，𡶶詐降，執璟使者，上遣使責讓，璟督將士力攻，賊乃遁」云云。據此，則是璟攻𡶶不克而後命德興，德興至而𡶶已先遁矣。紀中亦不言平𡶶在何時，證之德興傳，「明年，上命德興副湯和伐蜀。」是時德興正在湖廣，故紀事本末于四年二月，言「德興會胡海等取蜀之龍伏隘，奪覃𡶶溫陽關，克之」，是攻𡶶正便道伐蜀之路，德興既平覃𡶶，乃從湯和伐蜀。傳中言「師還論功，上賞德興而責和」，且追數征蠻事，謂「覃𡶶之役，楊璟不能克，趙庸中道返，功無與德興比者。」是則德興先平覃𡶶而後伐蜀，紀事本末之月日可據也。今增入平𡶶事于四年伐蜀前，又于此補入楊璟不克一段，統系之德興討𡶶之下。

61 庚辰，有赤星如桃，起天桴，至壘壁陣，抵羽林軍，爆散有聲，五小星隨之。至上司空旁，發光燭天，忽大如椀，曳赤尾至天倉没。須臾，東南有聲。

62 辛巳，遣使遺元嗣君書曰：「近獲徹里特穆爾，知爲君之舊人，特遣之歸，並致朕意。今適元史告成，朕以令先君爲三十餘年之主，不可無謚以垂後世，用謚曰順，著之于史。君之子密迪哩巴拉，亦封崇禮侯，歲給食禄，及其來者與之同居無恙。但不知君之爲況何如？進退之間，其審圖之！」

63 上之將封功臣也，議爲鐵券，而未有定制。或言「台州民錢氏家藏有吴越王鏐唐賜鐵券」，遣使取之，因其制而損益焉。

其制如瓦，第爲七等，公二等，侯三等，伯二等，高廣尺寸遞殺有差。外刻歷履恩數之詳以記其功，中鐫免罪減祿之數以防其過，字嵌以金。每副各分左右，左頒功臣，右藏内府，有故則合之以取信焉。

64 十一月，壬辰，大將軍徐達、副將軍李文忠等振凱還京師，上迎勞于龍江。

甲午，告武成于郊廟。

丙申，大封功臣，命大都督府、兵部錄上諸將功績，吏部定勳爵，户部備賞物，禮部定禮儀，翰林院撰制誥。

是日，上御奉天殿，皇太子諸王侍，丞相率文武百官列于丹陛左右。上自定功臣次第，進宣國公李善長爲韓國公，信國公徐達爲魏國公，開平王常遇春子茂鄭國公，李文忠曹國公，鄧愈衛國公，馮勝宋國公。自湯和中山侯以下，侯者二十有八人，並賜誥命、鐵券。

明日，左右丞相率諸臣入謝，上賜坐華蓋殿，從容論取天下之略曰：「朕起鄉里，本圖自全。及渡江以來，視群雄所爲，徒爲民害，張士誠、陳友諒，尤爲巨蠹。士誠恃富，友諒恃强，朕獨無所恃，惟不嗜殺人，布信義，行節儉，與卿等同心共濟。初與二寇相持，士誠尤逼近，或謂宜先擊之。朕以友諒志驕，士誠器小，志驕則好生事，器小則無遠圖，故先攻友諒。鄱陽之役，士誠卒不能出姑蘇一步以爲之援。向使先攻士誠，平江堅守，友諒必空國而來，吾且腹背受敵矣。及北定中原，先山東，次河、洛，止潼關之兵，不遽取秦、隴者，以庫庫特穆爾、李思齊、張思道皆百戰之餘，未肯遽下。急之則併力一隅，猝未易定，故出其不意，反旆而北。燕都既舉，然後西征，張、李望絶勢窮，不戰而克。然庫庫猶力抗不屈，向令未下燕都，驟與角力，則勝負之數未可知也。」

己亥，命設壇，親祭戰没將士。

庚戌，有事于圜丘。

辛亥，詔户部：「籍天下户口，置户帖户籍，有司歲計登耗以聞。及郊祀，中書省以户籍陳壇下，薦之天，祭畢而藏之。著爲令。」

65 乙卯，封中書右丞汪廣洋忠勤伯，弘文館學士劉基誠意伯。封基制詞，比之諸葛亮、王猛云。【考異】封汪廣洋、劉基事，明史本紀系之十一月乙卯。證之功臣表，亦云十一月封，蓋乙卯乃十一月之晦也。惟潛菴史稿移乙卯于十二月之朔，未知何據。按十二年甲申享太廟，此歲除之祭也。若據史稿則十一月小建，據明史則十二月小建，疑所據明曆各不同耳，今從明史。

66 是月，命曹國公李文忠領大都督府事，潁川侯傅友德、延安侯陸仲亨同知都督府事。

67 自吴元年十月至是年十一月，覈計軍士逃亡者四萬七千九百餘，乃下追捕之令，立法懲戒。小旗逃所隸三人，降爲軍。上至總旗、百户、千户，皆視逃軍多寡，奪俸降革。

其從征在外者，加等示罰。

68 十二月，丙辰，上以太廟時享未足以展孝思，命禮官陶凱等議之。凱奏言：「古者宗廟之制，前殿後寢。爾雅：『室有東西廂曰廟，無廂有室曰寢。』廟是棲身之處，故在前；寢是藏衣冠之處，故在後。今太廟祭祀，已有定制。請仿宋建欽先孝思殿于宮中之制，在于乾清宮之左別建奉先殿，奉四代神位衣冠，每日焚香，朔望薦新，節序及生忌日，皆致祭如家人禮。」從之。

甲子，始建奉先殿。

69 戊辰，封行省右丞薛顯爲永城侯。

初，顯從大將軍達取中原，上謂達曰：「薛顯、傅友德，勇略冠軍，皆可當一面之任。」及征山、陝還，上以顯擅殺胥吏、獸醫、火者馬軍及千户吴富，念其功大，勿問。至是面數其罪，封之，勿予券，謫居海南。分其禄爲三：一以贍所殺吴富及馬軍之家，一以給其母妻，令功過無相掩。

70 初，上遣使訪先代帝王陵寢，命各行省具圖以進。禮官考其功德昭著者，凡三十有六。

庚午，詔監書祕丞陶誼等往修祀禮，上親製祝文遣之，並令以時修葺。

71 己卯，賜勳臣田土。

72 壬午，上以日中時有黑子，詔廷臣言得失。自上年十二月甲子日中有黑子，今年九月以後數見之。

先是上疑祭天不順所致，欲增郊壇從祀之神，禮臣以爲漢、唐煩瀆，取法非宜，乃止。至是遂下求言之詔。【考異】明史本紀云，「以正月至是月，日中屢有黑子」，三編同。證之明史天文志，「二年十二月甲子，日中有黑子」，三年九月戊戌、十月丁巳、十一月甲辰並如之。據此，則自去年十二月至本年十一月，黑子凡四見，非月月見也。今據天文志，但書去年十二月黑子見之日分，本年則云「自九月以後數見之」。

73 甲申，享太廟，行家人禮。

74 是月，户部請于陝西察罕諾爾之地置鹽課提舉司，報可。

75 上念大將軍等連年征伐，犯霜露，冒矢石，死生以之，天下既定，宜少休息，詔：「自今或三日或五日一朝，有事則召議之。」

是歲，改司天監曰欽天監，并回回曆入焉。凡設科四：曰天文，曰漏刻，曰大統曆，曰回回曆，置監令少監統之。歲造大統民曆、御覽月令曆、七政躔度曆、六壬遁甲曆、四季天象占驗曆、御覽天象録，各以其時上。其日月交食，分秒時刻，起復方位，先期以聞。

不受。上聞而嘉之，授弘文館學士，與劉基同位。

76 弘文館之設也，會翰林院編修羅復仁自安南還。安南國王遺以金貝土産甚厚，悉却不受。上聞而嘉之，授弘文館學士，與劉基同位。

復仁在上前，率意陳得失，嘗操南音，上顧喜其質實，呼爲「老實羅」而不名。間幸其舍，負郭窮巷，復仁方堊壁，亟呼其妻抱杌奉上坐。上曰：「賢士豈宜居此！」遂賜第城中。尋乞致仕。已，又召至京師，奏減江西秋糧，許之。留三月，賜玉帶、鐵柱杖、裘、馬之等，遣還，以壽終。

77 禮部尚書陶凱，請選人專任東宮官屬，罷兼領之職以專責成。上曰：「古者官不必備，惟其賢，朕以廷臣有德望者兼東宮官，非無謂也。誠慮廷臣與東宮官屬有不相能，遂生嫌隙，江充之事，可爲明鑑。朕今立法，欲令君臣一心，父子一體，庶幾無相搆之患。」

論曰：太祖初立太子，以廷臣李善長等兼東宮官屬。三年，禮部尚書陶凱請建官屬，太祖始以「別設宮僚易生嫌隙」之語告之。予謂以廷臣兼東宮官而遂不置東宮官屬則不可。

夫諭德、贊善、賓客、丞率之屬，其秩不尊，其望不重，以之輔翼太子，各有其職，而諭教非其任也。古東宮官之最貴者，三師、三少而已。然考之大戴保傅篇云：「昔者成王幼，在繦褓之中，召公爲太保，周公爲太傅，太公爲太師。保保其身體，傅傅之德義，師道之教訓。此三公之職也。于是爲置三少，皆上大夫也，曰少保，少傅，少師，此與太子宴者也。」賈誼新書「宴」作「燕」。夫坐而論道，謂之王公。彼三公者，日在王之左右而任之以保、傅、師者。文王世子云：「少傅奉世子以觀太傅之德行而審諭之。」然則三公之于師、保、傅，蓋兼官也，若三少則專官矣，故曰「與太子宴」，謂燕居之地，與太子朝夕居處者也。

今太祖不設三師，但設三少，而三少所兼，自丞相以下，則仍古三公之職，豈能專心于諭教，而反自曠其所司！又況武臣在外，不過被以虛名，何預于東宮之輔導乎！若慮太子監國，别設宮僚，易生嫌隙，則是懲羹而吹虀，因噎而廢食也。厥後雖設詹事院，不過坊局之司及出閤講讀之任，既多兼領，亦無常員，而況秩尊望重，亦非師、保、傅之比。故陶凱請選人專任東宮官屬，意蓋在此。

自太祖立法兼領，于是東宮師傅止爲兼銜及加贈之具文。而自成祖時以姚廣孝爲太子少師，留輔太子，遂爲古制之僅見者。然則凱之請罷兼領，未可因太祖之言而輕訾之也。

78 追贈故廣東肇慶府經歷裴源官加二等。

初，源之任，以公事赴新興，遇山賊陳勇卿，被執，勒令跪，源大罵曰：「我命官，乃跪賊邪！」遂遇害。

79 遣使以平沙漠詔諭外蕃。

是年，占城、爪哇及西洋、瑣里等國皆先後入貢。

明通鑑卷四

紀四起重光大淵獻（辛亥），盡元黓困敦（壬子），凡二年。

江西永寧知縣當塗夏　燮編輯

太祖高皇帝

洪武四年（辛亥、一三七一）

1 春，正月，丙戌，左丞相韓國公李善長致仕。

善長在中書久，明習故事，裁決如流，上巡幸征討，皆命居守。凡朝廷議禮、議律、典章、制度、封建、爵賞，事無巨細，悉委善長與諸儒臣會議行之。

當上之大封功臣也，謂「善長雖無汗馬之勞，然事朕久，給軍食，功甚大。」一時封公者六人，善長位第一，制詞比之蕭何，褒稱甚至。善長外寬和，內多忮刻，比進大國，意稍驕，上亦浸厭之。會善長以疾請，上遂許之。

于是授汪廣洋爲右丞相，胡惟庸爲左丞相。

初，上與劉基論置相，因楊憲，次問廣洋，基曰：「褊淺殆甚于憲。」又問惟庸，基曰：「譬之駕，懼其僨轅也。」比憲誅，上復任廣洋，而惟庸以曲謹當上意，上數稱其才，至是，遂並用之。

2 上遣使諭明昇，欲假道以征雲南。昇不奉詔，又遣吴友仁寇邊，上乃決計討之。

丁亥，命中山侯湯和爲征西將軍，副以江夏侯周德興、德慶侯廖永忠及營陽侯楊璟等，率舟師由瞿塘趨重慶。又命潁川侯傅友德爲前將軍，副以濟寧侯顧時及都督僉事何文輝等，率步騎由秦、隴趨成都。

諸將陛辭，上復召友德諭之曰：「蜀人聞我西征，必悉精鋭東守瞿塘，北阻金牛，以扼我師。若出其不意，直擣階文，門户既隳，腹心自潰。兵貴神速，患不勇耳。」友德頓首受命。

戊子，命衛國公鄧愈赴襄陽督餉以給蜀軍。

3 詔魏國公徐達赴北平訓練軍士，繕治城池，並給守邊將士衣。

4 庚寅，建郊廟于中都。

5 丙申，免浙江諸暨縣水災田租。

6 丁未，詔以天下初定，令直省鄉試連舉三年。自後三年一舉，著爲令。【考異】據明史本紀，「洪武三年，設科取士，」其詳具載選舉志。而志中則但云，「時以天下初定，令各行省連試三年。」證之宋文憲集中會試紀録題辭，言「皇明設科，既詔天下三年一賓興，猶以爲未足，復敕有司自壬子至甲寅，三歲連貢，歲擢三百人；逮于乙卯，始復舊制。」據此，則去年已下三年一舉之令，至此復令連舉三年也。今據本紀下詔年月。

7 戊申，免山西豐州、東勝州、太原府、興縣旱災田租。【考異】明史本紀，「戊申免山西旱災田租。」重修三編，免浙江、山西被災田租目云，「浙江紹興諸暨縣被水，山西豐州、東勝州、太原府興縣被旱，詔免其田租。」又證之潛菴史稿，「是月丙申，諸暨水，蠲田租；戊申，山西旱，蠲田租。」是免浙江田租在丙申，山西田租在戊申也，今分書之。

8 是月，御史臺進擬憲綱，凡四十條。上親加删定，頒給諸臣。

9 二月，戊午，太白晝見。【考異】明史天文志，「二月戊戌，太白晝見。」按戊戌乃三月十四日，（三月乙酉朔，見本紀。）二月無戊戌也。今從潛菴史稿作「戊午」。

10 甲戌，上幸中都。

壬午，至自中都。

11 初，元帝北走，其平章高嘉努固守遼陽山寨，行省參政劉益屯蓋州，與爲聲援。上遣斷事黄儔招諭之，益遂率所部來歸。詔立遼陽衛指揮使司，以益爲指揮同知。

未幾，元平章洪保保、馬彦翬合謀殺益，右丞張良佐、房嵩，復禽彦翬殺之，保保走，依納克楚于金山。良佐因權衛事，執彦翬之黨以獻。上復授良佐爲蓋州衛指揮僉事。

12 是月，蠲太平、鎮江、寧國田租。

13 定中鹽輸米之例：凡納米，各行省諸倉，計道里遠近，自五石至一石有差。其納糧支鹽，則各省布政司及各轉運提舉司稽之，編置勘合底簿，各執其一，比照相符，則如數給與。鬻鹽有定所，鹽與引離，即以私販論罪。

14 始開會試科，以禮部尚書陶凱、翰林院學士潘庭堅爲考官。庭堅以老告歸，至是復召主會試，又以司業宋濂、前貢士鮑恂、學士詹同、吏部員外原本爲同考官。得俞友仁等一百二十人。

凱以禮官主試程文進，御序其簡首，遂爲定例。【考異】是年始開會試，陶凱、潘庭堅爲考官，見明史本傳。又，吴伯宗傳云，「是年成進士，考試則宋濂、鮑恂」，蓋同考官也。證之宋文憲會試紀録題辭，濂、恂之外，尚有詹同、原本，共四人。再證之題辭，則庚戌京畿中式鄉舉七十二人，皆已授官，此時會試，惟十一行省而已。大約一歲一鄉舉之令即定于此時，故是年秋復行鄉舉。而王鳳洲筆記，則云「洪武四年京畿鄉試，吴琳、宋濂爲考官，尋合諸省之士會試」云云，似壬子鄉試在前，而會試反在後。不知會試在春，賜伯宗等進士月日，皆具實録，而壬子鄉試在秋，則文憲自序可證也。今以開科之始，特詳著之。

15 江夏侯周德興、指揮胡海等進兵，取蜀之龍伏隘，進奪覃垕溫陽關。中山侯湯和克歸州山寨，分遣南雄侯趙庸、宣寧侯曹良臣取桑植、容美諸峒蠻。會周德興兵至，合攻覃垕之茅岡寨，克之。

16 三月，乙酉朔，始策試天下貢士，賜吴伯宗等進士及第、出身有差。——伯宗，金谿人。先是詔高麗、安南、占城皆得預鄉會試，至是高麗人金濤亦賜進士。

17 乙巳，魏國公達奏請徙山後民萬七千户屯北平。

18 丁未，誠意伯劉基致仕。

初，基既召還，上屢欲進基爵，基固辭。又欲以基爲相，基辭曰：「臣疾惡太甚，又不耐繁劇，爲之且孤上意。天下何患無才，惟明主悉心求之，目前諸人誠未見其可。」蓋指楊憲、胡惟庸輩也。

憲既誅，上方嚮用惟庸。基遂不安于其位，上賜之歸。手書問天象，基條答甚悉而焚其草，大要言：「霜雪之後，必有陽春。今國威已立，宜少濟以寬大。」時上用法嚴峻，故基及之。

論曰：左傳言齊景公繁于刑，晏子因鬻踊而有「踊貴屨賤」之對，于是一言而齊侯省刑。君子曰：「仁人之言，其利溥哉！」夫利之溥于民，必其言之得于君也。觀太祖懲元寬縱失天下，當時臣下，多以峻法繩之。故元年王忠文之上書也，曰：「上天以生物爲心，春夏長養，秋冬收藏，其間豈無雷電霜雪，然可暫而不可常。若使雷電霜雪無時不有，則上天生物之心息矣。」劉文成之致仕也，上手書問天象，條對而焚其草，大要言：「霜雪之後，必有陽春。今國威已立，宜少濟以寬大。」嗚呼，二公所論，豈非仁人之言哉？ 而卒不能止太祖晚年之誅戮，豈太祖之明反出齊景下哉？ 毋亦狃于其自用者專而虛受之意少也。

觀太祖當日召對元臣，謂「以寬失天下，吾未之聞」，及手書問天象，則謂「元以寬失天下，朕救之以猛」，何其言之相反也！ 蓋爲子孫之遠慮，欲遺之以安强。重以勳舊盈廷，猜嫌易起，而不嗜殺人之志，惜未能始終以之。 若使如二公之言，培養元氣，感召天和，安知不足以弭靖難之變哉！

19 是月，湯和自歸州進次大溪口，楊璟率舟師進攻瞿塘。

初，蜀人聞我師將至，遣僞將莫仁壽以鐵索橫斷瞿塘關口，又遣吴友仁、鄒興等益兵爲助，北倚羊角山，南倚南城寨，鑿兩岸石壁，引鐵索爲飛橋，用木板置礮以拒大軍。璟攻瞿塘，分遣指揮韋權率兵出赤甲山以逼夔州，指揮李某出白鹽山下，逼夔之南岸以攻南城寨，璟自督舟師，與都督僉事王簡出大溪口，皆爲仁壽、友仁等所遏，不得進。于是赤甲、白鹽之師亦退還歸州。

20 閏月，【考異】是年閏三月，明史本紀以無事不書，今據紀事本末及潛菴史稿。命吏部定内監官品秩，自監正令五品以下至七品有差。

上謂侍臣曰：「古之宦豎，不過司晨昏，供使令而已。自漢鄧太后以女主稱制，不接公卿，乃以閹人爲常侍，小黄門通命，自此以來，權傾人主。吾防之極嚴，犯法者必斥去之，履霜堅冰之意也。」

21 以陳修爲吏部尚書。

初，滕毅首掌吏部，佐省臺裁定銓除考課諸法略具，至是修與侍郎李仁詳考舊典，參以時宜，按地衡僻爲設官繁簡。凡庶司黜陟及課功覈實之法，皆精心籌畫，銓法秩然。未幾，卒于官。

22 有吴興人王昇，以事繫獄，其子爲平凉知縣，昇以書託御史幕官宇文桂達之。會刑部搜獄中囚，得其私書以奏。上覽其書，内云：「爲官須廉潔自持。貧者士之常，古人謂貧乏不能存，此是好消息。撫民以仁慈爲心，報國以忠勤爲本，處己以謙謹爲先，進修以學業爲務。暇日宜讀經史並先儒性理之書，見得透徹，則自然思無邪。又熟讀律令，則守法不惑，仕與學蓋未可偏廢。人便則買附子二三枚，川椒一二斤，必經税而后來，餘物非所覬也。」上嘉嘆良久，釋之，旌以金帛，仍復其家。

23 傅友德受征蜀之命，疾馳至陝，集諸軍，聲言出金牛，而潛引兵趨陳倉。選精鋭五千爲前鋒，攀援巖谷，晝夜兼行，自率大軍繼其後。夏，四月，丙戌，直抵階州。蜀守將丁世珍拒戰，【考異】「世珍」，諸書或作「貞」，或作「真」，蓋太祖父名世珍，避諱改也。今仍作「珍」。友德擊敗之，生禽僞將雙刀王等十八人，世珍遁。遂下階州，進兵文州。

蜀人斷白龍江橋以阻我師，友德督兵修橋以渡。至五里關，世珍復集兵拒險。都督同知汪興祖躍馬直前，中飛石死。友德奮兵援擊，破之，世珍復遁。己丑，克文州。

24 庚寅，上以湯和等伐蜀三月，未得捷報，復命永嘉侯朱亮祖爲右副將軍，率師助之。

25 乙未，廣德侯華高卒。

高性怯，且無子，請得宿衛。有所征討，輒稱疾不行。令練水師，復以不習辭。上以故舊，優容之，時諸勳臣多出行邊，惟高不遣。最後繕廣東邊海城堡，高請行，上曰：「卿復自力，甚善！」至是事竣，行至瓊州卒。

初，有言高殖利者，故歲禄獨薄，及卒，貧不能營葬，上始悟而憐之，命補支禄三百石。以無子，納誥券墓中，贈巢國公，謚武莊。官其從子岳指揮僉事。

26 丁酉，傅友德下青川杲陽關，遂渡白水，分兵徇江油、彰明，皆下之。辛丑，克龍州。【考異】實録作「隆州」，今據三編改，詳下。

癸卯，遂趨綿州，遣都督僉事藍玉夜襲蜀將向大亨營，友德自率精鋭繼其後。俄大風起，諸軍乘風縱擊，大破之，大亨走渡漢水，遂克綿州。

時蜀人雖失階、文，猶恃漢水爲固，于是戴壽、吴友仁等亟分瞿塘之兵以援漢州，保成都。友德軍至漢江，水漲，不得渡，伐木造戰艦百餘艘。成都大震。

27 戊申，太白晝見。

28 五月，友德戰艦成，將渡漢，欲以軍事達湯和，乃削木爲牌數千，大書克階、文、龍、綿日月投漢水，順流而下，蜀守將見者皆解體。【考異】克階、文、龍、綿日月，皆見洪武實録。惟實録誤龍州爲隆州，明史疑之，故友德傳但云克階、文、綿日月而已。三編質實謂蜀之隆州有三，皆非階、文入蜀之道。蓋龍州即今龍安府，實録誤「龍」爲「隆」耳。友德由階、文而擣江油，趨綿州，則龍州爲必經之路，今據書之。

己卯，友德舟師逼漢州，蜀守將向大亨悉兵陣于城下，友德選驍將擊敗之。會瞿塘之援兵至，友德乃激厲諸將曰：「戴壽等勞師遠來，聞大亨破，已膽落，無能爲也。」自率師迎擊壽等，大敗之。

29 是月，免江西、浙江秋糧。

30 以詹同爲吏部尚書，諭之曰：「吏部者，衡鑑之司，鑑明則物之妍媸無所逃，衡平則物之輕重得其當。蓋政事得失在庶官，任官賢否由吏部。任得其人則政理民安，非其人則瘝官曠職。卿等居持衡秉鑑之任，宜在公平以辨賢否，毋但庸庸碌碌，充位而已。」

31 上與廷臣論刑罰，御史中丞陳寧曰：「法重則人不輕犯，吏察則下無遁情。」上曰：「不然。法重則刑濫，吏察則政苛。鉗制下民而犯者必衆，鉤索下情而巧僞必滋。夫壘石之岡，勢非不峻，而草木不茂；金鐵之溪，水非不清，而魚鱉不生。古人立法置刑，以防惡衛善，故唐、虞畫衣冠、異章服以爲戮而民不犯，秦有鑿顛、抽脅之刑，參夷之誅，而囹圄成市，天下怨叛，所謂法正則民慤，罪當則民從。今施重刑而又委之察吏，則民無所措手足矣。朕聞帝王平刑緩獄而天下服從，未聞用商、韓之法可致堯、舜之治也。」寧慚而退。

32 六月，壬午朔，太白晝見。

33 傅友德克漢州，戴壽、向大亨等走成都。臨江侯陳德追擊，又敗之，獲其卒三千餘人，馬三百匹。吳友仁走古城，友德乃以顧時守漢州，自率大兵追之，大敗其衆，禽僞宣慰胡孔彰等，友仁遁還保寧。

維時湯和尚滯留大溪口，上聞友德捷書至，大悅。又恐和以逗留緩事，復諭之曰：「傅將軍冒險深入，連克數城，蜀已無險可恃。此時正宜水陸並進，使其首尾受敵，將軍抑何怯也！」和得書，猶豫未決。

會德慶侯廖永忠舟師至，偵知戴壽等已撤其精兵西救，其留守瞿塘者，皆老弱也。戊子，永忠率所部先發，自白鹽山伐木開道，由紙牌坊溪徑趨舊夔府，蜀守將鄒興、飛天張等迎戰。永忠分軍爲前後陣，鋒既交，出後軍，兩翼夾擊，大敗興等。

辛卯，至瞿塘關，飛橋鐵索，橫亘關口；山峻水急，舟不得進。永忠乃密遣壯士數百人，持糗糧水筒，舁小舟，踰山度關，出其上流。蜀山多草木，令將士皆衣青蓑衣，魚貫走崖石間，度已至，乃率精鋭出墨葉渡。夜五鼓，分兩軍攻其水陸寨，水軍皆以鐵裹船頭，置火器而前。黎明，蜀人始覺，盡鋭來拒，永忠先破其六寨。會將士舁舟出江者，一時俱發，上流揚旗鼓譟而下，遂會下流之師前後夾擊，大敗蜀軍，鄒興中流矢死。乃乘勝焚三橋，斷其橫江鐵鎖，禽僞同僉蔣達等八十餘人，飛天張遁走，遂克夔州。

明日，湯和始至。永忠與之分道，和率步騎，永忠率舟師，約會重慶。

[34] 友德之下文州也，留指揮朱顯忠守之。僞將丁世珍既遁，復搆蠻寇數萬來攻。文州城中食且盡，援兵不至，或勸之走，顯忠叱曰：「爲將守城，與城存亡，豈有求活將軍邪！」戊戌，世珍攻之急，自旦至莫，顯忠裹創力戰，卒不支，城陷，死之。千户王均諒被執，不屈，蜀人磔之于文州東門。士卒從顯忠守者七百餘人，城破，存者僅百餘人。友德

遣兵來援，世珍棄城走。

事聞，贈卹有差。

35 廖永忠舟師直擣重慶，沿江州縣望風送款。次銅鑼峽，明昇大懼，其右丞劉仁勸奔成都，昇母彭泣曰：「成都可到，亦僅延旦夕命耳。今大軍所至，勢如破竹，不如早降以活民命。」于是昇遣使納款于永忠。永忠以和未至，辭不受。

癸卯，湯和至重慶，永忠駐師朝天門外。昇面縛銜璧，與母彭及劉仁奉表詣軍門。和受璧，永忠解縛，承制撫慰。下令禁侵掠，並招諭戴壽、向大亨，令兩家子弟持書往成都，趣之降。時朱亮祖之兵亦至焉。

36 戊申，倭寇温州。【考異】明史本紀作「膠州」。證之日本傳，言「是年掠温州，五年遂寇海鹽、澉浦及福建濱海郡縣。」又據潛菴史稿，「五年五月，寇海鹽，六月，指揮毛驤敗倭寇于温州，八月，倭寇福寧。」與傳中浙、閩郡縣之語合，蓋紀中「膠」字誤也。

37 是月，魏國公達徙山後民三萬五千八百户散處北平衛府籍，爲軍者給衣糧，爲民者給田以耕，又徙沙漠遺民三萬二千餘户屯田北平，凡前後置二百五十四屯，墾田一千三百餘頃。

38 命禮部尚書陶凱與吏部尚書詹同定宴享九奏之樂：一曰本太初，二曰仰大明，三曰民初生，四曰品物亨，五曰御六龍，六曰泰階平，七曰君德成，八曰聖道行，九曰樂清寧。

先是上厭前代樂章率用諛詞以爲容悅，甚者鄙陋不稱，乃命凱等更製其詞。詞成，命協律者歌之。謂侍臣曰：「禮以導敬，樂以宣和，不敬不和，何以爲治！元時古樂俱廢，惟淫詞艷曲，又雜以北方之音，甚者以祀典神祇飾爲隊舞，諧戲殿廷，殊非所以道中和，崇治體也。自今一切流俗喧嘵淫褻之樂，悉屏去之！」

39 上御奉天門，謂詹同曰：「論行事于目前，不若鑒之于往古。卿儒者，宜知古先帝王爲治之道，試爲朕言之！」同對曰：「古先帝王之治，無過于唐、虞、三代，可以爲法。」上曰：「三代而上，治本于心；三代而下，治由于法。本于心者，道德仁義，其用爲無窮；由于法者，權謀術數，其用蓋有時而窮。然爲治者違乎道德仁義，必入于權謀術數，故擇術不可不慎也。」

40 秋，七月，辛亥朔，詔魏國公達練兵山西。

41 辛酉，傅友德下成都。

先是戴壽、向大亨等退守成都，聞大軍至，以象載甲士，列于陣前拒戰。友德令前鋒以强弩火器衝之，身中流矢，不退，督將士殊死戰。象反走，壽等兵躪藉死者甚衆。會明昇降報至，壽等得書，知其家室皆無恙，乃率所部請降。友德整軍自東門入，得士馬三萬。分兵會朱亮祖，徇州縣之未附者。壬戌，僞崇慶知州尹善清拒戰，擊斬之。判官王桂華率父老降。

友德之復文州也，丁世珍復遁，率餘黨寇秦州，攻圍五十餘日。城中食盡，括牛畜以食軍，友德調兵往援，擊走之。

世珍逃竄山谷間，自以屢拒官軍，殺傷者多，懼不敢出。夜，宿梓潼廟中，爲帳下小校所殺。及蜀平，小校赴京言狀。上曰：「小校殺本官，非義也。」不賞。

42 是月，以方克勤爲濟寧知府。

克勤，寧海人，元末避亂山中。上即位之二年，辟縣訓導，以母老辭。至是徵至京師，吏部試第二，遂授是職。

時中原初定，詔民墾荒，閱三歲乃稅。吏徵率不俟期，民以詔旨不信，輒棄去，田復荒。克勤與民約稅如期，區田爲九等，以差等徵發，吏不得爲奸，野以日闢。又立社學數百區，葺孔子廟堂，教化興起。盛夏，守將督民夫築城，克勤曰：「民方耕芸不暇，奈何重困之畚鍤！」請之中書省，得罷役。先是久旱，遂大澍。濟寧人歌之曰：「孰罷我役？使君之力。孰活我黍？使君之雨。使君勿去，我民父母。」視事三年，户口增數倍，一郡饒足。

克勤爲治，以德化爲本，不善近名，嘗曰：「近名必立威，立威必殃民，吾不忍也。」自奉簡素，一布袍十年不易，日不再肉食。時上用法嚴，士大夫多被謫，過濟寧者，克勤輒周恤之。

43 置遼東衛指揮使司，以馬雲、葉旺爲都指揮使。上以劉益之變，納克楚方據金山未附，特命雲等備之。

黄儔奉使至金山，納克楚留之不遣，已而被殺。雲等由登、萊渡海，駐兵金州，招降元參政葉廷秀，擊走平章高嘉努，舊作家奴。遂進至遼東，繕兵完城。

上復遣都督僉事仇成鎮遼東，靖海侯吴禎率舟師由登州餉運給邊軍。

44 八月，甲午，免中都、淮、揚及泰、滁、無爲等州田租。

45 江夏侯周德興，會潁川侯傅友德之師合攻保寧。庚子，克之，執吴友仁送京師。先是上聞全蜀已平，惟保寧未下，復以書責中山侯湯和，至是始克之。于是蜀地悉定。

46 湯和送明昇等至京師，其臣戴壽、向大亨，行至夔峽，皆鑿舟自沈死。

昇既至，廷臣請如孟昶降宋故事，上曰：「昇幼弱，事由臣下，與昶異。」詔免其伏地上表待罪之儀。尋授昇歸義侯，賜第京師。

上以吴友仁首造兵端，致明氏失國，命戮于市。其餘將校，皆徙戍徐州。【考異】明史本紀書明昇至京師于七月乙丑。按六月癸卯克重慶，癸卯去乙丑僅二十二日，不應如是之速，蓋據其發自重慶之月日。故紀事本末、皇明通紀皆系至京師于八月，今從之。

47 己酉，振陝西饑。

48 高州海寇作亂，通判王名善戮其酋何均善。未幾，均善黨羅子仁等率衆潛襲州城，執名善，不屈死。踰年，雷州千户黄青討平之。【考異】據明史本紀，記「海寇作亂，通判王名善死之。」證之忠義傳，名善被殺在洪武五年，紀蓋據其作亂之年月，牽連並記耳。傳言「海寇何均善爲名善所戮，明年，其黨羅子仁率衆入城，執名善，不屈死。」至海寇之平，據潛菴史稿，雷州千户黄青討平之，亦類記於是年八月下。今從之，仍據傳書其顛末。

49 是月，謫國子司業宋濂安遠縣。

先是濂遷國子司業，會京師修文廟，爰命禮官儒臣釐正祀典。

濂乃上孔子廟堂議曰：【考異】宋濂議禮，據明史禮志及王圻續文獻通考、孫氏春明夢餘録，皆在四年。證之鄭楷宋文憲行狀，言「三年十二月授國子司業，四年八月謫安遠縣知縣」，是上廟堂議當在是年春夏間。今據狀中謫安遠之月，而敍議祀典事于其下。「世之言禮者，皆取法孔子。不以古禮祀孔子，是褻禮也。

古者先師位皆東向，漢章帝幸魯祀孔子，帝西向再拜。唐開元禮，先聖東向，先師南向，三獻官西向，猶古意也。今襲開元二十七年之制，遷神南向，失神道尚右之義矣。

古者木主棲神，天子諸侯，廟皆有主。大夫束帛，士結茅爲菆，無像設之事。開元禮設先聖神座于堂上兩楹間。今因開元八年之制，摶土而肖像焉，失神而明之之義矣。

禮記：『凡始立學者，必釋奠于先聖、先師。』所謂先師者，若漢禮有高堂生、樂有制氏、詩有毛公、書有伏生之類。古之學者，非其師弗學，非其學不祭。學校既廢，天下莫知所師。孔子集群聖之大成，顔、曾、思、孟實傳其道，尊之以爲先聖、先師而通祀于天下，固宜。若七十二子，止于國學祀之，庶弗悖禮意。開元禮，國學祀先聖孔子，以顔子等七十二賢配，諸州惟祀顔子。今以荀況之言性惡，揚雄之事王莽，王弼之宗老、莊，賈逵之忽細行，杜預之建短喪，馬融之黨權勢，亦厠其中，吾不知其何説也。

古者子雖齊聖，不先父食，故禹不先鯀，湯不先契，文、武不先不窋。宋祖帝乙，鄭祖厲王，猶尚祖也。今回、參、伋坐饗堂上，而其父列食于廡間，顛倒彝倫，莫此爲甚，吾不知其何説也！

古者士見師，以菜爲贄，故始入學者，釋菜以禮先師，其學官時祭皆釋奠。今專用春秋，非矣。釋奠有樂，釋菜無樂，是二釋之重輕，以樂之有無也。今襲用魏、晉律，所制大成樂，乃先儒所謂亂世之音，可乎哉？

古者釋奠釋菜，其儀注雖不可考，然開元禮仿佛儀禮饋食之節，三獻皆有飲福及尸酢主賓之儀。今憚其煩，惟初獻行之，可乎哉？他如廟制之非宜，冕服之無章，器用雜乎流俗，升降昧乎左右，此類甚多，不可枚舉。若乃建安熊氏欲以伏羲爲道統之宗，神農、黄帝、堯、舜、禹、湯以次而列，其臣若稷、契、臯陶、伊尹、太公、周公以及傅説、箕子之等，皆天子公卿之師式，秩祀太學，禮亦宜之。若孔子實兼祖述憲章之任，宜通祀于天下。」

議上，上以舜、禹、湯、文不宜祀于國學，不悦，遂坐不以時奏，謫知安遠縣。其後助教貝瓊希旨，作釋奠解駁之。

時祭酒魏觀亦被謫。而同時翰林院待制王禕，亦著孔廟從祀議。謂：「荀況之言性惡，揚雄之事新莽，何休注公羊而黜周王魯，王弼注易而專尚清虚，如此之等，猶在祀列，何以在漢獨遺董仲舒，在唐獨遺孔穎達？至如宋之范仲淹、歐陽修、真德秀、魏了翁，元之吴澄，凡此七人，並宜從祀，用以蒐累代之曠典，昭萬世之公議。」又謂：「顔、曾、思父子，配位倒置，不免春秋逆祀之譏，亟宜釐正。天下之禮，有似緩而實急，似輕而實重者，名教所關，不可不慎。」其語多與濂合。

厥後上置國子監，先聖改用木主，卒從濂議。其他所論，後代之議禮者率多宗之。

論曰：據孫氏春明夢餘録所載文憲議考祀孔子之全文，所謂伏羲以下祀于太學者，乃其緒餘之論，非正指也。蓋洪武二年，有「孔廟春秋釋奠止行于曲阜，天下不必通祀」之詔，時尚書錢唐伏闕上疏争之，不聽。文憲知上浸厭儒臣，不得不將順其意而爲之詞。前言「七十二子止祀于國學」，與後言「伏羲以下祀于太學」，其意並同。言此等祀典，即不通行天下，未嘗不可，而孔子則天下所必當通祀者，與錢唐傳中所載程徐之疏，大略相似。徐言「堯、舜、禹、湯、文、武，皆聖人也。然發明三綱、五常之道，儀範百王，師表萬世，則孔子之力。天下祀之，非祀其人，祀其教也。」凡此皆重在祀孔子。況疏中列最後一條以存或説，夢餘録所引後一條作「或曰」。太祖偶摘其數語，以爲君師不必並祀，而貝瓊釋奠之駁遂斥爲邪説，豈非希旨乎！

夫七十二子不必祀于國學，以荀況、揚雄之輩雜置妄列，與其務多，不如貴少也。祀伏羲以下于太學，所以明帝王之尊非府州縣所得祀也，而以爲邪説，是肆意詆誣也。後之閲此疏者，未嚌其胾，而拾其殘膏賸馥以爲文憲病。試取其全文讀之，謂像設之非宜，則洪武十五年置國子監，文廟改用木主，已從其言矣。謂荀況、揚雄等之不宜從祀，孔、顔、曾之父不宜坐于堂下，則當時王忠文亦持此議。及洪武二十九年，行人揚砥請罷揚雄從祀，詔從之。而其後嘉靖議禮，悉竊取其説以正祀典之非。然則文憲此疏，誠一代議禮之宗，而惜其不能得之于開創之英主也！

濂之被謫也，時翰林院應奉唐肅亦先後免官，未幾，謫戍濠梁。傳聞上一日御奉天門外西鷹房，觀外國所獻海東青，敕儒臣應制賦詩，濂七步成，有「自古戒禽荒」語。上曰：「朕偶玩之耳，不甚好也。」濂曰：「亦當防微杜漸。」肅亦呈一絶句，有「詞臣不敢忘規諫，却憶當年魏鄭公」語，上不懌而起。【考異】此據姚福青溪暇筆，所云觀海東青及與濂應制賦詩之語，皆肅自記于詩後。明史濂傳所謂「奉制詠鷹」，但據其家狀中語，不如肅同在應制中所記爲得其實。至傳言「上忻然以爲善陳」，亦狀中歸美君德之辭。而據肅所記，則二人之詩，皆太祖所不懌而見之詞色間，故濂之謫，但云「議禮不以時奏」，而肅之免，則因疾失朝，皆藉微罪以斥之。證之明史文苑傳，肅以洪武三年修禮樂書，其秋京畿鄉試，爲分考官，尋免歸，是其在濂被謫之先後可知矣。據弇州所記，庚戌京畿鄉試，並無肅名，惟辛亥會試充對讀而已，未知明史何據也。今以此二詩有關規諷，因類敘于宋濂議禮被謫之後。

50 九月，庚戌朔，日有食之。

51 置行中書省于成都，改成都、重慶等路皆曰府，命曹國公李文忠經理蜀事。文忠以成都舊城卑隘，增築新城，規模略備。

時湯和駐兵重慶，傅友德駐兵保寧，各招輯番、漢民人及明氏潰卒來歸者，皆籍之爲軍，分駐諸郡要害。丙子，置成都四衛及保寧守禦千户所，調濠梁等衛官軍守之。

52 丁丑，詔州縣始設糧長，以田多者爲之，督其鄉賦税。糧以萬石爲率，設長、副各一人，輸以時至得召見，語合輒擢用。

其後官軍兑運，糧長不復至京師，在州里頗爲民害。其孱弱者復爲勢豪所淩，至有鬻産以償逋負者，民頗苦之。

53 是月，以端復初爲刑部尚書。

復初，溧水人，端木氏之後裔。時爲刑部磨勘官，案牘填委，鉤稽無遺，上嘗廷譽之。性嚴峭，人不敢干以私。一時僚屬多以貪敗，復初獨守清白得免，至是遂超拜尚書。會杭州飛糧事覺，逮繫百餘人，復初用法平允，治其尤者，人皆服之。【考異】潛菴史稿，「復初」作「以善」。證之明史本傳，以善，字復初，蓋其始以字行，故史家兩稱之。

54 冬，十月，丙申，中山侯湯和等自蜀班師還。

55 十一月，丙辰，有事于圜丘。

禮官奏定：「先祭六日，百官沐浴宿官署，翼日，朝服詣奉天殿丹墀受誓戒。丞相以祀期徧告百神，復詣各祠廟行香。次日，駕詣仁祖廟告配享。」又定「天子親祀齋五日，遣官代祀齋三日，降香齋一日。」

56 庚申，詔：「自今官吏有犯贓者，罪勿貸。」

57 是月，免河南、陝西被災田租。

58 初命大將軍徐達等出備邊塞。

上詔諸將各以便宜上方略，時淮安侯華雲龍奏言：「北平邊塞，東西遼闊，其衝要處宜設屯兵。又，紫荆關及蘆花山嶺尤要害，宜設守户于禦所。」皆從之。尋又詔山西設戍兵，凡七十三隘。

是月，雲龍行邊至雲州，襲元平章僧嘉努于牙頭，突入其帳，禽之，盡俘其衆。至上都大石崖，攻破劉學士寨，擊敗魯爾舊作驢兒。國公于高州、武平，追至漠北。自是元兵無敢内犯者。又遣人招諭元惠王、儲王、宗王子等皆來降。

59 十二月，丙戌，華雲龍遣人送元惠王布都布哈舊作伯都不花。等至京師，上命賜第宅衣物，並月給錢米贍之。

60 辛卯，賞平蜀將士。

上以湯和逗留大溪口，聞友德連克數城始進，而永忠已先發，直擣重慶，故手製平蜀文有「傅一廖二」之語，各賞白金二百五十兩，彩緞二十表，獨不及和。又以楊璟討瞿塘無功，趙庸中道而返，朱亮祖至亦稍遲，又擅殺軍校，皆不賞。惟周德興平蠻有功，保寧之役，乘勝先趨，而水陸兩路之師始合，自傅、廖二將外，無與比者，故賞亦及之。

61 是月，漢中府知府費震，坐事逮至京師。

震，鄱陽人，以賢良徵，爲吉水知州，有惠政。擢守漢中，歲凶多盜，震發倉粟十餘萬石貸民，約以秋成收還。盜聞，皆來歸，鄰境民亦爭赴之，震令占宅，自爲保伍，籍之得數千家。上聞其事，曰：「此良吏也，宜釋之以爲牧民者勸。」越二年，設寶鈔局提舉司，擢震任之。設寶鈔提舉在七年。

62 是歲，處士陳遇召對于華蓋殿。

遇先世曹人，徙居建康，沈粹博雅，精象數之學。元季爲温州府教授，棄官歸隱。上渡江，克集慶，以秦從龍薦，發書聘至，與語大悦，遂留參密議，日見親信。屢授供奉及翰林學士，皆辭。上即位之三年，奉詔至浙江廉察民隱，還，賜金帛，除中書左丞，又辭。至是復召對，賜坐，命草平西詔。授禮部侍郎兼弘文館學士，復辭。西域進良馬，遇引漢故事以諫，上嘉納之。累除太常少卿及禮部尚書，皆不受，上沈吟良久，從之，自是不復强以官。尋又欲官其子，遇曰：「臣二子皆幼，學未成，請俟異日。」上亦弗强也。數臨幸其第，語必稱先生，或呼爲君子。後卒，賜葬鍾山。

同時又徵餘姚王綱，以劉基曾薦之也。

綱有文武才，最善基，常語曰：「老夫樂山林，異時得志，勿以世緣累我！」基卒薦之。時綱七十，齒髮神色如少壯，上異之，策以治道，擢兵部郎。潮民弗靖，除綱廣東參議，督兵餉，歎曰：「吾命盡此矣！」以書訣家人，攜子彥達行。單舸往諭，潮民叩首服罪。還，抵增城，遇海寇曹真，截舟羅拜，願得爲帥。綱諭以禍福，不從，遂大罵，遇害。彥達時年十六，罵賊求死，賊黨欲並殺之。其酋曰：「父忠子孝，殺之不祥。」乃舍之。彥達綴羊革裹父尸出。御史郭純以聞，詔立廟死所。彥達以蔭得官，痛父，終身不仕。

63 召寧國知府陳灌至。

灌，廬陵人，元季盜起，率武勇結屯自保，一鄉賴以保全。上平武昌，灌詣軍門謁見，與語，奇之。累遷大都督府經歷，從大將軍達北征。尋命泰州築城，工竣，除守寧國。時天下初定，民棄詩書久，灌建學舍，延師教授。又訪問疾苦，禁豪右兼并，創户帖以便稽民，上取其式頒行天下。至是以治最召至京師。尋病卒。【考異】陳遇、陳灌、王綱三人之召，據明史本傳，皆在是年。遇以至正十六年秦從龍之薦，遂見太祖，其後屢授官皆辭，是年復召之，故仍書處士也。綱則據忠義傳，並其廣東殉難事牽連記之。

64 安南、高麗及浡泥、暹羅、三佛齊等國，皆以是年先後來貢。惟日本王良懷，以奉詔詰責，始于十月遣其臣僧祖等奉表貢方物，上宴勞有加，遣人護送回國。而倭人叛服不常，尋復入寇，上乃詔靖海侯吳禎練兵海上以備之。

五年（壬子、一三七二）

1 春，正月，癸丑，遣翰林院待制王禕使雲南。

初，元世祖封其子和克齊舊作忽哥赤。爲雲南王，和克齊死，封其子松山爲梁王。至正間，巴咱爾斡爾密舊作把匝剌瓦爾密。嗣位，鎮雲南。大都不守，元帝北去，王歲遣使自塞外達帝行在，執臣節如故。蜀平，天下大定，上以雲南僻遠，不欲煩兵。會王所遣漠北使者蘇成爲北平守將所獲，送至京師，上乃遣禕齎詔偕成往，招諭之。

禕至滇，勸梁王：「亟宜奉版圖，歸職方，不然，天兵且旦夕至。」王不聽，館之別室。他日，又諭曰：「朝廷以滇中百萬生靈，不欲殲于鋒刃。若恃險遠，抗明命，龍驤鷁艫，會戰昆明，悔無及矣！」王駭服，爲之改館。【考異】據明史本紀，言「禕使雲南不屈死」，此牽連並記耳。證之禕傳，禕死在六年十二月，傳中並敘其死之月日，云「時十二月二十四日也」，蓋據禕子紳所撰滇南慟哭記。今分書之。

2 乙丑，徙陳理、明昇于高麗。

時有告理等怨望，上曰：「彼童孺耳，言語小過不足問，但恐爲小人蠱惑，不能保始終。宜徙之遠方，則隙無自生矣。」

3 賜魏國公徐達、曹國公李文忠、宋國公馮勝交趾弓五十、彤弓百。

4 上以元庫庫特穆爾數爲邊患，議大征之。甲戌，【考異】潛菴史稿作「庚午」，今據明史本紀。命徐達爲征虜大將軍，出雁門，趨和林，李文忠爲左副將軍，出應昌，馮勝爲征西將軍，取甘肅，分道並發。命靖海侯吳禎督海運餉遼東軍士。

是日，又授衛國公鄧愈爲征南將軍，江夏侯周德興、江陰侯吳良副之，分道討湖南、廣西峒蠻。

5 是月，置親王護衛。每王府設三護衛指揮使司，衛設左、右、前、後、中五所，所千户二人，百户十人。又設圍子手二所，所百户一人。

6 二月，丙戌，安南陳叔明弑其主日煃而自立，懼討，遣使入貢以覘朝廷意。至京師，主客曹受其表，將上，主事曾魯，取副封視之，白尚書，詰使者曰：「前王日煃，今何驟更名？」使者不敢諱，具言其實。上曰：「島夷乃狡獪如此邪！」命却其貢。叔明懼，復遣使謝罪，乃命姑以前王印視事。

上由是重魯，問丞相：「魯何官？」以主事對，即日超六階，授禮部侍郎。

7 辛卯，始置茶馬司。

先是户部奏言：「陝西、四川，産茶甚旺，宜設官收税，十取其一以易番馬。」從之。詔有司定税額，設茶馬司于秦洮、河雅諸州，自碉門、黎雅抵朵甘、烏斯藏行茶之地，凡五千餘里。于是西方諸部落之市馬者悉至。

8 三月，魏國公達師抵山西境，遣都督藍玉爲前鋒，出雁門，敗元游騎于野馬川。丁卯，復敗庫庫于圖拉河。舊作土剌。

9 應天府請役京民運輸官物，上不許，曰：「京民自開國以來，勞費倍于外郡，今兵革漸息，正宜以時休養。」命免其役。未幾，又賜京民絹，户一匹。

10 壬申，高麗王顓遣使賀平蜀，且請遣子弟入國子學。上曰：「入學固美事，但涉海遠，不欲者勿强。」

時高麗貢獻數至，元旦及聖節皆遣使朝賀，泛海失風，多溺死者。上憫之，詔中書省臣曰：「古諸侯之禮，三年一聘。高麗貢獻繁數，既困斂其民，復虞海風覆溺，其令今後三年一貢，貢物惟所産，毋過侈。可明諭國王，使知朕意。」

11 是月，以吴雲爲刑部尚書。——雲，宜興人。

12 夏，四月，己卯，振濟南、萊州饑。

13 戊戌，詔禮部：「奏定鄉飲酒禮儀，命天下有司學官率其鄉士大夫之老者行之學校。著爲令。」

14 庚子，征南將軍鄧愈至澧州，討散毛等三十六峒蠻，悉平之。

15 五月，元庫庫自圖拉河遁，後與賀宗哲合，兵復振。

壬子，徐達親率大軍至嶺北，庫庫拒戰，大敗，我師死者數萬人。達固壘自衛，故徹侯功臣無死者，上以其功大，勿問。

然益思劉基言，語晉王曰：「吾用兵未嘗敗北。今諸將自請深入，敗于和林，輕信無謀，致多殺士卒，不可不戒！」

16 癸丑夜，中都雨雹，大如彈丸。戒將士嚴備不虞。

17 戊午，有事于方丘。

上祭畢還宮，以天久不雨，令后妃以下皆素食。

18 詔曰：「天下大定，禮儀風俗，不可不正。諸遭亂爲人奴隸者，復爲民；凍餒者，里中富室振貸之；孤寡殘疾者，官養之毋失所。鄉黨論齒，相見揖拜，毋違禮。昏姻毋論財。喪事稱家有無，毋惑陰陽拘忌，久停不葬。禁僧道齋醮，雜男女，恣飲食，違者有司嚴治之。禁閩、粵豪家毋閹人爲火者，犯者抵罪。」

19 是月，宋國公馮勝率潁川侯傅友德出西道，次蘭州。友德率驍騎五千，直趨西涼，敗元將失剌罕。追至永昌，又敗元岐王多爾濟巴勒舊作朵兒只班。于和囉噶口，舊作忽剌罕口。獲其輜重驢馬。進次索琳山，舊作掃林。與勝兵會，擊走元將，友德手射殺其平章布哈，降太尉鎖納爾等。舊「爾」作「兒」。

20 六月，丙子朔，上以唐、宋女謁過多，嬖寵致禍，乃詔定宮官女職之制。設六尚局，曰尚宮，尚儀，尚服，尚食，尚寢，尚功，皆六品。又詔工部造紅牌，鐫戒諭后妃之詞，懸于宮中。並申定宦官禁令。

21 戊寅，馮勝等至甘肅，元將上都魯舊作「驢」。率所部民八千三百餘户詣軍門降。勝撫輯其民，留官軍守之。進至額濟訥路，舊作亦集乃。元守將巴顏特穆爾亦降。次賓都山，舊作別篤。元岐王多爾濟巴勒遁去，獲其平章昌嘉努舊作長加奴。等二十七人及馬駝牛羊無算。友德復引兵至瓜沙州，敗其兵將，獲金銀印及馬牛二萬而還。于是甘肅悉平。

是時三道之兵，惟勝等以全勝聞。會有言勝在軍私匿駝馬者，賞遂不行。

22 甲申，太白晝見，至丁亥凡四日。

23 壬寅，征南副將軍吴良出靖州，討會同峒蠻，遂以次平五開、古州之地，凡二百二十三峒，籍其民一萬五千，收集潰散士卒四千五百餘人。

24 癸卯，指揮毛驤敗倭寇于温州。

25 甲辰，左副將軍李文忠破元兵于鄂爾坤河。舊作阿魯渾。

初，文忠出師，率都督同知何文輝等由東道出居庸，趨和林。行至口温，元兵遁走，獲其牛馬輜重。遂進次臚朐河，諭將士曰：「兵貴神速，宜乘勝追之。」乃令部將韓政守輜重，自率大軍，人齎二十日糧，兼程而進。至圖校河，元太師曼濟、舊作蠻子。哈剌章覘知之，悉衆渡河，列騎以待。文忠引兵薄之，敵稍却。復進至鄂爾坤河，敵兵益衆，我師敗績，宣寧侯曹良臣與指揮周顯、常榮、張耀俱戰没。【考異】據明史本紀，但書「宣寧侯曹良臣戰没」，潛菴史稿同。證之李文忠傳，言「是役也，兩軍勝負相當，而宣寧侯曹良臣、指揮使周顯、常榮、張耀俱戰没，以故賞不行。」按明史，顯以下三人皆附良臣傳，重修三編據以補入目中，今從之。——榮，開平王遇春之再從弟也。

文忠馬中流矢，急下馬，持短兵接戰，從者劉義直前奮擊，以身蔽文忠。指揮李榮見事急，以所乘馬授文忠，自奪敵騎乘之。文忠策馬更進，士卒皆殊死戰，敵始敗走。逐北至青海，舊「青」作「稱」。敵兵復大集，文忠乃斂兵據險，椎牛饗士，又縱所獲馬畜于野。敵疑有伏，始稍稍引去，文忠亦引兵還。夜，迷失道，行至僧格爾瑪，舊作桑哥兒麻。乏水，喝死者甚衆。文忠默禱于天，忽所乘馬跑地長鳴，泉水涌出，三軍俱給。

是役也，濟寧侯顧時與文忠分道出沙漠，糧盡遇寇，士卒罷不能戰，時奮勇，獨引麾下數百人躍馬大呼，軍復大振，遂破敵，掠其牛馬還。

26 乙巳，上以功臣多恃鐵券犯法，奴僕殺人者匿不以聞。乃詔工部作鐵榜，戒以保全終始之道。又頒律令于各衛，「禁止軍官軍人不得私接受公侯所與信寶、金銀、段匹、錢物，及非出征不得於公侯之家門首侍立，其公侯，非奉特旨不得私自呼喚軍人役使，違者俱論罪。」

27 是月，定六部職掌及歲終考績之法。

28 振山東、陝西饑。

時山東高唐、濮二州及聊城、堂邑、朝城等縣饑，上命吏部尚書趙翥堅往振之。又命以米六萬六千餘石振萊州、東昌，並蠲登、萊二州逋租及今年夏麥。又命振陝西慶陽府安化、合水、環三縣饑。

28 秋，七月，丙辰，中山侯湯和，從大將軍出塞征陽和，遇元兵于斷頭山，敗績，處州指揮章存道死之。

初，存道率所部鄉兵浮海至京師，上褒諭之，命從馮勝北征。元都既平，復從徐達西征，留守興元，敗吳友仁入寇之師，再守平陽，皆有功，至是戰没。【考異】明史本紀記斷頭山敗績，不及死難之人。證之湯和傳，亦但云「是月亡一指揮」，不言指揮何人。惟潛菴史稿及重修三編，書「指揮同知章存道死之」。存道，章溢子，事見溢傳，今據傳敘入。

29 壬戌，京師風雨，地震。

30 是月，李文忠俘送故元官屬子孫及軍士家屬一千八百餘人至京師。上以其殺傷相當，又連失良將四人，故賞亦不行。

31 貴州思南宣慰使田仁智等之來歸也，上皆令以元所授故官世守之。時方北伐中原，未遑經理荒徼。又，仁智等歲修職貢，最恭順，故僅遣將築城守之，賦稅聽其輸納，未置郡縣。至是有貴州宣慰靄翠，與普定府女總管適爾等先後來歸，上亦令以原官世襲。當靄翠之歸附也，先請討其隴居部落，上不許，曰：「中國之兵，豈外夷報怨之具！」會仁智入朝，諭以歸而善撫之。

32 自五月至七月，鳳翔、平涼二府雨雹，傷豆麥，詔免其稅。又，蘇州府崇明縣水，詔以所報恐未盡，令悉免之。

33 五開、五谿諸蠻復叛，八月，丙申，征南副將軍吳良復討平之。

34 甲辰，元兵犯雲內州，突入城，同知黃理率兵巷戰，死之。【考異】「黃理」，明史本紀作「理」，忠義傳作「里」，實一人也。三編亦作「里」。

35 是月，免通州海門縣被水田租。

36 九月，丁巳，靖海侯吳禎遣送平章高嘉努等于京師。

時禎坐事謫定遼衛指揮，尋召還，仍領海運事。

倭寇福寧，明州衛指揮僉事張億討之，中流矢死。

37 戊午，江夏侯周德興討婪鳳、安田等峒蠻，悉平之，遂克泗城州。

38 冬，十月，丁酉，馮勝征西師還。

39 是月，免應天、太平、鎮江、寧國、廣德諸郡縣田租。

40 十一月，辛酉，有事于圜丘。

始定制，凡郊祭，皇太子留宮居守，諸王戎服從。

41 甲子，鄧愈等征南師還。

42 壬申，賞征西將士。

上謂馮勝曰：「祭遵憂國奉公，曹彬平江南，所載惟圖籍，當以古人爲法。」勝等頓首謝。

43 十二月，甲戌朔，詔中書省：「凡有司考課，必有學校農桑之績，始以最聞，違者降罰。」

44 辛巳，令百官奏事啓皇太子。【考異】據明史本紀，是年及十年皆記奏事啓皇太子事，惟是年則但書「啓事」，十年六月始有「裁決奏聞」之語。蓋是年奏事，但令皇太子預聞，不令裁決也，至十年，太子已長，諳練國事，故使之裁決以試其當否。諸書多并兩事爲一事，輯覽亦但記是年啓事之語而十年略之。惟重修三編始據本紀分書，今從之。又按，潛菴史稿復有「六年九月，命諸司常事啓皇太子，大者乃奏聞」之語。

上嘗謂太子曰：「天子之子，與公、卿、士、庶人之子異，公、卿、士、庶人之子係一家之盛衰，天子之子係天下之安危。爾承主器之重，將有天下之責也。公卿、士、庶人不能修身齊家，取敗止于一身一家。若天子不能正身修德，豈但一身一家之取敗，將宗廟社稷有所不保，天下生靈胥受其殃，可不懼哉，可不戒哉！」

45 甲申，太白晝見。

46 初，元皇孫密迪哩巴拉俘于京師，上遣使兩致元嗣君書，皆不報。將欲送密迪北歸，先遣使以誠意動之。

是月，壬寅晦，與之書曰：「朕觀前代所獲亡國子孫，皆獻俘廟社，其有陽示優待者，不久非鴆即殺。朕則不然。君之子至京，今已三年，朕賓禮之，以俟君遣使來取歸，必不食言。至君家天運已去，人心已離，朕始議興師爲弔民伐罪之舉，此乃天運，非人力也。」又與元臣劉仲德、朱彦德二生書曰：「人臣致身于君，貴有終始。君之故主蒙塵而崩，幼君嗣立，朝臣無不叛去，獨二生竭力事之，誠可嘉尚！今朕特遣使者致書沙漠，令取其子密迪哩巴拉歸，俾父子相依，宗社不絶，即二生家族亦可長保。如其不然，六軍征討，勢如振落。以二生身膏草野，固宇宙奇男子事，但恐不能殉國，偷生免死，復何面目與朕相見！唯熟圖之！」

47 是月，禮部侍郎曾魯引疾歸，道卒。

魯以文學邀上眷遇，不次超遷，遂爲侍郎。會戍將捕獲倭人，上命儒臣草詔歸其俘，閲魯稾，大悦，曰：「頃陶凱文，已起人意，魯復如此，文運其昌乎！」尋命主京畿試，與詹同爲考官。淳安徐尊生嘗曰：「南京有博學士二人，以筆爲舌者宋景濂，以舌爲筆者魯得之也。」魯屬文不留稿，其徒間有所輯録，亦未成書云。

48 禮部尚書陶凱上言：「漢、唐、宋時，皆有會要紀載時政。今起居注雖設，其諸司所領諭旨及奏事簿籍，宜依會要編類爲書，庶可以垂法後世。下臺省府者，宜各置銅櫃藏之，以備稽考，俾無遺闕。」從之。

49 是歲，京師文廟成，車駕幸太學，行釋奠禮。

上偶覽孟子，至「草芥寇讎」語，謂非臣子所宜言，命罷配享。時上怒甚，詔：「有諫者以大不敬論！」刑部尚書錢唐抗疏入諫曰：「臣爲孟軻死，死有餘榮。」時廷臣無不爲唐危，上鑒其懇誠，不之罪。踰年，詔曰：「孟子闢邪説，辨異端，發明先聖之道，其復之！」

宋濂以議禮被謫，尋召爲禮部主事，至是亦遷贊善大夫。【考異】五年釋奠，明史本紀不載，但於十五年紀太學成釋奠事。證之春明夢餘録，則釋奠始于五年，蓋元年係遣官釋奠也。是時即以應天府學爲國子學，四年修文廟，五年成，太祖親行釋奠禮，蓋在應天府學行禮也。至十五年別立國子監成，太祖復于國子監行釋奠禮，此兩次釋奠之可據者。故秦蕙田五禮通考亦引兖州府志云：「五年，上釋奠于太學。」而典彙則云：「是年釋奠于應天府學之文廟，」尤爲明析。且罷孟子配享，即在是年，見明史禮志及明闕里志，是因釋奠而罷之明矣。明史錢唐傳記其抗疏上諫，則所謂「踰年復之」者，證之王圻續文獻通考，復配享在六年，則五年之罷是也，今據書于是年之末。

論曰：罷孟子配享，見于明史錢唐傳中，言「帝讀孟子，至『草芥寇讎』語，謂非臣子所宜言，議罷配享，詔：『有諫者以大不敬論。』唐抗疏入諫，帝鑒其誠懇，不之罪，孟子配享亦旋復，然卒命儒臣修孟子節文」云。典彙則並記其祖胸受箭之事，春明夢餘録則並記是年雷震謹身殿之事，據此，則太祖三十一年中爲盛德之累者，此其一也。然踰年而復之，則亦可謂善于補過者矣。

若其修孟子節文，則又失之。何者？使孟子之文而可節，則罷其配享，未爲過也。蓋太祖終不悦于孟子，而其復配享也，實出于一時之清議，故修孟子節文而自護其短也。據典彙所記，其所節者，自「草芥寇讎」外，凡不以尊君爲主，如「諫不聽則易位」及「君爲輕」之類皆删去。然則其所節者，大概可知已。

50 自騎兵之起，車制漸廢。上以車騎並重，北方尤宜，是年，始詔造獨轅車，北平、山東千兩，山西、河南八百兩。

51 初，上命陝西行省員外郎許允德及僧克新等三人往使西域，招諭諸番，于是烏斯藏始以是年冬入貢。

烏斯藏國，在雲南西徼外，其地多僧而好事佛，元時多以法王帝師之號錫之。上即位，懲唐世吐番之亂，欲以制馭，許因其俗，授以元故官。于是烏斯藏攝帝師納木扎勒巴勒藏布舊作南加巴藏卜。先遣使朝貢。至京師，上賜之紅綺禪衣及錢物遣還。

其占城、琉球等國之至者，皆令仿高麗例，三年一貢，著爲令。

明通鑑卷五

紀五 起昭陽赤奮若（癸丑），盡旃蒙單閼（乙卯），凡三年。

江西永寧知縣當塗夏　燮編輯

太祖高皇帝

洪武六年（癸丑、一三七三）

1 春，正月，魏國公徐達，曹國公李文忠，以去冬召還。上欲修邊備，至是復諭達等曰：「處太平之世，不可忘戰；開荒裔之地，不如守邊。朕與卿等同起布衣，削平禍亂，每念向者創業之艱及古人居安慮危之戒，不敢自寧。今邊塞未靖，倉猝有警，卿等豈能獨安！及此無事之時，訓練軍士，修葺城池，此正所謂有備無患者也。」

壬子，詔達、文忠分往山西、北平。達自是留北平者凡三年。【考異】據明史本紀，但書「三月授徐達爲征虜將軍」。證之紀事本末，則正月命達等防邊，三月授征虜將軍，蓋即軍中命之也。防邊之命，本在正月，達等既行，始報元兵入寇，故命將在三月。本紀不書正月防邊事，紀事本末不書三月命將事，今分書之。

2 癸丑，詔免遼東金、復二州旱災税。

3 甲寅，右丞相汪廣洋罷。

時胡惟庸爲左丞，專決省中事。廣洋無所建白，遂左遷廣東行省參政。

4 是月，天下守令皆朝覲京師，賜宴遣還，諭之曰：「慈祥豈弟，身之德也；刻薄殘忍，德之賊也。君子成其德而去其賊，小人縱其賊而悖其德。朕之任官，所用惟賢。君子不可以僞爲，小人不可以幸免，各宜勉修厥德，以副朕懷！」

5 上留意文學，廣儲人才，乃開文華堂于禁中。

時各行省雖連試三年，而官多缺員，舉人俱免會試，赴京聽選。于是有選入國子學讀書者，命於諸司先習吏事，謂之「歷事監生」，又有「小秀才」、「老秀才」之目。至是上又擇其年少俊異者，得張唯、王輝等凡十餘人，皆授翰林院編修，又授蕭韶爲祕書監直長，並令入禁中文華堂肄業，太子贊善宋濂等爲之師。上聽政之暇，輒幸堂中，評其文字優劣，錫以鞍馬、弓矢、白金有差。

尋又徵元進士山陰趙俶至，授國子博士。上御奉天殿，召俶及助教錢宰、貝瓊等曰：「汝等一以孔子所定經書爲教，慎勿雜蘇秦、張儀縱横之言！」于是俶請頒正定十三經于天下，屏戰國策及陰陽讖卜諸書，勿列學宫。明年，上又擇諸生穎異者三十五人，命俶專領之。尋又擢李擴、黄義等入文華、武英二堂説書，皆見用。

6 初選朝天宫道士專掌樂舞，供事郊壇，凡天地、社稷、山川香幣，皆令司之。【考異】道士供郊壇事，明史本紀、潛菴史稿皆不書，今據明鑑、三編增入是年正月下。

7 二月，乙未，詔暫罷科舉。

諭中書省臣曰：「科舉之設，務得經明行修，文實相稱之士以資任用。今有司所取，多後生少年，觀其文辭，亦若可用，及試用之，不能措諸行事。朕以實心求賢，而天下以虚文應之，非朕責實求賢之意也。今各行省宜暫停科舉，别令有司察舉賢才，必以德行爲本而文藝次之。」

8 壬寅，命御史臺及按察使考察天下有司，奏請黜陟。

諭臺臣曰：「古人言禮義以待君子，刑戮加于小人。蓋君子有犯，或出于過誤，可以情恕；小人詭計百端，無所不至，若有犯，當按法去之，不爾則遺民患。」

9 三月，癸卯朔，日有食之。

始定救日禮。是日，上常服，不御正殿；中書省設香案，百官朝服行禮；鼓人伐鼓。

食復乃止。

又定救月食禮。設香案于大都督府，百官常服行禮，不伐鼓；雨雪雲翳則免。

10 乙巳，始設六科給事中。

初，吴元年，置給事中，掌侍從、規諫、補闕、拾遺，與起居注同秩五品，實統名也。元年，設六部。至是部各設科，科設給事中二人，鑄給事中印一，推年長者一人掌之，改從七品。定制，章奏出入所經由及有所遺失牴牾，皆許封駁，凡朝政軍事及舉劾官員，皆許聯署以聞。

11 戊申，大閱。

上親御校場，諭諸將曰：「畜兵所以衛民，勞民所以養兵。爾等無耕耨之勞而充食，無織絍之苦而足衣，皆出于民也。若不知捍禦之道，橫起淩虐之心以害其民，民受其害，馴至困斃，是自絶其衣食之源也。且貴能思賤，富能思貧者，善處富貴也；憂能同其憂，樂能同其樂者，善體衆情也。不違下民之欲，斯合上天之心，庶可長享富貴矣。」

12 上既命徐達等備邊，尋報元兵寇武朔、保德諸州，納克楚侵遼東，庫庫特穆爾犯雁門。壬子，復授達爲征虜大將軍，文忠及鄧愈、馮勝、湯和等副之。

13 初，上遣使送倭使還國，念其國信佛，可以西方教誘之，乃遣僧祖闡、克勤等八人往至其國演教。國人頗敬信，而良懷倨慢無禮，拘留闡等不遣。尋寇閩、浙海上諸郡，未幾，復寇登、萊。甲子，上授指揮使於顯爲總兵官，令出海備倭。

14 上御極之二年，詔尚書陶凱等編輯漢、唐以來藩王事蹟可爲鑒戒者，曰昭鑑録。初成一卷，上覽之，復命秦府右傅文原吉與禮部主事張籌增益數事，合爲二卷。至是書成，上既自爲序，又命贊善大夫宋濂序之，以頒賜太子、諸王。

15 初，祭酒魏觀被謫，尋召爲禮部主事。時廷臣薦觀有吏才，五年，授爲蘇州知府。前守陳寧苛刻，人呼「陳烙鐵」。觀至，盡改寧所爲，以明教化、正風俗爲治。建黌舍，聘周南老、王行、徐用誠，與教授貢穎之定學儀，王彝、高啓、張羽訂經史，耆民周壽誼、楊茂、林文友行鄉飲酒禮，政化大行，課績爲天下最。至是擢爲四川行省參政。未行，以部民乞留，命還任。

初，蘇州府舊治，張士誠據以爲宮，遷之于都水行司。觀以其地湫隘，還治舊基。又濬錦帆涇，興水利涇——故吳王舟遊地也，或譖觀興既滅之基，上使御史張度廉其事，遂連及高啓、王彝，俱坐法死。

啓之放歸也，上以其嘗賦詩有所諷刺，嗛之而未發。啓歸，居青邱，觀移其家至郡中，旦夕延見甚歡。觀既獲譴，上見啓所作上梁文，因發怒。而彝亦坐交通觀，同及于禍。

16 夏，四月，辛丑，命有司察舉賢才。【考異】明史本紀，罷科舉，察舉賢才，俱系之二月乙未下，蓋牽連並記耳。按紀事本末，罷科舉在二月，察舉賢才在四月。傅氏明書，察舉賢才之詔系之四月辛丑，其下詔之文，與明史選舉志同。今分書之。

詔曰：「賢才，國之寶也。古聖王勞于求賢，若高宗之于傅說，文王之于呂尚，彼二君者，豈其智不足哉？顧皇皇于版築、鼓刀之徒者，蓋賢才不備不足以爲治。鴻鵠之能遠舉者，爲其有羽翼也；蛟龍之能騰躍者，爲其有鱗鬣也；人君之能致治者，爲其有賢人而爲之輔也。山林之士，德行文藝可稱者，有司采舉，禮送京師，朕將任用之，以圖至治。」

是時定制，專用辟薦，其目曰聰明正直，曰賢良方正，曰孝弟力田，又有儒士、孝廉，秀才、人才、耆民等目，皆徵召至京，不次擢用。而各省貢士、貢生，亦皆由太學以進。于是罷科目者凡十年。

17 是月，詔有司圖山川險易以上。

18 五月，壬寅，祖訓録成。

先是上即位，命儒臣編輯，親加裁定，凡六年。其目十有三：曰箴戒，曰持守，曰嚴祭祀，曰謹出入，曰慎國政，曰禮儀，曰法律，曰内官，曰職制，曰兵衛，曰營繕，曰供用，曰内令。至是成，命頒之天下。【考異】據明史本紀，編祖訓録在洪武二年，是年所頒，則但書昭鑑録于三月。其實二書並以是年頒，蓋祖訓録編于二年，成于六年也。據潛菴史稿、典彙，頒昭鑑録在是年三月，頒祖訓録在五月，紀事本末則二書並頒于三月，今從史稿分書之。惟太祖自序，言「編輯六年，始克成書」，則似元年太祖已手自編輯，踰年復詔諸臣也。今並記之五月下，而删去「二年編祖訓録」語。

19 六月，壬午，盱眙民獻瑞麥，御史答禄與權請薦宗廟，上曰：「以瑞麥爲朕德所致，朕不敢當。歸之祖宗，御史言是也。」

20 大將軍達駐師于臨清。甲申，遣臨江侯陳德出朔方，敗元兵于三岔山。壬辰，遣指揮吴均擊拒庫庫兵于雁門。

上懲定西之敗，戒諸軍士毋出塞窮追。

21 是月，免北平、河間、河南、開封、延安、汾州被災田租。

22 秋，七月，壬寅，詔户部稽渡江以來各省水旱災傷分數，優恤之。

23 壬子，授胡惟庸爲右丞相。

自汪廣洋之罷也，上難其人，久不置相，惟庸以左丞專決省事，至是遂相之。惟庸又薦其黨陳寧、商暠等，上尋擢寧爲御史大夫，暠御史中丞。

24 是月，宋濂遷侍講學士，知制誥，同修國史。詹同兼學士承旨，並命與學士樂韶鳳等奏定釋奠先師樂章。

25 徵元鄉貢進士桂彥良詣公車，授太子正字。——彥良，慈谿人。時上方開文華堂，命彥良與宋濂分教諸貢士。嘗從容有所咨問，彥良對必以正，上每稱善，書其語揭便殿。

26 八月，乙亥，始詔祀三皇及歷代帝王。

初，御史答禄與權請祀三皇，上以「五帝、三王及漢、唐、宋創業之君，俱宜立廟京師，春秋致祭」。乃命禮官考定有功德者，建歷代帝王廟于欽天山之陽，仿太廟同堂異室之制。

27 丙子，鞏昌侯郭興，會陳德之兵與元軍再戰于答刺海口，斬首六百級，禽其同僉實都等五十四人。實都，即忻都，見前紀。

28 丁丑，遣御史大夫陳寧釋奠于先師。時寧兼領國子監事，故有是命。

丞相胡惟庸、參政馮冕等，不陪祀而受胙，上以爲非禮，命各停俸一月。寧坐不舉奏，亦停俸半月。自是不預祭者不頒胙，著爲令。【考異】事見明史陳寧傳。傳有「胡惟庸、馮冕、劉基等不陪祀而受胙，寧坐不舉奏，皆停俸」云云。按基以四年致仕，因談洋請設巡檢，爲惟庸所搆，遂奪禄。基懼，入謝，留京不敢歸。按基是時在京師，並未授官，其所奪者伯禄耳。若謂致仕之官不預陪祭而受譴，或時基眷正衰，故及之，然非事實也。今删去基名，但書惟庸、冕等。

29 是月，衍聖公孔希學服闋來朝，詔有司致廩餼，從人皆有勞賜。踰月，辭歸，賜之襲衣、冠帶、白金、文綺，命翰林官餞于光禄寺。

30 上懲元氏以寬縱失天下，頗用重典。一日，謂正字桂彦良曰：「法數行而輒犯，奈何？」彦良對曰：「用德則逸，用法則勞。」上以爲至言。

31 九月，庚戌，命翰林院儒臣擇唐、宋名臣箋表可爲法式者。詞臣以柳宗元代柳公綽謝表及韓愈賀雨表進，令中書省頒爲式，並禁駢麗對偶體。

32 是月，定有司季報、歲報之式。

初，府、州、縣户口、錢糧、學校、獄訟，每月具書于册。縣達州，州達府，府達行省，彙咨中書，吏牘煩碎，而公私（縻）〔糜〕費實多。又，有司決獄，杖八十以上皆送之府州，徒以上送行省，官吏受賕，率多出入輕重，因緣爲奸。乃命中書省、御史臺詳議，「改月報爲季報，以季報之數彙爲歲報。凡府、州、縣決囚，依律斷決，毋俟轉發。其有違枉，御史及按察使以時糾劾。」天下便之。

33 始定散官資階。散官者，初授之資階也。其有陞授、加授者，以歷考爲差。

時上欲任學士宋濂以政事，特加授中順大夫，濂辭曰：「臣無他長，待罪禁近足矣。」上益重之。

34 冬，十月，壬辰，命考究前代糾劾內官之法。禮部議：「置內正司，設司正、司副各一人，專糾察內官失儀及不法者。」

35 十一月壬子，元庫庫特穆爾寇大同，徐達遣將擊敗之。

先是上方召達及馮勝還，尋以報至，命達仍留鎮。

時李文忠行邊山西、北平，亦敗敵于三角村。

36 甲子，遣兵部尚書劉仁振真定饑。【考異】潛菴史稿作「是月壬子」，今從本紀。

初，饒陽知縣郭穳，見邑中大饑，民食草實木皮，遂以上聞。上覽其奏，復咨訪得晉、冀等州皆饑，乃命仁等往各州縣振之，蠲其租賦。

37 丙寅，冬至，上不豫，改卜郊。

38 是月，潞州貢人參，上曰：「人參得之甚艱，毋重勞民。往者金華進香米，太原進葡萄酒，朕俱止之。國家以養民爲務，奈何以口腹累人！」命却之。

39 閏月，乙亥，録故功臣子孫未嗣者凡二百九人，皆予襲授指揮、千、百户等官有差。

40 壬午，有事于圜丘。

41 初，上命陶安、周楨等詳定律令，時劉惟謙爲大理少卿，亦與焉。上即位之二年，授惟謙爲刑部尚書，諭之曰：「膏粱所以充饑，藥石所以療病，使無病之人舍膏粱而餌藥石，適足以害身。仁義者，養民之膏粱也；刑罰者，懲惡之藥石也。爲政若舍仁義而專務刑罰，是以藥石毒民，非善治之道也。」

尋命惟謙等與儒臣講唐律，日進二十餘條，上親加裁定，擇其可行者以爲式。至是命惟謙詳定篇目，務合輕重之宜，凡六百有六條，曰大明律，又命宋濂爲表以進。庚寅，命頒行天下。

42 十二月，庚申，翰林院待制王禕遇害于滇南。

初，禕奉使招諭梁王，王聞其言論，益敬禮之。會元嗣君立，遣其臣托克托舊作脱脱。徵餉至滇，知禕在王所，疑王有他意，脅以危言，王不得已出禕見之。托克托欲屈禕，禕叱曰：「天既訖汝元命，我朝實代之。爝火餘燼，敢與日月爭明邪！且我與汝皆使也，豈爲汝屈！」或勸托克托曰：「王公素負重名，不可害。」托克托攘臂曰：「今雖孔、孟，義不得存！」禕顧王曰：「汝殺我，天兵行至，禍不旋踵矣。」遂殺之。王遣使致祭，具衣冠斂之。

禕，字子充，師事元儒柳貫、黄溍，遂以文章名世。上平江西，禕獻頌，上覽之，喜曰：「江東二儒，惟卿與宋濂耳。學問之博，卿不如濂，才思之雄，濂不如卿。」自漳州被謫召還，與宋濂修元史，遂擢知制誥，兼修國史。

其死也，滇南未平，贈卹之典遂闕。其後禕子紳訟其事，追贈翰林學士，謚文節，後復改謚忠文。

禕死時，紳年十三，鞠于兄綬。長博學，師事宋濂，濂器之，曰：「吾友不亡矣。」蜀獻王聘紳，待以客禮。紳啓王往雲南求父遺骸，不獲，即死所痛哭致祭，述滇南慟哭記以歸。後爲國子博士，卒于官。

43 是月，以唐鐸爲刑部尚書。

鐸，虹縣人。初知延平府，召還，爲殿中侍御史，復出知紹興府。事上久，上素知其能，遂擢拜之。

44 上以「釋老教行，僧道日多，蠹財耗民，莫此爲甚。」乃詔天下，「府、州、縣止存大觀寺一，僧道並處之。非有戒行通經典者，不得請給度牒。」又禁女子年四十以下爲尼者，並著爲令。

45 是歲，上念天下大定，諸功臣如廖永安、俞通海、張德勝、耿再成、胡大海、趙德勝、桑世傑，皆已前沒，未有謚號，乃下禮部定議。議上，「永安謚武閔，通海忠烈，張德勝忠毅，大海武莊，再成武壯，趙德勝武桓，世傑永義。」制曰：「可。」【考異】賜永安等七人謚，事見明史永安傳，系之六年。明初定例，武臣伯爵以上者始得賜謚，文臣無賜謚例也。文臣賜謚，始于建文時追謚王禕。今七人之賜謚，係奉特敕，故詳著之。

46 詔「每歲春秋，遣官祭元御史大夫福壽，著爲令。」嘗曰：「疾風知勁草，板蕩識孤臣。爲人臣者當如是也。」

47 初，起居注吴琳，奉詔訪求賢才，還，擢兵部尚書。是年，改吏部，與詹同迭主部事。踰年，乞歸，上遣使察之。使者潛至旁舍，見一農人，坐小杌，起拔稻苗布田，貌甚端謹。使者前問曰：「此有吴尚書者在不？」農人斂手對曰：「琳是也。」使者以狀聞，上爲嘉嘆。

48 詔中書省、大都督府會六部臺諫定訓練軍士律，「凡騎射、步射，皆定以中矢遠近之式，專責成于將領，校閱時各領赴御前驗試。能者受賞，否則軍士遣還，自都指揮以下，降官、奪俸有差。」

49 是年夏，京師城成，周九十六里，門十有三；外城周一百八十里，門十有六。

七年（甲寅、一三七四）

1 春，正月，庚午，諭吏部曰：「古稱任官惟賢才。凡郡得一賢守，縣得一賢令，如潁川之黄霸，中牟之魯恭，何憂不治！今北方郡縣，有民稀事簡者，而設官與繁劇同，禄入供給，適以罷民。」于是吏部奏汰河南、山東、北平府、州、縣凡三百八人。

又詔六部：「官毋得輕調，有年勞者，就本部升用。」

2 甲戌，詔都督僉事王簡等分往河南、山東、北平經理屯務。

時上以「北邊重鎮，大率食租税于民，民力日疲而軍政日惰。惟古屯田之法，無事則耕，有事則戰，兵得所養而民自不勞，此爲長治久安之道。其屯制，定以三分守城，七分耕作。人授田五十畝，給以牛種，官收税，畝一斗，足以蘇民困而實軍儲。」

乃遣簡及僉事王誠、平章李伯昇等，各率官軍分屯彰德，濟寧、真定等處，凡開墾、訓練諸務，許以便宜行之。

3 初，上以倭寇出没無常，詔靖海侯吴禎，籍方國珍故所部温、台、慶元三府軍士及沿海無田糧之民曾充船户者，凡十一萬一千七百餘人，隸各衛爲軍，時以方氏餘黨多入海剽掠故也。禎既至，三郡多挾私意，牽引平民，寧海知縣王士弘力陳其不便。上嘉納其言，立命罷之。

踰年，德慶侯廖永忠上言：「倭寇乘風侵掠，來若奔狼，去若驚鳥，非多造海舟，未易羈捕。請令廣洋、江陰、橫海、水軍四衛添造多櫓快船，派將統領，無事則沿海巡徼以防不虞，有事則大船薄之，快船追之，彼欲爲内寇，不可得也。」上從其言。至是授禎爲總兵官，都督於顯副之，令率江陰等四衛之兵出海備倭。

方茶馬之開市也，户部奏言：「海外諸國入貢，許附載方物，與中土貿易。」因設市舶司，置提舉官以領之。始設于太倉之黄渡，尋罷，復設于寧波、泉州、廣州，以通日本、琉球及占城、暹羅西洋諸國。上以日本叛服不常，獨限以十年之期，許通市一次，人不踰二百，舟二艘，以金葉勘合表文爲驗，以防詐僞侵軼。尋以海禁日嚴，恐瀕海居民及守備將卒私通取賂，遂并市舶司暫罷之。

4 是月，振松江府水災八千餘户，户賜錢五千。

5 曹國公李文忠駐師代縣，遣諸將分道出塞，至賽音布拉克川，俘元平章陳安禮，尋又禽太尉布哈于白登，斬珠展魯舊作真珠驢。于順寧楊門。

6 二月，丁酉朔，日有食之。

是日春分，禮官奏：「朝日禮改用己亥，上丁釋奠先師孔子改用仲丁。」制曰：「可。」

【考異】據明史本紀，「是月丁酉朔日食」，證之禮志，言「是月祀先師，以上丁日食，改用仲丁。」又，典彙云，「是日春分，禮官奏：『朝日禮改用己亥，上丁釋奠先師改用仲丁。』制曰『可。』」據此，則丁酉乃二月春分節也，今據書之。

7 衍聖公孔希學上言：「廟堂圮毁，祭器樂器不備，請飭有司葺治。」戊午，詔修曲阜先師闕里及祭器樂器，仍設孔、顔、孟三氏學。

8 癸亥，臨江侯陳德獲韃靼圖嚕密實舊作秃魯迷失。等九十七人于會寧等處，六安侯王志獲韃靼一百餘人于朔州等處，皆送京師。

9 是月，免平陽、太原、汾州、歷城、汲縣田租，以旱蝗故也。

10 三月，丁卯，敕大將軍達分遣六安侯王志、南雄侯趙庸駐山西，營陽侯楊璟、汝南侯梅思祖駐北平，屯田備邊。詔馮勝、鄧愈、湯和等還京師。

11 乙亥，甘肅蘭州八里麻民郭買的叛，誘番兵入寇，詔立賞格購捕之。蘭州衛遣其兄著沙與其弟火石歹往招之，買的不從，著沙、火石歹夜斬其首以歸。

事聞，上曰：「買的罪固當死，然爲兄弟者，告之不從，執之而已。手自刃之，有悖大倫，若賞之，非所以令天下也。但以其所獲牛馬給之。」

12 夏，四月，己亥，都督藍玉率兵攻興和，元守將托音特穆爾棄城遁。追敗之于白酒泉，禽其國公特爾穆齊舊作帖里密赤。等五十九人。

13 壬寅，永、道、桂陽諸州蠻寇搆亂，詔金吾指揮同知陸齡討平之。

14 丙辰，命馮勝、鄧愈、湯和及鞏昌侯郭興仍鎮北邊。

戊午，都督僉事金朝興敗元兵于黑城，獲其太尉盧巴延、舊作伯顏。平章特穆爾布哈舊作帖木兒不花。並省院等官二十五人。

15 五月，丙子，免真定等四十二府、州、縣被災田租。

辛巳，振蘇州饑民三十萬户。

癸巳，減蘇、松、嘉、湖極重田租之半。

16 初，上自起兵臨濠及渡江以來，征討平定之蹟，禮樂治道之詳，雖有紀載，尚未成書。儒臣詹同請編日曆，從之，命同與學士宋濂爲總裁官，禮部員外郎吴伯宗等爲纂修官。是月，書成，上之，自起兵至洪武六年，共一百卷。同等又言：「日曆祕天府，人不得見。請仿唐貞觀政要，分輯聖政，宣示天下」，乃命復輯皇明寶訓。自後凡有政蹟，史官日記録之，分四十類，依類增入焉。【考異】明史本紀不載。潛菴史稿書編日曆于六年九月壬寅，修皇明寶訓于七年五月丙寅。今證之詹同傳，日曆即以是年五月成，因日曆祕天府，人不得見，故同等請輯寶訓。今並系之五月下，參同傳書之。

17 學士承旨詹同請致仕，上許之，賜詔褒美。

18 六月，倭寇膠東，百户許彰追寇于海口，不克，死之。【考異】明史本紀，「是年七月，倭寇登、萊。」諸書所記，或云「倭寇膠東」，或云「倭寇膠州」，同一事也。證之日本傳，「四年，寇温州」，「七年，寇膠州」，即登、萊也。寇在六月，官兵敗倭在七月，故潛菴史稿連敘于是年七月下，今分書之。

19 陝西、平涼、延安、靖寧，鄜州雨雹，山西、山東、北平、河南蝗，並蠲田租。

20 秋，七月，甲子朔，曹國公李文忠率師攻大寧、高州，克之，斬元宗王托克托實勒舊作朵朵失理，輯覽譯作克托錫哩。禽承旨伯嘉努。追奔至氈帽山，擊斬魯王，獲其妃及司徒達哈勒濟等。舊作答海俊。

21 壬申，靖海侯吴禎率沿海各衛兵出海擊倭，追至珍珠大洋，獲其人船，俘送京師。

贈百户許彰官，並恤其家。

22 日本王良懷，以國内争立搆難，送我使者僧祖闡等歸。是月，復遣使來貢方物，無表文，上命却之。其大臣亦遣僧來貢，上曰：「此私交也。」亦却之。並令中書省移文詰責。

23 八月，京師歷代帝王廟成。

時上令帝王皆塑像，服袞冕，惟伏羲、神農時未有衣裳，不加冕服。甲午朔，上躬祀于新廟。

禮臣議歷代帝王宜祀者，凡三十六人。已而罷隋高祖之祀。

24 戊戌，遣元威順王子伯伯賫詔雲南諭梁王。

25 辛丑，詔：「軍士陣歿，父母妻子不能自存者，官爲贍養。百姓避兵離散，或客死遺老幼，並資遣還。遠宦卒官，妻子不能歸者，有司給舟車資送。」

26 丙辰，李文忠追擊元兵于豐州，禽元故官十二人，馬駝牛羊甚衆，窮追至遠塞乃還。

27 庚申，振河間、廣平、順德、真定饑，並蠲租稅。

28 是月，上御武樓，賜學士宋濂坐，謂曰：「天下既定，朕方垂意宿學之士，卿知其人乎？」對曰：「會稽有郭傳者，學有淵源，其文雄贍新麗，其議論根據六經，異才也。」已而濂持其文以進。上召見于謹身殿，授翰林應奉，直起居注。——傳，實僧也。【考異】事見明史文苑傳，在洪武七年。典彙及薛氏憲章録均系之是年八月，今從之。

29 九月，丁丑，遣元崇禮侯密迪哩巴拉北還，諭之曰：「爾本元君子孫，國亡就俘，幾欲遺歸，以爾年幼，道里遼遠，恐不能達。今已長成，朕不忍令爾久客于外，父子相失，今送之歸，以全骨肉，其善自愛！」又遣其二宦者從，諭之曰：「此爾君之嗣，不幸至此。長途跋涉，善護視之！」又貽元嗣君書，致織金、文綺。

30 是月，燕山衛指揮宋杲，通州衛指揮僉事鄭治、汝寧衛指揮僉事馮俊、密雲衛指揮僉事張斌等，率師出古北口防秋，猝遇寇，皆力戰死。上命厚恤其家，賜文祭之。

31 冬，十月，己未，皇長孫雄英生。【考異】此據典彙東宮門補，蓋長孫雄英早卒，爲建文嗣立之張本。——雄英，皇太子之長子也，未幾卒。

32 庚申，琉球、三佛齊入貢。

33 是月，始定郊壇分獻儀。

舊制，大祀分獻官，太常寺先期請旨。至是上以大祀終獻畢始行分獻禮，於義未協，命宋濂、詹同等考定。乃請以上初獻奠玉帛將畢，分獻官即行初獻禮，亞獻、三獻亦如之，遂爲定制。

又命學士樂韶鳳等奏定祭祀駕還樂舞，凡三十九章，有酣酒、色荒、禽荒諸曲，皆寓規諫。

34 十一月，壬戌朔，孝慈録成。

先是九月，貴妃孫氏薨，敕禮官定服制。尚書牛諒等奏曰：「儀禮：『父在爲母服期年，若庶母則無服。』」上曰：「父母之恩一也，而低昂若是，未免不情。」乃敕學士宋濂等考定喪禮。

濂等乃廣稽古人論服母喪者凡四十二人，主三年者二十八人，主期年者十四人。上曰：「三年之喪，天下通喪。今觀主三年者倍于期服，豈非天理人情之所安乎！」乃立爲定制，「子爲母，庶子爲其母，皆斬衰三年，適子、衆子爲庶母，皆齊衰杖期。」

時貴妃無子，上命吴王橚行慈母服，斬衰三年，皇太子、諸王皆齊衰杖期。皇太子進曰：「禮惟士爲庶母緦，大夫以上則無服。陛下貴爲天子，而令適長爲庶母杖期，非所以敬宗廟，重繼體也。不敢奉詔。」上大怒。正字桂彦良言于太子曰：「殿下當緣君父之情，不宜執古禮以虧大孝。」太子乃持衰服入謝，上怒始釋。

至是命儒臣輯喪禮五服之差，命曰孝慈録，頒之天下，著爲令。【考異】明史本紀不載。據潛菴史稿，「是月壬戌」。按五禮通考引洪武實録云「十一月壬戌朔，孝慈録成」，今從之，並據明史禮志增入議喪制語。

論曰：自公羊有「母以子貴」之文，而服問「君之母非夫人」，鄭注亦云，「時春秋之義，有以小君服之者。」是庶子爲其所生，即周制已不能如古。而不論父之存没皆服齊衰三年，亦自唐、宋以來相沿不改。惟自太祖易齊爲斬，則並慈母、養母及婦之爲舅姑而皆改入斬服，于是五服中無齊衰三年之服矣。

若夫適子、衆子而使行庶母杖期之服，以尊則不正，以親則不體，徒以貴妾之寵，悍然不顧禮義而行之，宜太祖之令之不行于太子也。幸也「不宜執古禮以虧大孝」，猶得桂彦良之微言正論以善全于骨肉之間。若使太子而竟不奉詔，則且以違父之命而得罪矣，後之論者能毋咎太祖之陷太子于不孝乎？

庶母之緦，定自周公，二千餘年莫之或易，即明集禮之初頒者亦因之。一旦牽于私愛，不能正其名，是則宋濂諸臣不得不受其過矣。

35 辛未，有事于圜丘。

36 是月，納克楚犯遼陽。

37 高麗入貢，請「自後仍每歲一貢，貢道由陸路經定遼，無涉海之險」，上不許。時高麗王顓爲其權相李仁任所殺，顓無子，以寵臣辛旽之子禑爲嗣，于是仁任遂立禑。

38 十二月，戊戌，召鄧愈、湯和還。

39 是歲，淮安侯華雲龍鎮北平，有言其據元托克托故宅，僭用故元宮中物，上命都督何文輝往代之，召雲龍還。未至京，道卒。上命宋濂撰碑，鐫其功過以示褒貶。

40 先是學士承旨詹同致仕，上以其時方議大祀分獻禮，復留之，遂再起承旨。未幾卒。同以文章結主知。上嘗與論「文章宜明白顯易，通道術，達時務，無取浮薄。」同所爲文多稱旨，而操行耿介，遇事規諷。上初即位，御下嚴峻，中丞劉基曰：「古公卿有罪，盤水加劍，請室自裁，所以厲廉恥，存國體也。」同時侍側，因取大戴記及賈誼疏以進，復剴切言之。上嘗與侍臣言：「聲色之害，甚于鴆毒，不可不謹」，同因舉「成湯不邇聲色，垂裕後昆」以對，其隨事納忠，皆此類也。

41 西番撒里輝和爾舊作畏兀兒。及阿難功德國皆以是年始入貢。輝和爾爲唐吐番屬地，元時，封其宗室卜因特穆爾爲寧王，鎮之。其地廣袤千里，東近罕東，北邇沙洲，南接西番。居無城郭，以氈帳爲廬舍，產多駝馬牛羊。上即位之三年，遣使招諭西番，遂及之。卜因特穆爾使其府尉麻答爾等來朝，貢鎧甲刀劍諸物。上喜，宴勞其使者。乃分其地置阿端、阿真、若先、帖里四部。尋請置安定、阿端二衛，從之，乃封卜因特穆爾爲安定王以統之。阿難功德國者，亦西方番國也，聞烏斯藏入貢而慕之，亦遣其講主必尼西來朝。詔賜文綺遣還。後不復至。

八年（乙卯、一三七五）

1 春，正月，辛未，增祀功臣于鷄鳴山。初，上親定功臣位次，皆肖像于廟中。其後兩廡各設牌一，增祀戰沒之指揮、千户、衛所鎮撫等官，書其姓氏、官爵，皆從祔祀之例。六年，增入高茂等三十六人，至是又增入華雲龍等一百六人，明年，又增入余隆等一百三十人，何文輝等一百六人。【考異】據明史本紀，但云「增祀一百八人」。潛菴史稿云「華雲龍等一百八人」，典彙則云「華雲龍、李思齊等」。（下文云「八人」，蓋脱去「一百」二字也。）按雲龍卒于七年，思齊以庫庫斷其一臂歸而卒，庫庫之卒在八年，則思齊之卒亦當在六七年間。又證之史稿，言「六年七月，增入新戰没指揮高茂等三十八人，（錢謙益功臣廟考作「七年六月」，蓋「六」、「七」二字倒誤也。）九年正月，又增入余隆等一百三十人，七月，又增入何文輝等一百六人」，今併前後增祀人數統入之。

2 癸酉，命有司察窮民無告者，給之屋舍衣食。

諭中書省臣曰：「朕昔在民間，目擊鰥、寡、孤、獨饑寒困苦之徒，常自厭生，心爲惻然。今代天理物已十餘年，若天下之民有流離失所者，非惟昧朕初心，亦於代天之工有所未盡。卿等爲輔相，宜體朕懷，不可使天下有一夫不獲也。」

3 有山陽縣民，父罪當杖而其子請代者，上謂刑官曰：「父子之親，天性也。然不親不遜之徒，親遭艱難，有坐視而不顧者。今此人以身代父，出于至情，朕爲孝子屈法以勸勵天下，其釋之！」

4 辛巳，命鄧愈、湯和等十三人分屯北平、陝西、河南。

5 丁亥，始詔天下立社學。

上以府、州、縣皆有學，而鄉閭遠者未沾教化，乃詔有司仿古家塾、黨庠之制，區之爲社，延師儒以教子弟，兼令讀御製頒行諸書及新定律令。

6 是月，河決開封大黄隄，詔河南行省參政安然發民夫三萬塞之。

7 翰林侍講學士宋濂，取上即位以來有關政要者，輯爲洪武聖政記，凡七類，上之。

8 二月，甲午，宥各處人民雜犯死罪以下者，皆工役終身。其官吏犯私罪者，輕則屯種，重則工役，皆謫鳳陽。

9 癸丑，遣官享先農。上躬耕藉田。

10 召徐達、李文忠、馮勝還，令傅友德等留鎮北平。

11 是月，命刑部尚書劉惟謙申明馬政。

諭曰：「馬政，國之所重。近命設太僕寺俾畿內之民養馬，恐所司收養失宜，或擾害養馬之民，皆當告戒。昔漢初一馬值百金，天子不能具鈞駟，及武帝時衆庶，街巷有馬，阡陌成群，遂能北伐强胡，威服戎狄。唐初纔得隋馬三千，及張萬歲爲太僕，至七十餘萬。此非官得其人，馬政修舉邪！其爲朕申明馬政，嚴督有司，盡心芻牧，務底蕃息，違者罪之。」

又一日，因試將士，諭之曰：「汝等知弓力乎？其力但能至百步，百步之外又加五步焉，不能入矣。故善射者求中于百步之内，則弓無敗折之患。馭馬亦然。其力能至百里，百里之外加十里焉，則馬力疲矣。故善馭馬者，常使其力有餘而不盡，則馬無蹶傷之失。況攻戰之際，馬功居多。平原曠野，馳騁上下，無不從志。追奔克敵，所向無前，皆在馬力。若不善調養，使其力乏，則臨陣必至敗事，無以成功。」因下令：「將士不得私乘戰馬及載他物，違者罪之。」

12 三月，辛酉，詔始行鈔法。

初，上設寶源局于應天。天下既定，又令各行省設寶泉局，皆嚴私鑄之禁，始令「民有私鑄錢，作廢銅送官，償以錢。」其後有司責民出銅，民率毁器皿輸官，頗以爲苦。而商賈沿元之舊習用鈔，多不便用錢。上乃稽宋交、會制及元之交鈔及中統、至元寶鈔，命中書省定鈔法，設寶鈔提舉司。

至是造大明寶鈔，民間通行。其等凡六：曰一貫，曰五百文，四百文，三百文，二百文，一百文。每鈔一貫，準錢千文，銀一兩，四貫準黄金一兩。禁民間不得以金銀貨物交易，違者罪之。以金銀易鈔者聽。

于是始罷寶源、寶（錢）〔泉〕局，尋復定税課錢鈔兼收，錢什三，鈔什七，百文以下止用錢。越二年，復設寶泉局。

13 甲申，德慶侯廖永忠坐事賜死。

初，永忠覆韓林兒之舟于瓜步，上不悦。及大封功臣，諭諸將曰：「永忠戰番陽時，忘軀拒敵，可謂奇男子。然使所善儒生窺朕意，邀封爵，故止封侯而不公。」及楊憲在中書省，永忠與相比。憲誅，永忠以功大得免。至是坐僭用龍鳳諸不法事，誅之。後上追思勳舊，復封永忠子權嗣爲侯。

永忠勇而善謀，行師有紀律，平廣東、四川，善撫綏降附，民懷其德，俱爲立祠。【考異】三編質實云：「永忠之死，明實録諱之曰：『甲申，德慶侯廖永忠卒，上賻遺之甚厚。』而寧王通鑑博論記丙午事云：『是年，廖永忠沈韓林兒于瓜步，大明惡永忠之不義，後賜死。』又，劉辰國初事蹟，王世貞史乘考誤，俱以爲永忠被誅。夫林兒僭號十二年，明祖用其年號，不無憑藉，猶漢高之於楚心，光武之於更始也。如永忠者，其亦黥布、謝禄之流乎！」按林兒之卒，詳元至正二十五年下。

14 是月，上命御史臺官選國子生分教北方。諭曰：「致治在于善俗，善俗本乎教化，教化行，雖閭閻可使爲君子；教化廢，雖中材或墜于小人。近北方喪亂之餘，人鮮知學，欲求多聞之士，甚不易得。今太學諸生，年長德優者，卿宜選取，俾之分教北方，庶使人知務學，人材可興。」于是選國子生林伯雲等三百六十六人，給廩食，賜衣服而遣之。

15 上以舊韻出江左，多失正，命學士樂韶鳳與廷臣參考中原雅音正之。書成，命曰洪武正韻。

16 夏，四月，辛卯，上幸中都，謁皇陵也。

車駕至滁州，遣官祭滁陽王廟。

甲辰，至中都，以營建郊廟成，祭告天地于圜丘。

乙巳，仁祖忌日，躬詣皇陵致祭。是日，遣官祭開平王祠。

丙午，遣官祭揚王廟。

辛亥，仁皇后忌日，躬詣陵祭。

17 丁巳，上還京師。【考異】是月「上幸中都」以下干支，皆據典彙及潛菴史稿。

18 是月，誠意伯劉基卒。

初，基言：「甌、括間有隙地曰談洋，南抵閩界，爲鹺盜藪，方氏所由亂，請設巡檢司守之。」奸民弗便也，挾逃軍反，吏匿不以聞。會基致仕歸，令長子璉奏其事，不先白中書省。時胡惟庸方以左丞掌省事，挾前憾，使吏訐基，謂「談洋地有王氣，基圖爲墓，民弗予，則請立巡檢逐民。」上雖不罪基，然頗爲所動，遂奪基祿。基懼，入謝，乃留京師不敢歸。

未幾，惟庸相，基大慼，曰：「使吾言不驗，蒼生福也。」憂憤，疾作。惟庸覘上眷基衰，乃陽爲通好，以正月挾醫來視基疾。基飲其藥，覺有物積胸中如拳石，間以白上，上不省也。前月，基疾劇，上親製文賜之，遣使護歸，抵家踰一月卒。

基自負王佐才，不用于元，遭際真人，任以心膂，自謂不世之遇，故知無不言。遇急難，勇氣奮發，定計立談間，人莫能測。上亦雅重之，嘗曰：「伯温，吾之子房也。」有謂基有祕授，善陰陽風角之術。上曰：「基敷陳王道，數以孔子之言導予，豈有是邪！」所爲文章，氣昌而奇，與宋濂並爲一代宗。【考異】明史本紀系基卒于四月丁巳下，證之誠意伯集行狀，薨于乙卯四月十六日。是月庚寅朔，十六日則乙巳也。今系之是月之末，不書日。又，基事見明史本傳，惟「飲胡惟庸醫藥，覺有物積胸中如拳石狀」下，據紀事本末增入「間以白上，上不省」語，亦本之行狀中。蓋文成之眷衰，故惟庸之毒行也。

19 免彰德、大名、臨洮、平涼、河州被災田租。罷中都營建之役。

20 五月，己巳，詔永嘉侯朱亮祖偕傅友德鎮北平。

亮祖將舟師數百艘過濟寧，會臨清河水涸，舟膠不得動。時方克勤守濟寧，亮祖趣具五千人浚河，不者以軍法論。克勤不忍頓民，歸，禱于天，夜三鼓，大雨。黎明，河水漲數尺，舟師遂達，役者得免。民以爲至誠所感云。【考異】亮祖勒民夫濬河，克勤禱雨事，明史本傳書于濟寧知府下。證之本紀，亮祖鎮北平在五月己巳，又證之方正學先府君行狀，言「八年春入朝，三月重至官，越五月被劾，十月罷官，謫江浦」，則是年禱雨，正五六月間事也。今因亮祖鎮北平並記之。

21 初，鄧愈克河州，招納吐番諸部，遂設河州衛指揮同知，皆予世襲，其知院僉事及千、百户之等，皆使其酋長爲之。于是番酋日至。

自設茶馬司，許西番以馬互市，馬之至者漸多，而其所用之貨率與中土異，鈔法既更，番人不便，馬至者少。上患之，是月，遣中官趙成賫羅綺綾絹並巴茶往河州市之，馬漸集。中官出使自此始。

22 上以翰林所撰圜丘、方丘樂章，文過藻麗，命更製之。

是月，皇太子攝祭地祇于方丘。【考異】本紀不載，此據典彙補入。蓋太祖以四月幸中都，恐祭時不及歸，故有太子攝行之詔。及四月丁巳歸，不改前詔，故仍使太子攝之。典彙所記，必有所據，今從之。

23 六月，壬寅，貴州蠻連結苗、獠二千作亂，平越安撫司乞兵往援，上命指揮同知胡汝討平之。

24 是月，高郵州水災，免租六萬三百餘石，仍振之。

25 秋，七月，己未朔，日有食之。

26 辛酉，改建太廟。前正殿，後寢殿，皆有兩廡。寢殿九間，間一室，奉藏神主，如同堂異室之制。

27 壬戌，命曹國公李文忠、濟寧侯顧時往鎮山西、北平。召傅友德、朱亮祖還。

28 戊辰，京師地震。

29 北平按察司僉事呂本上言：「近制，士大夫聞父母喪，在外必待移文原籍審覈還報，然後奔喪，近者彌月，遠者半年。自今官吏若遇親喪，其家屬陳于官，移文任所，即令奔赴，然後覈實。」上深然之，詔：「百官奔父母之喪者，聞喪即行，不俟報。」

30 丁丑，免應天、太平、寧國、鎮江及蘄、黃諸府被災田租。

31 八月，己酉，元庫庫特穆爾卒。

庫庫自定西之敗走和林，元嗣君仍任以政，從徙金山之北，遂卒于哈喇諾海舊作哈剌那海。之衙庭。其妻毛氏，亦自經死。

庫庫自視師河南後，上七致書不答，既出塞，復遣人招諭，亦不從。最後李思齊降，上使往招之。始至，待以禮。尋使騎士送歸，至塞下，辭曰：「主帥有命，請公留一物爲別！」思齊曰：「吾遠來無所齎。」騎士曰：「願得公一臂。」思齊知不免，斷與之。還，未幾卒。

上以是心敬庫庫，一日，大會諸將，問：「今天下奇男子誰也？」皆對曰：「常遇春。」上笑曰：「遇春雖人傑，吾得而臣之。吾不能臣王保保。其人奇男子也！」尋册其妹爲秦王樉妃。

32 丁巳，太白晝見。

33 九月，戊辰，上以雲南久不下，議再遣使招諭梁王。

時吳雲出爲湖廣行省參政，召至，語之曰：「今天下一家，獨滇南不奉正朔，殺我使臣。卿能爲朕作陸賈乎？」雲頓首請行。

會梁王遣其臣鐵知院等二十餘人使漠北，爲大將軍所獲，送京師，上釋之，令偕雲往。既入境，鐵知院等謀曰：「吾輩奉使被執，罪且死。」乃誘雲令詐爲元使，改制書，共紿梁王。雲不從，知院等遂殺雲。梁王聞之，收雲骨，送之于蜀，殯于給孤寺。

其後雲子獻上其事于朝。詔馳驛還葬，與王禕並祀京師，額其祠曰二忠。

34 是月，命皇太子及秦、晉、楚、靖江四王講武中都，學士宋濂從。

時上得輿圖濠梁古蹟一卷，遣使賜太子，題其外，令濂詢訪，隨處言之。太子以示濂，濂因歷歷舉陳，隨事進說，甚有規益。

濂傅太子，先後十餘年，凡一言動，皆以禮法勸諷，使歸于道。至有關政教及前代興亡事，必拱手曰：「當如是，不當如彼。」皇太子每斂容嘉納，言必稱師父云。【考異】宋濂侍皇太子至中都，證之濂傳，在八年九月，集中行狀同。明史本紀系之十月壬子，蓋以九月至，十月講武也。今據傳及行狀，系之九月之末。

35 冬，十月，丁亥，詔舉富民素行端潔、達時務者。

36 是月，開封府祥符、杞、陳留、封邱、蘭陽、商水、西華及睢州、淮安府鹽城水，詔皆免其租。

37 詔翰林考議陵寢朔望節序祭祀禮。學士樂韶鳳等言：「漢諸廟寢園有便殿，日祭于寢，月祭于廟，時祭于便殿。後漢都洛陽，以關西諸陵遠，但四時祀以特牲，每西幸即親謁，歲正月郊祀畢，以次上洛陽諸陵。唐園陵之制，皇祖以上陵皆朔望上食，元日、冬至、寒食、伏臘、社，各一祭皇考陵，加以薦新。宋每歲春秋仲月，遣太常、宗正卿朝諸陵。我朝舊儀，每歲元旦、清明、七月望、十月朔、冬至日，俱遣官致祭，祠以太牢；白塔二處，遣中官祭，祠以少牢。今擬如舊儀，增夏至日用太牢，伏臘、社及每月朔、望則用特羊。祠祭署官行禮。如節與伏臘社、朔望同日，則用節禮。」制曰：「可。」【考異】定陵寢祭祀及郊社宗廟行脱舄禮，據明史禮志及樂韶鳳傳皆在是年，典彙並系之十月。其郊壇脱舄之儀，據春明夢餘録，謂始于是年，今分書于十一月下。

38 初，京師、行省皆設都衛指揮使司，節制方面，至是詔「改在京留守都衛爲留守衛指揮使司，在外都衛爲都指揮使司。」凡都司十有三：北平，陝西，山西，浙江，江西，山東，四川，福建，湖廣，廣東，廣西，遼東，河南；又置行都司二：甘州，大同；俱隸大都督府。其後雲南平，又增置雲南、貴州二都司。

39 十一月，丁丑，有事于圜丘。

時學士樂韶鳳等奏定大祀登壇脱舄之儀，謂：「古者以屨不上堂爲敬。漢、魏朝祭皆跣韈，惟蕭何劍履上殿，以爲異數。宋南郊，皇帝至南階，脱舄升壇，入廟，脱舄升殿，所以崇敬也。今議于郊祀廟享前期一日，有司以席藉地，設御幕于壇東南門外，設執事官脱履之次于壇門外西階側。祭日，大駕入幕次脱舄，始升壇殿行禮。分獻、陪祀官皆脱舄于外，協律郎、樂舞生皆跣韈。」上以其援據故實，詔始行之。

40 十二月，戊子，京師地震。

癸巳，元納克楚犯遼東。

初，上聞黄儔被殺，知納克楚仍將内犯，敕都指揮葉旺、馬雲等預爲之備。至是果悉衆寇邊，見守禦嚴，不敢攻，越蓋州至金州。

時金州城守未完，指揮韋富、王勝等督士卒分守諸門。納克楚之驍將鼐喇呼，舊作乃剌吾。率精騎數百挑戰城下，中伏弩仆，爲我軍所獲，敵大沮。富等縱兵擊之，敵引退，不敢出故道，從蓋城南十里沿柞河遁。

旺等先以兵扼柞河，自連雲島至窟駝寨十餘里，緣河壘冰爲牆，沃以水，經宿，凝冱如城市。釘板沙中，旁設阬穽，伏兵以伺。雲及指揮周鶚、吴立等建大旗，城中嚴兵不動，寂若無人。已，寇至，城南伏四起，兩山旌旗蔽空，矢石雨下。納克楚倉皇趨連雲島，遇冰城，旁走，悉陷于穽，遂大潰。雲等自城中出，合兵追擊，至將軍山畢嚕河，舊作必栗。斬獲及凍死者無數。乘勝追至豬兒峪，納克楚僅以身免。

事聞，進葉旺、馬雲俱爲大都督僉事。

41 甲寅，遣使振蘇州、湖州、嘉興、松江、常州、太平、寧國、杭州水災。

42 是月，陝州人有獻天書者，上命斬之。

43 上諭御史臺曰：「比設糧長，令其收民租以總輸納，無有司之擾，于民甚便。自今糧長有雜犯死罪及流徙者，止杖之，免其輸作，使仍掌稅糧。」御史臺臣言：「自今糧長有犯，許納銅贖罪。」制「可。」

明通鑑卷六

紀六起柔兆執徐（丙辰），盡屠維協洽（己未），凡四年。

江西永寧知縣當塗夏燮編輯

太祖高皇帝

洪武九年（丙辰、一三七六）

1 春，正月，甲戌，上以元將巴延特穆爾舊作伯顏帖木兒。爲邊患，命中山侯湯和爲征西將軍，潁川侯傅友德副之，率都督僉事藍玉、王弼、中書右丞丁玉等備邊延安。諭和等曰：「自古天下有道，守在四夷。今延安地控西北，與北虜接境。其人聚散無常，待其入寇而後逐之，民必受害。朕敕邊將嚴爲之備，誠恐久而懈惰，爲彼所乘。卿等率衆以往，常存戒心。雖不見敵，常若臨敵，則不至有失矣。」

2 是月，册魏國公徐達女爲燕王棣妃。

3 上御便殿，太子諸王侍，顧謂之曰：「汝等聞進德修業之道乎？藻率雜佩，身之容也；恭遜温良，德之容也。古之君子，德充于内而著于外，故器識高明而善道日臻，惡行不見而邪僻益遠。己德既修，自然足以服人，賢者彙進而不肖者自去。能修德進業，則天下國家未有不治，易此者鮮不取敗。夫貨財聲色，爲戕德之斧斤；讒佞諂諛，乃妨賢之荆棘；所當拒之如虎狼，畏之如蛇虺。苟溺于嗜好，鮮不爲其所陷矣。」

4 二月，乙巳，太白晝見，至己酉凡五日。【考異】太白晝見五日，干支諸書互異。明史天文志，「丁巳至己酉」，按五日則當云丁巳至辛酉，此有誤字。惟重修三編目云「自乙巳至于己酉」，三編、明史，多據實録，然則明史天文志「丁」字爲「乙」字之誤也。潛菴史稿云，「辛丑太白晝見五日」，則自丁酉至辛丑也。今從三編。

5 三月，壬申，太白復見。

6 己卯，詔曰：「比年西征燉煌，北伐沙漠，軍需甲仗，皆資山、陜，又以秦、晉二府宫殿之役，重困吾民。平定以來，閭閻未息，國都始建，土木屢興。畿輔既極煩勞，外郡疲于轉運。今蓄儲有餘，其淮、揚、安、徽、池五府及山西、陜西、河南、福建、江西、浙江、北平、湖廣今年租賦悉免之。」

7 是月，湯和等至延安，元巴延特穆爾遣人請降。

上聞之，召諸將悉還，獨留傅友德屯邊備之。敕諭友德曰：「無事請降，兵法所戒。爾其慎之！」

8 以和尼齊舊作火你赤。爲翰林蒙古編修，更其姓名曰霍莊。

9 夏，四月，庚戌，京師自去年八月不雨，至是日始雨。

10 五月，癸酉，自前月庚戌雨，至是日始霽。

11 是月，晉王妃謝氏薨。

上始命學士宋濂等考定王妃喪服之制。濂等議：「皇帝素服入喪次，十五舉音，百官奉慰，皇帝出次，釋服，服常服。」制曰：「可。」【考異】晉王妃謝氏薨，詔宋濂等考定服制，語見明史禮志，在洪武九年五月，今據之。

12 詔中書省：「作親王宮室，毋得過飾。」省臣奏：「親王宮飾朱紅，室飾大青緑。」上曰：「惟儉養德，惟侈蕩心。獨不見茅茨卑宮，堯、禹以興，阿房、西苑，秦、隋以亡？諸子年方及冠，去朕左右，豈可靡麗蕩心！」

13 六月，甲午，改行中書省爲承宣布政使司，凡浙江、江西、福建、北平、廣西、四川、山東、廣東、河南、陝西、湖廣、山西，悉罷行省平章政事、左、右丞等官。設布政使一員，秩從二品；置左、右參政各一員，秩從三品。其後又增置左、右參議。

14 初設布政，以王興宗爲河南布政使，吴印爲山東布政使。興宗從上克婺州，命知金華縣事，以治行聞，累遷懷慶、蘇州知府。遇上計至京師，上以事詰諸郡守，至興宗，獨曰：「是守公勤不貪，不須問。」至是以擢布政陛辭，上曰：「久不見，爾老矣，我鬚亦白。」宴而遣之。印以僧被上寵遇，欲驟貴之，故有是擢。會因星變求言，上手詔褒印，謂其「面陳至計，披露肝膽」，印以是益自恃。時張孟兼爲山東副使，獨易之。印謁孟兼，由中門入，孟兼杖守門卒。又以他事與相拄。上先入印言，逮笞孟兼。孟兼憤，捕爲印書奏者，欲論以罪，印復上書言狀。上大怒曰：「豎儒，與我抗邪！」械至闕下，遂坐誅。

15 辛丑，召李文忠還。

16 是月，進宋濂學士承旨，知制誥兼贊善如故。未幾，又官其子璲爲中書舍人，孫慎爲儀禮序班。

上數試璲與慎，並教誡之，笑語濂曰：「卿爲朕教太子、諸王，朕亦教卿子、孫矣。」濂行步艱，上必命璲、慎扶掖之。祖、孫、父、子共官内廷，時以爲榮。【考異】濂進承旨，據本傳在是年，證之文憲集中行狀，則六月也。官其子孫，據行狀在授承旨之後，但書是年某月，彙記于進官之下。

17 時莒州日照知縣馬亮考滿，以長于督運，山西汾州平遥主簿成樂能，恢辦商税，皆注上考。上曰：「令佐之職，在撫安百姓，豈以督趣恢辦爲能邪！官司之考非是。」命吏部移文訊責。

18 秋，七月，癸丑朔，日有食之。

19 是月，蠲蘇、松、嘉、湖水災田租，凡二十九萬九千四百餘石。又免永平縣旱災田租，仍振之。

20 元巴延特穆爾果乘間犯邊，傅友德設伏大敗之，俘其衆，獲馬畜輜重無算，于是元平章烏林特舊作兀納歹。執巴延以降。

21 以韓國公李善長子祺爲駙馬都尉，尚上長女臨安公主。始命禮官定公主下嫁之儀。「先期告奉先殿，下嫁前二日，遣使册公主。其拜舅、姑及公主、駙馬相向拜，皆如家人禮。」

22 八月，己酉，遣官省歷代帝王陵寢，禁芻牧，置守陵户。忠臣烈士祠，令有司以時葺治。又分遣國子生修嶽、鎮、海、瀆祠。

23 是月，西番多爾濟巴舊作朶兒只班。寇罕東，河州衛指揮甯正擊走之。

先是多爾濟巴率部落内附，上授熊鼎爲岐寧衛經歷。鼎至，知寇僞降，密疏論之，上遣使慰勞，復遣中使趙成召鼎還。鼎既行，寇果叛，脅鼎北還，鼎責以大義，罵之，遂與趙成及知事杜寅俱被殺。上聞，悼惜，命葬之黄羊川，立祠祀之。

鼎，臨川人，以鄧愈鎮江西，薦其才。上欲官之，以親老辭，乃留愈幕府，贊軍事。母喪既除，累官至浙江按察司僉事，分部台、温，有政聲。調山東僉事，奏罷不職有司數十輩，列郡肅清。尋進副使，徙晋王府右傅，坐累左遷，復授王府參軍。召爲刑部主事，未至，改授是職。上聞多爾濟巴之叛，復趣鼎還，卒以不屈死。【考異】明史本紀書西番叛于是月，不著死難之人。證之忠義傳，是時熊鼎爲岐寧衛經歷，與中官趙成、知事杜寅皆遇害。三編亦于去年趙成出使河州下書云，「成後爲西番多爾濟巴所殺」，與鼎傳合，今據明史忠義傳增入。

24 九月，中書省奏福建參政魏鑑、瞿莊笞奸吏至死，上賜璽書勞之曰：「君之馭臣以禮，臣之馭吏以法。吏詐則政蠹，政蠹則民病。朕嘗著令，凡吏卒違法，繩之以死。奈何有司貪縱，爲下人所持，任其縱横，莫敢誰何，以致民多受害！今兩參政能置奸吏于極刑，所謂『唯仁人能惡人』也。朕實嘉之！」

25 是月，皇次孫允炆生。【考異】諸書有系之八年九月者，今據憲章録及建文朝野彙編。

26 閏月，庚寅，以災異，詔求直言。

先是六月，有客星大如彈丸，白色，止天倉，經外屏、卷舌，入紫薇垣，掃文昌，指內廚，入于張，凡四十餘日乃没。

又，前月，上遣使往諭北平大將軍達曰：「今年七月，火星犯上將，此月金星又犯之，占有奸人刺客在左右，宜慎備之！」

至是欽天監奏「五星紊度，日月相刑」，上以上天垂象，益勵修省，故有是詔。【考異】明史本紀書「以災異求直言」，災異，即五星紊度，日月相刑，史于日月五星之變，自日食外，皆不入紀中，故但以災異書也。三編求直言目云，「以五星紊度，日月相刑，故有是詔。」質實云：「按洪武實録，是年二月，歲星逆行入太微，三月，熒惑犯井，四月，犯鬼，五月，太白犯畢、井，有客星大如彈丸，白色，止天倉，越數日，益有光，入紫微垣，掃文昌，尋入于張，自六月戊子至七月乙亥，凡四十八日乃滅。」按此皆五星紊度之事，孫氏二申野録亦記此二事。今六月以後，悉據明史天文志書之。而是年九月，太祖諭大將軍有「七月火星犯上將，是月金星又犯之」之語，皆星變也，今並系之閏月求言下。

27 冬，十月，己未，新建太廟成。

定同堂異室之制，仍以四孟及歲除凡五享。孟春擇上旬日，三孟用朔日，及歲除皆合享。自是始罷特祭。又定親王配享在東廡，功臣配享在西廡。

28 丙子，命秦、晉、燕、吳、楚、齊諸王治兵中都。

29 十一月，辛巳朔，上與侍臣論女寵、寺人、外戚、權臣、藩鎮、四裔之禍曰：「木必蠹而後風入之，體必虛而後病乘之，國家之事，亦猶是已。漢亡于外戚、奄寺，唐亡于藩鎮、戎狄。然制之有道，貴賤有體，恩不掩義，女寵之禍何自而生！不牽私愛，苟犯政典，裁以至公，外戚之禍何由而作！奄寺職在使令，不假兵柄，則無寺人之禍。上下相維，大小相制，防壅蔽，謹威福，則無權臣之患。藩鎮之設，本以衞民，財歸有司，兵待符調，豈有跋扈之虞！至于禦四裔，則修武備，謹邊防，來則禦之，去不窮追，豈有侵暴之憂！凡此數事，常欲著書，使後世子孫以時觀省，亦社稷無窮之利也。」

30 壬午，有事于圜丘。

31 戊子，徙山西及真定民無産者田鳳陽。

32 是月，平遥縣訓導葉伯巨應詔上書。伯巨，字居升，寧海人。聞詔，語人曰：「今天下有三事，其二者易見而患遲，一者難知而患速。此三者積于吾心久矣，雖不求猶將言之，況明詔乎！」

乃上書曰：「臣觀當今之事，太過者三：分封太侈也，用刑太繁也，求治太急也。

先王之制，大都不過三國之一，所以强榦弱枝，遏亂源而崇治本耳。今裂土分封諸王，蓋懲宋、元孤立，宗室不競之弊。而秦、晉、燕、齊、梁、楚、吴、蜀諸國，無不連邑數十，城郭宮室，亞于天子之都，優之以甲兵衞士之盛。臣恐數世之後，尾大不掉，然後削其地而奪之權，則必生觖望，甚者緣間而起，防之無及矣。議者曰：『諸王皆天子骨肉，分地雖廣，立法雖侈，豈有抗衡之理！』然獨不觀于漢、晉之事乎？孝景，高帝之孫也，七國之王，皆景帝之同祖父兄弟子孫也，一削其地，則遽構兵西向。晉之諸王，皆武帝親子孫也，易世之後，迭相攻伐，遂成劉、石之患。無他，分封踰制之過也。昔賈誼勸漢文帝盡分諸國之地，空置之以待諸王子孫。向使文帝早從誼言，則必無七國之禍。願陛下及諸王未之國之先，節其都邑，減其衛兵，限其疆域，以待封諸王之子孫。此制一定，世爲屏藩，與國同休，割一時之恩，制萬世之利，消天變而安宗社，莫先于此。

臣又觀歷代開國之君，未有不任德而專任刑者。何者？天生斯民，立之司牧，固欲其並生，非欲其即死，不幸而有犯法者，乃不得已而授之以刑耳。議者曰：『宋、元以姑息亡國，今欲懲其敝，故制不宥之刑，使人知懼而莫測也。』臣謂開基之主，垂範百世，一動一靜，必使子孫有所持守，況刑者民之司命，可不慎歟！五刑之用，出于大公，近見用刑之際，多裁自聖衷，遂使治獄之吏趨求意旨，務爲深刻之律，不聞平恕之條。臣以爲必有罪疑惟輕之意，而後好生之德治于民心也。

古之爲士者，以登進爲榮。今之爲士者，以溷跡無聞爲福，以受玷不録爲幸，以屯田、工役爲必獲之罪，以鞭笞箠楚爲尋常之辱。其始也，取天下之士，網羅捃摭，務無遺佚，有司敦迫上道，如捕重囚。比至，除官多以貌選，所學非所用，所用非所學，一有差跌，苟免誅戮，則必在屯田、工役之科，率是爲常，不少顧惜。此豈陛下所樂爲哉？欲人之懼而不敢犯也。然數年以來，誅殺不少而犯者相踵，良由激勸不明，議賢議能之法廢，人不自厲而爲善者怠也。夫廉如夷、齊，智如良、平，少戾于法，則苛其短而盡棄其長。無怪廉恥道喪，一日爲官，無不争事掊克以備屯田、工役之資者，比比而然。豈非用刑太煩之所致乎？

周自文、武至于成、康，漢自高帝至于文、景，所謂王者之作必世而後仁，爲治之方誠無取乎過驟也。今天下大定，法令修明，可謂治矣。而陛下切切以民俗澆漓，人不知懼，乃至令下而尋改，已赦而復收，天下臣民，莫知適從。臣愚以爲天下之趨于治，猶堅冰之泮也。冰之泮，必太陽之以漸而後融釋；聖人之治天下，漸民以仁，摩民以義，亦猶是耳。求治之道，莫先于正風俗，正風俗之道，莫先于守令知所務，風憲知所重，而尤莫先于朝廷知所尚。今之守令，以户口、錢糧、獄訟爲急，至于農桑、學校，王政之本，乃視爲虚文而置之。上官分部按臨，亦但循習故常，依紙上照刷，未嘗巡行點視。于是興廢之實，上下視爲具文，小民不知孝弟忠信爲何物，而禮義廉恥掃地矣。風紀之司，所以代朝廷宣德化，察善惡，聽訟讞獄，其一事耳。今專以獄訟爲要，忠臣、孝子、義夫、節婦，視爲末節而不暇舉。但知去一贓吏，決一獄囚，便謂稱職，而不知勸民成俗，使民遷善遠罪，乃治之大者，此守令風憲不審輕重之失也。

今陛下急于求賢，令天下諸生考于禮部，升于太學，歷練衆職，任之以事，可以洗歷代舉選之陋，上法成周。然而升于太學者，或未數月而遽選之入官，委以民社，臣恐其未諳時務，上乖國政而下困黎民也。開國以來，選舉秀才不爲不多，所任名位不爲不重，自今數之，在者有幾？此臣所謂求治太急之過也。」

書上，上大怒曰：「小子間吾骨肉，速逮來，吾手射之。」既至，省臣乘上怒稍懈，奏下刑部，卒瘐死獄中。

當伯巨上書時，諸王止建藩號，未曾裂土，有謂其言之過激者，其後靖難師起，乃服伯巨爲先見云。【考異】伯巨上書，諸書多系之九月，蓋因星變求言牽連並記耳。明鑑、三編俱系之十一月，蓋據洪武實録也，今從之。

33 十二月，甲寅，振畿內、浙江、湖北水災。

34 己卯，命都督同知沐英乘傳詣關、陝，抵熙、河，問民疾苦，有不便者，更置以聞。

35 是月，遣送故元臣蔡子英出塞。

子英，永寧人，元至正中進士，察罕開府河南，辟參軍事，累遷至行省參政。元亡，從庫庫走定西，庫庫既敗，子英單騎走關中，亡入南山。上聞其名，使人繪形求得之，傳詣京師。至江濱亡去，變姓名賃春，久之復被獲。械過洛陽，見湯和，長揖不拜；抑之跪，不肯。和怒，爇火焚其鬚，不動。其妻適在洛，請與相見，子英不許。至京，上命脱械，以禮遇之，授以官，不受。

退而上書曰：「陛下乘時應運，削平群雄，薄海内外，莫不賓貢。臣鼎魚漏網，假息南山，曩者見獲，復得脱亡七年之久，重煩有司追跡。而陛下以萬乘之尊，全匹夫之節，不降天誅，反賜之冠服酒饌，授以官爵，陛下之量，包乎天地矣。

臣感恩無極，非不欲自竭犬馬，但名義所存，不敢輒渝初志。自惟身本韋布，過蒙主將知薦，仕至七命，躍馬食肉，十有五年，愧無尺寸以報國士之遇，及國家破亡，又復失節，何面目見天下士！管子曰：『禮義廉恥，國之四維。』陛下創業垂統，方挈持大經大法垂示子孫臣民，奈何欲以無禮義廉恥之俘囚，廁諸維新之朝、賢士大夫之列哉？

臣自咎往日之不死，至于今日，分宜自裁。陛下待臣以恩禮，臣固不敢賣死立名，亦不敢偷生苟禄。若察臣之愚，全臣之志，禁錮海南，畢其餘命，則雖死之日，猶生之年。昔王蠋閉户以自縊，李芾闔門以自屠，彼非惡榮利而樂死亡，誠以義之所在，雖湯鑊不敢避也。渺焉之軀，上愧古人，死有餘恨，惟陛下裁察！」

上覽其書，益重之，館之儀曹。忽一夜，大哭不止，人問其故。曰：「無他，思舊君耳。」上知不可奪，命有司送之漠北，令從其故主于和林。

36 是歲，上以星變求言，一時應詔言事者，葉伯巨外，曰曾秉正，曰茹太素，曰鄭士利。秉正，南昌人，爲海州學正，上書，其略曰：「古之聖君，不以天無災異爲喜，惟以祇懼天譴爲心。陛下聖神文武，統一天下，天之付與，可謂至矣。兵動二十餘年，始得休息，天之有心于太平亦已久矣，民之思治亦已切矣。創業與守成之政，大抵不同。開創之初，則行富國强兵之術，用趨事赴功之人。大統既立，邦勢已固，則普天之下，水土所生，人力所成，皆邦家倉庫之積；乳哺之童，垂白之叟，皆邦家休養之人；不患不富庶，惟保成業于永久爲難耳。于此之時，則宜盡革向者之所爲。何者足應天心，何者足慰民望，感應之理，其效甚速。」又言「天既有警，變不虛生」，因極論大易、春秋之旨。上覽而嘉之。

同時刑部主事茹太素，亦陳時務，累萬言。上厭其繁瀆，命杖之。次夕，復于宮中令人朗誦，得其可行者四事，慨然曰：「爲君難，爲臣不易。朕求直言，欲其切于情事，而文詞太多，便至熒聽。太素所陳，五百餘言可盡耳。」因令摘太素疏中可行者下所司，上自序其首，頒示中外。踰年，遂與秉正先後同出爲參政。

當伯巨等諸人之言事也，適考校天下錢穀册書，而空印之獄起。空印者，先署印而後書者也，有司相沿莫之正。上以爲欺罔，一時主印吏及署守有名者，皆逮繫御史獄，凡數百人。

而士利兄士元，亦以河南時空印入逮中。時上方盛怒，丞相、御史亦知空印無他奸，莫敢諫。士利獨嘆曰：「上不知，以空印爲大罪，誠得人言之，宜有悟。」會星變，士利欲應詔，而詔中有假公言私之禁，度其兄非主印者，得杖當出。

既出，士利乃爲書數千言言數事，而于空印事獨詳，曰：「陛下欲深罪空印者，恐奸吏得挾空印紙爲文移以虐民耳。夫文移必完印乃可，今考校書册，乃合兩縫印，非一印一紙比，縱得之亦不能行，況不可得乎！錢穀之數，府必合省，省必合部，數難懸決，至部乃定。省府去部，遠者六七千里，近亦三四千里，册成而后用印，往返非期年不可，以故先印而後書。此權宜之務，所從來久，何足深罪！

且國家立法，必先明示天下而後罪犯法者，以其故犯也。自立國至今，未聞有空印之律，有司相承，莫知其罪，今一旦誅之，何以使受誅者無詞！朝廷求賢士，置庶位，得之甚難。位至郡守，皆數十年所成就，通達廉明之士，非如草菅然，可刈而復生也，陛下奈何以不足罪之事而壞足用之材乎？臣竊爲陛下惜之！」

書成，閉門逆旅，泣數日。兄子問以所苦，答曰：「吾有書欲上，觸天子怒必受禍。然殺我生數百人，復何恨！」遂入奏。上覽書大怒，下丞相、御史雜問，究使者。士利笑曰：「顧吾言足用否耳。吾業爲國家言事，自分必死，誰爲我謀！」獄具，與其兄士元皆輸作江浦，而空印者竟多不免。

士利，亦寧海人，與方克勤、葉伯巨皆同里。克勤守濟寧，考績得最，八年春，入覲，宴勞遣還。越五月，以屬吏程貢不職被笞，挾嫌訟其事，上遣御史按問。而御史適程故人，恐程坐誣罪，乃摘克勤以私用倉中炭葦事，坐罪謫江浦。踰年，當釋歸，而空印事起，克勤復逮繫，以是年九月卒。卒後而士利復以論空印得罪。

時又有給事中莆田方徵者，亦以論空印事謫沁陽驛丞云。【考異】輯覽于葉伯巨上書注中，並及曾秉正、茹太素上書事，而漏去鄭士利，重修三編始增入之。今按明史太素傳，太素是時爲主事，其上書似在詔求直言之前，史因有「太祖杖太素而嘉秉正」之語，故牽連記之。若士利上書，則正在星變求言之後，又值起空印之獄時也。證之遜志齋集先府君行狀，克勤以八年被謫，踰年釋歸，又以空印事被逮，九年九月卒于京師。然則克勤之死，正在下詔求直言之時。空印爲洪武九年一大獄，而明史本紀及史稿皆遺之，重修三編補入鄭士利一段，蓋士利所論，于空印事獨詳也。今並系之是歲之下，並參明史士利傳書之。○又按潛菴史稿，但書曾秉正上書于閏月，明書則但書茹太素上書事，今並入之。

37 國子博士趙俶致仕。

御史臺言：「俶以詩經教成均四年，其弟子多爲方岳重臣及持節各部者」，乃賜翰林院待詔歸，宋濂率同官諸生千餘人送之。

十年（丁巳、一三七七）

1 春，正月，詔中書省定奏對式。

初，上覽茹太素等奏書繁冗，頗厭之，以問廷臣。或指其書曰：「此大不敬」，「此誹謗非法」。獨承旨宋濂對曰：「彼盡忠于陛下耳。陛下方開言路，惡可深罪！」既而上覽其書，有足采者，召廷臣詰責，因呼濂字曰：「微景濂，幾誤罪言者。」

先是濂以年老請致仕，許之。上嘗廷譽濂曰：「朕聞太上爲聖，其次爲賢，其次爲君子。宋景濂事朕十九年，未嘗有一言之僞，誚一人之短，始終不二，非止君子，抑可謂賢矣。」每燕見，必設坐命茶，旦則侍膳，往復咨詢，常夜分乃罷。濂不能飲，上嘗强之，至三觴，行不成步，上大懽樂，御製楚詞一章，命詞臣賦醉學士詩以娛之。

至是請歸。乙酉，陛辭，上問濂：「年幾何？」曰：「六十有八。」上賜御製文集及綺帛，謂濂曰：「藏此綺三十二年，作百歲衣可也。」並令每歲一來朝。【考異】文憲致仕告歸，三編系之正月，證之潛菴史稿，則正月乙酉也。然此乃據其告歸之日月，若其致仕，則文憲行狀系之九年十一月，有「致政」之語，故諸書多系文憲告歸于九年之冬，蓋據行狀也。又據狀言「二月歸金華」，方正學祭文，亦言「丁巳之春，公歸金華」，則史稿系之正月乙酉者得之。至所謂「事朕十九年者當爲九年」語，蓋文憲以至正十八年太祖克金華來見，推至洪武九年，正十九年也。若所云「六十八歲」者，則十年告歸時語，蓋文憲卒于洪武十四年，年七十二，是告歸時正六十八也。今並系之正月下。

2 上將遣秦、晉、燕王之國，辛卯，詔以御前、羽林等軍益三府護衛。

3 是月，諭中書省臣：「凡職官聽選者，早予銓注，勿使資用乏絶，仍令有司給舟車送之。」

4 工部承差張致中上書言三事：「一，慎擇監察御史。二，京師及各府、州、縣設常平倉，以時斂放。三，北方開墾曠土，令農民自實畝數以定税糧，守令不得任里甲虛增額數。」上飭户部采行之，並擢致中宛平知縣。

5 二月，丁卯，詔免見任官徭役，著爲令。

6 己巳，遣御史吉昌等十三人分巡天下。

7 是月，遣官享先農，始命應天府官率農民耆老陪祀。

8 三月，上與群臣論天與七政之行，皆以蔡氏左旋之説爲對。上曰：「天左旋，日月五星右旋。蓋二十八宿，經也，附天體而不動；日月五星，緯乎天者也。朕自起兵以來，與善推步者仰觀天象，二十有三年矣。嘗于天氣清爽之夜，指一宿爲主，太陰居是宿之西，相去丈許，盡一夜則太陰漸過而東矣。由此觀之，日月五星右旋。今但墨守蔡氏左旋之説，豈所謂格物致知之學乎！」【考異】論七政事，明史曆志在十年三月，諸書不載，今據之。

9 是春，振蘇、松、嘉、湖水災，户米一石，凡十三萬一千二百餘户。

10 夏，四月，己酉，命鄧愈爲征西將軍，沐英副之，討吐番也。

初，西域烏斯藏入貢，詔設朶甘、烏斯藏二衛，其後屢遣使來，輒爲吐番所邀阻。九年之冬，烏斯藏使者以侵掠告，于是命愈等分兵爲三道，窮追至昆崙山，俘斬萬計，留兵戍諸要害而還。

11 是月，振太平、寧國及宜興、錢唐諸縣水災。

12 五月，庚子，命韓國公李善長、曹國公李文忠總中書省、大都督府、御史臺，議軍國重事。

初，善長罷相，踰年病愈，命董建中都宫殿及徙富民田濠州，經理凡數年。七年，上擢善長弟存義爲太僕丞，及其弟子皆授以官。越二年，善長子祺，復尚臨安公主，寵遇更隆。于是御史大夫汪廣洋、陳寧，劾「善長狎寵自恣，陛下病，不視朝幾及旬，不問候。駙馬都尉祺，六日不朝，宣至殿前，又不引罪，大不敬。」坐削歲禄千八百石。至是上復委以軍國重事，尋又令督圜丘工。時以爲善長黨于丞相胡惟庸云。

13 癸卯，振湖廣黃州、常德、武昌三府及岳州、沔陽二州水災，户給鈔一定。

丙午，上諭中書省曰：「朕聞荆、蘄水災，寢食不安。乃户部主事趙乾，不念民艱，自去年十二月至今年五六月之交，方施振濟，民之死者多矣。夫民饑而上不恤，其咎在上。吏受命不能宣上之意，視民死而不救，咎將誰諉！命誅之，以爲不恤民者戒。」

14 是月，召濰州知州吴履還。

履，蘭谿人，李文忠鎮浙東，聘爲郡學正。久之，薦于朝，授南康丞，遷安化知縣，有政聲，遷濰州知州。山東兵嘗以牛羊代秋税，履與民計曰：「牛羊有死瘠患，不若輸粟便。」他日，上官令民送牛羊之陝西，他縣民多破家，濰民獨完。至是改濰州爲縣，召之還，濰民皆涕泣送。上方欲用之，尋乞骸骨歸。【考異】召濰州知州吴履還，典彙系之是年。證之明史本傳，「履爲濰州知州，尋以濰州改縣，召履還。」證之地理志，濰州改縣在洪武十年之五月，今據之。

15 有内侍以久侍内廷，從容言及政事，上即日斥遣歸命，終身不齒。諭諸臣曰：「此輩日在左右，其小忠小信，足以固結君心；及其久也，假竊威權以干政事，遂至于不可抑；自古以此階亂者多矣。今立法不許寺人干預朝政，決去之，所以懲將來也。」

16 六月，丁巳，詔臣民言事者實封達御前。

丙寅，命群臣，大小政事先啓皇太子裁決上聞。

上諭皇太子曰：「自古創業之君，歷涉勤勞，達人情，周物理，故處事咸當。守成之君，生長富貴，若非平昔練達，鮮不謬者，故吾特命爾日臨群臣，聽斷諸司啓事，以練習國政。惟仁則不失于躁暴，惟明則不惑于邪佞，惟勤則不昵于安佚，惟斷則不牽于文法，凡此皆心爲權度。吾自有天下以來，未嘗暇逸，惟恐處事少有不當，以負上天付託之意，戴星而朝，夜分而寢，爾所親見。若能體而行之，天下之福也。」又時令儒臣爲太子講大學衍義。

17 秋，七月，甲申，置通政使司。正使一人，秩三品；左右通政各一人，正四品；左右參議各一人，正五品。掌受京、外章奏，于早朝彙達御前，徑自封奏者參駁。午朝引奏臣民言事者，有機密報，不時以聞。諭曰：「政如水焉，欲其常通，故以通政名官。」

尋召陝西參政曾秉正爲通政使，未幾，以忤旨罷。【考異】置通政司，據明史茹太素傳，言「初置通政，召陝西參政曾秉正爲之」，今據系于置通政下。

18 是月，始遣監察御史巡按州縣，諭之曰：「近日山東王基，不務正論，乃用財利之説以惑朕聽。今命汝等出巡，事有當言者，須以實論列，勿事虚文。凡治以安民爲本，民安則國安。汝等當詢民疾苦，廉察風俗，申明教化，惟知據法守正，慎勿沽譽要名。朕深居九重，所賴以宣德意，通下情者，惟在爾等，其各慎之！」

19 自監察御史之設也，一時以敢言著者，首推山陰韓宜可。是時丞相胡惟庸方用事，陳寧、涂節等附之，皆有寵于上。嘗侍坐，從容燕語，宜可直前，出懷中彈文，劾「三人險惡似忠，奸佞似直，恃功怙寵，内懷反側，擢置臺端，擅作威福，乞斬其首以謝天下。」上怒曰：「快口御史，敢排陷大臣邪？」命下錦衣衛獄，尋釋之。

同時又有山陰周觀政，以九江教授擢監察御史。嘗監奉天門，有中使將女樂入，觀政止之，中使曰：「有命。」觀政執不聽，中使慍而入。有頃，出報曰：「御史且休，女樂已罷不用。」觀政又拒，曰：「必面奉詔。」已而上親出宫謂之曰：「宫中音樂廢缺，欲使内家肄習耳。朕已悔之，御史言是也。」左右無不驚異。

20 八月，庚戌，改建大祀殿于南郊，始合祀天地也。

初，上用儒臣分祭議，建圜丘、方丘爲二壇。其後感齋居陰雨，覽京房災異之説，謂分祭天地，情有未安，欲舉合祀之典，乃命即圜丘舊址爲壇，而以屋覆之，命曰大祀殿。

21 癸丑，上又以社稷分祭、配祀未當，下禮官議。

時張籌以禮部員外郎驟擢尚書，奏請「合社稷爲一壇，行合祭禮，罷句龍、棄配位，奉仁祖配享，以明祖社尊而親之之義。」上從其言，乃合社稷同壇，改建于午門之右。初，社稷列中祀，自奉仁祖配，乃升上祀。

篝在禮曹久，諳歷代禮文沿革。然頗善傅會，一時迎合上意，輕變舊章，識者非之。

【考異】明史本紀但書「八月建大祀殿」，潛菴史稿並記「改建社稷壇」事，是也。今按合祀天地，出自太祖之意，而社稷同壇，則張篝希旨所奏，紀事本末，一系之庚戌，一系之癸丑，今從之，並據明史篝傳增入。

22 是月，選武臣子弟讀書國子監。

上念武臣子弟鮮知問學，命大都督府選入國學，其在鳳陽者，即肄業于中都。

23 罷弘文館。

24 九月，丙申，振紹興、金華、衢州水災。

25 辛丑，以胡惟庸爲左丞相，汪廣洋爲右丞相。

惟庸獨相數歲，生殺黜陟，或不奏徑行。内外諸司上封事，必先取閱，有不便己者，匿不以聞。四方躁進之徒及功臣武夫失職者，争走其門，饋遺金帛名馬玩好，不可勝數。廣洋雖並相，浮沈充位而已，上數誡諭之。

26 冬，十月，戊午，封沐英爲西平侯。

英年少明敏，在都督府，機務繁積，剖決如流。皇后數稱其才，上亦器重之。至是論平吐番功，始錫封，予以世券。

27 辛酉，賜百官公田。

28 十一月，癸未，衛國公鄧愈征吐番還，行至壽春卒。

愈爲人，簡重慎密，不憚危苦。軍令嚴，善撫降附，所至招徠，威惠甚著。上念其盡瘁馳驅，功高齡促，追封寧河王，賜謚武順。

29 丁亥，冬至，以大祀殿工未成，始合祀天地于奉天殿。

上親製祝文，大意謂：「人君事天地猶父母，不宜異處」，遂令每歲合祀于孟春，爲永制。

30 是月，免河南、陜西、廣東、湖廣被災田租。

31 四川威茂土酋董貼里叛，詔以御史大夫丁玉爲平羌將軍，討之。至威州，貼里請降，承制設威州千户所。

32 十二月，乙巳朔，日有食之。

33 丁未，録故功臣子孫五百餘人，授官有差。

34 是歲，外蕃來貢，惟高麗使五至，皆却之。

初，高麗王顓死，禑襲位，遣使來告哀。上知顓實被弑，遣使往祭弔以覘之。是年春，又使來請王顓謚號，上曰：「顓被弑已久，今始請謚，將假吾朝命，鎮撫其民，以掩其弑逆之跡，不可許。」

其年夏，復遣周誼貢馬及方物，冬，又遣使賀明年正旦。上曰：「王顓被弑，奸臣竊命。春秋之義，亂賊必討，夫又何言！第前後使者皆稱嗣王所遣，莫明其實。」命悉却其貢。仍敕中書省遣人往觀其所爲，且詰其嗣王何人，政令何在，以知彼中虛實。

35 自八年改建大內宮殿，是年告成。

闕門曰午門，午門之內曰奉天門。內爲奉天殿，左曰文樓，右曰武樓。奉天殿之後曰華蓋殿，又其後曰謹身殿，殿後則乾清宮之正門也。奉天門外兩廡間有門，左曰左順，右曰右順。左順門外有殿曰文華，爲東宮視事之所，右順門外有殿曰武英，爲皇帝齋戒時所居。制度如舊，規模益弘。

十一年（戊午、一三七八）

1 春，正月，甲戌朔，封皇子椿爲蜀王，柏湘王，桂豫王，楧漢王，植衛王。改封吳王橚爲周王。罷杭州護衛。

2 己卯，進封湯和信國公。

3 是月，徵天下布政使及知府來朝。

上謂廷臣曰：「布政使即古方伯之職，知府即古刺史之職，所以承流宣化，撫安吾民者也。然得人則治，不則瘝官尸位，病吾民多矣。朕今令之來朝，使識朝廷治體，以儆其玩愒之心，且以詢察言行，考其治績，以覘其能否。苟治效有成，天下何憂不治！」

4 以寶鈔司提舉費震爲户部侍郎，禮部員外郎朱夢炎爲本部侍郎，兵部郎中陳銘爲吏部尚書。

上諭吏部曰：「朝廷懸爵禄以待天下之士。資格者，爲常流設耳，若有賢才，豈拘常例！」一時超擢者九十五人。

尋進震尚書。【考異】按「不拘資格」之語，見明史費震傳。傳中系之洪武十一年，孫氏春明夢餘録並引張江陵集，在是年正月，證之潛菴史稿，震進尚書在四月。

上又諭吏部曰：「披沙將以求金，掘井在于獲泉，薦士期于得賢。今薦舉之士，名實不副，視爲具文，豈昧于識人邪？抑賢才之果難得也？其令有司悉心詢訪，務求真才，以禮敦遣。」

5 二月，四川茂州蠻作亂，指揮胡淵等討平之。

初，茂州土酋楊者七來貢，命權知州事。會四川都司遣兵修灌縣橋梁，至陶關，汶川土酋孟道貴等集部落邀阻關道。淵與童勝分兵二道擊之，一由石泉，一由灌口。由灌口者進次陶關，蠻衆伏兩山間，投石崖下，兵不得進。適汶川土官來降，得其間道，大破之。其由石泉者亦敗其衆，兩軍遂會于茂州，者七迎降。承制置茂州衛，仍以者七領其衆，留指揮楚華將兵三千守之。

6 三月，壬午，命「奏事毋關白中書省。」上于是始疑胡惟庸等。

7 始命秦王樉、晉王棡之國。

上賜秦王璽書曰：「關内之民，自元氏失政，不勝其斂。今吾定天下，又有轉輸之勞，民未休息。爾之國，若宮室已完，其不急之務悉已之！」

晉王就藩太原，中道笞膳夫，上馳諭曰：「吾率群英平禍亂，不爲姑息。獨膳夫徐興祖，事吾二十三年，未嘗折辱。怨不在大，小子識之！」

時吴王已改封河南，命與燕、楚、齊王同駐鳳陽俟命。

定制，諸王之國，皆令詣辭皇陵而后行。

8 是月，各官朝覲來京師者，上命吏部課其殿最，分爲三等：稱職無過者爲上，賜坐、宴；有過稱職者爲中，宴而不坐；有過不稱職者爲下，不預宴，序立于門，宴畢始退。朝覲考察自此始。

9 夏，四月，元嗣君阿裕實哩達喇殂，子特古斯特穆爾嗣。舊作脱古思帖木兒。

時元丞相魯爾、舊作驢兒。哈剌章、曼濟舊作蠻子。等寇塞下。【考異】據明史本紀、三編，元嗣君殂在四月，紀事本末系之五月，今從本紀。

10 江陰侯吳良，督田鳳陽，上命修葺皇陵，至是成。詔曰：「皇堂新造，予時秉鑑窺形，但見蒼顏皓首，忽思往日之艱辛。竊恐前此碑記，出自儒臣粉飾之文，不足以爲後世子孫戒，特述艱難以明昌運。」乃自制碑文，命良督工刻之。【考異】重建皇陵碑，明史不載，事具郎氏七修類稿中。前引太祖自述之文云：「洪武十六年夏四月，命江陰侯吳良督工部造皇堂，予時秉鑑窺形，但見蒼顏皓首，忽思往日之艱辛。況皇陵碑記，皆儒臣粉飾之文，不足以爲後世子孫之戒。特述艱難以明昌運，俾世代見之。」其碑詞則通體皆用陽韻，此重建皇陵碑之本末也。徐氏典彙，則云「十一年四月，上又以前建皇陵碑，恐代草者有文飾，復親製文，命江陰侯吳良督工刻之」，秦氏五禮通考亦引其文，此即本太祖自序之意也。證之良傳，良是時督田于鳳陽，故太祖就命之。迨十二年，命良建齊王府于青州，十四年，良卒于青州。據此，則七修類稿「十六年」之「六」字誤也。蓋十六年所建，乃滁陽王廟碑，郎氏誤記年月，或誤寫「一」字爲「六」耳。今據典彙所系年月，而記其重建序語之大略云。

11 五月，丁酉，存問蘇、松、嘉、湖被水災民，户賜米一石，蠲逋賦六十五萬有奇。

先是户部以蘇州逋賦太多，請論官吏，上不許曰：「逮其官，必責之于民，民傾貲輸官，困將益甚。」至是命悉免之。

12 六月，壬子，遣使祭故元嗣君。

13 己巳，五開蠻吳面兒作亂，殺靖州衛指揮過興，詔以辰州衛指揮楊仲名爲總兵官，討之。

14 秋，七月，丁丑，振平陽饑。

15 是月，蘇、松、台、揚四府海溢，人多溺死，詔遣官存恤。

16 八月，免應天、太平、鎮江、寧國、廣德諸府州秋糧。

17 九月，丙申，追封劉繼祖爲義惠侯。

18 冬，十月，丙辰，河決蘭陽。

19 甲子，大祀殿成。

20 西番諸蠻，數爲邊患。十一月，庚午，授西平侯沐英爲征西將軍，率都督藍玉、王弼等討之。

21 是月，楊仲名討平五開蠻，吳面兒遁。上初遣內臣吳誠觀軍，至是又遣尚履奉御呂玉視捷。

上嘗語侍臣曰：「朕讀唐書，至魚朝恩爲觀軍容使，未嘗不嘆此曹掌兵，遂恣肆至此。然代宗苟一旦去之，如孤雛腐鼠，亦有何難，惟在斷與不斷耳。漢、唐宦官之禍，朕深鑒之。故此輩左右服役之外，其重者傳命四方而已。」然是役也，兩遣內臣出使，宦官之預兵事自此始。

22 大同白羊鎮巡檢張文煥，遇元兵于焦山，戰没。其妻聞之，同日死。一子貧寒，十指俱墮，上命取至京師，月給米一石，終其身。

23 十二月，上以佛經遺佚，命僧宗泐偕其徒使西域求之，凡三年而還。

24 國子助教貝瓊致仕卒。

瓊與清江張美和、聶鉉齊名，時稱「成均三助」云。【考異】事見明史宋訥傳中。

25 是歲，有彭亨、百花等國始來貢。

彭亨在暹羅之西，百花居西南海中，皆西南洋之小國也，詔皆宴勞其使而遣之。

十二年（己未、一三七九）

1 春，正月，己卯，始合祀天地于南郊。上自制大祀文並迎神以下九章之樂。

2 甲申，洮州十八族番酋三副使等叛，據納麟七站之地。

時沐英討西番，敗之于土門峽，降其萬户乞迭迦等，上乃命英移師平洮州。

3 初，四川松州蠻叛，詔平羌將軍丁玉移師討之。

丙申，玉平松州，請置軍衛。上敕玉曰：「松、潘僻在萬山，接西戎之境。今克松州，則將進取潘州，擇其險要而守之，則威茂不窮兵而自服。」于是始并潘州于松州，置松州衛指揮使司，遣寧州衛指揮高顯城其地。

4 二月，戊戌，命曹國公李文忠督理河、岷、臨、鞏軍事，與沐英討番寇。英至洮州，舊城三副使遁去，追擊，大破之，斬其酋長阿昌、失納等，遂于東籠山南川度地勢，築城戍守。遣使請事宜，上命置洮州衛。

文忠言「官軍守洮州，餉艱民勞」，上遣人勞師，諭之曰：「洮州西控羌、戎，東蔽湟、隴，漢、唐以來備邊要地。今棄不守，諸番將復爲邊患。惜小費而忘大虞，豈良策邪！所獲牛羊，分給將士，亦足充兩年軍食。其如敕行之！」【考異】按遣沐英討西番在去年，至是年二月，始命李文忠督理軍事。文忠之去以二月，還以七月。英再破西番，禽其三副使在九月，則文忠已還也。三編及明史英傳皆牽連並記，今分書之。

5 乙巳，詔曰：「今春雨雪經旬，天下貧民困于饑寒者，所在多有。其令有司給以鈔！」又命「視京民孤幼者，户給鹽十五斤，孤寡者户十斤。」

6 丙寅，詔信國公湯和率諸將練兵臨清。

7 三月，戊辰朔，上御華蓋殿，皇太子侍。問以「比日講習何書？」對曰：「昨看書至商、周之際。」上曰：「看書亦知爲君之道否？」因諭之曰：「君道以事天愛民爲重，其本在敬耳。人君一言一行，皆上通于天，下係于民。必敬以將之，而後所行無不善也。蓋善，天必鑒之，不善，天亦鑒之。一言而善，四海蒙福；一行不謹，四海罹殃。言行如此，可不敬乎！」

時國子助教吳伯宗進講東宮，首陳正心誠意之説。上聞而嘉之，改翰林院典籍。伯宗始以不附胡惟庸，坐事謫鳳陽，上書劾「惟庸專恣不法，久之必爲國患」，詞甚愷切。上得奏，召還，賜衣鈔。奉使安南稱旨，除助教，尋改入翰林。

8 是月，上退朝，御便殿，召儒臣論治道。

時國子學官李思迪、馬懿獨無言，上謂諸臣曰：「孔子入周廟，見金人三緘其口，以爲古之慎言人，此謂非法之言耳。若理道之詞，上足以匡君，下足以澤民，孔、孟歷聘諸邦，惟恐其言之不用。今思迪等發身草野，一旦與人主論列殿廷之上，又得人主虚心就問，而緘默不言，學孔、孟者固如是乎？且思迪等事朕如此，欲其盡心以訓國子生，不可得也。」令謫之。

9 高麗之入貢也，上屢却之，而敕遼東守將潘敬、葉旺等謹飭邊備。

會高麗復遣周誼貢表，獻方物，夏，四月，敬等奏聞，上諭之曰：「此非彼殷勤致敬之意，蓋間諜之萌也。且人臣無外交，爾等宜慎之！」

10 五月，癸未，詔蠲北平田租。

11 閏月，戊戌，太白晝見。

12 六月，丁卯，命都督僉事馬雲征大寧，克之。

雲與葉旺鎮遼陽，翦荆棘，立軍府，撫輯軍民，墾田萬餘頃。至是雲以賞功召還，旺留鎮如故。旺在鎮前後凡十七年，遼人德之。

13 是月，編春秋本末成。

上以春秋列國之事，錯見間出，欲究終始，乃命東宫文學傅藻等分列國而類敘之，附以左氏傳。首周王，以尊正統，次魯，以仍舊文，列國則先晉、齊，以内中國。至是書成，上之。

14 高麗龍川、鄭白等率衆詣遼東請降，潘敬、葉旺等又以奏聞。上復諭之曰：「高麗僻居海國，其俗尚詐。況人情安土重遷，豈有舍桑梓而歸異鄉者！此必示弱于我，如墮其計，不過一二年間，至者接踵，其害非細。自今符至之日，開諭來者，令還彼國，以破其奸，慎勿貪受降之虛名而賈實禍也！」

15 秋，七月，丙辰，平蜀眉縣賊。

先是眉之妖人彭普貴爲亂，焚掠十四州縣，知縣顧師勝率民兵禦賊，力戰死之。都司普亮等不能克，詔丁玉移師進討，盡殲其衆。捷聞，上手詔褒美，進玉左御史大夫。師還，拜大都督府左都督。【考異】據明史本紀，「七月丙辰，丁玉回師討眉縣賊，平之。」證之玉傳，即彭普貴也。玉以本年正月平蠻，至是命移師討之。證之潛菴史稿，眉縣賊作亂在是年四月，此則據其討平之日月也。今據本紀而系以「先是」二字，並據玉傳增入進秩事。

16 己未，李文忠還，仍掌大都督府，兼領國子監事。文忠之還也，爲上言：「西安城中，水鹹鹵不可飲，請鑿地引龍首渠入城，以便民汲。」從之。

17 是月，增祀功臣吳禎等百九十三人于功臣廟。

18 八月，辛巳，詔：「凡致仕官，復其家終身無所與。」先是定給致仕官告敕，秩三品以上仍舊，四品以下各加一級，至是又定制致仕官居鄉，與宗族親黨相見序尊卑，如家人禮，異姓無官者相見不答禮，庶民則以官禮謁見。並著爲令。

19 九月，己亥，沐英進師西番，大破其衆，禽其酋長、三副使。凡英前後戰，拓地數千里，俘男女三萬，獲雜畜二十餘萬。

冬，十一月，甲午，班師還。封仇成、藍玉等十二人皆爲侯。

20 十二月，右丞相汪廣洋謫廣南，尋賜死。

初，廣洋與胡惟庸並相，上漸覺惟庸奸狀，而廣洋依違其間，無所救正，上亦薄之。是年，九月，占城入貢。惟庸等不以聞，中官出，見之，入奏，上怒，敕責省臣。惟庸及廣洋頓首謝罪，而微委其咎于禮部，禮部又委之中書。上益怒，詔下諸臣獄，窮詰主者。會中丞涂節，言「劉基爲惟庸毒死，廣洋宜知狀。」上大怒，切責廣洋朋欺，遂被謫。舟次太平，又追怒其在江西曲庇朱文正，在中書不發楊憲奸，值惟庸事發，遂敕賜廣洋死。

廣洋之賜死也，其妾陳氏從死之。上詢之，乃前知縣之女没入官者，怒曰：「没官婦女，給功臣家。文臣何以得給！」仍敕法司取勘。

21 徵天下博學老成之士至京師。

是時又詔郡縣舉故元遺民，布政使沈立本以元吏部侍郎巴延資中舊作伯顏子中。密聞于朝，詔遣使以幣往聘，資中不至，飲鴆死。

資中，本西域人，後仕江西，因家焉。初爲元建昌教授，江西盜起，授分省都事，守贛州，而陳友諒兵已破贛。資中間道走閩，陳友定辟爲行省員外，出奇計，以友定兵復建昌，浮海如元都獻捷。累遷至吏部侍郎，持節發廣東何真兵救閩。至則真已降于廖永忠，資中墮馬，折一足，被獲，永忠脅降不屈，義而釋之。乃變姓名，冠黃冠，游行江湖間。上求之不得，簿録其妻子，資中竟不出，嘗齎鴆自隨。久之，事寖解，乃還鄉里。上益重其人，欲以禮致之。使者至，資中太息曰：「吾死晚矣！」爲歌七章，哭其祖父師友而死。

22 是歲，高麗貢黃金百斤，白金萬兩，以不如約却之。

明通鑑卷七

紀七起上章涒灘（庚申），盡元默掩茂（壬戌），凡三年。

江西永寧知縣當塗夏　燮編輯

太祖高皇帝

洪武十三年（庚申、一三八〇）

1 春，正月，戊戌，胡惟庸謀反，及其黨陳寧、涂節等皆伏誅。

2 初，惟庸方任用，大將軍徐達深疾其奸，從容言于上，惟庸銜之，誘達閽者福壽以圖達，爲福壽所發。會劉基死，惟庸益無顧忌，與太師李善長相結，以兄女妻其從子佑，自是勢日熾。

惟庸舊宅在定遠，忽井中生石筍，出水數尺，諛者争言瑞應，又言其祖父三世冢上，夜有光燭天，惟庸益自負，遂有異謀。

時吉安侯陸仲亨、平涼侯費聚嘗犯法，上切責之。二人懼，惟庸陰以權利脅誘之。二人素戇勇，見惟庸用事，因密相往來，漸以不法事轉相告語。

陳寧久事上，上以爲才，犯法屢宥之。出知蘇州，以惟庸薦，召爲御史中丞。寧守蘇，號稱酷吏，及居憲臺，益厲威嚴，上嘗責之，不能改。其子孟麟、亦數諫，寧怒，捶之至死，上深惡之，曰：「寧於其子如此，奚有于君父邪！」寧聞之，懼，益與惟庸比。而是時涂節及御史商暠，皆以惟庸薦驟貴。

一日，惟庸與寧坐省中，閱天下兵馬籍，令都督毛驤取衛士有勇力及亡命者爲心膂，又使太僕寺丞李存義陰説善長。——存義者，善長之弟，惟庸兄壻李佑父也。——善長初不許，而年老不決，輒依違其間。于是惟庸以爲事可就，乃遣明州衛指揮林賢下海招倭與期會，又遣元故臣封績致書稱臣于元嗣君，請兵爲外應，事皆未發。

會惟庸子馳馬于市，墜死車下，惟庸殺輓車者。上怒，命償其死，惟庸請以金帛給其家，不許。惟庸懼，乃與陳寧、涂節等謀起事，陰告四方及武臣從己者。

值上以占城入貢事將罪惟庸及在事諸臣，涂節等懼禍及，乃先上變告惟庸，而商暠時謫爲中書省吏，亦以惟庸陰事告。上大怒，命群臣更訊，詞連寧、節。廷臣言：「節本預謀，見事不成，欲以告變自脱。」遂并誅之。

獄詞既具，株連黨與凡萬五千餘人。上以善長功大，與陸仲亨等皆置不問。【考異】三編質實云：「明史紀事本末，『正月戊戌，惟庸詭言第中井出醴泉，邀帝臨幸，帝許之。駕出西華門，内使雲奇衝蹕道，勒馬銜言狀，氣方喘，舌駃不能達意，帝怒。左右撾捶亂下，雲奇右臂將折，垂斃，猶指賊臣第，上頓悟。登城，望惟庸第中藏兵，刀槊林立，亟發羽林掩捕，拷掠，具服，遂磔于市。』與明史及實録不同。考實録，『正月癸巳朔。甲午，中丞涂節告胡惟庸謀反，戊戌，賜惟庸等死。』若然，則正月二日，惟庸已被告發，不應戊戌尚有邀帝幸第之事，蓋傳聞異詞」云。按據質實所云，則實録中並無雲奇勒馬言狀之事。惟皇明通紀記此事與紀事本末略同，並云：「帝聞雲奇已死，深悼之，追贈右少監，賜葬鍾山，令有司春秋祭祀，仍給洒掃户六人。」據此，則奇以死事追卹有明文，似非憑空臆造。今仍據三編書之，而附識其異于此。

三編御批曰：劉基遇毒及惟庸反狀，皆自涂節發之，及獄成而節亦同戮，且以逆黨目之。揆之於理，殊未可信。節如果爲惟庸謀主，寧不知事敗之必將自累！乃轉以首告，希圖倖免，實情事所必無。況從逆須有左證，如陳寧向坐省中閲兵馬籍，附和之狀昭然，若節則並無一事載在爰書，而僅以「其黨」兩字坐之，又何異於莫須有定獄！且陳寧奸狀，史傳所載綦詳，未嘗有一語及節，而節亦别無事蹟。是寧與節雖同以胡黨見誅，其虚實判然可見。蓋必惟庸憾節發其逆謀，妄加誣引，而當時亦不求左驗，遽行具獄，節遂無以自明耳。今以明史及洪武實録互證之，足以釋千秋疑案。

後此藍玉之反，載玉强辯不服，詹徽叱玉吐實，玉言「徽即我黨」，遂併殺徽，事正與此相類，益可見當日斷獄者之實非信讞矣。

3 癸卯，大祀天地于南郊。

4 始罷中書省，升六部尚書秩正二品，改大都督府爲中、左、右、前、後五軍都督府。上懲胡惟庸亂政，遂定制，不置丞相，仿古六卿制，以政歸六部，並著之祖訓。其略謂：「自古三公論道，六卿分職，不聞設立丞相。自秦始置丞相，不旋踵而亡。漢、唐、宋雖有丞相，然其間亦多小人專權亂政。今我朝罷丞相，設五府、六部、都察院、通政司、大理寺等署，分理天下庶務，大權一歸朝廷，立法至爲詳善。以後嗣君毋得議置丞相，臣下敢以此請者，置之重典。」

5 是月，以安然爲御史大夫。【考異】據明史七卿年表，然任御史大夫在是年之正月，蓋以陳寧既誅召然代之。證之潛菴史稿，則然授御史大夫在去年九月甲辰，與丁玉並命，玉左然右也。又證之然傳，然是時以浙江布政使召入御史臺右大夫，蓋召然在去年，至是年正月始任，史稿蓋據其召拜之年月耳，今仍據明史表系之正月。○又然傳言「十三年改左中丞，坐事免。」證之七卿表，不書改左丞事，但云「五月致仕」。按罷御史臺在五月，然既致仕，猶命李善長攝臺事，則罷御史大夫改御史中丞，當在五月之後。

而傳中所載，似然改左丞在致仕之前，或即以改左丞時致仕也。潛菴史稿系然改左丞于正月，亦與明史表不合。今仍據表書之，而書罷御史臺於其下，仍據本紀系之五月。

6 增祀功臣顧時等二百八十人于功臣廟。

7 始定南北更調用人之法。凡北平、山西、陝西、河南、四川人，于浙江、江西、湖廣、直隸用之，浙江、江西、湖廣、直隸人，于北平、山東、山西、陝西、河南、四川、廣東、廣西、福建用之；廣東、廣西、福建人，亦于山東、山西、陝西、河南、四川用之。考覈不稱職及以事降謫者，不分南北，悉于廣東、廣西、福建、汀漳、江西、龍南、安遠、湖廣、郴州之地選用。

8 二月，壬戌朔，詔「舉聰明正直、孝弟力田、賢良方正、文學術數之士。凡先後至京師者，有司以禮遣送吏部，隨時以聞。」

9 戊辰，詔「文武官年六十以上者聽致仕，給以誥敕。」

10 是月，以偰斯爲禮部尚書，薛祥爲工部尚書。斯初授吏部，尋改禮部。

祥以八年爲工部尚書。時造中都宮殿，上坐殿中，若有人持兵鬥殿脊者。太師李善長以爲工匠厭鎮之術，上怒，欲盡殺之，祥固争，乃杖而罰其工役。踰年，改行省爲布政司，上以北平重地，特授祥。三年，治行稱第一，爲胡惟庸所惡，坐營建擾民，謫知嘉興府。惟庸誅，復召用之。上曰：「讒臣害汝，何不言？」對曰：「臣不知也。」省臣事敗，吏多坐誅。惟劉敏時以舉孝廉爲中書省吏，獨無所預。上賢之，擢爲工部侍郎，尋改刑部。

11 遣應天府官祀歷代忠臣，漢蔣子文，晋卞壺，南唐劉仁贍，宋曹彬，元福壽，凡五廟。尋徙建鷄鳴山下，以春秋致祭，著爲祀典。

12 三月，詔減蘇、松、嘉、湖賦額。

初，大師平吴，久不下，上怒蘇、松、嘉、湖之民爲張士誠守，乃籍諸豪族及富民田以爲官田，按私徵簿爲税額。及楊憲爲司農卿，又以浙西地膏腴，增其賦，畝加二倍。時軍事方興，未暇減也。已而覈四府之糧踰于浙江全省之額，乃命免其逋賦前後數十萬，而逋者不已。壬辰，始命減其額，舊一畝科七斗五升至四斗四升者，減十之二，四斗三升至三斗六升者，止徵三斗五升。然較之他省，猶爲極重之賦云。

13 壬寅，遣燕王棣之國北平。

14 元國公托和齊，舊作脱火赤。知院按珠，舊作愛足。屯和林爲邊患，詔西平侯沐英總陝西兵討之。

壬子，英率兵由額齊訥路渡黄河，歷賀蘭山，涉流沙，七日至其境。分四翼，夜襲之，而自以驍騎衝其中堅，禽托和齊、按珠等，獲其全部以歸。

15 夏，四月，己丑，上命群臣各舉所知，諭之曰：「天下賢才未嘗乏也，謂臯陶、稷、契不復生，方叔、召虎不再出，是薄待天下士也。但世有升降，才有等差，爲人上者，能量才授職，何施不可！蓋士之進退，係乎國之治否。朕以一人之智，豈足以理天下，又豈足以盡知天下之賢！惟在卿等各舉所知以聞。」

16 是月，以劉崧爲禮部侍郎。

崧以舉經明行修召用，累官至北平按察司副使，爲胡惟庸所惡，坐事謫輸作，尋放歸。惟庸既誅，上復徵之。

未幾，偰斯改禮部，擢崧署吏部尚書。

17 五月，甲午，雷震謹身殿。

詔告天下曰：「朕以菲德託于萬姓之上，奉天勤民，于兹十有三年矣。間者宰輔非才，肆奸亂政，朕思創業之艱難，念民生之不易，按法誅之。然昧于知人，實朕之過，上天垂戒，豈偶然哉！可大赦天下。」

丙申，釋在京及中都屯田輸作者。

己亥，詔免天下今年田租。又還山西軍二萬四千人爲民。官吏以過誤罷者，命還其職。

18 壬寅，西安衛指揮濮英進兵赤斤站，襲故元豳王于額林沁，舊作亦憐真。及其平章瑚圖特穆爾，舊作忽都帖木兒。皆降之，獲其部曲千四百人。

初，英守西安，上以其軍政不修，召還，遣葉昇代之。昇更言其賢，命還衛。時陝西備邊衛卒，惟英所練稱勁旅云。

19 是月，御史大夫安然致仕，命韓國公李善長理臺事。

時上惡臺省專權，欲并罷之，未幾，詔設御史左、右丞各一人，秩正二品，左、右侍御史各一人，正四品。尋罷御史臺。

20 以户部郎中范敏署本部尚書。

敏，閿鄉人，以舉秀才召用，在户曹五年，上以其才，超擢拜之。

21 命「從征士卒老疾者，許以子代，老而無子及寡婦，有司資遣還。」

22 六月，丙寅，雷復震奉天門，上避正殿，省愆。

丁卯，敕諭江陰侯吴良等曰：「昨者上天垂戒，朕思治理，恤民爲先。其王府一切役作，皆令停罷，以仰答上天愛民之心。」時良等重建齊、楚各王府，故有是諭。【考異】按是年五月雷震謹身殿，六月復震奉天門，而五月詔中無「罷王府工役」之文，故明史本紀分書之，三編並系之五月下，牽連並記耳。證之典彙有賜吴良勅，蓋良時在青州建齊王府，齊王之妃，良女也。今並記之。

論曰：春秋「震夷伯之廟」，左氏以爲有隱慝。解之者曰：「隱惡非法所得，尊貴罪所不加，聖人因天地之變，自然之妖以感動之。」

予觀太祖開創之賢君，而本紀所記，吴元年雷震宫門獸吻，及是年五月雷震謹身殿，六月雷震奉天門；若其見于五行志者，則又有二十一年五月雷震玄武門獸吻，六月雷震洪武門獸吻；見于齊泰傳者，則言「雷震謹身殿，太祖禱郊廟，擇歷官九年無過者陪祀，泰與焉。」考泰以十八年成進士，歷禮、兵二部主事，以九年推之，則洪武二十六、七年間事也。春明夢餘録記罷孟子配享，雷震謹身殿，則洪武五年事。又證之洪武元年太祖祀圜丘祭告德祖之文，自言「去年雷火焚舟，擊殿吻。」即吴元年。然則三十二年中，雷之震宫門者凡三，震殿者四，而震謹身殿者三，何天獨警太祖之深也？

蓋五行之氣，乖則致戾，人自召之，天何與焉！觀于十三年之震者二，正胡惟庸之獄後事，二十六年之震者一，正藍玉之獄後事。是二人者，皆以謀逆誅，寧得謂太祖用刑之失！而二獄之株連三萬餘人，死于捕者不知凡幾，死于獄者不知凡幾，死于桎梏箠楚之下者不知凡幾，而誅戮其顯焉者耳。陰氣鬱而陽不得宣，則激而爲雷，豈非感傷和氣之所致哉！

夫去殺期以百年，興仁俟之必世，自古漸仁摩義之主，猶恐浹于天下，不能得之于其身，況積其威約之勢而欲遺子孫之安，誠未見其可也。

23 丁丑，置諫院官，設左、右司諫各一人，秩正七品，左、右正言各二人，秩從七品。

24 是月，以蘇恭讓爲漢陽知府。

恭讓，玉田人，以舉聰明正直召見，擢授是職，爲治嚴明而不苛。漢陽密邇行省，凡徭役科徵，倍于他郡。恭讓每遇重役，輒詣上官反復陳説，賴以減省。

而是時有漢陽知縣趙庭蘭，亦能愛民任事。朝廷嘗遣使徵陳氏散卒，他縣率以民丁取應，庭蘭獨力言無有，民以不擾。

一時漢陽人言郡守則稱恭讓，言縣令則稱庭蘭云。

25 胡惟庸之誅也，上命翰林儒臣纂輯歷代諸王、大臣、宗戚、宦官之悖逆不道者，凡二百十二人，命曰臣戒録，頒布中外以昭炯鑒。

26 秋，七月，癸巳，罷祕書監所藏古今圖籍，改歸翰林院典籍掌之。

27 甲午，太白晝見。

28 八月，丙戌，命天下學校師生，日給廩膳。

29 九月,庚寅,永嘉侯朱亮祖坐罪死。

亮祖勇悍善戰而不知學,去年,奉詔出鎮廣東,所爲多不法。時番禺知縣道同,執法嚴,非理者一切抗弗從,亮祖以威脅之,同不爲動。有土豪數十輩,抑買市中物,同械其魁于通衢。諸家賄亮祖求免,亮祖置酒爲同言之,同厲聲曰:「公大臣,奈何受小人役使!」亮祖不能屈,破械脱之。富民羅氏,納女于亮祖,其兄弟怙勢爲奸,同復按治,亮祖又奪之去。同積不平,條其事奏之,未至而亮祖先劾同訕傲無禮狀,上不知其由,遂遣使誅同。會同奏亦至,上悟,以爲「同職甚卑,敢斥言大臣不法事,其人骨鯁可用」,復遣使宥之。兩使者同日抵番禺,後使至則同已死。上怒亮祖誣奏,趣召還,與其子府軍衛指揮暹俱鞭死,蓋欲爲同論抵也。既,念亮祖功,御製壙誌鐫其事,命仍以侯禮葬。【考異】朱亮祖事,見明史本傳。傳言「九月召還,以誣奏道同,與其子暹俱鞭死。」證之功臣年表,是月庚寅,並據道同傳書之。道同雖以忤權貴得禍,而自上治亮祖後,守令稍稍行其法,軍衛之暴横者亦稍斂戢焉。

初有歐陽銘者,令臨淄。會開平王常遇春師過其境,卒入民家取酒相毆擊,一市盡譁,銘笞而遣之。卒訴令駡將軍,遇春詰之,銘曰:「卒王師,民亦王民也。民毆且死,卒不當笞邪? 銘雖愚,何至詈將軍! 將軍大賢,奈何私一卒,撓國法!」遇春意解,爲笞卒以謝。後大將軍徐達至，軍士相戒曰：「是健吏，嘗抗常將軍者，毋犯也。」

同，河間人。銘，泰和人。

30 辛卯，上欲召魏國公還，乃命營陽侯楊璟、永城侯薛顯、景川侯曹震往屯北平。

31 乙巳，天壽節，始受群臣朝賀。

初，上即位，中書省請于聖壽節率百官行慶賀禮，上不許。其後高麗屢遣使稱賀，並賀皇太子千秋節，上俱却之。至是韓國公李善長等，以天下太平，上春秋高，請以聖節日受賀，許之。其在外諸司五品以上，自明年始俱聽表賀。

是日，上宴群臣于謹身殿。

32 上既罷中書省，分其職于六部，又念論思密勿，不可無人，詔天下舉賢才。戶部尚書范敏薦耆儒王本等至。

丙午，始置四輔官，告于太廟。仿古四時命官之制，以本及杜佑、龔斆爲春官，杜斆、趙民望、吴源爲夏官。秋、冬闕，命本等攝之，俱兼太子賓客，位列都督之次，隆以坐論禮，命協贊政事，均調四時。會立冬，朔風釀寒，上以爲順冬令，乃賜本等敕嘉勉。尋又定「月分三旬，人各司之，以雨暘時若，驗其稱職與否。刑官議獄，四輔及諫院覆覈奏行。有疑讞，四輔官封駁以聞。」

33 是月，詔陝西衛軍以三分之二屯田。

34 冬十月，吏部引見國子生二十四人，皆授府、州、縣官。

35 十一月，乙未，魏國公徐達還。

36 丙午，元兵寇永平，指揮劉廣戰不克，死之。

37 是月，致仕翰林學士承旨宋濂，以長孫慎坐胡惟庸黨被誣，與濂季子璲俱下獄死。

時並逮濂至京師，論死，皇后諫曰：「民家爲子弟延師，尚以禮全始終，況天子乎！且濂家居，必不知情。」上不聽。會賜后侍食，不御酒肉，上問故，曰：「妾爲宋先生作福事也。」上爲惻然投箸起。明日，赦濂，安置茂州。踰年，行至夔州，道卒。【考異】宋濂安置茂州，明史本紀系之九月，三編系之十月。證之行狀言「是年之冬」，則書十月者近之。今考遜志齋集宋仲珩壙志，云「三十有七庚申死，季冬入月時加巳。」仲珩，即文憲之子璲也，季冬入月，則十一月之末也。又證之文憲孫慎壙志，言其死于「庚申十一月二十八日」，則璲、慎二人之被誅，在是年十一月，文憲之安置茂州即在其時。今並系之十一月下，其卒于夔州，據行狀在十四年五月。

濂狀貌豐偉，美髯鬚，視近而明，一黍上能作數字。自少至老，未嘗一日去書，于學無所不窺。爲文醇深演迤，與古作者亞。在朝，郊廟、山川、朝會、宴享大制作，以及四裔貢賞、錫勞敕文，元勳、巨卿碑記刻石，悉以推濂，遂爲開國文臣首。士大夫造門乞文者，後先相踵。外國如高麗、安南、日本貢使至，出兼金購文集，且數問宋先生起居。四方學者悉稱爲「太史公」，不以姓氏。雖白首侍從，其勳業、爵位不逮劉基，而一代禮樂制作休明，則濂之功尤多云。

開創之初，文臣無謚，武臣非封侯、伯不得賜謚。厥後定三品以上賜謚，詞臣例得謚「文」，于是始追謚基曰文成，濂曰文憲。

38 十二月，天下府、州、縣所舉士至者八百六十餘人，授官有差。

39 陽山歸善蠻叛，命南雄侯趙庸往鎮廣東，以便宜討之。

40 是歲，吏部奏：「天下所設稅課司局，前經户臣覈其征商不如額者百七十八處。詔遣中官、國子生及部委官一人覈實，立爲定額。惟查局中歲收額米不及五百石者凡三百六十四處，宜罷之。」報可。

時胡惟庸伏誅，上諭户部曰：「曩者奸臣聚斂，析及錐刀，朕甚恥焉。自今軍民嫁娶喪葬之物，舟車絲布之類，皆勿稅。」遂罷天下抽分竹木場。

41 日本貢、寇相仍，上屢命中書省移牒責之，九年以後遂不貢。是年，復遣使來貢，無表，但持其將軍奉丞相書，書詞又倨。乃却其貢，遣使賫詔譙讓。

初，胡惟庸之通倭也，倭人遣僧如瑶率兵卒四百餘人，詐稱入貢，且獻巨燭，藏火藥刀劍其中，既至而惟庸已敗，計不行。然上是時尚不知也，越數年而其事始著。

十四年（辛酉、一三八一）

1 春，正月，戊子，授魏國公徐達爲征虜大將軍，信國公湯和、潁川侯傅友德爲左、右副將軍，率師北征。

先是元平章旺扎勒布哈、鼐爾布哈犯永平，千户王輅擊敗之，禽旺扎勒布哈。而鼐爾布哈入寇不已，乃復命達等討之。達自此鎮北平，每歲春出，冬暮召還，以爲常。

2 命新授官者各舉所知。

時上罷科舉，專用辟薦，凡中外大小臣工，下至倉庫司局諸雜流，亦令推舉文學才幹之士。其被薦至者，又令轉薦。一時山林巖穴之士，由布衣而登大僚者接跡矣。

3 乙未，大祀南郊。

4 丙申，上諭部臣曰：「人君操賞罰之枋以御天下，必在至公。無善而賞，是謂私愛，無過而罰，是謂私惡，此不足以爲勸懲。朕觀漢高帝斬丁公，封雍齒，唐太宗黜權萬紀、李仁發而賞魏徵之直，皆至當，可以服人，所謂賞一君子而人皆喜，罰一小人而人皆懼。朕于賞罰未嘗敢輕，一時處分恐有未當。卿等宜明白執論，寧使賞厚于罰，但不可濫及，使小人僥幸耳。」【考異】論賞罰事，諸書多系之十三年。今據洪武寶訓，爲是年正月丙申。

5 癸丑，命公侯子弟皆入國子學。

6 是月，詔定賦役籍。

始令天下編造黄册，以一百十户爲一里，有里長；十户爲甲，有甲首。歲役里長、甲首各一人，董一里、一甲之事。其先後以丁糧多寡爲序，凡十年一周，曰「排年」。在城曰「坊」，近城曰「廂」，鄉都曰「里」。里編爲册，册有丁有田，丁有役，田有租。租一年兩征，曰「夏税」，曰「秋糧」，皆以户爲主。册首有圖。鰥寡孤獨不任役者，附十甲後爲畸零。僧道給度牒，有田者入民册，無田者亦爲畸零。册凡四，一上户部，其三則布政司、府、縣各存一焉。每十年，有司更定其制，以丁糧增減而升降之，上之户部。以黄紙爲册面，故名之曰「黄册」。時范敏主户部事，諸册式皆其所裁定云。【考異】定賦役籍，明史本紀不書，據三編書于是年正月，並著是年所頒「黄册」，以稽天下户口，二十年頒「魚鱗册」，以覈天下土田，今分書之，並據食貨志采入。

7 以李叔正爲禮部尚書。

叔正，靖安人，三爲國子監學正、助教。上方鋭意文治，于國學人才尤加意。時諸生多貴胄，不率教，叔正嚴立規條，旦夕端坐無倦色，朝論賢之。

擢監察御史，奉命巡嶺表。瓊州府吏訐其守踞公座簽表文，叔正爲别白，抵吏罪。上嘉之，曰：「人言老御史懦，乃明斷如是邪！」累官禮部侍郎，至是進尚書。

8 詔求山林隱逸士。

9 二月，庚辰，詔覈天下官田數以聞。

10 是月，有告浦江鄭氏交通胡惟庸者。——時上以奸臣亂政，獨嚴通財黨與之誅，有告者，雖一面之識，必窮治之。湖州王蒙元，趙孟頫之甥也。以知泰安州時嘗與供奉郭傳觀畫于惟庸第中，坐逮入獄瘐死。

鄭氏家以義門聞，上即位之初，處士鄭濂，以田多推爲糧長，入覲于朝，上頗識之，至是爲奸人所誣。濂時在京師，吏捕其家，濂之從弟曰湜者，與諸兄争先詣吏。至京師，濂迎謂曰：「吾爲家長，當任其罪。」湜曰：「兄老矣，弟當任之。」兩人相争入獄。上曰：「吾知鄭義門必無是，人誣之耳。」俱召至廷，慰勞勉之。並問濂治家所以長久之道，具以對。上悦，擢湜爲福建布政司參議。【考異】鄭氏義門事，紀事本末系之二月，皇明通紀系之五月，蓋宥罪在先，授官在後耳。三編據紀事，並授參議統系于是年二月下，今從之。

11 三月，丙戌，詔曰：「唐、虞、三代之君，任賢使能，民皆遠罪，刑措不用，享年永久。朕夙夜究心，未臻斯效。意者委任非人，致民陷于刑辟，朕甚閔焉。其大赦天下，與民更始。」

12 辛丑，詔頒五經、四書于北方學校。

13 初，吏部尚書劉崧之官，踰月即致仕。是時雷震謹身殿，諭廷臣陳得失，崧以修德行仁對，上頗思其言。

是月，詔與前刑部尚書李敬並徵，拜敬國子祭酒，崧司業，賜鞍馬，令朝夕見，見輒燕語移時。未旬日，卒。疾作，猶强坐訓諸生。及革，敬問所欲言，曰：「天子遣崧教國子，將責以成功，而遽死乎！」無一語及家事。上命有司治殯斂，親製文祭之。【考異】劉崧以去年致仕，本年三月召爲司業，語見明史本傳。傳言「未旬日卒」，則崧卒在四月也。潛菴史稿系國子司業劉崧卒于四月，而不言其致仕後召爲國子司業事，今據本傳增入。

14 夏，四月，丙辰，置國子監。

初，吴元年，置國子學，以應天府學爲之，至是詔改建太學于鷄鳴山下。尋改國子學曰國子監。【考異】明史本紀不書，但於十五年書「太學成」。證之典彙、春明夢餘録，建國子監在十四年。潛菴史稿系之四月丙辰，今從之。

15 庚午，魏國公達率諸軍出塞，傅友德爲前鋒。軍至北黄河，敵騎遁，友德選輕騎夜襲灰山，大破之，禽其平章、太史等。

時西平侯沐英分道出古北口，略公主山長寨，獲全寧四部，度臚朐河，執元知院李宣等，盡俘其衆。

達還師，仍鎮北平。

16 五月，湖廣五溪蠻叛。

時江夏侯周德興，自福建召還，上以其年老，欲令少休息，德興力請行，乃壯而遣之。賜手敕曰：「趙充國征西羌，馬援討交阯，皆年老自請行。朕常嘉其事，謂今人所難，卿忠勤不怠，何多讓焉！」

德興至五溪，蠻悉散走。會四川諸峒作亂，德興移師討平之。

17 六月，丙辰，選國子生，得三十七人，以備擢用。

18 秋，七月，皇后千秋節，始定朝賀儀。

19 以刑部郎中胡禎爲本部尚書。

禎以御史臺史起家，上破格用之。

20 以賢良方正何德思爲河南右參議，聰明正直金思存爲北平右參議，孝弟力田聶士舉爲四川左參政，賢良方正蔣安素爲四川右參政。

21 八月，乙丑，南雄侯趙庸討陽春蠻，平之。

先是廣東右衛百户翁顯討山寇，房文廣力戰，死之。會倭寇閩洋，上命庸兼鎮閩廣。至是陽春之捷，俘囚無算，庸奏戮其魁，餘悉散遣之。

22 丙子，詔求明經老成之士，令有司禮送京師。

23 庚辰，河决祥符、原武、中牟，有司請修築。上曰：「此天災也。今欲塞之，恐徒勞民力，但令防護舊堤，勿重困吾民。」

24 辛巳，魏國公徐達還。

25 是月，前御史大夫安然卒。

然既致仕，上置四輔官，所用多老儒，不久，尋致仕王本坐事誅，乃召然代之。然久歷中外，練達庶務，眷注特隆，至是卒。

當王師下山東時，然以故元左丞守萊州，率衆先歸。上念其誠，親製文祭之。

26 九月，壬午朔，命潁川侯傅友德爲征南將軍，永昌侯藍玉、西平侯沐英爲左、右副將軍，率步騎三十萬征雲南。

諭友德曰：「雲南自昔爲西南夷，至漢始置吏，臣屬中國。今元遺孽巴咱爾、斡爾密等，自恃險遠，害我使臣，在所必討。朕嘗覽輿圖，得其阨塞。取之之計，當自永寧别遣一軍向烏撒，大軍自辰、沅入普定，分據要害，然後進兵曲靖。曲靖，雲南之襟喉，彼必并力于此以抳我師。出奇制勝，實在于此。既下曲靖，三將軍以一人向烏撒應永寧之師，大軍直擣雲南。彼此牽制，疲于奔命，破之必矣。雲南既克，徑趨大理，先聲已奪，勢將瓦解。其餘部落，遣人招諭，可不煩兵下也。」

師行，上親餞之龍江。

27 丁未，傅友德師至湖廣，分遣都督郭英、胡海、陳桓等率兵五萬，由四川永寧趨烏撒，友德自率大兵由辰、沅趨貴州。

28 是月，命徐達仍鎮北平。

29 以李幹、何顯周爲四輔官。

30 衍聖公孔希學卒。

希學好讀書，善隸法，文詞爾雅，每賓客讌集，談笑揮灑，爛然成章。承大亂之後，廟貌服物，畢力修舉，盡還舊觀。至是卒，遣官致祭。于是始定諸王大臣賜祭葬之制。

31 冬十月，壬子朔，日有食之。

32 癸丑，命法司録囚，同翰林院、給事中及春坊、正字等官會議平允以聞。癸亥，又命御史林愿、石恒等分按諸道録囚。

33 浙東山寇葉丁香等作亂。己卯，命延安侯唐勝宗率兵討之，禽其首從凡三千餘人。又分兵平安福之賊，至臨安，降元右丞阿卜台等。

34 是月，免應天、太平、廣德、鎮江、寧國田租，又免開封祥符等八縣及陳州被水田租。

35 是時工部尚書薛祥坐累杖死，天下哀之。【考異】薛祥被杖死，事見本傳及刑法志。七卿表系之是月，今從之。惟刑法志誤作「夏祥」，今據本傳。

36 給事中鄭相同奏：「舊制，百官見東宮皆稱名，惟宮臣稱臣。」下廷臣議。編修吴沈等曰：「東宫，國之大本，所以繼聖體，承天位也。臣子尊敬之禮，不宜有二，請凡啓事皇太子者，皆稱臣如故。」從之。

37 初，吉安侯陸仲亨，從湯和練兵臨清，以胡惟庸黨逮至京師，既而釋之。十一月，壬午，命仲亨移鎮成都。

38 丁未，江陰侯吴良卒。良女，齊王妃也。王既封，上命良往建王府。數年，遂卒于青州。追贈江國公，謚襄烈。良與弟禎，俱以勇略聞。從上起濠梁，積功，兄弟並封爲侯。禎先二年卒，謚襄毅，俱肖像功臣廟。

39 庚戌，趙庸討廣州海寇，平之。時寇攻掠東莞、南海及肇慶、翁源諸府縣，庸率步騎舟師八道擊破之，禽賊酋鏟平王等。

40 十二月，丁巳，罷翰林院承旨、直學士及待制、應奉等官，定學士正五品。凡諸司章奏，命同春坊、正字等官考覈平允，則署銜曰「翰林院兼平駁諸司文章事某官某」，列名書之。

41 辛酉，傅友德率藍玉、沐英至貴州，攻普定、普安，皆下之，留兵戍守。進師曲靖，元梁王遣司徒平章達爾瑪，舊作達里麻。將兵十餘萬，屯曲靖以拒我師。英謂友德曰：「彼不意我師深入。若倍道疾趨，掩其不意，上所謂『出奇制勝』者此也。」友德是之，遂進師。

丙寅，未至曲靖數里，忽大霧四塞，諸軍銜霧行，阻水而止，則已臨白石江矣。頃之，霧霽，達爾瑪大驚。友德即欲濟師，英曰：「我師遠來，利在速戰。然急濟恐爲所扼。」乃整師臨流，若欲渡者，而別遣奇兵從下流濟，出其陣後，張旗幟山谷間。元兵驚擾，英急麾兵渡江，使善泅者先之，長刀蒙盾，破其前軍，敵却數里，我師畢濟。戰數合，英縱鐵騎擣其中堅，遂大敗之，生禽達爾瑪等，俘衆二萬。

友德既下曲靖，即自率衆數萬向烏撒，分遣藍玉、沐英趨雲南。壬申，元梁王聞達爾瑪敗，棄城走入晉寧州之忽納寨，焚其龍衣，驅妻子赴滇池死，遂與左丞托迪、舊作達的。魯爾舊作驢兒。俱自殺。

癸酉，玉、英等師至雲南之板橋，元右丞觀音保以城降。玉等整軍入，秋毫無犯。

改中慶路曰雲南府。

42 都督郭英之出永寧也，路多險阻，諸將欲深入，英曰：「破敵貴先聲，攻取必自近始。舍近趨遠，非策也。」遂率兵攻赤水河，去河二十里而軍。時久雨水漲，英曰：「賊恃水險，不意吾濟。」趣令諸軍斬木造筏。乘夜濟河，敵大驚潰，禽蠻將一人，諸蠻悉震。

會友德自曲靖取間道，循孤格山而南，直擣烏撒，元右丞實卜方屯赤水河拒英等，聞大軍至，遽遁去。友德下令城烏撒，版築方具，實卜引諸蠻復大集，友德據高岡，嚴陣待之。諸將請戰，友德曰：「必欲戰者，有進無退。」時芒部土酋悉衆來援，我軍爭擊之。戰數十合，蠻衆中槊墜馬，死者相踵，遂大潰，斬首三千級，實卜率餘衆遁。遂城烏撒，克七星關以通畢節，進兵可渡河。于是東川、烏蒙、芒部、水西諸蠻，皆望風降附。

是役也，錢唐衛千户袁興自請爲前鋒，陷陣，死之。詔追贈，恤其家。

43 是月，罷京畿都漕運司。

44 初，吴元年，置大理司卿，秩正三品。上即位之初，罷之，置磨勘司，尋又罷之。是歲，復置大理寺，改卿，秩正五品，左、右少卿從五品，左、右寺丞正六品。其屬，左、右寺正各一人，寺副各二人，左評事四人，右評事八人。又置審刑司，共平庶獄。其大理寺所理之刑，審刑司復詳議之。

45 諸蕃入貢，惟安南却之。時廣西思明土官控安南犯境，而安南亦訴思明擾邊。上移檄數其奸誑罪，因却其貢。

十五年（壬戌、一三八二）

1 春，正月，辛巳朔，宴群臣于謹身殿，始用九奏之樂，蓋詹同等所定，復更之也。【考異】據此，始用九奏之樂，似前此詹同等所定，未曾奏用。且據明史樂志所載，同等所奏，自本太初以下九章，皆有其目而無其詞。若十五年所定，自炎精開運以下九章，其詞並詳志中，則是同等所奏，復更製之，明矣。野史有以爲是年所奏即詹同、陶凱所定者，非。餘詳考證中。

2 藍玉既定雲南，遣宣德侯金朝興、景川侯曹震等分道取臨安、威楚等路。震至威楚，元平章等降。朝興駐師臨安，元帥及土酋楊政等降。

壬午，元曲靖宣慰司及中慶、瀓江、武安三路皆先後詣藍玉、沐英等營納款。雲南遂平。【考異】此事，明史本紀系之正月，書云：「景川侯曹震、定遠侯王弼下威楚路。」按是時下臨安、威楚兩路，證之震傳，下威楚者震也。又證之金朝興傳，下臨安者朝興也。又證之紀事本末，則云「藍玉別遣曹震、王弼、金朝興等率兵二萬，分道進取臨安諸路，皆下之。」是此三人俱從（亟）〔玉〕征雲南，而弼傳但敍其平大理之功，不言下臨安、威楚等路。本紀所載，但言威楚，不及臨安，但書王弼，不及朝興。至于震下威楚，朝興下臨安，傳中分記其功，並非震與朝興合兵取威楚，又取臨安也。本紀，弼與震同取威楚，而弼傳不及。且其時震下威楚，降元將閭乃馬歹等，朝興下臨安，降元完者都及土酋楊政等，是本紀所敘，既遣却臨安，又遣却金朝興。三編言取威楚等路，似已兼臨安在内，然但言王弼，不及朝興，與本紀同。其實取臨安當爲朝興及唐勝宗二人之功。（見勝宗本傳。）○又按明史土司傳言取臨安之事，亦以爲朝興，不及王弼。紀事本末前敘三人，則總從征雲南之有功者而著之。蓋平威楚乃曹震之功，平臨安乃朝興之功，平大理則王弼之功也。今分記之，爲得其實。

3 丁亥，置貴州都指揮司，命平涼侯費聚、汝南侯梅思祖署司事。

4 己丑，減大辟囚。

5 甲午，上遣使諭友德曰：「貴州、雲南，相距甚遠，今須別置雲南都司以統諸軍。既有土有民，亦須置布政使及府州縣治之。其烏撒、烏蒙、東川、芒部之地，亦宜留兵守衛，控制渠長。」

6 乙未，大祀南郊。

7 庚戌，命天下朝覲官各舉所知一人。

8 是月，命編類蒙古譯語。

上以前元素無文字，但借高昌之書製爲蒙古字，而譯語未有成書，難以通曉。乃命翰林院侍講和約爾濟勒舊作火原潔。及編修瑪實伊克舊作馬沙亦黑。等以華言譯其語，凡天文、地理、人事、物類、服食、器用具載，復取元祕史參考，紐切其字以諧其聲音。既成，詔刊行之。自是使臣往復朔漠，皆能通達其情。

9 二月，壬子，河南河決，遣駙馬都尉李祺振之。

10 癸丑，置雲南都指揮司，以都督謝熊、馮誠署司事。——誠，國用子也。

11 甲寅，以雲南平詔天下。

12 乙卯，始置雲南布政司，命汝南侯梅思祖、平章潘原明署司事，以張紞等爲參政、參議等官。

13 是月，以劉仲質爲禮部尚書。仲質，分宜人，上即位之初，以宜春訓導薦，入京，授翰林院典籍。上優其學，超擢拜之。

14 閏月，癸卯，藍玉、沐英攻大理，平之。

大理爲段氏世守之國，元世祖封其子爲雲南王，仍録段氏子孫守其土。段氏有大理，傳十世至寶者，當上平江西、湖廣時，曾遣其叔段真奉表歸款。友德既克雲南，授寶子明爲宣慰使。明不受，遣使貽書，請奉正朔如外蕃入貢例，友德怒，辱其使。明復貽書，請友德班師，乃與藍玉、沐英等議征之。

大理城倚點蒼山，西臨洱河爲固，聞大軍至，聚衆扼下關。——下關者，南詔皮羅閣所築龍尾關也，號猛險。玉等至品甸，遣定遠侯王弼以兵由洱水東趨上關，爲犄角勢，自率衆抵下關，造攻具，遣胡海由石門間道夜渡河，遶出點蒼山後，攀木援崖而上，立旗幟。昧爽，軍抵下關者望見，皆踊躍讙譟，蠻衆驚亂。英身先士卒，策馬渡河，水没馬腹，將士隨之，乃斬關入。蠻兵大潰，遂拔其城，禽段明弟世送京師，大理悉定。

尋分兵取鶴慶，破石門關，下金齒，諸蠻部相率解甲降。

15 三月，庚午，河決朝邑。

16 是月，藍玉遣兵攻拔三營萬户寨，更定雲南所屬府五十二，州六十三，縣五十四。

傅友德遣使送元梁王家屬及元威順王子伯伯等三百十八人至京師。奏言：「雲南屢經兵燹，圖籍不存，兵數無從稽核，但當就今要害，量宜設衛。又據故元司徒平章達爾瑪言：『元末田土，多爲豪右隱占。』今循元舊制，歲用不足諸衛軍食，請以今年所徵糧並官田鹽課所入悉給之。」報可。

未幾，置雲南鹽課司以益軍食。

17 以李信爲吏部尚書。

時罷中書省，部權始專，而銓政尤要。惟上用法嚴，旋拜旋罷，皆不克久於其任。信歷侍郎，擢尚書，幾二年，卒于官。凡内外封贈、蔭敘之典，多信所裁定云。

18 夏，四月，甲申，徙故元梁王及威順王子家屬于耽羅。

19 丙戌，詔天下通祀孔子。

初，上即位之二年，詔孔廟春秋釋奠止行于曲阜，天下不必通祀。時刑部尚書錢唐伏闕上言：「孔子垂教萬世，天下共尊其教，報本之禮，必不可廢。」侍郎程徐亦上疏言：「孔子以道設教，天下祀之，非祀其人，祀其教也，祀其道也。今使天下之人，讀其書，由其教，行其道，而不得舉其祀，非所以維人心，扶世教也。」後宋濂爲司業，亦言之，皆不報。

至是始詔禮官劉仲質等曰：「孔子道冠百王，功參天地。今天下郡縣並建廟學，而報祀之典，止行京師，未徧宇宙，豈非闕典邪！」乃詔仲質等與儒臣共定釋奠儀，頒之天下，令每歲春秋以上丁日通祀文廟。

20 丁亥，太白晝見。

21 壬辰，免畿內、浙江、江西、河南、山東税糧。

22 是月，大理寺卿李仕魯坐言事死。

初，上汰黜天下僧道，禁令頗嚴。其後以僧宗泐等數至禁中，爲所惑，乃詔徵東南戒僧，屢建法會于蔣山，應對稱旨者，輒賜金襴袈裟衣，召入禁中，賜坐講論。吴印、華克勤之屬，皆驟擢至大官，時時寄以耳目。由是其徒橫甚，讒謗大臣，舉朝莫敢言。

時給事中陳汶輝疏言：「古帝王以來，未聞搢紳緇流雜居同事，可以相濟者也。今勳舊耆德，咸思辭禄去位，而緇流憸夫，日益讒間。如劉基、徐達之見猜，李善長、周德興之被謗，視蕭何、韓信，其危疑相去幾何哉！」上不聽。

諸僧怙寵者，遂請爲釋氏創立職官，于是以先所置善世院爲僧録司，設左、右善世，左、右闡教等官，皆高其品秩。道教亦然。凡先後度僧、尼、道士，數至踰萬。

仕魯少好朱子之學，上素知其名。會有司薦舉入見，上喜曰：「朕姑以民事試子，行召子矣。」除黄州同知。期年，治行聞，至是召爲大理寺卿。

仕魯乃上書言：「陛下方創業，凡意旨所向，即示子孫萬世法程，奈何舍聖學而崇異端？」章數十上，皆不報。而仕魯性剛介，由儒術起用，方欲推明朱子之學，以闢佛自任。及言不見用，遽請于上曰：「陛下深溺其教，無惑乎臣言之不入也。還陛下笏，乞賜骸骨歸田里！」遂置笏于地。上大怒，命武士捽搏之，立死階下。而汶輝爲大理寺少卿，尋亦以忤旨懼罪，投金水橋下死。其後諸僧益肆爲不法事，上始悔之。

仕魯，濮縣人。汶輝，詔安人。【考異】仕魯被誅，三編系之四月。今證之明史仕魯傳，陳汶輝請除釋氏之疏在仕魯上疏前，其懼罪投金水橋下死又在誅仕魯之後，今據仕魯傳牽連並記之。

23 初，上置都督府，其屬有拱衛指揮使司，尋改爲都尉府，以爲親軍，管領五衛軍士，而設儀鸞司隸焉。至是罷儀鸞司，改置錦衣衛，秩從三品，掌侍衛緝捕刑獄之事，恒以勳戚都督領之，以鎮撫司隸焉。

自是上有所誅戮，下鎮撫司雜治，不由三法司。所屬校尉五百人，禄秩名號，無異京衛，于是始不隸大都督府。

24 詔旌高希鳳家凡節婦五人。

先是元臣名祖自定遼來歸，上問遼東風俗。名祖言：「俗尚禮教。往年石城有高希鳳者，本光州固始人，戊戌秋，在遼東老鵶寨爲亂兵所掠，斷腕死。其妻劉氏被虜，駡不絶口，死之。希鳳仲弟藥師努，亦死于亂。妻李氏，攜其子文殊及孤姪僧保往高麗避難，中途度不兩全，以其子差長，棄之，挈姪以行。及明興，遼民復業，李氏訪得其子同歸，守夫墓。希鳳季弟巴延布哈，爲納克楚所殺。妻郭氏，高麗人，居渾灘，自縊于馬櫪。希鳳從子達實鼎，爲仇誣陷死。妻金氏，與姑邢氏縊于魚塢。」又言：「定遼南河寨斡羅村，有卒裴皮鐵者死，其妻李氏，女直人，年二十三。後二年，葬其夫，自經于桑鄉，人合葬焉。」上即日詔旌表希鳳家爲「五節婦之門」，裴皮鐵家爲「貞節之門」。

25 五月，己未，國子監、文廟成。

上將幸太學行釋菜禮，侍臣有言：「孔子雖聖人，臣也。禮宜一奠再拜。」上曰：「昔周太祖如孔子廟，左右謂不宜拜。太祖曰：『孔子百世帝王師，何敢不拜！』朕嘉其不惑于左右之言。今朕有天下，敬禮百神，於先師禮宜加崇。」乃命禮部尚書劉仲質詳議。仲質請上「服皮弁，執圭，詣先師位前，再拜，獻爵，又再拜，退，易服，詣彝倫堂命講，庶典禮隆重。」制曰：「可。」

乙丑，上詣先師廟，釋菜如禮。禮成，退御講筵，宣祭酒吴顒等以次進講。講畢，賜宴，竟日，還宫。次日，祭酒率師生上表謝。

尋頒釋奠儀注于府、州、縣，並定國學及各行省主祭官之例。國子監設六堂，曰率性，修道，誠心，正義，崇志，廣業，以館諸生。旁有號舍，以宿諸生，厚給廩餼。又以時賜布帛、文綺之屬。庚午，頒學規于國子監。又頒禁例十二條于天下，鐫立卧碑，置明倫堂之左。其不遵者以違制論。

26 丙子，廣平府吏王允道上言：「磁州臨水鎮産鐵，請置鐵冶。」上曰：「朕聞治世無遺賢，不聞無遺利。利不在官即在民，民得其利，則財源通而有益于官。今民生業甫定，若復設此，必重擾民。」命杖允道，流之海外。

初，上即位，以軍事方殷，詔于江西之進賢、新喻，湖廣之興國、黄梅，以及山陜、廣東產鐵等處，凡置鐵冶十三所。自罷斥允道，數年之間，各布政司鐵冶以次停止，尋又復之，然其歲輸鐵額，亦較前稍減云。

先是有廉州府巡檢王德亨，上言取西戎水銀坑，亦斥之。

27 丁丑，遣行人訪經明行修之士。

28 是月，上聞士卒海運多溺死者，詔議遼東屯田。

29 諸蠻既平，上欲通滇、黔、蜀三省之路，因置東川、烏撒、烏蒙、芒部諸衛指揮使司。詔「諭諸部人民，隨其疆界遠邇，開築道路，各廣十丈，準古法以六十里爲一驛，符至奉行。」

又敕諭友德等曰：「烏蒙、烏撒、東川、芒部諸酋長雖已降，恐大軍一還，仍復嘯聚。符到日，悉送其酋長入朝。」又諭以「貴州已設都指揮使，然地勢偏東，今宜于實卜所居之地立司，以便控制。卿其審之。」

已，烏撒諸蠻復叛，上諭友德曰：「烏撒諸蠻，伺官軍散處，即有此變，朕前已慮之，今果然。然雲南之地，如曲靖、普安、烏撒、建昌，勢在必守，其東川、芒部、烏蒙，未可遽守也。且留屯大軍，掃蕩諸蠻，戮其渠長，方可分兵守禦耳。」

六月，上復授安陸侯吳復爲總兵，平涼侯費聚副之，命會征南諸軍討烏撒，烏蒙諸叛蠻。授以方略，令「勿與蠻戰于關索嶺上，當分兵掩襲，直擣其巢，使彼各奔救其家之不暇，必不敢出以抗大師，俟三將軍至，破之必矣。」

會傅友德回軍，與沐英會于滇池，分道進討。置大渡河守禦千户所，調從征千户吴中領兵守之，造舟以渡往來。

30 秋，七月，戊申，太白晝見，凡二日。

31 乙卯，河決滎澤、陽武。

32 辛酉，罷四輔官。

上以所任輔臣皆老儒，起田家，惇樸無他長。自安然卒後，李幹等或出外，或罷去，是官遂廢不復設。

33 乙亥，傅友德、沐英進兵烏撒，大敗其衆，斬首三萬餘級，獲馬牛羊萬計，餘衆悉遁，復追擊，破之。又分兵平東川、建昌、芒部諸蠻，請置烏撒、畢節二衛。又以烏撒、烏蒙、芒部三府，地近四川，請改隸四川布政使司，俱報可。

34 八月，丁丑朔，詔復設科取士，三年一行爲定制。

35 丙戌，孝慈馬皇后崩。

后，宿州人，仁慈有智鑒，好書史。佐上定天下，恒勸以不嗜殺人爲本。及册爲皇后，勤于内治。暇則講求古訓，告六宮以宋多賢后，命女史録其家法，朝夕省覽。平居服大練浣濯之衣，雖敝不忍易。嘗以纇絲緝衣裳，賜諸王妃、公主，使知蠶事艱難。妃嬪宮人，皆厚待之。命婦入朝，如家人禮。愛誦小學，嘗求上表章。上決事或震怒，輒隨事微諫，雖上性嚴，爲緩刑戮者數矣。上嘗令重囚築城，后曰：「疲囚加役，是速之死也。」上乃赦之。上幸太學還，后問「生徒幾何？」曰：「數千。」后曰：「人才衆矣。諸生豈無父母妻子待以仰事俯給者乎？」乃立紅板倉，積糧，賜其家。諸將克元都，俘寶玉至，后曰：「元有是而不能守，意者帝王自有寶歟？」上曰：「朕知后謂得賢爲寶耳。」對曰：「誠如陛下言。妾與陛下起貧賤至今日，恒恐驕縱起于奢侈，危亡起于細微，故欲得賢人共理天下。」又曰：「法屢更必弊，法弊則奸生；民數擾必困，民困則亂生。」上曰：「至言也！」命女史書之。其規正類如此。

寢疾之日，群臣請禱祀，求良醫。后謂上曰：「死生命也，禱祀何益！且醫何能活人！使服藥不效，得毋以妾故罪諸醫乎？」疾亟，上問所欲言，曰：「願陛下求賢納諫，慎終如始。」崩時，年五十一。上慟哭，遂不復立后。

36 皇后之喪，禮官援宋制爲請，「凡内外百官，仍循以日易月之制，二十七日而除，素服百日。自太子、諸王以下，皆如孝慈録所定。」制曰：「可。」

37 己丑，命延安侯唐勝宗、長興侯耿炳文屯田陝西。

38 初，上詔徵天下秀才，凡先後至者，吏部試之，召見授官。丁酉，擢秀才曾泰爲户部尚書。

是時都御史趙仁言：「曩者以賢良方正、孝弟力田諸科所取士列置郡縣，多不舉職，今又聘取天下秀才以資任用，臣愚以爲當分等考覈以定去留。」上覽其奏，謂刑部尚書開濟曰：「設官所以安民，官不得人，民受其害。今徵至秀才，宜試其能否，考其優劣，然後授之以職。其詳議以聞。」

于是濟議：「以經明行修爲一科，工習文詞爲一科，通曉書義爲一科，人品俊秀爲一科，練達治理爲一科，言有條理爲一科。六科備者爲上，三科以上爲中，不及三科者爲下」從之。辛丑，詔徵至秀才分六科試用。

39 乙巳，遣使諭傅友德、沐英等曰：「得報，知七月二十八日已擊破烏撒，次第搜捕林箐諸蠻。然此地山高道隘，愼勿輕動。人自七星關來者，皆曰『烏撒、芒部之等，至夜舉火，挈家入霧翠。』符至，可令霧翠之民縛送軍前。其關索嶺非古道，古道又在西北，大軍若開此道以接普定，即芒部渠長可盡獲也。」已，又諭曰：「雲南士卒既艱食，不宜分屯。止于赤水、畢節、七星關各置一衛，黑張之南，瓦店之北，中置一衛，如此分守，則雲南道路，往無礙矣。若靄翠之地，必用千萬衆乃可定也。」

時靄翠雄踞貴州，是年之春，因平蠻懼讋，復來朝貢，上賜之冠帶衣鈔而遣之。然其地遠，未置郡縣，故上于平滇詔中，謂「靄翠輩不盡服之，雖有雲南不能守也。」至是，聞烏撒諸蠻部就之，故欲其乘勝宣威以通普定之路云。

40 九月，丁未朔，太白晝見。

41 己酉，吏部以經明行修之士鄭韜等三千七百餘人入見。上諭之曰：「自古知人，堯、舜猶難，豈所知者皆賢，所未知者無賢邪？卿等固皆賢人君子，然山林之士，又豈無如卿者？其悉舉所知，朕將復徵之。」于是濟寧、單縣儒士張以寧、董倫等復有所薦，遣使就徵，仍賜韜等人鈔一定，授布政使、參議等官。

42 乙丑，熒惑犯南斗。上敕將軍傅友德等曰：「上天垂象，以示鑒戒。自昔蠻夷叛服不常，卿等率師久勞于外，恐衆心懈弛，爲寇所乘，宜嚴加儆備，以防不虞。且蠻夷好置毒水中，將士飲食，極宜謹慎，以副朕懷。」【考異】據明史天文志，在是年九月乙丑，又據典彙，上以星變敕將軍傅友德等，今並增入。

43 庚午，葬孝慈皇后于孝陵。

時諸王奔喪送葬畢，將還，上命各選僧一人侍從之國，爲孝慈皇后修佛事。

吴僧道衍，先以宗泐薦，名在燕府籍中，一見相契，燕王因奏請從行。——道衍者，姚廣孝僧名也。【考異】三編、明鑑皆系之九月，證之姚廣孝傳，正諸王奔高后喪將還之時。又，太祖以是年四月誅李仕魯，正崇信釋氏之時，故有「爲高后薦福」之語。典彙系之十七年者似誤，今系之庚午葬高后之下，爲得其實。

44 是月，詔翰林院李翀、吴伯宗等譯回回曆書。

45 北平都司奏言：「邊衛之設，所以限隔内外。宜謹烽火，遠斥堠，控守要害，可以讋服胡虜，撫輯邊氓。按所轄關隘：曰一片石，曰黄土嶺，曰董家口，曰箭簳嶺。如此類凡二百處，宜以各衛校卒分戍其地。」詔從之。

46 儒士沈士榮應聘至，上書曰：「陛下恭勤求治，于今有年。在朝賢哲，豈皆不言邪？所用臣宰，豈皆不賢邪？恐言之不能拔其本，用之未盡展其才，故重勞宸慮也。況今智者自爲身謀，甘于暴棄；愚者不思自守，累犯憲章；皆由進言者無拔本之論，選官者無量才之實。昔魏徵隨事立諫，不能格君心之非，是無拔本之論也；漢文帝屈賈誼于長沙，是無量才之實也。夫賢之難遇，如淘沙中之金，不淘則金不可得也；用人而歷試之，如鑛之錬銀，不錬則銀不可成也。願陛下詳加采擇，勿謂儒者皆賢而盡用之；或一士不稱，餘士皆棄，則賢在其中亦莫能辨，此猶金之未淘也。進用之初，或不當其職，其人雖有才能，先已敗事，此猶鑛之未鍊也。如蒙特賜優容，敢乞給以筆劄，條列事宜。」上手詔褒諭曰：「卿八閩志士，守儒者之道。一旦應召而來，傑然特出，攄誠納款，欲罄所懷，朕之願也。」尋擢爲翰林院待詔。

47 傅友德等之出也，馮誠守雲南。諸蠻見城守單弱，土官楊苴因乘間紿其下曰：「總兵領大軍歸矣，雲南城可圖也。」遂糾衆二十餘萬攻城。城中乏食，誠率將士斂兵拒守，多置弓弩戰具。賊至，輒射之，多應弦而斃。伺賊少怠，更出奇兵衝之，賊不能攻，遂圍城爲久困計。

時沐英駐師烏撒，選精騎萬餘來援。至曲靖，先遣人入城報知，爲賊所得，紿之曰：「總兵官領大軍三十萬至矣。」賊衆駭愕，拔營夜遁，走安寧、羅次、邵甸、富民、晉寧、大理、江川等處，復據險樹柵以圖再舉。英至，與誠等合軍剿降之，凡斬首六萬餘級，生禽四千餘人，諸部悉定。

48 冬，十月，丙子，更置都察院，設監察都御史八人，秩正七品。分監察御史爲浙江、河南、山東、北平、山西、陝西、湖廣、福建、江西、廣東、廣西、四川十二道，各道置御史或五人或三、四人，秩正九品。每道鑄印二，一畀御史久次者掌之，一藏内府。有事受印以出，既事納之，文曰「繩愆糾繆」。時以秀才李原明、詹徽等爲監察都御史，吴荃等爲試監察御史——徽，同之子也。【考異】按明太祖吳元年置御史臺，設左、右御史大夫、御史中丞之等，皆仍元制。自十三年胡惟庸之獄，始罷御史臺。所云「罷御史臺」者，非罷御史，罷其總領之御史大夫也。時但設左、右御史中丞，而分巡之監察御史如故。十四年，更置都察院，始有都御史之名。然考之職官志，乃監察都御史，非左、右都御史，故其秩不過七品，是以詹徽、李原明皆得以秀才擢用，而野史所記，遽以爲徽等試左、右都御史，誤矣。左、右都御史至十六年始設，正三品，十七年又升二品，故詹徽之升左都御史在十七年。七卿之名，至此始定，即明初御史大夫之職也。餘詳考證中。

49 丙申，録囚。

上命御史袁凱送皇太子覆訊，多所矜減。凱還報，上問：「朕與太子孰是？」凱頓首言：「陛下法之正，東宮心之慈。」上以凱老猾持兩端，惡之。凱懼，佯狂免告歸。凱工詩，以賦白燕爲楊維楨所賞，徧示坐客，人遂呼「袁白燕」云。【考異】據紀事本末，系之是年二月，今改系于是月録囚之下。至凱所言「陛下法之正，東宮心之慈」，紀事以爲「上喜，從之。」證之凱傳，則太祖惡凱持兩端，其佯狂免歸，正以此也。今據凱傳書之。

50 是月，詔南雄侯趙庸班師還。

庸既平陽山、歸善等蠻，又討粵盜，前後獲賊黨萬七千八百餘人，斬首八千八百餘級。尋招降番禺等縣民三千三百餘户，又奏籍蜑户萬人爲水軍。上嘉其功，還，賜綵幣、上尊、良馬。

51 初，太子正字桂彥良，遷晉王府右傅，上親爲文賜之。彥良入謝，上曰：「江東大儒，唯卿一人。」對曰：「臣不如宋濂、劉基。」上曰：「濂，文人耳。基峻隘，不如卿也。」彥良至晉，以更定王府官制，改左長史。

是時入朝京師，上太平治要十二策，曰：「法天道，廣地理，順人心，養聖德，培國脈，開經筵，精選舉，審刑法，敦教化，馭四裔，蒐才俊，廣咨訪。」上覽之，曰：「彥良所陳，通達事理，有裨治道。世謂儒者泥古不通今，若彥良可謂通儒矣！」彥良還晉府，越三年告歸，尋卒。

52 魏國公徐達還京師。

53 十一月，戊午，上既罷四輔官，欲仿宋制置殿、閣大學士以備顧問，乃以禮部尚書劉仲質爲華蓋殿大學士，翰林學士宋訥爲文淵閣大學士，檢討吴伯宗爲武英殿大學士，典籍吴沈爲東閣大學士。【考異】明史本紀，「洪武十五年十一月，置殿、閣大學士，以邵質、吴伯宗、宋訥、吴沈爲之。」證之列傳，伯宗授武英殿大學士，訥授文淵閣大學士，沈授東閣大學士，而同時授華蓋殿大學士者，乃劉仲質也。再檢明史職官志「置殿、閣大學士」注云，「時邵質以禮部尚書授華蓋」，而稽之仲質傳亦同。（仲質附崔亮傳中。）傳言「仲質十五年拜禮部尚書，其年冬，授華蓋殿大學士」，則與本紀所載之邵質，其官同，其殿名同。且邵質之名，惟見本紀及職官志中，其他別無事實散見于他傳者，是其人之有無殆不可知，而以明史紀、傳互證，殆因劉仲質一字之同，誤其姓名，遂不詳考耳。別詳考證中。又置文華殿大學士，徵耆儒鮑恂、余詮等爲之，輔導太子，秩皆正五品。

訥，徵修禮樂書，事竣，不仕歸。久之，以四輔官杜斆薦，授國子監助教，説經爲學者所宗。國子監成，命撰宣聖廟碑稱旨，遂超遷翰林學士。

恂，崇德人，故元學正。上即位之四年，開科取士，徵至京師，與宋濂俱爲同考官。試已，辭歸。至是年踰八十，與吉安余詮、高郵張長年、登州張紳，皆以明經老成爲禮部主事劉庸所薦，召至京。

是時詮亦踰七十，賜坐，顧問。翌日，並命充是官，與恂皆以老疾固辭，未幾，放還。紳後至，以爲鄠縣教諭，尋召爲右僉都御史。

54 壬戌，命禮部修治國子監舊藏書板，諭之曰：「古先聖賢立言以教後世，所存者書而已。朕每觀書，自覺有益，嘗以諭徐達。達亦好學親儒生，囊書自隨。蓋讀書窮理，於日用事物之間，自然見得道理分明，所行不至差謬，書之所以有益於人也如此。今國子監舊藏書板多殘缺，其令諸儒考補。仍命工部督匠修治之。」並命頒劉向説苑、新序于天下學校。

55 是月，以兵部尚書唐鐸爲諫議大夫。

上初置諫院，既設司諫、正言等官，欲崇其秩，乃設諫議大夫。鐸以老成望重爲之，未幾，左遷監察御史。鐸既改官，乃以趙仁爲兵部尚書。

56 以任昂爲禮部尚書，代劉仲質也。昂，河陰人，以辟薦，起爲襄垣訓導，擢御史，至是拜尚書。時上加意太學，罷祭酒李敬、吴顒。命昂增定監規八條，遂以曹國公李文忠、大學士宋訥兼領國子監事。會司諫關賢上言：「邇來郡邑所司非人，師道不立，歲選士多缺。甚至俊秀生員，點充承差，乖朝廷育賢意。」昂乃奏定天下歲貢士從翰林院考試以爲殿最。明年，詔科舉與薦舉並行，昂條上科場成式，視前加詳，取士制始定。

57 初，東宮官屬，有左、右詹事、同知詹事、院副、院丞及左、右率府、諭德、贊善等官，皆以勳舊大臣兼領其職，其屬又有文學、中舍、正字、洗馬、庶子等官。至是更定左、右春坊官，各置庶子、諭德、中允、贊善、司直郎，又各設大學士。尋定司經局官，設洗馬、校書、正字。

時以耆儒劉靖、關賢爲左、右司諫兼春坊左、右庶子，趙肅、何顯周爲左、右正言兼左、右諭德，凡諸司奏啓，皆與翰林詳看，兼司平駁。其後改院改府，遂爲詞臣遷轉之階。

58 十二月，己卯，以營孝陵功，封中軍都督府僉事李新爲崇山侯。

59 辛卯，振北平被災屯田士卒。

60 己亥，詔永城侯薛顯練軍山西。

61 是歲，始定天下府、州、縣衙門錢糧書册悉用半印勘合行移，懲空印之舊弊也。

初，空印之獄，各府、州、縣重者論死，輕者謫發，内外官員株連大半。至是始議以半印勘合出納關防各司，府、州、縣俟年終，將發去勘合底簿折帖具本奏繳，仍具清册一本，送原發衙門稽查比較，遂爲定例。

明通鑑卷八

紀八

起昭陽大淵獻（癸亥），盡旃蒙赤奮若（乙丑），凡三年。

江西永寧知縣當塗夏　燮編輯

太祖高皇帝

洪武十六年（癸亥、一三八三）

1 春，正月，乙巳朔，以皇后喪，御殿，不舉樂。

2 庚戌，遣官祭陣亡指揮雍桂，䘏其家。

3 壬子，諭刑部尚書開濟、都御史詹徽等曰：「昨民有子犯法當死，其父行賕求免，御史執之，並欲論罪。朕以父子至親，子死而父救之，人之至情也，故但論其子而赦其父。自今有論決者，宜再三詳讞，覆奏施行，慎毋重傷人命。」【考異】諸書皆系之正月，史稿系之正月庚戌下，憲章録系之戊申。今據洪武實訓在正月壬子，從之。

4 乙卯，大祀南郊。

5 戊午，命魏國公徐達仍鎮北平。

6 壬申，北平按察司言：「高陽諸縣嘗被水，三皇廟分司廨宇圮壞，請修治。」上曰：「居官宜恤民，不可勞民。今北方水患方息，正當問民疾苦以撫恤之。若有修造，俟歲豐足爲之未晚。」遂命停止。

7 二月，乙亥，上觀唐太宗帝範，謂侍臣曰：「此十二篇者，雖非帝王精微之道，然語意備至，曲盡物情。使其子孫克守其言，亦足爲訓。自後女主竊柄，唐祚遂衰，賞罰政令，不行於天下，閹豎小人，朋比于國中，卒召藩鎮之禍。有國家者，其可不守祖宗之法乎！」

8 丙申，初詔「天下府、州、縣學歲貢生員各一人于京師，由翰林院考試經義、四書義各一道，判語一條。中式者，一等入國子監，二等送中都，不中者遣還，提調教官罰停廩祿。」用諫官關賢及尚書任昂議也。

時大學士宋訥兼祭酒，凡功臣子弟皆就學，及歲貢士常數千人。訥爲嚴立學規，終日端坐講解無虚晷，夜，恒止學舍。其後開進士科，所取士由太學進者率三之一云。

9 丁酉，免鳳陽、和州田租。

10 是月，大學士吳沈等進精誠録。

先是上將享太廟，致齋于武英殿，召沈等謂之曰：「朕閲古聖賢書，其垂訓立教，大要有三：曰敬天，曰忠君，曰孝親。君能敬天，臣能忠君，子能孝親，則人道立矣。然其言散在經傳，未易會其要領。卿等其以類編輯，庶便觀覽。」至是書成，上賜名精誠録，命沈序之。

11 潁川侯傅友德等遣人送元故官及渠長段世等至京師，上賜之衣服。以元右丞觀音保爲金齒指揮使，賜姓名李觀。又傳諭段世曰：「爾父寶曾有降表，朕不忍廢。」賜其長子名歸仁，授永昌衛鎮撫，世賜名歸義，授鴈門鎮撫。改大理路曰大理府，置衛，設指揮使司。

時友德等進平蒙化府、鄧川州，過金沙江，又平北勝、麗江等府，平津等州，凡蠻民降者數十萬户。

12 三月，甲辰，詔潁川侯傅友德、永昌侯藍玉班師，留西平侯沐英率衆數萬鎮滇中。自此沐氏遂世守雲南云。

13 庚戌，上與侍臣論歷代創業及國祚修短。侍臣盛稱周祚之長，上曰：「周自公劉、后稷，奕世積德，以及文、武遂有天下。若使其後君非成、康，臣非周、召，益修厥德，則文、武之業，何能至八百年之久乎！書曰：『皇天無親，惟德是輔。』使吾後世子孫皆如成、康，輔弼之臣皆如周、召，則可以祈天永命，國祚何患不昌！」

14 丙寅，復鳳陽、臨淮二縣民徭賦，世世無所與。

諭户部曰：「鳳陽朕故鄉，皇陵在焉。昔漢高帝生於豐，起于沛，豐、沛之民終漢世受惠。朕今永免鳳陽、臨淮二縣稅糧徭役，其榜諭之！」

15 壬申，罷提刑按察分司。

16 夏，四月，乙亥，上諭侍臣曰：「人君不能無好尚，要當慎之。蓋好功則貪名者進，好財則言利者進，好術則游談者進，好諛則巧佞者進。夫偏于所好者，鮮不累其心。故好功不如好德，好財不如好廉，好術不如好信，好諛不如好直。故好得其正，未有不治，好失其正，未有不亂者也。」

17 庚寅，上以開濟定詐僞律，好爲深文，議法巧密，諭曰：「竭澤而漁，害及鯤鮞；焚林而田，禍及麛鷇。巧密之法，民何以堪！」由是浸惡濟。

18 是月，故元儒士戴良卒于京師。

良，字叔能，世居金華九靈山下，自號九靈山人。上克婺州，徵良爲學正，與宋濂、葉儀輩訓諸生。上既旋師，良忽棄官逸去。元至正末，用薦者言，授良江北行省儒學提舉。

良見時事不可爲，避地吴中，依張士誠，既，知其將敗，挈家泛海，抵登、萊，欲間行歸庫庫軍，道梗，寓昌樂數年。洪武六年，始南還，變姓名，隱于四明山。上遣人物色得之，以上年徵至京師，試以文，命居會同館，日給大官膳。至是欲官之，以老疾固辭忤旨，遂暴卒，蓋自裁也。良以元之亡，不忘故主，每形之歌咏間，故卒不獲其死。

同時被徵之士，有王逢者，字原吉，江陰人。元至正中作河清頌，臺臣薦之，稱疾辭。張士誠據吴，其弟士德用逢策，北降于元以拒江南。上滅士誠，欲辟用之，堅卧不起，隱上海之烏涇，自稱席帽山人。去年以文學徵，有司敦迫上道。時逢子掖爲通事司令，以父年高，叩頭泣請，乃命吏部符止之。又六年始卒。

元之亡也，同時又有丁孝子，名鶴年，回回人。父以世蔭爲武昌達魯噶齊，卒于官。至正壬辰，武昌被兵，鶴年年十八，奉母走鎮江。母没，鹽酪不入口者五年，避地四明。時方國珍據浙東，最忌色目人。鶴年轉徙逃匿，爲童子師，或寄僧舍，賣漿自給。及海内大定，牒請還武昌，而生母已道阻前死，瘞東村廢宅中。鶴年慟哭行求，母告以夢，乃嚙血沁骨，斂而葬焉，烏斯道爲作丁孝子傳。鶴年自以家世仕元，不忘故國，順帝北遁後，飲泣賦詩，情詞悽惻。晚學浮屠法，廬居父墓。好學洽聞，精詩律，楚昭、莊二王咸禮敬之，最後始卒。【考異】三編系元臣之不仕于明者，如蔡子英、巴延、資中，皆特書其年月，獨九靈山人遺之，諸書亦不載。證之文苑傳，良以十五年召至京師，是年四月自裁也。王逢之徵，亦在十五年。今悉據良傳，並記席帽山人及丁孝子事。

19 五月，乙巳，敕「天下衛所，至冬率所部赴京師俟較閲。」

20 庚申，免應天、太平、鎮江、寧國、廣德税糧。詔曰：「五郡爲興王之地，其民助朕居多。數免其税，所以酬其勞也。有司有侵漁者，必置之法。」

21 是月，滇南品甸土酋杜惠來朝，授爲千夫長。詔六安侯王志、安慶侯仇成、鳳翔侯張龍督兵至品甸，繕城池，立屯堡，置郵傳，安輯人民。【考異】城品甸，據明史土司傳在是年，紀事本末系之五月，今從之。惟「品甸」誤作「尋甸」，蓋品甸乃雲南大理府所屬，尋甸則軍民府也，今從土司傳。

22 始定文官封贈、蔭敘之典，禮部尚書任昂奏也。

時有廣東都指揮狄崇、王臻，以妾爲繼室，乞封，下廷議，昂持不可，從之。乃命昂及翰林院定嫡妾封贈例。因詔偕吏部定文官封贈例十一，蔭敘例五，頒示中外，並著爲令。

23 六月，辛卯，免畿内十二州縣養馬户田租一年，滁州免二年。【考異】免畿内及養馬户田租，三編並系之五月。今據明史本紀，一五月庚申，一六月辛卯，史稿同，三編蓋牽連記之，今分書五、六月下。

24 戊戌，大學士吳沈進講周書「國罔有立政用憸人。」諭曰：「國家不可有小人，有小人必敗君子。故唐、虞任禹、稷，必去四凶，魯用仲尼，必去少正卯。」沈對曰：「所謂『去邪勿疑』也。」【考異】續文獻通考在是年八月。洪武寶訓作「六月戊戌」，今從之。

25 先是雲南姚安土官自久作亂，詔傅友德以班師時留兵討之。是月，友德遣兵次九十九莊，自久遁去。踰年，復寇品甸，沐英奏請以土官高保爲姚安府同知，高惠爲姚安州同知，從英討自久，平之。

26 秋，七月，庚戌，上諭侍臣曰：「自古王者之興未有不由於勤儉，其敗未有不由于奢侈，前代得失，可爲明鑑。後世昏庸之主，縱欲敗度，不知警戒，卒瀕於危亡，深可慨嘆！大抵處心清净則無欲，無欲則無奢縱之患。欲心一生，則驕奢淫佚無所不至，不旋踵而敗亡隨之。朕每一念及，未嘗不惕然于心。」【考異】諸書不載。此據洪武實訓增。

27 辛亥，分遣監察御史録囚于諸道。

28 壬子，遣官祭媧皇陵于趙城。

29 是月，東閣大學士吳沈以進講後期，降翰林院侍書，尋改國子博士，以老歸。沈嘗著辯，言「孔子封王爲非禮。」宋濂、王禕之論祀典皆未之及也。其後更定大禮，改稱「至聖先師」，實自沈發之云。

30 八月，壬申朔，日有食之。

31 甲戌，詔曰：「比者政事苟且，上下相蒙。閩郡連歲不聞有所激勸，具云吏稱民安。其令御史按察司巡行訪察之！」【考異】憲章録系之八月下，今據史稿作「甲戌」。

32 九月，甲辰，詔曰：「頻歲豐稔，民多貧困，其咎安在？豈徭役之重及吏民因緣爲奸耶？有司宜思所以振救之！法令煩苛者，罪不宥。」

33 江西龍泉、永新山民作亂，煽聚徒黨，號稱順天王，都指揮戴宗率兵捕之，不克。癸亥，上命申國公鄧鎮爲征南將軍，【考異】據本紀，鎮爲征南將軍，而本傳及潛菴史稿皆書「征南副將軍」。證之薛氏憲章録，「九月，命申國公鄧鎮爲征南將軍，臨江侯陳鏞、濟寧侯顧敬爲左、右副將軍」，是副將軍者，乃鏞與敬，非鎮也，今仍據本紀書之。臨江侯陳鏞、濟寧侯顧敬爲左、右副將軍，討平之。——鎮，愈之子，改封申國；鏞，德之子；敬，時之子也。鎮所部兵不戢。時泰和蕭執，以親老告歸，親歿，廬墓，詣鎮責之，鎮爲之謝，禁止侵掠，邑人以安。

執以洪武四年鄉舉，爲國子學録。嘗以夏至北郊，與宋濂、陶凱等，齋宫奉詔賦山梔花，上獨喜執作，徧示諸臣，寵眷遂傾一時。時上留意文學，往往親試廷臣。執與陳觀，知遇尤異。觀以訓導入覲，試王猛捫蝨論，立擢陝西參政。在陝以廉謹稱。或問：「陝産金何狀？」觀大驚曰：「吾備位藩寮，何金之問？」其卒也，妻子幾無以自存。而執是時亦以純孝爲一鄉之望。故二人雖以文學結主知，實皆篤行君子也。【考異】蕭執責鎮不能戢兵，事見趙俶傳。執，泰和人，時廬墓在家。龍泉、泰和皆連界之地，故有責鎮之事，今據書之。

34 冬，十月，丁丑，召魏國公徐達還。

35 甲申，免霸州、東安魚課。

36 壬辰，太白晝見，至乙未凡四日。

37 己亥，安陸侯吳復卒于普定。

復以總兵從傅友德等剿捕諸蠻，遂由關索嶺開箐道取廣西。是年，克墨定苗，至吉剌堡，築安莊新城，平七百房諸寨，斬獲萬計，轉餉盤江。至是以金創發卒，追封黔國公，加禄五百石，予世券，賜謚威毅。

復臨陣奮發，衝犯矢石，體無完膚。平居恂恂，口不言征伐事。在普定，買妾楊氏，年十七。復死，視斂畢，沭浴更衣自經死，封貞烈淑人。子傑嗣。

38 十一月，上手書滁陽王郭子興事，命太常司丞張來儀撰碑文，勒之石。

來儀，名羽，以字行。從父宦江浙，兵阻不獲歸，與友徐賁卜居吳興。領元鄉薦，爲安定書院山長，再徙于吳。洪武四年，徵至京師，應對不稱旨放還，再徵，授是職。上素重其文，故有是命。尋坐事竄嶺南，未半道召還。羽自知不免，投龍江死。

39 禮部尚書任昂，請更定冕服之制及朝參坐次，又奏「毁天下淫祠，正祀典稱號。蜀祀秦守李冰，附以漢守文翁、宋守張詠，密縣祀太傅卓茂，鈞州祀丞相黄霸，彭澤祀丞相狄仁傑，皆遺愛在民。李龍遷祀于隆州，謝夷甫祀于福州，皆爲民捍患。吳丞相陸遜以勞定國，宜祀于吳，以子抗、從子凱配。元總管李黼立祀江州，元帥余闕立廟安慶，皆以死勤事。從闕守皖全家殉義者，有萬户李宗可，宜配享闕廟。」皆報可。

尋詔頒鄉飲酒禮圖式于天下，復令制大成樂器分頒學宫。是時以八事考課外吏，及次第雲南功賞，事不隸禮部者，上皆令昂主其議。

40 十二月，癸未，江西參議胡昱請設衛禦盜，上曰：「民之爲盜，由無良吏撫綏之，豈在兵耶！」不許。

41 甲午，刑部尚書開濟坐罪誅。

濟治獄囚，令郎中仇衍開脱死罪，爲獄官所發，濟與侍郎王希哲、主事王叔徵執獄官斃之。時鄞人陶垕仲，以國子生擢監察御史，首發濟骫法狀，且言：「濟奏事時，置奏劄懷中，或隱而不言，覘伺上意，務爲兩端，奸狡莫測；役甥女爲婢；妹早寡，逐其姑而略其家。」上怒，遂下濟獄，並希哲、衍等皆棄市。

濟慧敏有才辯，初以安然薦，召試刑部。凡國家經制、田賦、獄訟、工役、河渠事，皆綜核有條理，品式可爲世守。上甚信任之。浸兼預他部事，謗議滋起。上又見其用法深刻，益疑之，遂及于禍。

垕仲自劾濟後，直聲震天下。【考異】濟誅在十二月，本傳、年表同，紀事本末系之十月，據其事發之月也。濟爲陶垕仲所劾，今據明史濟傳增入。

42 是月，武英殿大學士吴伯宗，坐弟仲實爲三河知縣薦舉不實，詞連伯宗，降檢討。伯宗爲人温厚，然内剛，不苟婾阿，故屢躓。踰年，卒于官。

43 是歲，西洋國有須文達那者始入貢。其國在占城之南，滿剌加之西。蓋即蘇門荅剌譯音之異云。

其年之夏，倭寇浙東，又寇金鄉、平陽。

十七年（甲子、一三八四）

1 正月，丁未，大祀南郊。

2 戊申，命魏國公徐達鎮北平。

3 壬戌，命信國公湯和巡視沿海諸城，防倭。【考異】據明史本紀，書湯和防倭于十七年之正月，又書和征思州蠻于十八年之四月，是和奉防倭之命不久即還也。若其至浙築衞設城之（是）〔事〕，乃十九年征蠻班師之後，以二十年春至浙，其年十一月還。據明史本傳及方正學東甌神道碑，皆不著十七年防倭事，疑是時奉詔未行，抑或去而即還，無事可書，蓋其設衞築城一切處分，皆在二十年也。今分書之。

4 是月，孔子五十七代孫訥服闋來朝，詔襲封衍聖公。

訥，希學子也。上命禮官以教坊樂導送至國子學，學官率諸生二千餘人迎于成賢街。自是每歲入覲，給符乘傳。

時罷丞相官，遂定制以衍聖公班列文臣之首。

5 更定都察院官制，以詹徽爲左都御史。

初，監察都御史之秩止于七品，上以臺官職掌風紀，品秩太輕，乃設左、右都御史各一人，正三品，左、右副都御史各一人，正四品，左、右僉都御史各二人，正五品。未幾，又陞都御史正二品，副都御史三品，僉都御史四品，其十二道監察御史亦陞爲正七品。自此臺職與部權並重，七卿之名，遂爲一代定制。

6 以余熂爲吏部尚書，劉逵刑部尚書。

7 二月，詔吏部：「凡文武憂制，稽其在職一年廉勤無過者，照品給半祿終制。三年歷考無過者，給全祿終制。著爲令。」

8 三月，戊戌朔，頒科舉取士式，仍定以子、午、卯、酉鄉試，辰、戌、丑、未會試。鄉試中式者，各布政使司送禮部會試，會試中式者赴殿試，賜進士及第、出身有差。定制，鄉會試各三場。第一場試四書義三道，經義四道，四書主朱子集注，易主程、朱傳義，書主蔡沈傳，詩主朱子集傳，皆兼古注疏；春秋主三傳及胡安國、張洽傳；禮記主古注疏。二場試論一，判語五，詔誥章表内科一。三場試經史策五。其應試舉人，則國子學生、府州縣生員及儒士之未仕者、官之未入流者皆預焉。惟罷閒官吏及倡優之家與居父母喪者，均不准入試。試士官定制，主試二員，同考試官四員，皆于儒官儒士中訪明經公正之士，先期幣聘，在内由應天府，在外由各布政司主之。

9 曹國公李文忠卒。

文忠器量沈弘，人莫能測其際。臨陣踔厲風發，遇大敵益壯。頗好問學，常師事范祖幹、胡翰，通曉經義，爲詩歌，雄駿可觀。釋兵家居，恂恂若儒者，上雅愛重之。嘗勸上少誅戮，又諫征日本，及言「宦者過盛，非天子不近刑人之義」，以是積忤旨，不免譴責。

去年冬得疾，上親臨視，使淮安侯華中護醫藥。至是卒。上親製文祭之，追封岐陽王，賜謚武靖。

中以護醫藥失謹，坐貶死，雲龍子也。【考異】文忠之卒，弇州史乘考誤引野史云，「文忠多招納士人門下，上聞而弗善也。一日謂上，『内臣太多，宜少裁省，』上大怒，謂『若欲弱吾羽翼，何意？此必其門客教之，』因盡殺其客。文忠驚悸得疾，暴卒。上發悲，怒殺諸醫及文忠侍者百人。」此似屬不根之詞。及考其嗣公景隆誥，頗有咎文忠語，末云，「非智非謙，幾累社稷，身不免，而自終。」似切責及殺門客之事有之，史蓋曲爲諱也。據此，則文忠之死，或出自裁，或服毒死，實録蓋諱之耳。今據正史附識于此。

10 壬子，蠲常德被水田租。

11 甲子，大赦天下。

12 丙寅，詔改建刑部、都察院、大理寺公署于太平門外。

13 是月，征南將軍傅友德，左副將軍藍玉，班師還京師。
友德征滇，上前後下璽書數十，懸斷萬里外，委曲皆中。友德奉行不敢失，因土俗，
定租賦，興學校，廣屯田，遠邇悅服，威望益隆。

14 夏，四月，壬午，論平滇功，進傅友德潁國公。列侯藍玉、仇成、王弼，並益祿五百石，
予世券。封陳桓普定侯，胡海東川侯，郭英武定侯，張翼鶴慶侯。是日，大賚從征將士。

15 庚寅，諭兵部移文有司：「凡征南將士死者，悉收其遺骸，具棺葬之。」

16 是月，增築國子學舍。

17 上語諫議大夫唐鐸曰：「人有公私，故言有邪正。正言務規諫，邪言務謗諛，謗言近
於忠，諛言近于愛。惟不惑于謗言，則聽日聰而讒人自去；不眩于諛言，則智日明而佞
人自遠矣。」鐸對曰：「聽言之難，自古爲然。陛下聖諭，深得其情。」【考異】據憲章録系之是
月。證之洪武寶訓，則是月己丑也。今系是月下。

18 五月，甲寅，詔恤海運溺死軍士家。

19 丙寅，涼州衛指揮使宋晟討西番叛酋，至額齊訥路，禽元海道千户額森特穆爾舊作也

先帖木兒。及吴國公等，俘獲萬八千人，送酋長京師，簡其精税千人補卒伍，餘悉放遣。詔進晟右軍都督僉事，仍鎮涼州。

額森特穆爾之叛也，涼州衛百户劉林力戰死，邊人壯之，名其所居寶融臺爲「劉林臺」。【考異】據明史本紀，「晟討西番于額齊訥路」，證之本傳「禽額森特穆爾送京師」，蓋額森始降而後叛也。又考濮英傳「劉林戍涼州，值額森叛，林力戰死之」，正平涼州前事也，今據英傳增入。

20 六月，庚午，上御奉天門，諭群臣曰：「治天下禮樂爲先，或言有禮樂不可無刑政，朕觀刑政二者，不過輔禮樂爲治耳。苟徒務刑政，雖有威嚴之政，必無和平之風。故禮樂者，治民之膏粱，刑政者，救弊之藥石也。」

21 秋，七月，戊戌，禁内官預外事，並敕諸司毋與内官監文移往來。

上謂侍臣曰：「前代人君，多縱宦寺與外臣交通，覘伺動静，夤緣爲奸，假竊威權以亂國家。後雖知而去之，勢不得行，反受其禍，延及善類。漢、唐之事，深可鑒也。朕所以嚴爲之禁者，欲見危于未形，制治于未亂耳。」

22 癸丑，詔：「百官迎養父母者，官給舟車。」

23 丁巳，免畿内今年田租之半。

24 庚申，録囚。

25 壬戌，盱眙人獻天書，命斬之。

26 乙丑，秦、晉、燕、周、楚、齊六王來朝。

27 八月，丙寅，河決開封東月堤，自陳橋至陳留，橫流數千里。又決杞縣，入巴河，遣官塞之，並蠲被災租稅。尋又詔蠲河南諸省逋賦。

28 壬申，平緬宣慰使思倫發遣使獻方物，上元所授宣慰司印。詔賜倫發朝服冠帶及鈔定，遣使還。

初，大兵下金齒，平緬壤地相接，土酋思倫發懼，遂請降，因置平緬宣慰使司，以倫發爲之。至是來貢，復改爲平緬軍民宣慰使司。

平緬去西南夷稍遠，前代未嘗通中國，元時始招諭，並及平緬連界之麓川，因分置兩路，各統所部。時上以倫發先來朝貢，遂命兼統麓川之地。然倫發以懾于兵威，不久尋叛。

29 乙亥，孝慈皇后神主祔太廟。

30 九月，己酉，諸王之國。

31 冬十月，丙寅朔，册李氏爲淑妃，攝六宮事。妃，壽州人，未幾卒。更册郭氏爲淑妃。妃，寧王之母，英興其兄弟也。

32 丁卯，復遼東海運。

33 河南大水。又，同時漳河東決河南之臨漳，經真定、河間一帶，趨天津入海，故北平亦大水。丙子，分遣駙馬都尉李祺等往振之。【考異】據本紀，是月，河南、北平大水。證之河渠志，是時漳水東決河南之臨漳，由真定、河間一帶趨天津，故北平亦大水也，今增入。

34 乙酉，景川侯曹震上言：「四川至建昌驛道，經大渡河往來者，多死于瘴厲。詢之父老，自眉州峨嵋至建昌，有古驛道，平易無瘴毒，已令軍民修治，請以瀘州至建昌驛馬移置峨嵋新驛。」從之。震又請「以貴州、四川二都司所易番馬，分給陝西、河南將士」，亦報可。

35 丙戌，以趙瑁爲禮部尚書。以任昂告歸，代之也。

36 丁亥，以秀才宋矩等十七人爲監察御史。

37 閏月，庚子，選儒士五十人試各道監察御史。

38 癸丑，詔：「天下布政按察使所上刑名，其間人命重獄具奏者，由刑部、都察院詳議，大理寺覆讞後奏決。著爲令。」

初，上命刑部議定罪名入奏，既奏，録所下旨送四輔官、諫院給事中覆覈無異，然后覆奏行之，有疑獄則四輔官封駁。踰年，罷四輔，乃命議獄者一歸于部、院、寺，謂之「三法司」。

是時三法司改建署成，命之曰貫城。下敕言：「貫索七星如貫珠，環而成象名天牢。中虛則刑平，官無邪私，故獄無囚人。貫內空中有星或數枚者，即刑繁，官非其人，有星而明，爲貴人無罪而獄。今法天道置法司，其各慎乃事，法天道行之，令貫索中虛，庶不負朕肇建之意。」

39 是月，召魏國公徐達還。

40 欽天監漏刻博士元統上言：「曆以大統爲名，而積分猶踵授時之數，非所以重始敬正也。況授時以至元辛巳爲曆元，至洪武甲子積一百四年，以七十年而差一度之大約計之，每歲應差一分五十秒。辛巳至今，年遠數盈，漸差天度，擬合修改。今以洪武甲子冬至爲大統曆元。而七政運行，有遲速、逆順、伏見之不齊，其理深奧，未易推演。聞有郭伯玉者，精明九數之理，宜徵令推算，以成一代之制。」報可。尋擢統爲監令。

統乃取授時曆，去其歲實消長之説，析其條例，得四卷，以洪武十七年甲子爲曆元，命曰大統曆法通軌。

時上又命纂天文分野書，以十二分野星次分配天下郡縣。凡郡縣下又詳載古今建置沿革之由，通爲二十卷。書成，頒賜秦、晉諸王。其大略謂：「晉天文志分野始角、亢，唐始女、虛、危。然古言天者，皆由斗、牛以紀星，故始斗、牛，命曰星紀。」【考異】明史本紀不載。據潛菴史稿、典彙，皆在是月。又證之曆志，元統上書論曆，即在是年之十月。今並記之。是時始造觀星盤。

41 永城侯薛顯母卒，工部請給棺，上曰：「賜乃朝廷之恩，豈可請邪！自今公侯夫人賜棺，非奉特旨，不許奏請。著爲令。」

42 十一月，庚午，上諭禮部曰：「近命遼東立學校，有言邊境不必建學者。夫聖人之教猶天也，天有風雨霜露，無所不施，聖人之教亦無往不行。昔箕子居朝鮮，施八條之約，故男遵禮義，女尚貞信。管寧居遼東，講詩書，陳俎豆，飾威儀，明禮讓，而民化其德。曾謂邊境之民不可以教乎！況武臣子弟，久居邊塞，鮮聞禮教，恐漸移其性。今使之誦詩書，習禮儀，非但造就其才，他日亦可資用。」

43 是月，上御東閣，謂侍臣曰：「責難不入于昏君，諂諛難動于明主。人臣以道事君，惟在守之以正，毋患得患失也。」

44 十二月，壬子，蠲雲南逋賦。

45 是月，翰林院待詔朱善，上疏論婚姻律曰：「民間姑舅及兩姨子女，法不得爲婚。仇家詆訟，或已聘見絶，或既婚復離，甚至兒女成行，有司逼奪。按舊律尊長卑幼相與爲婚者有禁，蓋謂母之姊妹與己之身，是爲姑舅兩姨，不可以卑幼上匹尊屬。若姑舅兩姨子女，無尊卑之嫌。成周時，王朝相與爲婚者，不過齊、宋、陳、杞，故稱異姓大國曰『伯舅』，小國曰『叔舅』。列國齊、宋、魯、秦、晋，亦各自爲甥舅之國。後世晋王、謝，唐崔、盧、潘、楊之睦，朱、陳之好，皆世爲婚媾。温嶠以舅子妻姑女，吕榮公夫人張氏，即其母申國夫人姊女。古人如此甚多，願下群臣議，弛其禁。」從之。

明年，拜善文淵閣大學士，尋主會試。嘗講家人卦、心箴，上善之。【考異】事見明史本傳，系之十八年拜大學士前，蓋其爲待詔時所奏也。三編系之是年十二月，今從之。至善以明年三月拜大學士，薛氏憲章録十七、十八兩年複記，誤，蓋十七年尚在待詔任中也。

46 是歲，徵婺源汪叡、泰和蕭岐，皆授官。

叡以胡大海克休寧，與其弟同率衆歸附，後同爲張士誠所殺。上授叡爲安慶税令，未幾，徵參贊川蜀軍事，以疾辭去。至是復徵，召見，命講西伯戡黎篇，授左春坊左司直。常命續薰風自南來詩及他應制，皆稱旨。請春夏停決死罪，體天地生物之仁，從之。敦實閒静，不妄言笑。及進講，遇事輒言，上嘗以善人呼之。踰年，疾作，請假歸。

岐幼孤，事祖父母以孝聞，有司屢舉，不赴。至是復以賢良徵，强起之。上十便書，大意謂「上刑罰過中，訐告風熾，請禁止實封以杜誣罔，依律科讞以信詔令」，凡萬餘言。

召見，授潭王府長史，力辭，忤旨，謫雲南楚雄訓導。岐即日行，遣騎追還。歲餘，改授陝西平涼，再歲致仕。嘗輯五經要義，又取刑統八韻賦，引律令爲之解，合爲一集，曰：「天下之理本一，出乎道必入乎刑。吾合二書，使觀者有所省也。」當是時，上治尚剛嚴，中外凛凛，奉法救過不給。而岐所上書過切直，雖不爲忤，亦終不用云。【考異】事見明史本傳，叡以洪武十七年召見，命講西伯戡黎編。岐以十七年舉賢良，上十便書，皆見傳中，今系之是年之末。

47 初，鈔法既行，天下税糧令民以銀、鈔、錢、絹代輸，定其所折之直，其願入粟者聽之。是年詔雲南以金、銀、貝、布、漆、丹砂、水銀代秋租，于是謂米麥爲「本色」，而諸折納税糧者，謂之「折色」。「折色」之名始此。

十八年（乙丑、一三八五）

1 春正月，甲子，擢太原同知温祥卿爲兵部尚書，山東布政徐鐸户部尚書，廣東布政徐本工部尚書。

2 辛未，大祀南郊。

3 癸酉，天下布、按二司及府、州、縣來朝覲者，凡四千一百餘人。詔「吏部考其殿最，分爲五等，稱職者陞，平常者復職，不稱職者降，闒茸者免爲民，貪污者送法司罪之。」

4 是月，以通政使茹瑺薦，召茶陵劉三吾至，年七十三矣。奏對稱旨，授左贊善，累遷翰林學士。

時天下初平，典章闕略，上鋭意制作，宿儒凋謝，得三吾晚，悦之。一切禮制及御製、敕修等書，多令總其事，或爲之序。

初，上復孟子配享，而終以「草芥寇讎」及「君爲輕」、「貴戚易位」等語，爲寰中士夫不爲君用者所藉口，乃詔三吾修孟子節文，凡不以尊君爲主者皆删之。書成，有連江孫芝者，上書詆三吾爲佞臣云。【考異】明史錢唐傳，但言「命儒臣修孟子節文」。三吾傳言「御製敕修之書皆總其事」，不及修孟子節文語。證之實録，三吾等奉詔修孟子節文，于洪武二十七年上之，據此，則錢唐傳所謂「儒臣」者，即三吾也。孫芝以力詆三吾，後遂與錢唐並配享亞聖廟，事見全氏鮚埼亭内外集，詳考證中。

5 二月，上以當春久雨，陰晦不解，雷電雪雹間作，甲辰，詔天下臣民極言得失。

國子祭酒宋訥陳邊事曰：「今海内乂安，惟沙漠尚煩聖慮，若窮追遠擊，未免勞費。陛下爲聖子神孫計，不過謹邊備而已。備邊在乎實兵，實兵在于屯田，漢趙充國將四萬騎分屯緣邊九郡，而單于引却。陛下宜于諸將中選謀勇數人，以東西五百里爲制，立法分屯，布列要害，遠近相應，遇敵則戰，寇去則耕，此長策也。」上頗采用之。

時國子博士陳潛夫亦應詔上書，言「獎直臣、簡師儒、厲廉恥、審用人」四事。上皆嘉納之。【考異】明史本紀，「是月甲辰，以久陰雨雷雹，詔臣民極言得失」，三編云「雷雹雨雪」，潛菴史稿云「雷電雨雹」，證之五行志，有雹兼有雪，不書雪者，正月之雪非災異也。惟「久陰」之語亦見典彙，今參核書之。五行志作「甲午」，紀作「甲辰」，據下詔之日也。又，典彙記陳潛夫、宋訥言事，皆在是時，今並入之。

6 乙巳，五星並見。

7 己未，魏國公徐達卒。

達在北平，一日，上仰觀天象，見太陰犯上將，心惡之，亟召達還。時達患背疽，稍愈，上遣其長子輝祖護歸。至是病篤，卒，年五十四。上爲輟朝，臨喪悲悼不已。

達言簡慮精，在軍，令出不二，諸將奉持凜凜，而在上前，恭謹如不能言。善拊循，與士卒同甘苦，無不感恩願爲將軍效死者，以故所向克捷，尤嚴戢部伍，所平大都二，省會三，郡縣百數，閭井晏然，民不苦兵。歸朝之日，單車就舍，延禮儒生，談論終日，雍雍如也。上嘗稱之曰：「受命而出，成功而旋，不矜不伐。婦女無所愛，財貨無所取。中正無疵，昭明乎日月，大將軍一人而已。」北平之鎮，春出冬還，還輒上將印，賜休沐，宴見歡飲，有布衣兄弟稱，而達愈恭慎。上爲治邸第，以故吳王府爲之，表其第曰大功坊。

卒後，追贈中山王，三世皆王爵，謚武寧。賜葬鍾山之陰，上親製神道碑文，推爲「開國功臣第一」云。【考異】中山之卒，野史因李仕魯傳中有「徐達、劉基之見猜，幾等于蕭何、韓信」語，于是有「達病疽，甫痊，賜蒸鵝，流涕食之而卒」之事。按仕魯被誅在洪武十六年，中山之卒在十八年，則所謂「見猜」者，第指其平日偶因忤旨觸怒之事。今據正史書之，而刊正野史之誤于此。

8 是月，開會試科取士，以大學士朱善、國子監典籍聶鉉爲典試官，得士黄子澄等四百七十二人。

鉉試畢，上欲留用之，乞便地自養，令食廬陵教諭俸終其身。

9 三月，壬戌朔，廷試，賜丁顯等進士及第、出身有差。

是科，讀卷官初奏一甲三人，花綸、練子寧、黄子澄也。上以花綸年少，抑置第三，又抑子澄入三甲，擢丁顯第一，傳者謂上以夢故用也。

子寧對策，極言：「今朝廷用人，徇其名而不求其實，以小善而遽進之，以小過而遽戮之。」因歷陳古人所以教養任用之道。又言：「天之生材有限，陛下忍以區區小故縱無窮之誅，何以爲治！」言剴切，不避忌諱，上嘉其忠，不易也。

子寧，新淦人。子澄，分宜人。

初，翰林院官皆由薦舉，未有以進士入者，故四年開科，狀元吴伯宗止授員外郎，榜眼、探花授主事而已。至是詔更定翰林品員，設學士，侍讀、侍講學士及侍讀侍講。又定進士一甲授修撰，二甲以下授編修、檢討。其秩自學士正五品以下至七品有差。又定進士所授官，其在翰林院、承敕監、中書六科者曰「庶吉士」，在六部、都察院、通政司、大理寺者仍稱「進士」。其餘則以其未更吏事，欲優待而歷練之，俾之觀政于諸司，給以出身禄米，以待擢任，命之曰「觀政進士」。其「庶吉士」及「觀政進士」之名，皆上所自定，而翰林遂爲科目進士清要之階云。【考異】按進士授翰林，始于是科，而是科之制，則一甲三人俱授修撰，至戊辰始改定一甲第一人授修撰，二、三人授編修也。子澄以是科成進士，明貢舉考列之一甲第三人，準以初制，當授修撰，而不知子澄實未嘗賜一甲也。證之明史本傳，言「子澄以洪武十八年會試第一，由編修進修撰」，則子澄是年所授不過庶吉士，踰年授編修，直至洪武二十五年立太孫，命侍東宮講讀，始授修撰也。是科廷試，原定花綸第一，子澄次之，上擢丁顯第一，改綸第三，子澄抑入三甲，見弇州別集，詳考證中。

10 詔「中外官父母没任所者，有司給舟車歸其喪。著爲令。」

11 乙亥，免畿内今年田租。命天下郡縣瘞暴骨。

12 己丑，户部侍郎郭桓有罪誅。

初，桓以試尚書主户部，坐盜官糧七百餘萬石。上疑北平二司官吏李彧、趙全德等與桓爲奸利，敕法司拷訊，供詞牽引直省官吏，繫獄擬罪者數萬人，自六部左、右侍郎、諸司皆不免。覈贓所寄借徧天下，民中人之家大抵皆破，一時咸歸謗于朝廷。

御史余敏、丁廷舉等以爲言，上乃手詔列桓等罪狀。敏等又言：「桓所妄指，皆法司逼令供招，遂成冤獄。」上嘆曰：「朕詔有司除奸，顧復生奸擾吾民邪？」乃榜桓罪示天下，而論右審刑吴庸等極刑以厭天下心。

13 是月，詔「禮部選年紀小秀才，將尚書陳氏、蔡氏傳及古注疏，參考是非，定奪去取，編成新書，刷板印送各處教習，以爲下次科舉之用。」于是部臣行取博學通經之教官董其事，參考編類成之。

14 夏，四月，丁酉，吏部尚書余熂及國子助教金文徵以罪誅。

時方開進士科，上覈其出自太學者居多，以爲祭酒宋訥功，賜敕褒美。文徵等嫉之，搆之于熂，牒令致仕。訥陛辭，上驚問，大怒，以熂專擅威權，並文徵下獄論死。尋敕諭訥曰：「君子之道猶嘉穀，小人之道猶稂莠，稂莠不去，嘉穀不生。卿勿以是稍貶其節。」于是訥任職如故。

熂既誅，改趙瑁爲吏部尚書。未幾，亦得罪誅。【考異】據明史本紀，但書余熂以罪誅，今據陳氏通紀補金文徵黨搆事。

15 己亥，太白晝見，至辛丑凡三日。

16 丙辰，思州蠻叛。上命信國公湯和爲征虜將軍，江夏侯周德興副之。

時楚王楨已就國武昌，詔與和等合兵進討。

17 五月，戊子，上覽輿地圖。侍臣言「幅員之廣，古所未有」，上曰：「地廣則教化難周，人衆則撫摩難徧，正當戒慎。元之天下，地非不廣也，一失其道，國祚隨之，可爲殷鑒。」

18 六月，丙申，太白晝見，至辛丑，凡六日。

19 戊申，上諭吏部曰：「天下府、州、縣官一歲一朝，未免曠官滋費，自今定爲三年一朝。布、按二司亦然。著爲令。」

20 辛亥，太白復晝見。

21 是月，上閱漢書，謂侍臣曰：「漢文恭儉玄默則有之，至于用人，蓋未盡道。初自代邸入，首拜宋昌爲衞將軍，張武爲郎中令，其諸將相、列侯、宗室、大臣，皆在所緩，非所以示至公也。有一賈誼而不能用，竟死長沙。欲相竇廣國，以其皇后弟，不可，曰：『恐天下以我爲私廣國。』夫以廣國之賢，爲天下用人而避私嫌，非君人之道也。」

22 初，上屢却高麗貢，輒遣其陪臣請罪，乃諭禮部，責其五歲違約不貢之物，令足之。去年，高麗王禑遣使貢馬二千匹以代輸金，餘皆如約。遼東守將唐勝宗爲之請，乃許之。是年，使至，上諭禮臣曰：「高麗屢請不已，朕故索積年逋貢，以試其誠僞耳，非利其貨也。今既聽命，宜損其貢數，令三年一朝。」

未幾，禑又上表請襲封，並請賜故王謚。秋，七月，甲戌，【考異】明史本紀作「七月甲辰」。按甲辰在六月，七月無甲辰也。今據潛菴史稿作「甲戌」。詔封王禑爲高麗國王，賜故王顓謚曰恭愍。

23 庚辰，五開蠻叛。時吳面兒遁後，尋寇古州，詔湯和等移師討之。

24 是月，丹徒知縣胡孟，通縣丞郭伯高，以事當就逮，耆民數十人詣闕訟其撫民有方。上特命釋之。

時州縣有罷任請留者皆然，侍臣以爲言。上曰：「爲政以得民心爲本，故其去也，愛而留之。若不才，方恐其去之不速，豈肯留之！即此可以知其賢否矣。」

25 八月，庚戌，命宋國公馮勝、潁國公傅友德、永昌侯藍玉俱備邊北平。

26 癸丑，命大都督府選武臣子弟入國子學讀書。

27 是月，振河南水災。

28 以進士方昇，梁德遠等六十七人爲六科給事中，六部試主事，諭之曰：「忠良者國之寶，奸邪者國之蠹，故忠良進則國日治，奸邪用則國日亂。觀唐太宗用房、杜，則斗米三錢，外户不閉；玄宗用楊、李，則安、史作亂，蒙塵播遷，此可鑒矣。」

29 九月，戊寅，太白經天，與熒惑同度。又有客星見太微垣，犯右執法，出端門，乙酉，入翼，彗長丈餘。時太白復晝見。丁亥又見，犯熒惑。

30 是月，湯和等討平古州蠻，禽吳面兒，送京師誅之。凡俘戮四萬人。

31 以茹太素爲户部尚書。

太素自浙江參政請養回里，十六年，召試刑部郎中。居一月，遷都察院僉都御史，復降爲翰林院檢討，至是擢爲尚書。

太素抗直不屈，屢瀕于罪，上時宥之。一日，宴便殿，賜之酒，曰：「金盃同汝飲，白刃不相饒。」太素叩首續句曰：「丹誠圖報國，不避聖心焦。」上爲惻然。未幾，謫御史，復坐排陷詹徽，與同官十二人俱鐐足治事，卒坐法死。

32 上諭户部曰：「人皆言農桑衣食之本。然業本必先于黜末。自什一之塗開，奇巧之伎作，于是一農作末而百家待食，一女躬織而百夫待衣，欲民之毋貧，得乎！朕思足食在于禁末作，足衣在于禁華靡。宜申令天下四民，各守其業，不許游食，庶民之家，不許衣錦繡。」【考異】諭户部禁棄本逐末，紀事本末系之是年正月，今據洪武寶訓系之九月。

33 冬，十月，己丑，頒大誥于天下。

初，上既定律令，有司遵守，而犯法者日多。上曰：「本欲除貪，奈何朝殺而夕犯？」乃令采輯官民過犯，條爲大誥。其目有十：曰攬納户，曰安保過付，曰詭寄田糧，曰民人經該不解物，曰灑派抛荒田土，曰倚法爲奸，曰空引偷軍，曰鯨刺在逃，曰官吏長解賣囚，曰寰中士夫不爲君用，罪至抄劄。書成，頒之學宮以課士，里置塾師教之。獄囚有能讀大誥者，罪減等。一時天下有講讀大誥師生來朝者十九萬餘人，皆賜鈔幣遣還。未幾，復爲續編、三編。

時上懲元季貪冒，徇私滅公，故立法務爲嚴峻，而于贓吏尤重繩之。故其序首言「諸司敢不急公而務私者，必窮搜其原而置之重典。」凡三誥所列凌遲、梟示、種誅者，無慮千百，棄市以下萬數。至寰中士夫不爲君用之科，上所特設，而一時有貴溪儒士夏伯啓叔、姪，斷指不仕，蘇州處士姚潤、王謨，被徵不至，皆誅而籍其家，則前代所未有也。其三編稍寬容，然所列進士、監生罪名，自一犯至四犯者猶三百六十四人，幸不死還職，率戴斬罪治事。故文武臣之善惡，皆列其名于誥中。自郭桓之獄，誅戮益多，官吏皆重足而立矣。

34 庚寅，客星犯軍門，彗掃天廟。癸巳，太白晝見，至丙申凡四日。又自戊戌至辛丑晝見凡四日。

35 癸卯，召馮勝還。

36 翰林待詔孔希善上言：「孔氏子孫有以罪輸作者二人。」上命遣還。

甲辰，又詔曰：「孟子傳道，有功名教。歷年既久，子孫甚微。近有以罪輸作者，豈禮先賢之意哉！其令有司加意詢訪，凡聖賢後裔有輸作者皆免之。」【考異】本紀但書免孟氏子孫輸作于是月，證之儒林孔希學傳，是年，希學奏免孔氏子孫輸作者二人，因並及孟子，今增入。

37 是月，詔築觀星臺于鷄鳴山。

38 以唐鐸爲刑部尚書。

39 十一月，甲子，諭侍臣曰：「保國之道，藏富于民，民富則親，貧則離，民之貧富，國家休戚繫焉。自昔昏主恣意奢欲，致使百姓流亡。朕念微時兵荒饑饉，日食藜藿，今日貴爲天子，富有天下，未嘗一日忘也。」

40 乙亥，蠲河南、山東、北平、湖廣田租。【考異】本紀無湖廣，今據三編增入。

41 十二月，丙午，詔有司舉孝廉。

42 癸丑，麓川平緬宣慰使思倫發反，率衆十餘萬寇景東。

景東者，南詔之地，元置開南州。自王師平滇，景東土官俄陶率衆先歸，詔置景東府，以俄陶知府事。至是思倫發攻景東之北吉寨，俄陶率衆禦之，爲其所敗。都督馮誠往援，不克，千户王昇死之。俄陶率其民徙大理。

43 是月，以吏科庶吉士楊靖爲户部右侍郎給事中，秦昇爲户部試侍郎。

時任諸司者，率進士及太學生，然時有不法者。上制大誥，舉通政使蔡瑄、左通政茹瑺、工部侍郎秦逵及靖以風厲之，曰：「此亦進士、太學生也。能率職以稱朕心，安得以資格限之！」【考異】據明史楊靖傳，靖以是年成進士，明年授户部侍郎。證之春明夢餘録引江陵集，在是年十二月。按是年十月頒大誥，上舉靖以風厲之曰：「此亦進士、太學生也。」是靖被寵遇正在是時，今據之。

44 是歲，湯和等討思州蠻。

蠻衆出没不常，聞大軍至，輒逃匿山谷間，退則復出剽掠。和等抵其地，恐其驚潰，乃于諸洞分屯立柵，與蠻民雜耕作，蠻不復疑。久之，以計禽其渠魁，餘衆悉潰，留兵鎮之。

思州本思南宣慰使所轄，踰年，上仍以田大雅爲思南宣慰使，移鎮鎮遠。大雅，仁智子也。【考異】本紀書「十月討平五開蠻。」按五開之叛，即吴面兒寇古州，事在是年七月庚辰。先是四月，思州蠻叛，命湯和討之，五開之叛在後，詔和便道往討，故九月俘吴面兒，即五開也。至思州之平，當在是年之冬。蓋明年正月和班師，是二蠻俱平也。惟明史和傳言「平思州，俘獲四萬，禽其酋以歸」，則以平五開事誤入之。今據土司傳及方孝孺東甌神道碑。

明通鑑卷九

江西永寧知縣當塗夏　燮編輯

紀九起柔兆攝提格（丙寅），盡屠維大荒落（己巳），凡四年。

太祖高皇帝

洪武十九年（丙寅、一三八六）

1 春，正月，辛酉，振大名及江浦水災。

2 甲子，大祀南郊。

3 是月，湯和等征蠻師還。

4 上與侍臣論治道，曰：「治民猶治水，治水者順其性，治民者順其情。所謂順其情者，使之以時，用之以道而已。若但抑之以威，迫之以力，强其所不欲而求其服從，是猶激水過顙，非其性也。」

5 二月，丙申，耕藉田。

6 癸丑，河南水災，詔振之。

7 是月，雲南臻洞、西浦等蠻叛，詔潁國公傅友德率師討之。時方置平越衛，改爲軍民指揮使，隸四川，值衛民麻哈、苗楊孟等作亂，詔友德移師討平之。

8 上坐東閣，與侍臣論仁智，上曰：「聖人篤於仁，賢者不舞智。若姑息之仁，不爲愛物；奸欺之智，足以禍身。」又與侍臣論儉，上曰：「不可儉者祭祀，然祭不可瀆；不可儉者賞賚，然賞不可濫。」

9 遣使敕勞蘇州府常熟知縣成萇奇。時府吏詣縣，徑由中道入公堂，萇奇怒其越禮，執之。事聞，上喜其能，命以酒勞之。

10 三月，壬午，蠲吴江被水田租。

11 是月，上諭户部曰：「國家賦税，已有定制，撙節用度，自有餘饒。輕徭抑末，使得盡力農桑，自然家給人足，毋事聚斂傷國體！」【考異】據憲章録，坐東閣論仁智在二月，論治民在三月。證之洪武寶訓，一二月己丑，一三月戊午，今分系之二月、三月，不書日。

12 夏，四月，丁亥，遣御史蔡新、給事中宮俊視河南災民，振卹不及者補給之。

13 甲辰，詔贖河南饑民所鬻子女。

14 是月，擢慈谿知縣秦仲彰爲寧波知府，降知府李仲文爲慈谿縣丞。

時仲文遣吏馬仁生行縣違法，仲彰械仁生至闕下。上嘉之，故陞仲彰而降仲文。【考異】據憲章録及典彙，皆在是月，今從之。

15 五月，戊辰，福建妖僧彭玉琳伏誅。

玉琳自號彌勒佛祖師，作白蓮會。新淦縣民楊文等惑其教，謀作亂。玉琳自稱晉王，建元天定，僞置官屬。知縣某率民兵捕獲之，械送京師。【考異】事見明鑑。史稿系之戊辰，今據書之。

16 是月，常州知府范好古，劾「行人王良至郡，奉職不謹，黷貨無厭。」上嘉好古「能守邦憲以遵朝廷，發奸貪以安黎庶」，諭禮部遣人賫禮勞之，仍令械良送京師。

17 麗水縣民有賣卜者，嘗干謁富室，不應，乃詣闕告大姓陳公望等五十七人聚衆謀亂，詔錦衣衛千户周原往捕之。

知縣倪孟賢，聞原將至，密召父老詢之，皆曰無有。孟賢又微服往察，見其男女耕織如故，歸，語僚屬曰：「朝廷命孟賢令是邑，惟欲撫輯斯民，安于田土。今無故使良善者受惡逆之名，豈朝廷命孟賢意邪！」即具疏聞，復令耆老四十人詣闕訴其誣。上命法司論妄告者，賜耆老酒食及道里費，遣還。——孟賢，南昌人。【考異】械送王良及麗水賣卜事年月，皆見憲章録及典彙，又證之江西通志，同，今據之。

18 六月，辛丑，雲南地震。

19 甲辰，詔：「有司存問高年貧民，年八十以上，月給米五斗，酒三斗，肉五斤，九十以上，歲加帛一匹，絮一斤。有田産者罷給米。應天鳳陽富民，年八十以上，賜爵社士，九十以上鄉士。天下富民，八十以上里士，九十以上社士，皆與縣官鈞禮，復其家。鰥寡孤獨不能自存者，歲給米六石。士卒戰傷，除其籍，賜復三年。將校陣亡，其子世襲，加一秩。巖穴之士，以禮聘遣。」

20 丁未，振青州及鄭州饑。

21 秋，七月，癸未，詔舉經明行修、練達時務之士，年七十以上者，郡縣禮送京師。

時禮部郎中鄭居貞言：「人六十精力衰耗，不能勝事。請六十以上者不徵。」上曰：「正謂比來有司不體朕意，士有耆年，便置不問。豈知老成古人所重！文王用吕尚而興，穆公不用蹇叔而敗，伏生雖老，猶足傳經，豈可概以老而棄之也！」乃詔「定六十以上者，置翰林備顧問，六十以下，則于六部及布、按二司用之。」

22 是月，蘇州知府王觀治奸吏至死，上遣使齎敕勞之。

23 八月，乙酉，上與侍臣論宋太宗改封樁庫爲内藏庫，上曰：「人君以四海爲家，何有公私之別！太宗宋之賢君，亦復如是。他如漢靈帝西苑，唐德宗瓊林大盈庫，不必深責。宋自乾德、開寶以來，有司計度支所缺者，必籍其數，貸于内藏，課賦有餘則償之，是猶爲商賈者自與其家較量出入。内藏既盈，乃以牙簽別其名物，參驗帳籍，晚年出簽示真宗曰：『善保此足矣。』貽謀如此，何足爲訓！書曰：『愼厥終，惟其始。』太宗首開財利之端，及其後世，困于兵革，三司財用耗竭，内藏積而不發，間有發緡錢幾十萬佐軍需者，便以爲能行其所難，由太宗不能善始故也。」

又論漢高帝聽張良之言趣銷六國印事，上曰：「高祖聞一善言，轉圜甚速如此，安得不興！後之爲君者，少有及之。」侍臣曰：「漢高以後，若唐太宗亦能從善，故其爲治亦有可稱。」上曰：「凡人有善不可自矜，自矜則善日削；有不善不可自恕，自恕則惡日滋。太宗常有自矜自恕之心，此則不如漢高也。」

24 甲辰，命皇太子修泗州、盱眙祖陵。又詔禮部製帝、后冠冕，命太子詣陵寢行葬衣冠祭告禮。

25 九月，庚申，西平侯沐英奏言，「滇南地廣，宜置屯田，令軍士開耕以備邊儲。」詔英以便宜行之。

26 冬，十月，詔：「官軍已亡，子女幼或父母老者，皆給全俸。著爲令。」

27 是月，胡惟庸之黨林賢通倭事始發，命族誅之。【考異】事見明史胡惟庸傳。

28 十一月，辛酉，日本入貢，却之。

29 己卯，雲南地震有聲。

30 十二月，癸未朔，日有食之。

31 是月，命宋國公馮勝分兵防邊。發北平、山東、山西、河南民運糧于大寧，將征納克楚也。

32 是冬，詔：「王府慶賀，在外文武官不得越赴。」

33 是歲，始建議防倭。

先是上以倭數寇沿海郡縣，又通胡惟庸事發，乃決計絶之，而專意整飭海防。時信國公湯和方征蠻歸，上春秋浸高，天下無事，魏國、曹國皆前卒，意不欲諸將久典兵，未有以發也。會和以休沐之暇，從容爲上言：「犬馬齒長，願得歸故鄉營骸骨之墟。」上大悦，立賜鈔治第中都，並爲諸公侯治第。既而倭寇上海，上患之，顧謂和曰：「卿年老，强爲朕一行。」和請與方鳴謙俱。——鳴謙，國珍從子也，習海事。嘗訪以禦倭策。鳴謙曰：「倭海上來，則海上禦之耳。請量地遠近置衛所，陸聚步兵，水具戰艦，則倭不得入，入亦不得傅岸。近海之民，四丁籍一，以爲軍，戍守之，可無煩客兵也。」上以爲然，詔鳴謙從和行。【考異】據明史本傳，在征蠻班師之後，方氏東甌碑同，則是年之冬也。他書有系之明年正月者，蓋據其陛辭至浙，牽連並記耳，今系之是年之末。

二十年（丁卯、一三八七）

1 春，正月，癸丑，【考異】紀事本末及憲章録，征納克楚在正月壬子，蓋是月之朔也。明史本紀書「癸丑」，今從之。上以元故將納克楚擁衆數十萬屯金山，數爲邊患，命馮勝爲征虜大將軍，傅友德、藍玉爲左、右副將軍，率二十萬衆征之。

諭勝等曰：「納克楚詭詐，未易得其虛實。爾等且駐師通州，先遣人覘其出没。彼若在慶州，宜以輕騎掩其不備。既克慶州，則以全師擣金山，出其不意，必成禽矣。」已，復遣前所獲元將鼐喇固舊作乃剌吾。北還，以書諭納克楚使降。尋以南雄侯趙庸、定遠侯王弼爲左參將，東川侯胡海、武定侯郭英爲右參將，並命鄭國公常茂、曹國公李景隆、申國公鄧鎮皆從行。——茂，遇春子；景隆，文忠子也。

2 初，上設錦衣衛，有罪官民，多不盡由三法司，其重者輒令收繫衛中。于是有非法凌虐者，上聞之，怒，命取錦衣衛刑具悉焚之，以繫囚仍付刑部審理。

3 甲子，大祀南郊。

禮成，天氣清明，侍臣進曰：「此陛下敬天之誠所致。」上曰：「敬天以實不以文。欲求事天，必先恤民，恤民者，事天之實也。即如國家命人任守令之事，若不能福民，則是棄君之命，不敬孰大焉！」又曰：「爲人君者，父天，母地，子民，皆職分所當盡。故祀天地非祈福于己，實爲天下蒼生也。」

4 二月，壬午朔，五星俱見。

5 御午門，大閱。

6 甲申，馮勝等兵至通州，遣邏騎出松亭關，偵知敵騎有屯慶州者，右副將軍藍玉乘大雪率輕騎襲破之，斬其平章郭勒，舊作果來。禽其子布喇奇，舊作不蘭奚。獲人馬而還。

7 乙未，上親耕藉田。

8 是月，湯和至浙，請于浙之東、西置衛所防倭，上令悉以便宜行之。和乃度浙東、西並海設衛所城五十有九，選丁壯三萬五千人築之。

9 初，上命儒臣書洪範，揭于御座之右，朝夕省覽，因自爲注。至是成，謂學士劉三吾曰：「朕觀洪範一篇，帝王爲治之道，所以敘彝倫，立皇極，保萬民，敘四時，成百穀，原于天道而驗于人事。箕子爲武王陳之，武王猶自謙曰：『五帝之道，我未能焉。』朕每爲惕然。」因命三吾爲之序。

10 三月，辛亥，馮勝等師出松亭關，築大寧、寬河、會州、富峪四城，駐兵大寧。【考異】紀事本末作「辛未」，今從明史本紀。

11 夏，四月，戊子，命江夏侯周德興至福建，練兵築城以防倭寇。

上既命湯和至浙，乃謂德興曰：「卿雖老，亦當强爲朕行。」于是德興度福建福、興、漳、泉四郡要害之地，築海上十六城，籍民爲兵，又增置巡檢司四十有五，分隸諸衛。

12 庚寅，蠲山東、北平、河南、山西運餉大寧者今年夏税。

13 是月，北平布政司請以菽折鹽糧而每斗加五升，上不許。謂户部曰：「以菽代穀者，謂其輕可以便民。然菽亦穀也，而又加之，益損民矣。夫權變者當究其實，拯弊者當探其原，不知權變而昧其原，不幾于救跛而成痿乎！」

14 左都御史詹徽奏：「有軍人犯罪當杖，其人嘗兩得罪不悛，宜並論前罪誅之。」上曰：「用刑不信，使人何所措手足！前罪已宥，今復論之，則爲不信。且罪未至于死而輒欲誅之，在爾有故入之罪，在朕無恤刑之仁，皆不可也。」命杖而遣之。

15 五月，庚申，西平侯沐英奉詔，自楚雄至景東每百里置一營，又自永寧至大理六十里設一堡，皆留兵屯田以備蠻寇。

已，又詔景川侯曹震選四川精兵駐雲南品甸，普定侯陳桓、靖寧侯葉昇總制滇南諸軍，駐定邊、姚安等處，立營屯田以俟征討。

16 是月，上御華蓋殿，侍臣進講，因論人之善惡感召，亦有不得其常者，上曰：「爲惡或免禍，然理無可爲之惡；爲善未蒙福，然理無不可爲之善；人惟修其在己者，禍福聽之于天。彼爲善無福，爲惡無禍者，特時未至耳。」【考異】憲章録系之是月，證之洪武寶訓，蓋丁卯也。今系之是月之末。

17 馮勝等謀趨金山，留兵五萬守大寧，自率大軍至遼河東，獲納克楚屯卒三百人，馬四百餘匹。

六月，庚子，進師駐金山之西。臨江侯陳鏞率所部與大軍異道相失，陷敵死。癸卯，大軍壓金山。

先是鼐喇固北還至松花河，納克楚見之，驚曰：「爾尚存乎？」鼐喇固因諭以朝廷德意。納克楚喜，遣其左丞劉特默齊舊作探馬赤。來勝軍獻馬，且覘我軍。勝受而送之京師，趣率師踰金山，至女直苦屯，降納克楚之將慶國公和通。舊作觀童。于是納克楚見大軍奄至，度不敵，丁未，因鼐喇固請降，勝使藍玉輕騎往受之。

先是納克楚分兵爲三營：一曰榆林深處，一曰養鵝莊，一曰龍安一秃河，畜牧蕃盛。至是爲大軍所逼，遣使陽納款而陰覘兵勢。洎藍玉至一秃河，納克楚所遣使亦還報，極言大將軍兵盛。納克楚大懼，仰天嘆曰：「天不復使我有此衆矣！」遂率數百騎詣玉。玉大喜，飲之酒，歡甚。因解衣衣之。納克楚不肯服，玉亦持酒不飲。争讓久之，納克楚取酒傾地，顧左右咄咄語，謀遁去。鄭國公常茂，時在坐，其麾下有解蒙古語者以告茂。茂直前搏之，納克楚驚起就馬，茂拔刀斫其臂。一時納克楚所部妻子將士凡十餘萬在松花河北，聞納克楚被傷，遂驚潰。都督耿忠恐事敗，亟擁納克楚見勝，勝曲加拊慰，復遣降將和通往諭，其衆始定。凡降士卒四萬餘，羊馬駝驢輜重亘百餘里。

納克楚既降，勝遣耿忠與同寢食，遣使奏捷京師，並奏劾常茂激變狀。——茂，勝之壻也。由是勝、茂二人俱得罪。【考異】本紀書馮勝出師事，皆在六月。庚子、癸卯、丁未，皆六月干支也。紀事本末系出師于六月，而所書庚午、辛未，則五月干支。證之勝傳，五月出師，六月至金山，本紀據其至金山及陳鏞失道之月日書之。

18 是月，以御史李原名試禮部尚書。

時原名方奉使平緬，歸，言「思倫發懷詐窺伺，宜嚴邊備」，又言「靖江王以大理印行令旨，非法，爲遠人所輕」。語皆稱旨，遂超擢拜之。既而思倫發果叛，上以原名預悉邊情，自是多咨以遠方之事。

19 閏月，庚申，馮勝等班師還，次金山，都督濮英殿軍，遇伏死之。

初，納克楚之降也，餘衆驚潰者皆竄匿，洎聞大軍還，以其降衆俱行，乃設伏于塗，俟大軍過竄取之，未發。英率三千人在後，猝爲所乘，衝突不能出，馬踣，遂見執。潰者思挾英爲質，英絶食不言，乘間引佩刀剖腹死。

事聞，贈金山侯，謚忠襄。

20 秋，七月，丁酉，納克楚所部守將王失八剌秃等來降。

21 壬寅，太白及三辰俱晝見。

22 是月，封何真東莞伯，予世襲。踰年，真卒。

23 禮部請「立武學，用武舉，仍依前代故事建武成王廟。」上曰：「立武學，用武舉，是岐文武而二之，適以輕天下也。三代以上之士，文武兼備，用無不宜。以太公之鷹揚而授丹書，仲山甫之賦政而式古訓，召虎之經營而陳文德，豈比後世之專講韜略，不事經訓，專習干戈，不聞俎豆，拘于一藝之陋哉！至太公宜從祀帝王廟，其武成王廟罷之。」【考異】據明史禮志系之二十一年，蓋以太公從祀歷代帝王廟牽連並記耳。其實罷武成之祀在前一年，紀事本末及典彙均系之是年七月，春明夢餘録同，今據之。

論曰：祀太公始于唐玄宗天寶間，至肅宗上元元年，追封武成王，並配以十哲，同於孔子。據通考所記，蓋奸臣盧杞之等欲藉以躋其先人入配享之列，而宋、元因之不廢。明太祖毅然罷之，一代變禮之善者，此其最也。

24 八月，有言「馮勝在軍所獲良馬，皆匿不報；使閽者行酒于納克楚之妻，求大珠異寶；王子死二日，强娶其女，失降附心；又失濮英三千騎。」上聞，遣使戒諭之。會勝械常茂至京師，茂亦（子）〔于〕上前訐勝過。上曰：「勝亦不得無罪。」

癸酉，收勝大將軍印，召還，命藍玉攝軍事。

25 九月，戊寅，納克楚至京師，封海西侯，並授鼐喇固千户。

26 馮勝還師，城大寧，請置都衛，從之。癸未，置大寧都指揮使司，又置大寧中、左、右及會州等衛。踰年，改爲北平行都司。

27 丁酉，安置鄭國公常茂于龍州。

28 上以故元帝孫特古斯舊作脱古思。特穆爾終爲邊患，丁未，詔即軍中授藍玉爲征虜大將軍，延安侯唐勝宗、武定侯郭英爲左、右副將軍，都督僉事耿忠、孫恪爲左、右參將，率兵十五萬征之。——恪，興祖子也。

29 冬，十月，戊申，封都督僉事朱壽爲舳艫侯，張赫爲航海侯，賞督運功也。

連年北征，壽等專司漕運以給軍食。而赫以習海道，前後往來遼東十二年，凡督十運，勞勩備至，上尤嘉之。

30 是月，命宋國公馮勝就第中都，奉朝請。勝兩次坐法，皆以功大不賞，自此不復將大兵。

31 十一月，己丑，信國公湯和還。【考異】據本紀，于是月書還，並敘其所置五十九城之事，蓋牽連並記耳。證之紀事本末，奉詔在十九年，請築城在是年二月，至是還，明年就第。編年之體，宜分書之。

和在浙東，經理海防，不避勞怨。時置衛築城，盡發州縣錢及罪人貲給役，役夫往往過望，民亦多擾。有以民讟告者，和曰：「成遠算者不恤近怨，任大事者不顧細謹。有讟者齒吾劍！」踰年，城成，稽軍次，定考格，立賞令。浙東四丁以上者，户取一丁戍之，凡得五萬八千七百餘人。

而是時周德興經理閩中，凡浙、閩、粵三省沿海之區，聲援相應。上方趣福建、廣東各具戰艦，期以九月會浙江捕倭而倭不至。

至是和還，會中都新第亦成，和于是歸計益決。

32 甲午，藍玉駐師薊州，奏言「元丞相哈剌章、鼐爾布哈舊作乃爾不花。遁入和林，請進兵剿捕。」許之。

33 十二月，壬申，振濟南、東昌、東平饑民凡六萬三千八百餘户，又遣刑部尚書唐鐸運鈔百餘萬錠振登、萊饑。【考異】明史本紀但書「振登、萊饑」，三編據實録增入濟南、東昌、東平三府，今據之。

34 是歲，命國子生武淳等分行天下州縣，隨糧定區，區設糧長四人，量度田畝方圓，次以字號，悉書主名及田之丈尺，編類爲册，狀如魚鱗，號曰「魚鱗圖册」。

先是「黄册」之制，以户爲主，詳具舊管、新收、開除、實在之數爲四柱式。而魚鱗圖册以土田爲主，諸原坂、墳衍、下隰、沃瘠、沙鹵之别，畢具于是。以魚鱗册爲經，凡土田之訟質焉，黄册爲緯，凡賦役之法定焉。其有質賣田土者，備書其税糧科則，官爲籍記之，于是始無産去税存之患。

35 詔推廣折色之例。

時楊靖爲户部侍郎，上命靖會計天下倉儲，存糧二年外，並收折色，惟北方諸布政司需糧餉邊，仍輸粟如故。【考異】三編書于十四年定賦役册目中，並連記二十年定區事，明史食貨志亦系之二十年。又楊靖爲户部侍郎，定折色例，據食貨志亦在是年，今並系之是年之末。

36 户部上言：「天下税課，視舊有虧。宜以洪武十八年所收爲定額。」上曰：「商税多寡，歲有不同。限以定額，豈不病民！」不許。

二十一年（戊辰、一三八八）

1 春，正月，辛巳，麓川蠻思倫發入寇馬龍他郎甸之摩沙勒寨，西平侯沐英遣都督甯正擊走之，斬首千五百餘級。

2 辛卯，大祀南郊。

3 甲午，振青州饑。時青州旱蝗，有司匿不以聞，有使者歸，奏之，上亟遣人往振，並逮治其官吏。

4 是月，以凌漢爲右都御史。漢，原武人，以秀才舉，獻烏鵲論，授官，歷任御史，巡按陝西，疏所部疾困數事，上善之，召其子，賜衣鈔。漢鞫獄平允，及還京，有德漢者邀置酒，欲厚贈以金，漢曰：「酒可飲，金不可受也。」上聞嘉嘆，故擢拜之。

5 二月，丙寅，有星出東壁，占曰文士效用，上大喜，以爲將策進士之兆也。

6 是月，上以大明、夜明已從祀南郊，罷朝日、夕月之祭。又更定享先農儀注，不設配位。

7 是科會試，聘金華蘇伯衡爲典試官。

伯衡爲古文有聲，元末貢于鄉。上爲吳王，置禮賢館，伯衡與焉。洪武初被薦，召見，擢翰林編修，力辭，乞省覲歸。十年，學士宋濂致仕，上問：「誰可代者？」濂對曰：「伯衡，臣鄉人，學博行修，文詞蔚贍有法。」上即徵之。入見，復以疾辭，賜衣鈔還。至是聘主會試，試竣，復辭歸。尋爲處州教授，坐表箋誤下吏死。

8 三月，乙亥朔，賜任亨泰等進士及第、出身有差。

始命立石題名于太學。復定制「一甲第一人授修撰，二、三編修。著爲令。」

9 丙戌，振東昌饑。

10 甲辰，西平侯沐英討思倫發，大敗之。

倫發欲報摩沙勒之役，率衆號三十萬寇定邊，新附諸蠻皆爲盡力。英聞報，選騎三萬，晝夜兼行，凡十五日抵賊營，隔壘而陣。蠻敺百象，被甲荷欄盾，左右挾大竹爲筒，筒置標槍，鋭甚。英分軍爲三，置火礮勁弩成行，遣都督馮誠將前軍，甯正將左，指揮同知湯昭將右。將戰，令曰：「今日之事，有進無退！」因乘風大呼，礮弩並發，象皆反走。蠻有梟將昔剌者，率衆殊死戰，左軍小却，英登高瞭望，取佩刀，命左右斬帥首來。須臾，左軍遥見一人握刀馳下，士卒大恐，奮呼突陣。大軍乘之，無不一以當百，蠻衆大敗。遂直擣其寨，斬首三萬餘級，俘降萬餘人，生獲象三十有七，餘皆被矢如蝟死，渠帥中矢伏象背而死者相望。思倫發遁去，諸蠻震慴，自此麓川不復道梗矣。

捷聞，上遣使諭英：「移師逼景東，屯田固壘以待大軍，勿輕受其降也！」【考異】是月，思倫發寇定邊，蓋報正月之敗也。本紀書寇馬龍甸于正月，甯正擊敗之，故三月復寇定邊，本紀系之甲辰，是也。三編書沐英破思倫發于三月，而記摩沙勒之敗則書「先是」二字于目中，與本紀合。惟沐英傳系寇馬龍于是年，而定邊之役，則云二十二年，蓋因其明年請降入貢，牽連並記耳。今從本紀，分系之正月、三月。

11 是月，上御武英門，召讀卷官陳宗順等賜食，諭之曰：「今日觀列子鄰子竊鈇之事，因思人之疑信，皆生于心。信心常出于忠厚，疑心必起于偏私。夫信其所好，疑其所惡，乃人之常情，是故不可不察也。君之于臣，好而信之，讒言雖至而不入；惡而疑之，毀謗不召而自來。苟能以大公至正之心處己待人，則自無偏信偏疑之私，庶幾得好惡之正矣。」因給紙筆，令諸進士撰疑信論。

12 遣進士分巡郡邑。

時廷議，「新進士未經事，宜令行監察御史事，以久任御史一人與俱。」從之。——新進士之任巡按自此始。

13 夏，四月，藍玉率師出大寧，至慶州，偵知元君特古斯在捕魚兒海，間道兼程進。乙卯，師至百眼井，去海四十里，不見敵，欲引還。定遠侯王弼曰：「吾輩提十餘萬衆深入沙漠，無所得，遽班師，何以復命？」玉曰：「然。」弼請戒諸軍穴地而爨，毋見烟火。

丙辰夜，至捕魚兒海南，偵知敵營尚在海東北八十餘里，玉令弼爲前鋒，疾馳薄其營。敵謂我軍乏水草，不能深入，不設備，又大風沙晝晦，軍行，敵無所覺，猝至，大驚。元太尉曼濟舊作蠻子。倉猝拒戰，我軍擊敗之，陣斬曼濟，衆懼而降。特古斯與其太子添保努舊作天保奴。暨知院丞相等數十騎遁去，獲其次子迪保努舊作地保奴。等六十四人，及故太子、妃、主等五十九人，官屬三千，男女七萬，馬牛駝羊十五萬。

捷聞，上大悅，遣使賚敕勞玉，比之衛青、李靖云。

14 中書庶吉士解縉以舉本科進士授職，侍上左右，甚見愛重。一日，上在大庖西室，諭縉曰：「朕與爾義則君臣，恩猶父子，當知無不言。」

是月，縉上封事萬言，其略曰：「臣聞令數改則民疑，刑太繁則民玩。國初至今二十載，無幾時不變之法，無一日無過之人。嘗聞陛下震怒，鋤根翦蔓，誅其姦逆矣，未聞褒一大善，賞延于世，復及其鄉，終始如一者也。陛下嘗云：『世不絕賢，』又云：『民不畏死，奈何以死懼之！』今陛下好善而善不顯，惡惡而惡日滋，或朝賞而暮戮，或忽罪而忽赦，每多自悔之時，輒有無及之嘆。

臣又見陛下好觀道德、心經、説苑、韻府諸書，竊謂甚非所宜也。説苑出于劉向，多戰國縱横之論。韻府出元之陰氏，抄輯穢蕪，略無可采。陛下若喜其便于檢閲，則願集一二志士儒英，臣請得執筆隨其後，上泝唐、虞、夏、商、周、孔子，下及關、閩、濂、洛之書，隨事類别，勒成一書，上接經史，豈非太平制作之一端歟！

若夫配天宜復掃地之規，尊祖宜備七廟之制，奉天不宜爲筵宴之所，文淵未備夫館閣之隆，太常非俗樂之可肄，官伎非人道之所爲；痛懲法外之刑，永革京城之役；婦女非帷薄不修，（母）〔毋〕輕逮繫；大臣有過惡當誅，不宜加辱；順天應人，皆此類也。

近年以來，臺省之建綱，不過以刑名輕重爲能事，以問囚多寡爲勳勞，而御史糾彈，大都承望風旨，宜陛下之以爲虚文塞責也。然陛下進人不擇賢否，授職不量輕重。建不爲君用之法，所謂『取之盡錙銖』；置朋奸倚法之律，所謂『用之如泥沙』。天下皆謂陛下任喜怒爲生殺，而不知皆臣下之乏忠良也。夫有申明旌善之舉而無黨庠鄉學之規，互知之法雖嚴，訓告之方未備。臣欲求古人治家之禮，睦鄰之法，若古藍田呂氏之鄉約，今義門鄭氏之家範，布之天下，使世家大族，以身先之，將見作新於變，至于比户可封不難矣。

至于鼎革之際，民困未蘇。今日之土地無前日之生植，而今日之徵聚過昔年之税糧。或賣産以供税，産去而税存；或賠辦以當役，役重而民困；土田之高下不均，起科之輕重無別。欲拯民而革其弊，莫若復授田均田之法，兼行常平義倉之舉，積之以漸，至有九年之食無難者。

若夫罪人不孥，罰弗及嗣。連坐起于秦法，孥戮本于僞書。今之爲善者，妻子未必蒙榮，而有過者，里胥必陷于罪。況律以人倫爲重，而有給配婦女之條，則又何取夫義夫、節婦哉！夫粢盛之潔，衣服之舉，儀文之備，此畏天之末也；簿書之期，獄訟之斷，鈎距之巧，此治民之末也。惟陛下垂鑒焉！」書奏，上稱其才。已，又獻太平十策，上雖不及行，頗嘉納之。

而縉恃才不檢，嘗入兵部索皂隸，語謾尚書。沈溍以聞，上曰：「縉以冗散自恣邪！」居數月，詔改爲監察御史。【考異】解縉上書，憲章録及紀事本末俱系之四月，蓋縉以是年三月成進士，授庶吉士，則正授官後也。三編書其七月授監察御史事，證之縉傳，則以索皂隸于兵部，上謂其以冗散自恣，乃改御史。明之進士，以翰林爲重，御史則左遷也。今仍據憲章録，並據本傳書改御史本末。

論曰：明之解縉，其才有似于賈誼，其得君有似于魏徵，然跡其生平，殆裴行儉之所謂「有文藝而無器識」者歟！

大庖西室之奏，太祖奇其才而迂其論，謂其年少而語夸也，然已刮目視之矣。

及聞其以謾語索兵部之皂隸，何其器小而易盈也！始以冗散之恣，改授御史，繼以同列之忌，令隨父歸，可謂知臣莫若君矣。然而十年著述，冠帶來廷，則太祖方欲老其才以爲子孫之用，而豈知知人之難，僅得之于方孝孺而不免失之于解縉乎！

夫生慚先帝之知，死負比鄰之約，謂王艮。是直躁而已矣。代人草疏而自暴其長，奉詔方人而不免于汰。語曰：「君不密則失臣，臣不密則失身。」縉以不謹持躬而卒以不密取禍，是直淺而已矣。躁也，淺也，四傑之所以不克令終，而縉似之，豈享爵祿之器哉！

15 五月，甲戌朔，日有食之。

16 六月，甲辰，信國公湯和就第于中都，率妻子陛辭。上賜黃金三百兩，白金二千兩，鈔三千定，綵幣四十餘端。夫人胡氏，賜亦稱是，並降璽書褒諭，諸功臣莫得比焉。

17 初，雲南既平，以所屬烏撒、烏蒙、芒部改隸四川，踰年，又割東川隸焉。乃并烏撒等三部爲四軍民府，而東川最強。至是遂叛，上命沐英以便宜討之。英奏言：「東川蠻見據烏山路作亂，反狀已著。惟其地重關複嶺，上下三百餘里，人迹阻絶，非以大兵臨之，恐難得志。」上以爲然。甲子，命傅友德爲征南將軍，英與普定侯陳桓副之，率諸軍會討。

敕友德等曰：「東川、芒部諸夷，種類皆出于玀玀。厥後子姓蕃衍，各立疆場，乃異其名曰東川、烏撒、烏蒙、芒部、禄肇、水西，無事則互相争鬥，有事則相爲救援。若唐時閣羅鳳亡居大理，官兵追捕，道經芒部諸境，群蠻聚衆，據險設伏。唐將不備，墮其計中，喪師二十萬，皆將帥無謀故也。今須預加防閑，嚴爲之備。」

18 秋，七月，藍玉送迪保努及妃、主等至京師，命有司給供具，賜之鈔幣。既，有言藍玉在軍私元主妃事，上怒玉無禮，切責之，妃慚懼自殺，迪保努由是出怨言。上聞之曰：「朕嘗與諸臣議欲封之，以盡待亡國之禮。今迪保努乃若是，豈可復居之内地！」戊寅，詔安置迪保努于琉球。

19 辛巳，安慶侯仇成卒。成有疾，上遣人賜内酒，以書勞之。未幾卒，追封皖國公，賜謚忠襄。【考異】憲章録系之六月辛丑。按六月無辛丑，辛丑乃七月之晦也。檢明史功臣表，「七月辛巳」，從之。

20 八月，壬寅，沐英遣都督甯正從傅友德討東川。時烏撒軍民府葉原常，獻馬三百匹、米四百石于征南將軍以資軍用，且願收集土兵從征。沐英等以聞，從之。復命景川侯曹震、靖寧侯葉昇爲左、右參將，分討東川。

21 癸丑，徙澤、潞民無業者墾河南、北田，賜鈔備農具，復三年。

22 藍玉肅清沙漠，又破元丞相哈剌章于和林，獲人畜六萬。

丁卯，師還，大賚將士。

23 戊辰，以北征功，封孫恪爲全寧侯。

24 是月，頒賜武臣大誥，令其子弟誦習，又御製八諭，訓飭遵守。

25 九月，丙戌，秦、晋、燕、周、楚、齊、湘、魯、潭九王皆來朝。

26 癸巳，越州蠻阿資叛。

阿資，越州土官龍海子也。沐英南征，駐兵其地。龍海先降，遣子入朝，詔以爲越州知州。尋爲亂，英討擒之，徙之遼東，至蓋州而卒。阿資襲職，益桀驁，至是搆羅雄州營長發東等作亂，詔英會征南將軍傅友德討之。

27 是月，覈天下衛所屯田，歲得糧五百餘萬石。敕五軍都督府曰：「養兵而不病于農者，莫如屯田。今海宇寧謐，邊境無虞。若使兵坐食于農，農必受敝，非長治久安之術。惟督兵屯糧于各衛所，庶幾古人寓兵于農之遺意。昔之良將若趙充國輩，皆以此策勳當時，垂名後世，爾都督府其申諭之！」

28 召見給事中魏敏、卓敬等八十一人，上以爲適符元士數，詔改給事中爲元士。尋以六科爲政事本源，又改曰源士，不久，尋復。

時卓敬以本年進士除户科給事中。——敬，瑞安人，鯁直無所避。當開創初，制度未備，諸王服乘擬于太子。敬乘間言：「京師天下視效，陛下于諸王不早辨等威，而使服飾與太子埒，適庶不分，尊卑無序，何以令天下？」上曰：「卿言是，朕慮未及此。」益重之。

29 冬，十月，丁未，傅友德等捕獲叛蠻五千五百三十八人，東川平。

30 庚申，高麗國王禑遣使來告，請遜位于其子昌。

初，上命户部咨高麗，以鐵嶺北東西之地舊屬開元者，遼東統之，鐵嶺之南舊屬高麗者，其國統之，宜各正疆域，毋侵踰。本年夏，禑奏稱：「鐵嶺之地，實其世守，乞仍舊便。」上曰：「高麗舊以鴨緑江爲界，今飾詞鐵嶺，是詐也。」時禮部尚書李原名亦言：「遼東之文、高、和、定四州，皆故元版圖。今鐵嶺已置衛，不可許。」

其年秋，高麗有千户陳景來降，具言「是年四月，禑欲寇遼東，遣李成桂繕兵西京，而令景屯艾州，尋以糧不繼退師。王怒，殺成桂之子。成桂遂叛，還兵攻王城，破之，遂囚王。景懼禍及，故來降。」是時上方遣遼東嚴守備，且偵虛實，至是禑果以遜位請，上曰：「前聞其王被囚，此必成桂之謀，姑俟之以觀其變。」

31 十二月，壬戌，進封藍玉涼國公。

上始欲封玉爲梁國，以過，改爲涼，仍鐫其過于券。

32 是月，安南黎季犛弒其主煒。

初，安南陳叔明立三歲，傳其弟煓。煓死，弟煒代立，國相黎季犛方竊柄，因廢其主而立叔明子日焜，主國事，尋又弒煒。

方煒之立也，以入寇思明被上譴責，頻年貢奄豎、金銀、象馬之屬愈謹，又奉詔饋滇南軍餉五千石于臨安。是年，上命使賚敕及幣往賜煒，煒遣使謝，復進象。上令禮部尚書李原名諭意，令仍循三年一貢例，毋進犀象。然是時煒已被弒，仍假其名入貢，朝廷不知而納之，越數年，其事始覺。

33 是歲，定每歲郊祀祔祭歷代帝王于大祀殿，仍以歲八月中旬擇日遣官祭于本廟，其春祭停之。

又令尚書李原名考定歷代名臣從祀，奏擬風后、力牧等三十六人。上命去趙普、安童、阿朮，而增祀陳平、馮異、潘美、穆呼哩，即木華黎，譯見前紀。餘皆報可。

二十二年（己巳、一三八九）

1 春，正月，丙戌，改大宗正院曰宗人府，設令一人，左、右宗正、宗人各一人，並以親王領之。尋以秦王樉爲宗人令，晉王棡、燕王棣爲左、右宗正，周王橚、楚王楨爲左、右宗人。

2 丁亥，大祀南郊。

3 傅友德等討阿資，道經平夷，以其山險惡，宜駐兵屯守，遂徙其山民往居卑午村，留神策衛千户劉成守之，置堡其地。

已而阿資率衆寇普安，友德擊敗之，斬其營長。乙未，復進兵蹙之。阿資屯普安，倚壁爲寨，蠻衆皆緣壁攀崖，墜死者不可勝數，生禽一千三百餘人，獲馬畜甚衆。阿資遁還越州，遣甯正等追擊，又敗之，斬其黨五十餘人。阿資懼，始以踰月請降。

初，阿資之叛也，揚言曰：「國家有萬軍之勇，我地有萬山之險，豈能盡滅我輩！」至是窮蹙歸命。

英乃請置越州、龍馬二衛，扼其險要，分兵追捕，悉平之。英又以陸涼西南要地，請置陸涼衛指揮使司，報可。

4 二月，己未，命涼國公藍玉練兵四川，修城池。

5 壬戌，禁武臣預民事。

初，上置軍衛，以武臣統領所部兵馬，除軍民詞訟事重者許會問外，其餘不得干預。時有廣西都指揮耿良，造譙樓，令有司起發，科斂民丁財物；青州衛造軍器，亦擅斂民財。上聞之，詔申明禁例：「凡在外都司衛所，遇有造作，千户所移之衛，衛達指揮司，司達五軍都督府奏准，方許之。其物料並自官給，毋得擅取于民。民間詞訟，雖事涉軍務者，均歸有司申理，毋得干預。並著爲令。」

6 湖廣安福所千户夏得忠，誘結九溪峒蠻爲寇，詔靖寧侯葉昇會東川侯胡海等討之。癸亥，昇等師至九溪，潛兵出賊後掩擊，遂禽（德）〔得〕忠，斬之。奏置九溪、永定二衛。

7 是月，進楊靖爲户部尚書，沈溍爲兵部尚書，秦逵爲工部尚書。

溍先試兵部侍郎，嚴戢武臣，劾諸軍衛不法者，凡一切訓飭事宜，皆奏請承旨行之。時干戈甫息，將士暴横，至是始斂，溍之力也。

逵爲工部侍郎，時營繕事，部中缺尚書，凡興作事皆逵領之。定工匠更番力役之制，量地遠近爲班次，置籍爲勘合付之，至期齎驗，免其家徭役，著爲令。上念逵勞勩，詔有司復其家。

至是並擢拜尚書。

8 三月，庚午，詔傅友德率諸將分屯四川、湖廣，防西南蠻也。

9 夏，四月，己亥，徙江南民田淮南，賜鈔備農具，復三年。

10 癸丑，命魏國公徐允恭、開國公常昇等練兵湖廣。

允恭，達之子輝祖也，後以避太孫諱，始更之。

昇，遇春次子也。常茂既得罪，又無子，上念遇春功，乃以茂弟昇襲，改封開國。

11 甲寅，詔徙元降王于耽羅。

12 是月，上諭户部「九江、黄州、漢陽、武昌、岳州諸郡多貧民，其遣人運鈔往振之。」又賜山東流民居京師者鈔，振萊州、兖州饑，又振常德、長沙、辰州、靖州、衡州、永州、寶慶、郴州、德安、沔陽、安陸、襄陽貧民，凡鈔二百六十四萬餘錠。

户部請造小鈔，自一十文至五十文，以便民用，從之。

遣御史按山東官匿災者。御史許珪巡按河南，言「自開封、永城至彰德旱，請減夏税。」左都御史詹徽以其希旨要譽，請罪之，上曰：「御史能恤民隱，達下情，何罪耶！」即命振貸，蠲其税。【考異】明史本紀但記是月遣御史按山東官匿災不奏者，三編據實録增入賜鈔事，今據書之。

13 五月，辛卯，置泰寧、朵顏、福餘三衛于烏梁海。舊作兀良哈。

三衛者，元烏梁海氏所居之地，以地繫姓也。其地在黑龍江南，漁陽塞北，爲漢鮮卑、唐吐谷渾、宋契丹故地，元時爲大寧路迤北境上。元都既滅，元故遼王、惠寧王及朵顏元帥相率請内附。已，數爲韃靼所抄，乃即其地置三衛，以故元歸附阿爾察錫喇舊作阿扎失里。爲泰寧衛指揮使，塔本特穆爾舊作塔賓帖木兒。爲指揮同知，哈克三納達齊舊作海撒男荅奚。爲福餘衛指揮同知，托羅海徹爾舊作脱魯忽察兒。爲朵顏衛指揮同知，各領所部，互爲聲援。獨朵顏地險而强，不久尋叛。

14 是月，僉都御史黄政從征雲南還，次普安，遇寇，與其子琬皆死之。

15 秋，七月，元伊遜岱爾舊作也速迭兒。弑其主特古斯特穆爾。

初，藍玉北征，特古斯遁去，將依丞相耀珠舊作咬住。于和林，行至圖喇河，爲其下伊遜岱爾所襲，衆復散。適耀珠來迎，欲共依庫庫特穆爾，舊作闊闊帖木兒，三編質實云，「非王保保，又是一人。」大雪，不得發。伊遜兵卒至，遂縊弑之，並殺添保努。于是故元臣訥克林舊作揑怯來。等皆來降，詔置之全寧衛。尋又令朵顏衛等招撫之，降者益衆。自特古斯死後，元祚不復振矣。【考異】也速弑元主事，諸書皆系之是年，三編則系之二十一年十月，蓋因藍玉出(寨)〔塞〕之役，牽連並記耳。明本紀系之是年之末，是也。皇明通紀及典彙並系之是年七月下，今從之。

16 潁國公傅友德等自雲南班師還。

17 八月，乙卯，詔天下舉高年有德識時務者。

18 是月，刑部奏言，「比年律條增損不一，請編類頒行，俾知遵守，」乃詔翰林院同刑部官取比年所增者參考更定，凡四百六十條，皆依類編次。

論曰：虞書言「鞭作官刑，扑作教刑」，後世笞杖之所昉也。鞭之字從革，則以皮爲之，扑之名曰楚，則以荆爲之。説文有「攴」而無「扑」，其訓攴曰：「小擊也」，是鞭重而扑輕。古人之制，刑寬于士民而嚴于官吏，此可見矣。

後世之笞有似于扑，杖有似于鞭。而予觀太祖所列刑圖，笞、杖之大頭、小頭，皆有分數，笞以臀受，杖則兼有以腿受者，而其用荆條則同。具刑法志中。言「太祖行郊壇，指道旁荆楚示太子曰：『古用此爲扑刑，取能去風，雖寒不傷也。』」然則太祖所謂扑刑者，蓋兼笞杖言之矣。刑圖所列，有笞杖而無鞭。而其論笞杖曰：「毋以筋膠諸物裝釘，」則用皮之有禁也。然明之廷杖，即鞭之遺制，而其爲毒，豈但用皮而已！

明史刑法志，言「洪武六年，工部尚書王肅坐法當笞，太祖曰：『六卿貴重，不宜以細故辱，命以俸贖罪。』後群臣罣誤許以俸贖，始此。」然永嘉侯朱亮祖父子皆鞭死，工部尚書薛祥志誤作「夏」。斃杖下，故上書者以「大臣當誅不宜加辱」爲言。廷杖之刑，亦自太祖始矣。

夫作法于涼，其敝猶貪，自古酷吏之不貪者幾希矣。而明之廠衛，淫刑以逞，五毒加之，亦以是爲于貨之左券而已。然則謂爲太祖之作法，不爲過也。

19 九月，丙寅朔，日有食之。

20 冬，十月，丁巳，西平侯沐英來朝。上賜宴奉天殿，賚黃金二百兩，白金五千兩，鈔五百定，綵幣百疋，親拊之曰：「使我高枕無南顧憂者，汝英也！」【考異】此據明史本傳，證之潛菴史稿，在是月丁巳，今從之。

21 十一月，丙寅，命宣德侯金鎮等練兵湖廣。——鎮，朝興子也。

22 己卯，思倫發降。

倫發兩受大創，乃遣把事招綱等來言：「往者逆謀，皆由把事刀廝郎所爲，乞貸死，願輸貢賦。」雲南守臣以聞，上乃遣通政司經歷楊大用賚敕往諭，令修臣禮，悉償前日兵費。倫發聽命，遂以象、馬、白金、方物入貢。並獻叛首刀廝郎等三十七人。麓川遂平。

23 是月，沐英奏：「景東乃百夷要衝，蒙化亦邊遠梗化，均宜置衛，分兵駐守。」從之，詔置景東、蒙化二衛，以錦衣指揮僉事胡常等守之。

24 海州同知陳龔福，坐胡惟庸黨貶雲南。

龔福，元御史大夫福壽子也，上念其忠臣之後，命宥之。越二年，擢爲太僕少卿。【考異】三編系此事于是年十二月，證之憲章録，則二十五年三月事，又證之潛菴史稿，則二十五年三月癸卯也。蓋三編據其黨事之發，牽連記之，今據書于是月下，並及其被謫擢官之本末。

25 十二月，甲辰，周王橚棄其國來鳳陽，上怒，將徙之雲南。尋止，使居京師，命世子有燉理藩事。

26 遣定遠侯王弼等練兵山西、陝西、河南。

27 是歲，高麗權國事王昌奏請入朝，上不許。未幾，李成桂復廢昌而立定昌國院君瑶。

【考異】明本紀是年之末書「高麗廢其主禑，又廢其主昌」，蓋牽連並記耳，其實廢禑在去年也。又書云「安南黎季犛弑其主日焜」，此尤誤。按安南列傳，季犛弑日焜乃在建文元年，且自季犛立日焜後，連年窺邊，故二十八年討龍州之役，上諭日焜「毋自疑」，此時安得有被弑之事？且事隔十年，亦非牽連記事之體，其爲本紀之誤無疑，今删去。

28 上以詹事爲東宫要職，而官聯無統，乃置詹事院，欲得望重者居之。諭吏部曰：「三代保傅，禮甚尊嚴。兵部尚書唐鐸，謹厚有德量，可以爲詹事，食尚書俸如故。」——以鐸嘗請豫教故也。鐸尋致仕，而上眷遇不衰，後復起用。

時又改欽天監令、丞爲監正、副。